S. FISCHER

Tim Weiner

Macht und Wahn

Der politische Krieg zwischen den USA und Russland seit 1945

Aus dem Englischen von
Christa Prummer-Lehmair
und Rita Seuß

S. FISCHER

Aus Verantwortung für die Umwelt hat sich der S. Fischer Verlag zu einer nachhaltigen Buchproduktion verpflichtet. Der bewusste Umgang mit unseren Ressourcen, der Schutz unseres Klimas und der Natur gehören zu unseren obersten Unternehmenszielen. Gemeinsam mit unseren Partnern und Lieferanten setzen wir uns für eine klimaneutrale Buchproduktion ein, die den Erwerb von Klimazertifikaten zur CO_2-Ausstoßes einschließt.

Weitere Informationen finden Sie unter:
www.klimaneutralerverlag.de

MIX
Papier aus verantwortungsvollen Quellen
FSC® C083411
FSC www.fsc.org

Deutsche Erstausgabe
Erschienen bei S. FISCHER
2. Auflage März 2022
Die amerikanische Originalausgabe erschien 2020
im Verlag Henry Holt & Company unter dem Titel
»The Folly and the Glory. America, Russia, and
Political Warfare 1945–2020«

Satz: Fotosatz Amann, Memmingen
Druck und Bindung: CPI books GmbH, Leck
Printed in Germany
ISBN 978-3-10-091072-1

Für Gene Roberts und Joe Lelyveld.
Und für Kate, Emma und Ruby Doyle

Zu den Katastrophen des Krieges kann man
berechtigterweise das Schwinden der Wahrheitsliebe zählen,
welches durch die Lügen befördert wird,
die der Eigennutz diktiert
und die Leichtgläubigkeit bestärkt.

Samuel Johnson, *The Idler,* 1758

Inhalt

KAPITEL 1

Die Saat künftiger Kämpfe

Seit 75 Jahren ringen Amerika und Russland um die Weltherrschaft. Im 20. Jahrhundert gewann Amerika den langen Kalten Krieg, und eine Weile schien es, als wäre dieser Triumph von Dauer und die Freiheit würde überall erblühen. Dieser Moment ging vorüber. Im 21. Jahrhundert schlug Russland mit List und Subversion gegen Amerika und dessen Verbündete zurück. Seine Strategien haben die amerikanische Demokratie untergraben, eine politische Architektur, die im Verlauf von 250 Jahren einen Bürgerkrieg und zwei Weltkriege überstanden hat. Wie dieses Ringen ausgeht, könnte entscheidend dafür sein, ob Amerika Bestand haben wird und ob in Zukunft Demokraten oder Autokraten die Welt regieren. Große Armeen, Kriegsflotten und Atomwaffenarsenale haben sich in diesem Kampf als nutzlos erwiesen. Er wird durch die politische Kriegsführung entschieden.

Politische Kriegsführung ist die Methode, mit der Staaten ihre Macht projizieren und ihren Willen gegen einen Feind durchsetzen, ohne Raketen abzufeuern oder ihre Kriegsflotte zu entsenden. Sie erfordert den Einsatz sämtlicher Instrumente, die den Geheimdiensten und der Diplomatie zur Verfügung stehen, von verdeckten Operationen bis zur Überredung mittels Zwang, und die geschickte Orchestrierung dieser Instrumente durch den Präsidenten. Die Vereinigten Staaten haben nach dem Zweiten Weltkrieg einen mächtigen Apparat der politischen Kriegsführung aufgebaut, der den Zusammenbruch der Sowjetunion beschleunigte. Doch an der Wende zum neuen Jahrtausend ist der amerikanische Motor ins Stocken geraten und heute fast zum Stillstand gekommen. Seit Wladimir Putins Machtantritt vor

20 Jahren nutzen die Russen geschickt und schlau das Instrument des politischen Krieges. Seit 2014 versetzen sie dem politischen System der Vereinigten Staaten immer neue Schläge, und 2016 verhalfen sie einem putinfreundlichen Präsidenten zur Macht und brachten damit die Demokratie in Gefahr. 2020 verstärkten sie ihr Arsenal der Desinformation und Täuschung und nahmen erneut Amerika ins Visier. Wir müssen herausfinden, wie die politische Kriegsführung funktioniert, bevor der nächste Schlag erfolgt. Denn er wird kommen.

Krieg ist der Naturzustand einer Welt, die wir geschaffen haben. Im vergangenen Jahrhundert wurden mehr als 200 Millionen Kombattanten und Zivilisten getötet. Die schwelenden Ruinen des Ersten Weltkriegs waren der Zündstoff für den Zweiten, und aus der Asche des Zweiten stieg die Giftwolke des Kalten Krieges auf. Zu den Idealen, die durch diese Kriege zerstört wurden, zählten die hehren Regeln, die Anfang des 20. Jahrhunderts festgelegt wurden: Kriege wurden zwischen uniformierten Kombattanten geführt, sie begannen an einem festgesetzten Tag mit der offiziellen Kriegserklärung und endeten wiederum an einem festgesetzten Tag mit der feierlichen Unterzeichnung eines Friedensvertrags. Ein Land mischte sich nicht in die inneren Angelegenheiten eines anderen Landes ein. Für die Tausenden amerikanischen Soldaten, die nach Sibirien geschickt wurden, um zwischen August 1918 und Juni 1920, noch lange nach dem Waffenstillstand, gegen die Rote Armee zu kämpfen, waren diese Regeln leere Versprechungen. Und sie waren ein schwacher Trost für die 13 Millionen Polen, die im September 1939 aufwachten und feststellten, dass sie von den Russen besetzt waren, erobert aufgrund eines geheimen Zusatzprotokolls des Hitler-Stalin-Pakts.

Noch im August 1945, nachdem Präsident Harry S. Truman die Atombombe auf Japan abgeworfen hatte, galten zwei Grundsätze des Krieges: die Kampfkraft (die Bereitschaft einer Nation, das Leben ihrer Soldaten zu opfern) und die Gefechtsstärke (die Tötungskapazität des Waffenarsenals eines Landes). Damals, wenngleich nicht für lange, waren einzig die Vereinigten Staaten im Besitz der ultimativen Waffe. Angesichts der zerstörten Städte, die nur noch ein radioaktiver Haufen Schutt und Asche waren, fragten sich die Lebenden, wie wohl der Dritte Weltkrieg aussähe, wenn Stalin das Geheimnis dieser Waffe kennen würde. In Wirklichkeit verfügte er bereits über sie, auch wenn dies in Washington noch niemand wusste. Die für die nationale Sicherheit verantwortlichen Amerikaner begannen über das Undenkbare nachzudenken, und mit der Verbreitung von Atomwaffen änderte sich auch die Art und Weise, wie sie darüber dachten. Die Klügsten unter ihnen erkannten, dass im Fall einer Auseinandersetzung mit den Russen der nächste Krieg alles zerstören würde, was unser Land zu verteidigen wünscht, und dass dann die Lebenden die Toten beneiden würden.

Als die beiden Seiten keinen Frieden schlossen, sondern begannen, um die Weltherrschaft miteinander zu ringen, suchten sie nach Möglichkeiten, einander durch die geheime Projektion von Macht zu bekämpfen, durch Spionage und Subversion, List und Sabotage, Wahlbetrug und verdeckte Putsche, Desinformation und Täuschung, Repression und Mord. Von dieser Art Krieg hatten die Amerikaner so gut wie keine Ahnung. Die Russen führten ihn seit vierhundert Jahren.

Zar Iwan der Schreckliche hatte im 16. Jahrhundert eine primitive Geheimpolizei gegründet. Peter der Große und Katharina die Große hatten die russische Spionage ausgebaut und Feinde im Ausland, aber auch ihr eigenes Volk bespitzelt. Zur Zeit von Napoleons Russlandfeldzug 1812 hatte Zar Alexander I. den russischen Auslandsgeheimdienst weiter gestärkt und an sein Militär angebunden. Die 1881 nach der Ermordung Alexanders II. gegründete Ochrana bespitzelte in den Jahrzehnten, in denen Könige und Königinnen, Prinzen und Erzherzöge und 1901 sogar der Präsident der Vereinigten Staaten von Anarchisten getötet wurden, Feinde in und außerhalb Russlands. Aber das Spitzelsystem des Kremls wurde von den bolschewistischen Revolutionären zerschlagen, die 1917 in Russland die Macht ergriffen. In jenem kalten, unbarmherzigen Dezember schuf Wladimir Iljitsch Lenin seine eigene Geheimpolizei: die Außerordentliche Allrussische Kommission zur Bekämpfung von Konterrevolution, Spekulation und Sabotage, kurz Tscheka. »Wir stehen für den organisierten Terror«, sagte 1918 deren erster Chef Felix Dserschinski. Stalin verlieh ihr unbegrenzte Macht. 1934 begann die Tscheka mit dem Großen Terror, dem eine Million Menschen zum Opfer fielen. In jenem Jahr waren Stalins Spione bereits in den Vereinigten Staaten am Werk. Zu Beginn des Zweiten Weltkriegs waren sie bis in die

Regierung vorgedrungen – ins Außenministerium, ins Justizministerium, ins Manhattan-Projekt.[1] 1954, nach Stalins Tod, wurde der Spionagedienst in Komitee für Staatssicherheit umbenannt, den KGB. Beauftragt mit der Durchführung von Spionage, der Subversion des Gegners durch Desinformation und politische Sabotage, der Sicherung des Staates, dem Schutz seiner Führung und der Unterdrückung abweichender Meinungen, war der KGB ein Ministerium der Angst, das die Missionen von J. Edgar Hoovers FBI, der CIA im Kalten Krieg und der Gestapo der Nazis miteinander kombinierte. Der KGB war der größte Geheimdienst der Weltgeschichte. Wer wie Wladimir Putin in dem in Trümmern liegenden Nachkriegsrussland in Armut und Hunger aufwuchs und nach Macht strebte, war im KGB am richtigen Ort.

Ab 1958 stand vor der Lubjanka, der Moskauer KGB-Zentrale, eine riesige Statue Dserschinskis, bevor sie 1991 von Demonstranten gestürzt wurde, die entschlossen waren, die zerbröckelnde Architektur der Sowjetunion niederzureißen. Die Statue wurde zwar nicht neu gegossen und wiederaufgestellt, aber Putin rehabilitierte Dserschinski, als er den sowjetischen Geheimdienststaat wiederbelebte. Heute wird im Kreml alljährlich am 20. Dezember der Tschekistentag gefeiert. Putin selbst ist ein Tschekist bis ins Mark. Und das bedeutet, was es immer bedeutet hat: Erhalt der Macht des Staatsführers um jeden Preis; Inhaftierung und Ermordung von Regimegegnern und politischer Krieg, um Feinde zu täuschen, in die Irre zu führen und zu überraschen, sie dazu zu bringen, gegen ihre eigenen Interessen zu handeln, sowie ihre Stellung in der Welt zu schwächen.

Bis zur Schaffung der Central Intelligence Agency durch den Kongress im Jahr 1947 hatten die Vereinigten Staaten in Friedenszeiten nie einen Spionagedienst unterhalten. Auch wenn wir Amerikaner in den nachfolgenden Jahren viel über das Handwerk der Geheimdienstarbeit lernten, oft durch bittere Erfahrung, waren wir anfangs in fast jeder Hinsicht Amateure, besonders in der politischen Kriegsführung und vor allem in den dunklen Künsten der Täuschung und Desinformation. In ihrer Anfangszeit bestand die CIA nur aus zweihundert Beamten. Ihre Mission war es, den Kalten Krieg zu führen und ein zweites Pearl Harbor zu verhindern. Innerhalb von fünf Jahren stieg die Zahl ihrer Mitarbeiter um das Hundertfache. Sie befehligte verdeckte Armeen weltweit, führte paramilitärische Operationen in Ländern von Russland bis China durch, inszenierte Staatsstreiche und versuchte, den Eisernen Vorhang zu durchbrechen.

Im Verlauf des 20. Jahrhunderts wiesen das Weiße Haus und der Kreml ihre Agenten und Diplomaten auf der ganzen Welt an, mindestens 117 nationale Wahlen zu manipulieren.[2] Sie wetteiferten um die Kontrolle über Länder in Afrika, Asien, Lateinamerika und im Nahen Osten und kauften sich mit Gewehren und Geld Allianzen, ohne dass es zu einem direkten Schlagabtausch gekommen wäre. Beide Seiten unterstützten Diktatoren und Despoten und unterwanderten die von der Gegenseite favorisierten Regime. Sie leisteten Guerilla-Armeen, Untergrundbewegungen und willfährigen politischen Machthabern verdeckte Hilfe. Die Vereinigten Staaten bekämpften im Dschungel von Vietnam den Kommunismus, während die Russen Waffen und Munition zu Amerikas Feinden in Südostasien schmuggelten. Die Russen eroberten Afghanistan, und die CIA lieferte den islamischen heiligen Kriegern für ihren Kampf gegen die Russen Waffen im Wert von Milliarden Dollar. Die Amerikaner schickten über Radio Free Europe Nachrichten und Propaganda über den Eisernen Vorhang. Die Russen konterten mit einer Flut von Desinformation, die durch den KGB verbreitet wurde.

Und am Ende, nachdem Washington und Moskau Billionen Dollar für die Rüstung ausgegeben und Millionen Menschen der Länder, in denen die Großmächte einander bekämpften, ihr Leben verloren hatten, brach die Sowjetunion unter dem Gewicht ihrer Selbsttäuschungen zusammen. Der Kreml konnte die Unwahrheit, auf der das System gründete, nicht mehr aufrechterhalten, die große Lüge, der Sowjetkommunismus sei ein nobleres Experiment als die amerikanische Demokratie. »Stellen Sie sich vor, dass ein Land, das in den Weltraum fliegt, Sputniks ins All schießt und ein solches Verteidigungssystem aufbaut, das Problem der Damenstrumpfhose nicht lösen kann«, klagte Michail Gorbatschow, der letzte Staatschef der Sowjetunion, nachdem die Fahne mit Hammer und Sichel endgültig eingeholt worden war.[3] »Es gibt keine Zahncreme, kein Seifenpulver, keine lebensnotwendigen Bedarfsgüter. Es war unglaublich und demütigend, in einer solchen Regierung tätig zu sein.«

Der Traum der Amerikaner, die im Kalten Krieg gekämpft hatten, war Wirklichkeit geworden. Mit dem Zusammenbruch der Sowjetunion wurde die Weltkarte neu gezeichnet. Die liberale Demokratie gewann Auftrieb, und die Länder Osteuropas befreiten sich von der erdrückenden Kontrolle durch Stalin und seine Nachfolger. Und ein weiterer Krieg wurde geführt und gewonnen, als die Vereinigten Staaten 1991 die irakische Armee niederschlugen. In den Schockwellen des Zweiten Golfkriegs setzte das Pentagon neue Waffen der strategischen Täuschung, des Wahrnehmungsmanagements und des Informationskriegs ein, die so zerstörerisch waren wie lasergelenkte Bomben und Marschflugkörper.

Wie nach dem Zweiten Weltkrieg traten die Vereinigten Staaten auch jetzt selbstbewusst und triumphal auf, und in den hohen Regierungsetagen Washingtons herrschte die Ansicht, die Welt füge sich amerikanischen Spielregeln. Als George H. W. Bush im Januar 1993 aus dem Amt schied, habe es, so sein Außenminister James A. Baker, »keine außenpolitischen Probleme« gegeben.[4] »Alle wollten Freunde der Vereinigten Staaten sein ... Alle wollten die freie Marktwirtschaft. Mit Ausnahme von Nordkorea, Kuba, Iran, Irak und Libyen wollten alle die Demokratie. Alle gehörten zu uns.« Alle liebten Amerika – sogar die Russen. Jedenfalls wollten die Amerikaner das glauben.

Klügere Köpfe, wenngleich nicht viele, warnten vor dem Triumphalismus, der damals im Schwange war. Der General und Staatsmann Colin L. Powell, der nach seiner Zeit als Vorsitzender des Vereinigten Generalstabs US-Außenminister wurde, zitierte den preußischen Militärstrategen Carl von Clausewitz, der vor »der Lebhaftigkeit der augenblicklichen Erscheinungen« warnte.[5] Nur wenige blickten über die aktuellen Ereignisse hinaus, und kaum jemand konnte sich vorstellen, dass die Konflikte des Kalten Krieges im 21. Jahrhundert neu entfacht werden könnten. »Wir erkannten nicht, dass die Saat künftiger Kämpfe bereits aufging. Es gab schon früh Hinweise auf eine Rivalität der Großmächte in der Zukunft«, schrieb der ehemalige CIA-Direktor und spätere Verteidigungsminister Robert Gates, der unter Präsidenten von Lyndon B. Johnson bis Barack Obama diente.[6] »In Russland verbreiteten sich Unmut und Verbitterung infolge des wirtschaftlichen Chaos und der Korruption nach dem Zerfall der Sowjetunion«, aber auch weil die Amerikaner auf eine NATO-

Osterweiterung bis zur russischen Grenze drängten. Und »kein Russe ärgerte sich über diese Wendung der Ereignisse mehr als Wladimir Putin«. Der Kremlchef war Oberstleutnant des KGB gewesen und hatte auf seinem Posten in der DDR den Zusammenbruch seines Landes mitverfolgt. Er wusste einiges über die Praktiken der politischen Kriegsführung.

Als er an der Wende zum 21. Jahrhundert an die Macht kam, schuf er aus den zersprengten Teilen des alten KGB eine neue Version des Sowjetstaats, in dem er nicht nur Soldaten und Spione kontrollierte, sondern auch das Fernsehen und das Internet manipulierte, um alternative Wahrnehmungen der Realität zu erfinden. Nach Beginn seiner dritten Amtszeit als Staatspräsident 2012 bündelte Putin das ganze Spektrum seiner Macht, brachte seine Kräfte in Stellung und nahm Amerika ins Visier. Mit den Worten des ehemaligen kommissarischen CIA-Direktors Michael Morell »kehrte er in massiver Weise zum Verhalten der Russen im Kalten Krieg zurück, das heißt, er forderte die Vereinigten Staaten auf der ganzen Welt heraus, wo es nur ging, und tat alles, um ihre Unternehmungen zu untergraben. Er tat, was er konnte, um sie zu schwächen.«[7]

Amerikaner neigen dazu, Krieg und Frieden zu betrachten wie Tag und Nacht. Für die Russen hingegen ist Krieg ein unaufhörlicher Kampf. Vielleicht haben sie recht, denn auch wenn sich die Umstände der Schlacht ändern, bleibt das Wesen des Krieges stets dasselbe. Seit 20 Jahren nutzt Putin die Macht seines Militärs und seiner Geheimdienste, um neue Strategien und Taktiken des politischen Krieges gegen die Vereinigten Staaten zu entwickeln. Sein Angriff gewann langsam an Stärke, ein Blitzkrieg, der unbemerkt blieb, bis er ins Herz des politischen Körpers Amerikas traf.

Vor nicht allzu langer Zeit, in einer Winternacht in Moskau, sprach Andrej Krutskich, ein hochrangiger Berater Wladimir Putins, Experte für politische Kriegsführung und heute Sonderbotschafter der Russischen Föderation, in einem öffentlichen Forum eine heftige Drohung aus. »Sie glauben, wir leben im Jahr 2016«, sagte er. »Nein, wir leben im Jahr 1948. Und wissen Sie, warum? Weil die Sowjetunion 1949 ihren ersten Atombombentest durchführte. Und wenn die Sowjetunion bis zu jenem Augenblick versuchte, mit Truman ein Abkommen zur Ächtung von Atomwaffen zu schließen, und die Amerikaner uns nicht ernst nahmen, so änderte sich 1949 alles, und sie begannen, auf Augenhöhe mit uns zu reden.«[8]

Und er fuhr fort: »Ich warne Sie. Wir werden auf dem Informationssektor bald ›etwas‹ haben, das es uns erlauben wird, von gleich zu gleich mit den Amerikanern zu reden.«

Heute wissen wir, was für eine Waffe das war. Wir müssen ihre Ursprünge und ihre Geschichte verstehen, und wir müssen erkennen, dass sie der amerikanischen Demokratie nachhaltig schaden und ihr Ende bedeuten kann. Wir erleben einen ähnlichen Moment wie ein Menschenalter zuvor, als die Großmächte in der Nacht aneinandergerieten und das Schicksal der Welt auf dem Spiel stand. Zwischen damals und heute gibt es einen großen Unterschied. Amerika besitzt keine strategische Vision wie im Kalten Krieg. Und ohne eine Vision, so heißt es schon in der Bibel, geht ein Volk zugrunde.

Doch im Jahr 1948 besaß Amerika eine Strategie, um Feuer mit Feuer zu bekämpfen. Sie war das Werk einer einzelnen, einsamen Figur, die sich in der ganzen Welt Gehör verschaffte. Diese Strategie war die Leitlinie von zehn Präsidenten, sie bestimmte das Handeln und die Entscheidungen von Diplomaten und Geheimagenten und beschleunigte den Niedergang der Sowjetunion.

KAPITEL 2

Der immer gleiche Rhythmus

Vordenker der Strategie, die den Kalten Krieg bestimmte, war George F. Kennan, der zweitwichtigste Mann an der amerikanischen Botschaft in Moskau in und nach dem Zweiten Weltkrieg. Er hatte sich fast sein ganzes Erwachsenenleben mit dem Kalkül und den Grausamkeiten des Generalissimus Josef Stalin beschäftigt, des absoluten Herrschers über die Sowjetunion seit 1924. Der durchdringende Blick von Kennans strahlend blauen Augen war seit beinahe 20 Jahren auf das riesige Sowjetimperium gerichtet. Er betrachtete Stalin als »einen Mann mit einer kriminellen Veranlagung unglaublichen Ausmaßes, die praktisch keine Grenzen kannte; einen Mann, dem Liebe offensichtlich fremd war, der weder Mitleid noch Erbarmen kannte ... in dessen Umgebung man niemals sicher war ... der vor allem für seine engsten Mitarbeiter bei seinen Verbrechen höchst gefährlich war, da er gerne der einzige Wächter seiner Geheimnisse sein und seine Erinnerungen oder seine Verantwortung nicht mit anderen teilen wollte, die, solange sie am Leben waren, eine Zunge und ein Gewissen hatten.«[1]

Wie sein wahrer Erbe Wladimir Putin wollte auch Stalin nicht nur die amerikanische Regierung durch Spionage infiltrieren und in die Köpfe ihrer Führung eindringen. Er wollte Länder innerhalb seiner Reichweite unter seine Kontrolle bringen, ihm verhasste politische Führer vernichten, sich mit Bittstellern und nützlichen Idioten umgeben, die er manipulieren konnte, und Russland zu einer großen globalen Macht machen, von Verbündeten und Gegnern gleichermaßen gefürchtet. Um all dies zu erreichen, führte er einen vernichtenden

Kampf. In den Monaten nach Kriegsende war Kennan der einzige Amerikaner, der das erkannte, und er versuchte mit wachsendem Nachdruck, dies auch der amerikanischen Führung begreiflich zu machen. Über die Vorgänge im Kreml war er sehr genau im Bilde, hatte er doch fast sieben Jahre in Stalins Russland gelebt; er kannte das Land besser als Amerika. »Er war von der Grausamkeit des Regimes regelrecht gefangen genommen – irgendwie persönlich involviert«, schrieb der in Russland geborene Oxford-Professor Isaiah Berlin, der damals an der britischen Botschaft in Moskau tätig war.[2] »Die Russen sind eine Nation von Bühneninspizienten«, schrieb Kennan bei Kriegsende, »und sie sind zutiefst überzeugt, dass die Dinge nicht sind, was sie sind, sondern was sie scheinen.«[3]

Kennan erkannte, dass Russlands Kriegsbündnis mit Amerika dem Ende entgegenging und dass sich der Schatten der Sowjetmacht in Richtung Westen verlängern und auf hundert Millionen Menschen in und außerhalb Europas legen würde. »In Moskau glaubt niemand, dass die westliche Welt standhalten kann, wenn der böse Wolf des sowjetischen Unmuts in voller Lebensgröße vor der Tür steht und ins Haus einzudringen droht. Und auf dieser Überzeugung beruht die sowjetische Weltpolitik«, hatte Kennan im Mai 1945 aus Moskau nach Washington gekabelt, eine Warnung, die man im Weißen Haus, in das nun Präsident Harry Truman eingezogen war, nicht zur Kenntnis nahm.[4] Aber Kennan war zuversichtlich, dass Amerika den hungrigen Wolf in Schach halten konnte. Wenn es sich den Ambitionen des Kremls entschlossen entgegenstellte und den Russen selbstbewusst die Stirn böte, »hätte Moskau seine allerletzte Karte ausgespielt«. Obwohl ihm damals niemand zuhörte, wurden seine Worte für das restliche 20. Jahrhundert zum Kern der amerikanischen Außenpolitik.

Harry Truman war überzeugt, er könne einen Weg finden, um mit dem Mann auszukommen, den er Uncle Joe nannte. Am Nachmittag des 16. Juli 1945 sollten sie sich in Potsdam westlich von Berlin zum ersten Mal treffen. Aber Stalin versetzte den amerikanischen Präsidenten.

Truman war ein uramerikanisches Gewächs. Er wurde im Missouri des Banditen Jesse James geboren, seine Eltern waren Maultier- und Pferdehändler und bewirtschafteten den fruchtbaren Boden. Er war unkompliziert und freimütig und besuchte nie ein College.

Der Veteran des Ersten Weltkriegs versuchte sich ohne Erfolg als Herrenausstatter, erhielt mit Unterstützung einflussreicher Demokraten von Kansas City einen Posten in der Verwaltung am Jackson County Court und wurde 1934 wie durch ein Wunder in den US-Senat gewählt. Zehn Jahre später nominierte ihn die Partei in letzter Minute überraschend zum dritten Vizepräsidenten Franklin D. Roosevelts. Truman diente 82 Tage unter Roosevelt. Für ihn war der Präsident eine fahle, geisterhafte Figur, die er nur selten zu Gesicht bekam. Als er am 12. April 1945 starb, sagte Truman: »Ich hatte das Gefühl, als seien der Mond, die Sterne und alle Planeten auf mich herabgestürzt.«[5]

Stalin herrschte als Diktator über 180 Millionen Menschen; sein Reich erstreckte sich 8000 Kilometer weit von Berlin bis zum Pazifischen Ozean und von der kalten Ostsee bis hinunter zu den milden Küsten der Adria. Der pockennarbige Sohn eines trunksüchtigen Schusters und einer Wäscherin war aus dem Priesterseminar ausgeschlossen worden und wurde zum Revolutionär. Er war Chefredakteur der bolschewistischen Zeitung *Prawda*, erpresste Schutzgeld, um die Parteikassen zu füllen, überlebte im Ersten Weltkrieg vier Jahre sibirische Verbannung und stieg mit Skrupellosigkeit und Hinterlist zur Macht auf.

Er war ein Meister der Verschwörung und ein Massenmörder. Truman war naiv. Von Außenpolitik und Staatsführung hatte er keine Ahnung. Er war unvorbereitet auf die Macht, und er wusste es. Acht Jahre lang hielten diese beiden Männer das Schicksal der Welt in ihren Händen.

Als Stalin an jenem Nachmittag nicht in Potsdam auftauchte, fuhr Truman mit seiner Wagenkolonne durch das zerbombte Berlin, einst die viertgrößte Stadt der Welt und jetzt eine Höllenlandschaft von Tod und Zerstörung. Es stank nach verwesenden Leichen. Die Trümmer des Dritten Reichs türmten sich zehn Meter hoch die Straßen entlang. »Ich musste an Karthago, Baalbek und Jerusalem, an Rom und Atlantis denken«, notierte Truman an jenem Abend in sein Tagebuch.[6] »Ich hoffe auf so etwas wie Frieden – aber ich fürchte, dass die Maschinen der Moral um einige Jahrhunderte voraus sind, und wenn die Moral aufgeholt hat, wird es vielleicht für beides keinen Grund mehr geben.« Während Truman durch die zerstörte Stadt fuhr, war es in der Wüste von New Mexico früher Morgen. Um 5.29 Uhr sahen die Wissenschaftler und Soldaten des Manhattan-Projekts ein gleißendes Licht, heller als die Sonne, und die pilzförmige Wolke der ersten Atomexplosion. Truman erhielt die Nachricht noch in derselben Nacht.

Die Potsdamer Konferenz, die einige der drängendsten Probleme Nachkriegseuropas lösen sollte, war von Anfang an zum Scheitern verurteilt. Premierminister Winston Churchill, der eine Woche später abgewählt wurde, sei ein erloschener Vulkan, seine Worte seien gewaltige Windböen. Stalin sei kriegsmüde, aber gerissen, vorsichtig, aber berechnend. Churchill rede, ohne auf den Punkt zu kommen, schrieb Truman. Stalin brummele nur, dafür wisse man, was er meinte. Der einzige folgenreiche Moment war der 24. Juli. Die Gespräche in Schloss Cecilienhof, das während des Ersten Weltkriegs im englischen Landhausstil als Residenz der Hohenzollern erbaut worden war, blieben an jenem Tag ergebnislos. Nach Beratungen mit Churchill und den beiderseitigen Generalstäben beschloss Truman, sein Geheimnis mit Stalin zu teilen. Das Licht des späten Nachmittags fiel in den Raum mit der dunklen Holzvertäfelung, als er um den Tisch herumging und leise mit dem Generalissimus und seinem Dolmetscher sprach. Beiläufig sagte er, er besitze eine neue Waffe von großer Kraft, die den Krieg gegen Japan beenden könne. Er hatte den Eindruck, Stalin habe nicht verstanden, wovon er sprach. Aber Stalin wusste genau, was er meinte.

Truman kehrte nach Hause zurück in der Überzeugung, er könne mit Uncle Joe handelseinig werden. Monate vergingen, bevor er erkannte, wie blauäugig er gewesen war. Im Sommer und Herbst begann der Glanz des Sieges zu verblassen, und über Washington senkte sich ein kaltes Dämmerlicht. Niemand wusste, wohin das amerikanische Staatsschiff gesteuert werden sollte. Truman hatte keine feste politische Strategie gegenüber der Sowjetunion und so gut wie keine Basis, auf der er aufbauen konnte. Was wollte Stalin? Wie weit nach Westen würde er seine Macht ausdehnen? Was sollten die Vereinigten Staaten tun? Ende Januar 1946, im tiefsten russischen Winter, landete die dringende Bitte um Aufklärung über diese Fragen auf Kennans Schreibtisch in der amerikanischen Botschaft in Moskau. Offiziell war Kennan der politische Berater des Botschafters, tatsächlich aber war er es, der den Laden schmiss. Botschafter Averell Harriman hatte Moskau verlassen, und bis zur Ankunft seines Nachfolgers, General Walter Bedell Smith, sollten noch drei Monate vergehen. Bedell Smith war Stabschef des Oberkommandierenden der alliierten Streitkräfte General Dwight D. Eisenhower gewesen und wurde während des Koreakriegs CIA-Direktor. Jetzt bemühte sich Bedell Smith verzweifelt, Stalins Mentalität zu verstehen, ebenso der Präsident, der Außenminister und der Kriegsminister. Das Außenministerium hatte sich an Kennan um Rat gewandt, nachdem es seine Telegramme monatelang ignoriert hatte. Kennan lag, wie so oft, mit einer Grippe und schweren Kopfschmerzen im Bett, und seine Stimmung schwankte zwischen himmelhoch jauchzend und zu Tode betrübt. Aber Washingtons Bitte um Erkenntnisse über den Kreml rüttelte ihn wach. »Sie haben darum gebeten«, dachte er bei sich. »Und, bei Gott, sie werden sie kriegen.«[7] Er schickte eine mehr als fünftausend Wörter umfassende Depesche, das »Lange Telegramm«, das längste in der Geschichte der amerikanischen Diplomatie und das bei weitem meistgelesene. Es zirkulierte in ganz Washington und in allen amerikanischen Botschaften und militärischen Außenposten auf der ganzen Welt. Die Mitglieder der sich neu formierenden nationalen Sicherheitseinrichtungen führten es sich zu Gemüte, und dank seiner Spione las es auch Stalin.

Kennan sprach Fragen an, die »unserer Denkungsart so fremd« waren, dass sie komplizierte Antworten erforderten.[8] Seine Vorgesetzten sollten erkennen, dass in Russland die Wahrheit das war, was Stalin für die Wahrheit ausgab: »Ihre Verachtung der objektiven Wahrheit – ja ihre Weigerung, an deren Existenz zu glauben – verführt die Russen dazu, alle Tatsachenbehauptungen als Instrumente zur Durchsetzung dieses oder jenes verborgenen Ziels zu werten.« Die Russen, so Kennan, betrieben Politik auf zwei Ebenen: auf der Ebene der offiziellen Politik und Diplomatie mit Lippenbekenntnissen hinsichtlich der Beziehungen zu ihren internationalen Verbündeten; und im Verborgenen auf der Ebene der Geheimdienste und Sicherheitsbehörden mit Spionage und Subversion.

»Es gibt gute Gründe für die Vermutung, dass diese Regierung eigentlich eine Verschwörung innerhalb einer Verschwörung ist«, schrieb Kennan. Dass Stalin die Komintern, die Kommunistische Internationale, 1943 in ihrer nach außen sichtbaren Rolle als Weltkongress aufgelöst habe, sei eine Geste gegenüber seinen Kriegsverbündeten gewesen, den Vereinigten Staaten und Großbritannien. Doch das von ihm dirigierte und kontrollierte internationale Netzwerk sei »eine heimliche Komintern ... ein im Untergrund operierendes Direktorat des Weltkommunismus«. Auch wenn J. Edgar Hoover es noch nicht wusste, hatten sowjetische Spione in Amerika die Geheimnisse der Atombombe gestohlen und das Manhattan-Projekt von Anfang an infiltriert.[9] Ihr Vorsprung gegenüber dem FBI und der neu entstehenden CIA war beträchtlich. Die Sowjets hatten mehr als zweihundert Agenten und Quellen in der US-Regierung, im militärisch-industriellen Komplex und in den Medien platziert. Der sowjetische Geheimdienst sei »ein Apparat von erstaunlicher Flexibilität und Vielseitigkeit«, schrieb Kennan, »geführt von Leuten, deren Erfahrung und Geschick bei der Anwendung von verdeckten Methoden vermutlich beispiellos in der Geschichte ist«.

Der Kreml sei »eine politische Kraft, die sich fanatisch zu der Überzeugung bekennt ... dass es wünschenswert und notwendig ist, die innere Harmonie unserer Gesellschaft zu zerstören«, so Kennan in einer Passage seines Langen Telegramms, die Putins politischen Krieg gegen die amerikanische Demokratie vorwegzunehmen scheint. Der Kreml werde versuchen, durch verdeckte Mittel »das nationale Selbstvertrauen zu zerstören, nationale Verteidigungsmaßnahmen zu blockieren, soziale Unruhen und Arbeiteraufstände zu fördern und Uneinigkeit in jeder Form zu schüren ... Man wird Arm gegen Reich hetzen, Schwarz gegen Weiß, Jung gegen Alt, Neuankömmlinge gegen Alteingesessene«. All dies war eine Vorhersage des russischen Angriffs 70 Jahre später.

Gegen diesen neuen Feind zurückzuschlagen sei die größte Aufgabe, die der amerikanischen Diplomatie jemals gestellt worden sei, warnte er. Die Vereinigten Staaten, so sein Rat, müssten ihre Stärken in einer Weise mobilisieren, die wenig mit Armeen und Luftstreitkräften, dafür aber viel mit der Projektion politischer Macht zu tun habe. Stalin und die Sowjetunion mochten »der Logik der Vernunft unzugänglich« sein, so Kennans Fazit, »für die Logik der Gewalt« hingegen seien sie »sehr empfänglich« – Gewalt nicht in Form von Panzern und Soldaten, sondern in Form von politischem Widerstand der Amerikaner, um die Träume des Kremls von Ruhm und Größe platzen zu lassen. Mit der Idee, Amerika könne Russland ohne Waffen bekämpfen, schrieb sich Kennan in die Geschichte ein.

Drei Monate später kehrte er in die Vereinigten Staaten zurück, in ein Land, das er kaum kannte. Er hielt Vorträge an Universitäten und in öffentlichen Foren und wurde im September 1946 als Dozent an das neu gegründete National War College in Fort McNair, Washington, D.C., berufen. Das College sollte dazu beitragen, die disparaten Denkansätze bezüglich der Welt nach dem Zweiten Weltkrieg miteinander zu verbinden, indem es Offiziere und Zivilisten des Kriegs-, Marine- und Außenministeriums zusammenbrachte. Einen anderen Mechanismus gab es nicht. Die Führung des Kriegs- und Marineministeriums kümmerte sich um die militärische Strategie. Das State Department kümmerte sich um die Außenpolitik. Für geheimdienstliche Aktivitäten war niemand zuständig. Und einer einzigen Person in Amerika – dem Präsidenten der Vereinigten Staaten – oblag der Einsatz militärischer Macht für politische und diplomatische Zwecke. Und das war etwas, was außerhalb von Harry Trumans Vorstellungen lag.

In seiner ersten Vorlesung am War College sprach Kennan ein Thema an, das die gesamte Regierung aufhorchen ließ. Wie die Nationalsozialisten, so sagte er, würden auch die Sowjets ihre Ziele ohne moralische Hemmungen und mit aller List und Tücke verfolgen – mit Einschüchterung, Täuschung, Korruption, Subversion, psychologischem und wirtschaftlichem Druck, Erpressung und Mord. Die Vereinigten Staaten müssten sich verteidigen, dem Kreml durch Allianzen mit anderen Ländern entgegentreten und den Sowjets zeigen, dass Amerika eine »Überlegenheit an Stärke« besitze.[10] Kennan erarbeitete die Grundzüge einer Strategie und entwarf eine neue Theorie der amerikanischen Kriegsführung. Zu seinen Anhängern zählten mittlerweile der Marineminister James Forrestal, ein unberechenbarer ehemaliger Wertpapierhändler von der Wall Street, der bald darauf zum ersten Verteidigungsminister der Vereinigten Staaten wurde, und der neu ernannte Außenminister General George C. Marshall, der als Stabschef der Armee unter Franklin D. Roosevelt die größte militärische Expansion der Geschichte koordiniert hatte.

Anfang 1947 trat der Kalte Krieg allmählich ins Bewusstsein der

Amerikaner. Kennan vertiefte sich noch mehr in die Details und schrieb einen Aufsatz, der in der nächsten Ausgabe der Vierteljahreszeitschrift *Foreign Affairs* erscheinen sollte. Der Titel war »The Sources of Soviet Conduct« (Die Quellen des sowjetischen Handelns), und als Verfasser firmierte »X«,[11] seine Leser jedoch wussten, dass Kennan dahintersteckte. Der Aufsatz machte ihn zum Kremlexperten, zu dem Mann, der wusste, wie man den Sowjets entgegentreten musste. Das »Hauptelement jeder US-amerikanischen Strategie gegenüber der Sowjetunion«, schrieb er, müsse »eine langfristige, geduldige, aber entschlossene und wachsame Eindämmung« der imperialen Ambitionen Russlands sein. Und da war es, das Wort, das eine ganze Welt beschreiben sollte. Eindämmung (*containment*) wurde zum Leitbegriff des Kalten Krieges.

»Der sowjetische Druck auf die freien Institutionen der westlichen Welt kann durch die geschickte und wachsame Anwendung von Gegengewalt eingedämmt werden«, schrieb er. »Die Russen erwarten einen Zweikampf von unendlicher Dauer, und sie sehen, dass sie bereits große Erfolge erzielt haben.« Stalin habe fast halb Europa in seiner Gewalt, jetzt habe er Italien, die Türkei, Griechenland und den Iran ins Visier genommen. Aber langfristig würden die Vereinigten Staaten diesen Zweikampf gewinnen, wenn es ihnen gelang, »den Russen mit unerschütterlicher Gegengewalt überall da entgegenzutreten, wo es Anzeichen dafür gibt, dass sie den Interessen einer friedlichen und stabilen Welt schaden«. Amerikanische Generäle meinten, Gegengewalt sei gleichbedeutend mit der Anwendung überwältigender militärischer Macht. Kennan legte dar, dass es darum ging, einen weiteren totalen Krieg zu verhindern. Das Land, schrieb er, sollte nicht einer Logik der Stärke folgen, sondern die Stärke der Logik nutzen. Die Vereinigten Staaten müssten der Sowjetunion und der Welt zeigen, dass sie ein Land sind, das »weiß, was es will, das seine innenpolitischen Probleme erfolgreich bewältigt und seiner Verantwortung als Weltmacht gerecht wird«. Dies könnte sich als die wichtigste Stärke überhaupt erweisen.

Kennans Konzepte bedeuteten für unterschiedliche Menschen unterschiedliche Dinge, auch für Kennan selbst. Er schrieb politische Lyrik; er machte keine konkreten Vorgaben; und er verzweifelte daran, wie Politiker und Generäle seine Ideen verdrehten. Für die einen war die Eindämmung eine Strategie, um zu verhindern, dass Stalin die sowjetische Ideologie weiter in die westliche Welt hineintrug. Die anderen wollten ihn aus Europa vertreiben und hinter die Grenzen Russlands zurückdrängen. Und wieder andere wollten ihn abschrecken oder, falls nötig, ein Atomwaffenarsenal aufbauen, um Russland in eine qualmende radioaktive Ruine zu verwandeln. Der Streit um das beste Mittel zur Erreichung des Ziels zog sich endlos hin und spaltete die Gemüter. Doch im Kern blieb das Konzept der Eindämmung das Fundament der amerikanischen Außenpolitik, bis die Fahne mit Hammer und Sichel im Kreml zum letzten Mal eingeholt wurde. Eindämmung war das Prinzip, um dessentwillen Millionen von Soldaten und Matrosen und Billionen Dollar in Form von Waffen aufgeboten wurden, und das einzige strategische Konzept im Kampf gegen den Kreml, das seine Bedeutung behielt, als der Kalte Krieg vorbei war.

Kennan sagte nicht, wie eine amerikanische Gegenkraft geschaffen werden konnte oder wer dafür zuständig sein sollte. Doch im Frühjahr 1947 trugen seine Ideen in Washington Früchte. Viele seiner Anregungen nahmen bei den regelmäßigen sonntäglichen Abendessen im eleganten Haus von Frank und Polly Wisner im Washingtoner Stadtteil Georgetown Gestalt an, wo Kennan und seine Frau Annelise mit den Wohlhabenden, Mächtigen und Einflussreichen am Tisch saßen. Sie schufen einen amerikanischen Sicherheitsstaat und eine politische Kultur, die 20 Jahre lang Bestand haben sollte, bevor der Vietnamkrieg sie zunichtemachte. Henry Kissinger soll einmal gesagt haben, die Hand, die in Georgetown die Martinis mixe, lenke das Schicksal der westlichen Welt. Da war seinerzeit durchaus etwas dran, jedenfalls solange Frank Wisner, der spätere Leiter der Abteilung für verdeckte Operationen bei der CIA, die Drinks rührte. Wisner war der Sohn reicher Großgrundbesitzer aus Mississippi, wurde in den 1930er Jahren ein angesehener Anwalt in New York und war abgehärtet durch seine Erfahrungen mit Stalins Stoßtrupps gegen die Partisanen, mit denen er als Geheimdienstoffizier im Zweiten Weltkrieg in Rumänien zusammengearbeitet hatte. Er war geschliffen und geistreich und neigte nach dem zweiten oder dritten Drink dazu, große Reden zu schwingen. Zu seinen regelmäßigen Gästen zählten Charles Bohlen, der Kennan später als Botschafter in Moskau ablöste, und Dean Acheson, General Marshalls Stellvertreter und späterer Nachfolger als Außenminister. Sie tranken im Garten unter Tulpenbäumen Cocktails, unterhielten sich beim Essen und zogen sich anschließend zu Brandy und Zigarren in den Salon zurück, um die Probleme zu diskutieren, die Kennan benannt hatte, und die Strategien, die die Vereinigten Staaten durch unbekannte Gewässer lotsen konnten. Im April berief Acheson Kennan in den neu geschaffenen Politischen Planungsstab des Außenministeriums. Das Büro lag neben dem von General Marshall, dessen Tür Kennan stets offen stand. »Der General«, schrieb Acheson, wollte, dass Kennan »vorausblickt, nicht in eine ferne Zukunft, aber über die Perspektive der operativen Kräfte hinaus, die im Rauch und in den Krisen des laufenden Gefechts stehen – weit genug, um die kommenden Ereignisse zu erkennen und um zu skizzieren, was zu tun ist, um ihnen zu begegnen oder ihnen zuvorzukommen.«[12]

In jenem Frühjahr und Sommer begann in Kennans Kopf eine Strategie für den Kalten Krieg Gestalt anzunehmen. Aus einer seiner Ideen ging der Marshallplan hervor, der Milliarden von Dollars bereitstellte, um die zerstörten Städte Westeuropas wiederaufzubauen und Millionen hungernder und verhungernder Menschen zu versorgen. Eine andere führte zur Gründung von Radio Free Europe, das bald in vielen Sprachen und auf vielen Frequenzen machtvolle Signale hinter den Eisernen Vorhang schickte, um Amerikas Einfluss zu stärken und die Sowjetideologie zu unterwandern. Aus einer dritten Idee entstand die Abteilung für verdeckte Operationen der neuen und noch rudimentären Central Intelligence Agency, des amerikanischen Auslandsgeheimdiensts. Am 27. September 1947, zwei Monate nachdem die CIA per Gesetz als eine Organisation zur geheimdienstlichen Informationsbeschaffung gegründet worden war, schickte Kennan dem Verteidigungsminister Forrestal einen Vorschlag, der aus einem Gespräch an Wisners Tisch hervorgegangen war. Die Vereinigten Staaten, schrieb er, müssten »ein Korps zur Führung eines Guerillakriegs« aufstellen, um den Sowjets im Ausland Paroli zu bieten – eine Streitmacht, um »Feuer mit Feuer zu bekämpfen«.[13]

Ein paar Tage später ging eines von Kennans ersten wichtigen Papieren für den Politischen Planungsstab an den neu gegründeten Nationalen Sicherheitsrat, dem er als Marshalls Vertreter angehörte, und im Oktober landete das Dokument auf Trumans Schreibtisch. Es bot einen Überblick über die globalen sowjetischen Ziele mit besonderem Augenmerk auf einer wachsenden politischen Krise in Italien, die Gegenstand der ersten Sitzung des Nationalen Sicherheitsrats nur zwei Wochen zuvor gewesen war. Eine halbe Million Italiener hatten im Zweiten Weltkrieg im Kampf gegen den Faschismus ihr Leben verloren, ein Blutzoll sehr viel höher als der der Vereinigten Staaten. Die seit dem Krieg in Italien stationierten amerikanischen Streitkräfte waren im Begriff abzuziehen. Für April 1948 waren dort landesweite Neuwahlen angesetzt. Der Kreml werde die italienischen Kommunisten anweisen, »praktisch einen Bürgerkrieg zu führen«, um die Macht zu übernehmen, prophezeite Kennan, und die Russen würden versuchen, im Verborgenen zu agieren, indem sie Spione statt Soldaten einsetzten.[14] »Darauf reagieren wir am besten, indem wir lokale Widerstandskräfte auf jede erdenkliche Art und Weise unterstützen«, erklärte er. »Wir sollten bestimmen, wo es langgeht.« Das Ergebnis war die erste größere verdeckte Operation in der Geschichte der CIA.

Am 17. Dezember gab der Nationale Sicherheitsrat eine weitreichende Direktive heraus, die Kennans Handschrift trug. Darin wurde die CIA angewiesen, »verdeckte psychologische Operationen« gegen Moskau zu konzipieren und auszuführen.[15] Das Ziel war klar, die Mittel, um es zu erreichen, keineswegs. Die letzten größeren psychologischen Operationen, die die Vereinigten Staaten durchgeführt hatten, waren die Täuschungsmanöver zur Unterstützung von General Eisenhowers Landung in der Normandie am D-Day 1944. Dies hier war ein anderes Schlachtfeld. Nichts in den Weisungen des Nationalen Sicherheitsrats definierte, wie solche Operationen aussehen sollten. Nichts in der Satzung der CIA ermächtigte die Behörde dazu, derartige Operationen durchzuführen. Sie waren durch kein Gesetz autorisiert, ihre Finanzierung war durch kein Parlament abgesegnet. Die Folge war ein irrwitziges Gerangel um Geld und Personal im provisorischen CIA-Hauptquartier in Washington, in Forrestals Pentagon und in Italien, wo die kommunistische Volksfront mit ihren kriegsgestählten Veteranen, die gegen Mussolinis Faschisten gekämpft hatten, mit der konservativen, vom Vatikan unterstützten Partei Democrazia Cristiana um die politische Kontrolle des Landes rang. Die

Operation in Italien fand in einer Atmosphäre apokalyptischer Dringlichkeit statt. Die Analysten der CIA zeichneten das Bild eines Wettstreits zwischen Stalin und dem Papst – eines Kampfes um die westliche Zivilisation. Präsident Truman wies Forrestal an, insgeheim Waffen und Munition für die Sicherheitskräfte der italienischen Regierung ins Land zu schaffen. Hochrangige Offiziere des Nachrichtendienstes der amerikanischen Armee schmiedeten Notfallpläne zur Unterstützung eines Militärputschs, falls die Kommunisten die Wahlen gewinnen würden. In der prachtvollen amerikanischen Botschaft in Rom traf sich der Militärattaché mit dem Botschafter und dem CIA-Stationschef James Angleton und berichtete, alle seien sich einig, dass ein kommunistischer Sieg »den Dritten Weltkrieg auslösen« könnte.[16]

Am 8. März 1948 erwog der Nationale Sicherheitsrat, wie groß die Wahrscheinlichkeit war, dass die Kommunisten mit legalen Mitteln an die Macht kamen und aus Italien einen totalitären, moskauhörigen Staat machten. In den ersten drei großen Berichten des Nationalen Sicherheitsrats ging es um Italien, und in diesem, dem dritten, wurde die finanzielle Unterstützung der Christdemokraten und anderer antikommunistischer Parteien Italiens sowie eine »umfassende, großangelegte und offen antikommunistische Kampagne« der politischen Propaganda befürwortet. Es war im Grunde die offizielle Genehmigung von Operationen, die bereits im Gange waren.[17] Die Christdemokraten und ihre politischen Verbündeten erhielten über die CIA mindestens zehn Millionen Dollar als Unterstützung; ein Dollar im Jahr 1948 entspricht zehn Dollar nach heutigem Wert. Jeder Cent war Schwarzgeld. Zur Finanzierung der Operation musste die CIA ein riesiges Geldwäschesystem aufbauen. Dieser großangelegte Schwindel war größtenteils das Werk Forrestals und seines Busenfreunds Allen Dulles, des späteren CIA-Direktors. Sie zapften unter anderem einen Fonds des Finanzministeriums an, der für den Wiederaufbau Nachkriegseuropas bestimmt war. Von dort flossen große Summen an reiche Amerikaner, die Schecks auf von der CIA gegründete Tarnorganisationen ausstellten und das Geld mit Hilfe eines Codes als wohltätige Spende von der Steuer absetzten. Weitere Gelder kamen über Schweizer Banken von reichen Freunden Forrestals und Dulles'. In römischen Vier-Sterne-Hotels übergaben CIA-Agenten Koffer voller Bargeld an Politiker und politisch versierte katholische Priester. Hauptsächlich mit diesen Zuwendungen wurde der christdemokratische Wahlkampf finanziert: Hörfunksendungen und Fernsehspots, Plakate, Flugblätter und Propaganda zur Beeinflussung der öffentlichen Meinung. Dies brachte der Democrazia Cristiana so viele Stimmen ein, dass sie am 18. April mit 48,51 Prozent die Mehrheit im italienischen Parlament errang. Die CIA unterstützte die italienischen Christdemokraten noch weitere 25 Jahre.

Die Wahl wurde zwar nicht allein aufgrund dieser Geheimoperation gewonnen, aber sie war für die neuen Aufseher über die nationale Sicherheit bei der CIA, im Nationalen Sicherheitsrat, im Außenministerium und im Pentagon der Beweis, dass verdeckte Aktionen den Lauf der Geschichte verändern konnten.

Am 4. Mai 1948, 16 Tage nach den Parlamentswahlen in Italien, präsentierte Kennan ein Manifest mit dem Titel »The Inauguration of Organized Political Warfare« (Der Beginn der organisierten politischen Kriegsführung).[18] Erstaunlicherweise sind entscheidende Abschnitte dieses Dokuments bis heute streng geheim. Es galt als zu brisant, um als offizielles politisches Planungspapier dienen zu können; nur eine Handvoll Kopien wurden angefertigt. Kennan schoss mit diesem Schreiben einen brennenden Pfeil ab, und dieser Pfeil traf ins Schwarze. Zu Beginn zitierte er Clausewitz mit seiner Theorie des Kriegs als politisches Mittel. Dann machte er einen gedanklichen Sprung: Wenn Kriege nichts anderes waren als Politik, konnte auch Politik Krieg sein. »Politische Kriegsführung ist die logische Anwendung von Clausewitz' Doktrin in Friedenszeiten«, schrieb er. »Politische Kriegsführung ist der Einsatz aller Mittel außer Krieg, die ein Land zur Verfügung hat, um seine nationalen Ziele zu erreichen.«

Folglich war der Marshallplan politische Kriegsführung. Die Gründung der NATO in Westeuropa als politisches und militärisches Bündnis unter Führung Amerikas elf Monate später war politische Kriegsführung. Spionage, Sabotage, Propaganda und die »Ermunterung zum geheimen Widerstand in feindlichen Staaten« – all dies waren wichtige Elemente der politischen Kriegsführung. Die amerikanische Führung sollte erkennen, dass das britische Weltreich nicht zuletzt dank politischer Kriegsführung aufgebaut worden war und vier Jahrhunderte Bestand gehabt hatte und dass »die politische Kriegsführung des Kremls die raffinierteste und wirksamste in der Geschichte überhaupt« war.

Die Amerikaner müssten nun in diese Schlacht eintreten. Ihre Sicht der Welt, so Kennan, sei getrübt durch ihre Überzeugung, es gebe »einen grundlegenden Unterschied zwischen Frieden und Krieg, durch die Neigung, Krieg als eine Art sportlichen Wettstreit außerhalb jeden politischen Zusammenhangs zu betrachten, durch die nationale Neigung, ein politisches Allheilmittel zu suchen, sowie durch die mangelnde Bereitschaft, die Realität der internationalen Beziehungen anzuerkennen – den immer gleichen Rhythmus des Kampfes in Kriegs- wie in Nichtkriegszeiten«. Dieser Rhythmus gab den Takt des Kalten Krieges vor.

Die Vereinigten Staaten, so Kennan weiter, müssten sich »der ganzen Macht der politischen Kriegsführung des Kremls« entgegenstellen, da Stalin Ländern wie der Tschechoslowakei, Ungarn und Polen seinen Willen aufzwang und weiter nach Westen vorstoßen würde, wenn er nicht auf Widerstand traf. »Wir können es uns nicht leisten, unsere Ressourcen für eine verdeckte politische Kriegsführung ungenutzt zu lassen«, schrieb er. »Wir können es uns in Zukunft, angesichts vielleicht noch ernsterer politischer Krisen, nicht leisten, uns Hals über Kopf in improvisierte verdeckte Operationen zu stürzen« – wie bei dem Abenteuer in Italien. Er schlug vier neue Wege des Kampfes vor.

Das Erste waren »Befreiungskomitees« unter amerikanischer Kontrolle, jedoch bestehend aus politischen Flüchtlingen aus der Sowjetunion und deren Satellitenstaaten, die »den Anstoß für weiteren Widerstand der Bevölkerung« Osteuropas geben würden. Die Flüchtlinge sollten für eine »organisierte öffentliche Unterstützung des Widerstands gegen die Tyrannenherrschaft« sorgen. Und wenn der kalte zu einem heißen Krieg werde, könnten sie »regelrechte Befreiungsbewegungen« bilden. Vorerst würden ihre amerikanischen Sponsoren Führungspersonen auswählen, die »als öffentliche Figuren mit Zugang zu Druckerpressen und Mikrophonen« gefördert werden sollten. Aus dieser Idee ging das Nationalkomitee für ein Freies Europa hervor, eine Tarnorganisation der CIA unter Leitung von Allen Dulles, leidenschaftlich unterstützt von General Eisenhower und hinter den Kulissen auch von Kennan. Dieses Komitee finanzierte den Sender Radio Free Europe, der im Januar 1950 die ersten Sendungen über den Eisernen Vorhang hinweg ausstrahlte und zur wichtigsten Waffe des amerikanischen Informationskriegs im 20. Jahrhundert wurde.

Kennan verlangte außerdem die Durchführung verdeckter Operationen in Ländern, in denen der politische Krieg der Sowjets Amerikas nationale Sicherheit bedrohte, und betrachtete solche Operationen als eine »dringliche Angelegenheit«, da die Kommunisten versuchten, die Hilfslieferungen des Marshallplans zu unterbinden. Und hier lag ein entscheidendes Bindeglied. Der Kongress hatte der CIA immer noch keine Gelder zugeteilt und keine Erlaubnis zur Durchführung verdeckter Operationen gegeben. Für den Marshallplan zum Wiederaufbau Europas hatte er Milliarden bewilligt. Die maßgeblichen Koordinatoren des Marshallplans waren in Paris Kennans ehemaliger Chef Averell Harriman und in Washington Richard Bissell, der zu Kennans engstem Zirkel gehörte und später bei der CIA für das Spionageflugzeug U-2 und die Invasion in der Schweinebucht verantwortlich war. Kennan schickte ihnen mit Frank Wisner einen vertrauenswürdigen Emissär, der um die Finanzierung verdeckter Operationen in Europa ersuchte, eine Bitte, der sie bereitwillig nachkamen. Geld spielte keine Rolle, sie hatten sehr viel mehr zur Verfügung, als sie ausgeben konnten. Auf diese Weise hatten CIA-Offiziere in Europa und Asien in den nachfolgenden fünf Jahren Zugang zu 685 Millionen Dollar aus den Kassen des Marshallplans. Diese inoffiziellen Gelder waren entscheidend für die Entwicklung der CIA als eines klandestinen Dienstes, der verdeckte Operationen auf der ganzen Welt durchführte.

Die erste dieser Operationen wurde von Kennan persönlich autorisiert. Die unmittelbarste Bedrohung war der Versuch kommunistischer Arbeiterführer, mit Streiks und Einschüchterung die Verteilung der Marshallplan-Hilfen und die Entladung von Militärgütern aus amerikanischen Schiffen in Marseille und Neapel zu verhindern. Die Operation wurde binnen weniger Wochen auf die Beine gestellt. Über Irving Brown, einen zuverlässigen Gefolgsmann in der Gewerkschaft, der in den nächsten 40 Jahre ein Verbindungsmann der politischen Kriegsführung der CIA in Europa war, flossen Gelder an Gewerkschaftsgruppen in Frankreich und Italien sowie an die Gangster, die für sie die Drecksarbeit erledigten. Die militärischen und wirtschaftlichen Hilfslieferungen kamen ungehindert ins Land.

Jetzt wandte sich Kennan paramilitärischen Operationen zu, »um zu verhindern, dass wichtige Einrichtungen, weiteres Material oder Personal [von den Sowjets] sabotiert, liquidiert oder unversehrt erbeutet werden«. Damit reagierte er auf die immer dringlicheren Forderungen Forrestals und des Vereinigten Generalstabs, die sich auf einen möglichen Dritten Weltkrieg vorbereiteten. Sie wollten, dass für den Kampf gegen die Rote Armee ausländische Flüchtlinge angeworben und geschult wurden; sie verlangten Pläne zur Sabotage von Ölquellen und Raffinerien in Saudi-Arabien, Iran und Irak, damit diese in Kriegszeiten nicht den Russen in die Hände fielen; sie suchten Mittel und Wege zur Evakuierung ausländischer Staatschefs und Verbündeter, die in einer politischen Krise in Gefahr geraten könnten. Je mehr sich der Kalte Krieg verschärfte, desto dringender wurden diese Forderungen.

All dies waren jedoch nur die Präliminarien zu Kennans kühnster Idee. »Die Zeit ist nun reif für die Schaffung einer Abteilung innerhalb der Regierung, die für Operationen der verdeckten politischen Kriegsführung zuständig ist«, schrieb er. Diese Operationen »müssen unter einer Gesamtleitung stehen. Einer muss der Boss sein.« Und der Mann, den er dafür ausersehen hatte, war Frank Wisner, damals im Außenministerium zuständig für Operationen im amerikanischen Sektor Berlins. Kennan schuf einen Posten, den Wisner zehn Jahre lang innehatte: den des Chefs von Amerikas verdeckten Operationen.

Unterdessen hatten Stalins Soldaten und Spione dem sowjetischen Machtbereich Polen, die Tschechoslowakei, Ungarn, Rumänien und die baltischen Staaten einverleibt. Sie hatten den Iran, Griechenland und die Türkei bedroht. Sie versuchten, die Politik und Diplomatie Westeuropas in Paris, Rom und London zu untergraben, und sie hatten die Berlin-Blockade durchgeführt. Die Vereinigten Staaten, schrieb Kennan am 20. August 1948, sollten danach streben, »die Macht und den Einfluss Moskaus in einer Weise zu beschränken, dass sie für den Frieden und die Stabilität der internationalen Völkergemeinschaft keine Bedrohung mehr darstellen«.[19] Dieses Konzept ging über Eindämmung hinaus in Richtung Ausübung von Zwang und bildete den Eckpfeiler der geheimen Direktive NSC 20/4, die Präsident Truman nach seiner knappen Wiederwahl im November unterzeichnete und am 3. Dezember an sein Kabinett weitergab. Die Vereinigten Staaten, hieß es darin, würden danach streben, die Kriegsbeute von Stalin zurückzuerobern, die sowjetische Flut, die den Rand Westeuropas erreicht hatte, aufzuhalten und zurückzudrängen, bis der »schrittweise Rückzug ungebührlicher russischer Macht und ungebührlichen russischen Einflusses« erreicht sei und »die Satellitenstaaten als von der UdSSR unabhängige Länder« in Erscheinung träten.[20] Ziel sei die Befreiung Osteuropas durch politische Kriegsführung.

»Die Entwicklung der internationalen Situation«, teilte Kennan am 6. Januar 1949 Wisner mit, »macht die Bedeutung verdeckter Operationen mit jedem Tag klarer, wenn unsere nationalen Interessen adäquat geschützt werden sollen.«[21] Mit Rückendeckung des Pentagons, des Vereinigten Generalstabs und des Außenministeriums gründete Wisner eine komplett neue und höchst geheime Abteilung der amerikanischen Regierung: die Abteilung für verdeckte Operationen der CIA. Voller Stolz bemerkte er, die »eigentlichen Architekten des ganzen Deals« seien Marshall, Harriman, Forrestal und Kennan.[22]

Am Ende von Trumans Präsidentschaft vier Jahre später hatte Wisner Hunderte von größeren verdeckten Operationen organisiert und fast zwei Milliarden Dollar ausgegeben. Er und sein Vorgesetzter hatten für das kommende Jahr ein Budget in Höhe von mehr als 700 Millionen Dollar veranschlagt, rund ein Prozent des Bruttoinlandsprodukts der Vereinigten Staaten. In den zehn Jahren, in denen Wisner Amerikas waghalsigste Operationen der politischen Kriegsführung durchführte, gab er seinen Leuten das Gefühl, sie seien die Tempelritter Amerikas. Sie konnten überall auf der Welt Präsidenten und Könige, Ministerpräsidenten und politische Parteien einsetzen oder stürzen. Sie konnten sich die Loyalität von Generälen, Diktatoren, Spionagechefs, hohen Sicherheitsbeamten, Gewerkschaftsbossen und Zeitungsverlegern erkaufen oder sich wenigstens eine Zeitlang sichern. Sie waren in das politische Schicksal unter anderem von Frankreich, Deutschland, Griechenland, Pakistan, Ägypten, Syrien, Jordanien, Thailand, den Philippinen, Südkorea und Südvietnam verstrickt. Und ab Sommer 1949 schulten sie fünf Jahre lang Exilanten, Emigranten, Flüchtlinge und andere ausländische Akteure und setzten sie als Befreiungsarmeen hinter den feindlichen Linien in Osteuropa ein. Fast alle diese paramilitärischen Operationen endeten in Tod und Desaster.

Sie fanden im Rahmen einer Gesamtstrategie statt, die Kennan am 25. August 1949 formuliert und Truman kurz darauf in Form einer geheimen Direktive gebilligt hatte. Es war der erste konkrete Plan, um die Sowjets aus Polen, der Tschechoslowakei, Ungarn, Albanien und den anderen osteuropäischen Ländern zu vertreiben und die unfreien Nationen im Zuge einer allumfassenden Kampagne der politischen Kriegsführung zu befreien.[23] »Seit dem V-E [Victory in Europe] Day«, dem 8. Mai 1945, so Kennan, »haben wir den Vorstoß der Sowjetmacht nach Westen aufgehalten, zumindest vorerst«, und »bei der Entwicklung Westeuropas als Gegenkraft zum Kommunismus substanzielle Fortschritte gemacht. Dies sind defensive Erfolge. Die Zeit ist jetzt reif, um größeren Nachdruck auf die Offensive zu legen« und »die Eliminierung oder wenigstens Verringerung des beherrschenden sowjetischen Einflusses in den Satellitenstaaten Osteuropas« anzustreben. Als »wesentliche Voraussetzung« dafür müssten die Vereinigten Staaten auf einen »Rückzug der sowjetischen Truppen aus den Satellitenstaaten« drängen. Erforderlich sei eine Kombination aus starkem diplomatischen Druck, wirtschaftlicher Macht und politischem Angriff. Ebenso die Projektion der Macht durch die amerikanischen Streitkräfte im Rahmen der neu geschaffenen NATO-Militärallianz und Propagandaanstrengungen zur Verbreitung von ketzerischen Ansichten über Stalin. Das geheimste Element dieser Strategie war die verdeckte Aktion.

Die CIA warb Exilanten und Emigranten an, die durch den Krieg staatenlos geworden waren, schulte sie auf amerikanischen Militärbasen im besetzten Deutschland und schleuste Welle um Welle dieser bedauernswerten ausländischen Agenten in das bitterarme und isolierte Albanien, einen sowjetischen Satellitenstaat, der an Griechenland, Jugoslawien und die Adria angrenzte. Fast alle diese Guerillagruppen gingen dem sicheren Tod entgegen, Jahr für Jahr, ob sie nun auf dem Luft-, Land- oder Seeweg eintrafen. Am 5. September 1949 wurde eine zweite Front eröffnet, als Steve Tanner, ein Gründungsmitglied der CIA, ukrainische Partisanen – in München rekrutierte Emigranten – hinter den Eisernen Vorhang schickte, in die Nähe der Stadt Lwow, die die Rote Armee zehn Jahre zuvor Polen weggenommen und der Ukraine angegliedert hatte. Die CIA glaubte, die Operation werde in der Ukraine – der Kornkammer der Sowjetunion und deren größte Republik außerhalb Russlands – eine im Untergrund operierende große Widerstandsbewegung entstehen lassen. Im Verlauf der nachfolgenden vier Jahre genehmigte Wisner die Fallschirmlandung mehrerer Dutzend weiterer bewaffneter Mitglieder des Obersten Ukrainischen Befreiungsrats. Sie alle wurden gefangen genommen oder getötet. Sowjetische Geheimdienstoffiziere zwangen die Überlebenden, per Funk ermutigende Nachrichten an ihre CIA-Führungsoffiziere zu schicken, die eine weitere Partisaneneinheit und noch eine schickten. Keiner von ihnen überlebte. Doch die Vorstellung, dass der Eiserne Vorhang vom amerikanischen Geheimdienst durchdrungen werden konnte, war elektrisierend. Die CIA begann, paramilitärische Operationen nach Russland, Polen, Rumänien und in die baltischen Staaten zu entsenden. Es waren Selbstmordmissionen, denn die Exilanten- und Emigrantengruppen, die für diese Unternehmungen rekrutiert wurden, waren von sowjetischen Informanten infiltriert, und ihre Pläne wurden von dem Verbindungsmann des britischen Nachrichtendienstes in Washington, der eng mit der CIA zusammenarbeitete, nach Moskau übermittelt. Sein Name war Kim Philby, und er war der wichtigste ausländische Agent, den Moskau im Kalten Krieg anwarb.

Die sowjetische Spionage hatte Stalin auf der internationalen politischen Bühne Truman ebenbürtig gemacht. Am selben Tag, an dem Tanners Team in den Wäldern der Ukraine mit Fallschirmen absprang, registrierten die Vereinigten Staaten den radioaktiven Niederschlag von Moskaus erstem Atombombentest. Dank Stalins Spionen in Amerika hatten die sowjetischen Wissenschaftler die Bombe mindestens drei bis vier Jahre schneller entwickeln können. Auf den sowjetischen Test reagierte Truman mit der Genehmigung zur Entwicklung der Wasserstoffbombe. Auch hier zog Stalin bald nach, aber selbst er betrachtete die Bombe als einen vergifteten Kelch. Er bedauerte, dass »Atomwaffen kaum eingesetzt werden können, ohne das Ende der Welt in Kauf zu nehmen«.[24] Beiden Männern war bewusst, dass die zerstörerischste Waffe der Geschichte im Krieg nicht eingesetzt werden konnte, ohne die Menschheit zu vernichten. »Niemand will sie einsetzen«, sagte Truman. »Aber ... wir müssen sie haben, und sei es nur, um mit den Russen verhandeln zu können.«[25]

Der amerikanische Test einer Wasserstoffbombe erfolgte am 1. November 1952, drei Tage bevor Dwight D. Eisenhower die Präsidentschaftswahlen gewann. Der sowjetische Test fand ein Jahr später statt, fünf Monate nach Stalins Tod. Die Explosionen waren Hunderte Male gewaltiger als die der Bomben, die Hiroshima und Nagasaki zerstört hatten. Dies waren keine Waffen für einen Krieg, dem eine Strategie zugrunde lag, sondern Instrumente eines Genozids oder Suizids – oder von beidem. Es waren politische Waffen. Ihre entsetzliche Zerstörungskraft garantierte, dass der Kalte Krieg mittels politischer Kriegsführung ausgefochten werden würde. Die Sowjets würden unter Einsatz von Gewalt ihren Zugriff verstärken. Die Amerikaner würden, so aussichtslos es schien, weiter versuchen, ihn zu lockern.

KAPITEL 3

Die Wahrheit ist nicht genug

General Dwight D. Eisenhower war im August 1945 zu einem Treffen mit Stalin nach Moskau geflogen, zwei Tage nachdem Truman die Atombombe abgeworfen und Japan zur bedingungslosen Kapitulation gezwungen hatte. Auf dem 1600 Kilometer langen Flug von Berlin wurde er von Marschall Georgi Schukow begleitet, seinem Kollegen bei der Roten Armee. Als Eisenhower aus dem Fenster seines tief fliegenden viermotorigen Turboprop-Flugzeugs blickte, stellte er fest, dass auf russischem Boden kein einziges Gebäude mehr stand. In dieser blutgetränkten Erde lagen die sterblichen Überreste von Millionen Zivilisten und Soldaten. Bei einem großen Bankett im Kreml prosteten sich Eisenhower und Uncle Joe mit Champagner zu, und auf Eisenhower wirkte der siegestrunkene Stalin merkwürdig väterlich, während Stalin den Oberbefehlshaber der amerikanischen Besatzungstruppen für einen menschlichen und gutherzigen Mann hielt. Bei einer Pressekonferenz in Moskau erklärte Eisenhower später gegenüber den Journalisten: »Ich sehe nichts, was Russland und die Vereinigten Staaten in Zukunft davon abhalten sollte, die engsten Freunde zu sein.«[1] Wie sich herausstellte, war dies eine Illusion.

Als Präsident Truman Eisenhower Ende 1950 zum ersten Oberkommandierenden der NATO-Streitkräfte in Europa berief, sah es aus, als stünde der Dritte Weltkrieg bevor; ein Blitz aus heiterem Himmel konnte genügen, um einen Flächenbrand auszulösen. Die North Atlantic Treaty Organization war im April 1949 gegründet worden, um diese Katastrophe zu verhindern, aber als Eisenhower seinen Posten antrat, existierte sie mehr oder weniger nur auf dem

Papier. In der NATO waren die USA, Kanada und zehn europäische Staaten in einem Verteidigungsbündnis zusammengeschlossen. Mit dem NATO-Vertrag machten die Vereinigten Staaten jedem Mitglied explizite nukleare und konventionelle Sicherheitszusagen, und im Gegenzug wurde die amerikanische Militärpräsenz auf europäischem Boden untermauert. Kernpunkt des Vertrags war, dass ein Angriff auf einen NATO-Mitgliedsstaat einen Angriff auf alle bedeutete.

Eisenhower tat die russischen Drohungen gegen die von Amerika hochgerüstete NATO als Propaganda ab. Auch wenn die Angst vor einem Angriff auf Westeuropa groß war und die amerikanischen Truppen die nächsten vier Jahrzehnte damit verbrachten, aufzurüsten, zu trainieren und Manöver durchzuführen, bezweifelte Eisenhower, dass die Russen einen solchen Angriff zu diesem oder einem späteren Zeitpunkt ausführen würden. »Ich persönlich glaube, dass die Leute im Kreml ihren Job mögen. Sie sehen keine Möglichkeit, jetzt einen Krieg zu gewinnen, und ich glaube nicht, dass sie einen anfangen werden«, sagte er am 31. Januar 1951 bei einer Konferenz im Weißen Haus mit dem Präsidenten und seinem Kabinett, nachdem er sich zu Unterredungen mit den militärischen und politischen Führern der NATO-Mitgliedsstaaten getroffen hatte. »Sie wissen, dass es sie ihren Job und ihren Kopf kosten wird, wenn sie etwas anfangen, was sie nicht gewinnen können.«[2] Das dringendste politische Problem in Europa, sagte er, sei nicht der Kommunismus. Es sei die Armut. Es sei die Angst. Die einzige Lösung sah er in einer gemeinsamen Front der Vereinigten Staaten, ihrer Verbündeten aus dem Zweiten Weltkrieg und Westdeutschlands. Warum habe man eigentlich solche Angst vor den Russen, wollte Eisenhower wissen. Warum sollte man sich vor »190 Millionen rückständigen Menschen« fürchten? Die Antwort sei simpel: »Es besteht Einigkeit aufseiten der Russen und Uneinigkeit aufseiten des Westens. Die russische Einigkeit ist eine erzwungene Einigkeit, eine Einigkeit mit vorgehaltenem Bajonett, aber dennoch eine Einigkeit.« Seine Aufgabe, sagte er, bestehe darin, dem Westen ein Gemeinschaftsgefühl zu geben. Innerhalb eines Jahres verwandelte er mit der Kraft seines Willens die NATO von einem bloßen Konzept in eine Streitmacht mit einer halben Million Männern in Uniform – 35 Divisionen, sechs davon amerikanische – und einer Flotte von fast 3000 Flugzeugen. Aber die NATO brauche mehr als

Kampfflugzeuge, Panzer und Soldaten, sagte Eisenhower dem Präsidenten. »Was wir am dringendsten brauchen«, schrieb er an Truman, »ist der Wille zu kämpfen – Selbstvertrauen.«[3] Und das besaß er. Als Oberkommandierender der alliierten und amerikanischen Streitkräfte in Europa konnte Eisenhower dieses wichtige Element beisteuern. »Im wahrsten Sinne des Wortes«, schreibt sein kompetentester Biograph, »war Ike die NATO und die NATO Ike«.[4]

An Weihnachten 1951 bot Truman Eisenhower die Präsidentschaftskandidatur für die Demokraten an, und zwar nicht zum ersten, sondern zum vierten Mal. »Wenn ich tue, was ich tun will, gehe ich zurück nach Missouri«, vertraute Truman Eisenhower in einem handschriftlichen Brief an. »Wenn Sie sich entscheiden, den Job in Europa zu Ende zu bringen (und ich wüsste nicht, wer es sonst könnte), muss ich die Isolationisten vom Weißen Haus fernhalten. Geben Sie mir bitte Bescheid, was Sie zu tun gedenken. Es bleibt unter uns.«[5] Ohne es sicher zu wissen, war er davon ausgegangen, dass sich der General für die Demokraten nominieren lassen würde. Niemand konnte mit Bestimmtheit sagen, welcher Partei Eisenhower zuneigte. Die einzigen politischen Gruppierungen, die womöglich gegen ihn arbeiten würden, waren im konservativen Flügel der Republikanischen Partei angesiedelt – die Isolationisten, die Verfechter von »America First«, die McCarthy-Anhänger. Die Republikaner hatten vor, Senator Robert Taft aus Ohio zu nominieren, einen Präsidentensohn, der sich zwei Jahrzehnte lang gegen den Fortschritt gestemmt hatte. Er hatte den New Deal bekämpft. Er hatte sich entschieden gegen den Eintritt der Vereinigten Staaten in den Zweiten Weltkrieg gestellt. Er verurteilte die Nürnberger Prozesse. Er trat vehement gegen die Gründung der NATO ein. Und er schien drei Viertel der Delegierten des Nominierungsparteitags hinter sich zu haben.

Eisenhower spielte mit verdeckten Karten. Im Februar 1952 verstieß er gegen den militärischen Kodex, dass Offiziere im aktiven Dienst kein politisches Amt anstreben sollten. Über einen engen Freund, den pensionierten General Lucius Clay, der nach ihm Militärgouverneur im besetzten Deutschland gewesen war und mit der Luftbrücke die sowjetische Blockade Berlins gebrochen hatte, ließ er die Republikaner wissen, dass er zur Verfügung stehe. Er trat bei der Vorwahl der Republikaner in New Hampshire an und gewann gegen

Taft, und nach zähem Ringen gewann er auch die Nominierung. Bei der Präsidentschaftswahl im November setzte er sich dann mit einem Erdrutschsieg gegen den demokratischen Kandidaten Adlai Stevenson II durch. Stevenson wurde von den meisten Amerikanern, denen der Kalte Krieg Angst machte, als zu liberal abgelehnt. Zum entscheidenden Moment kam es zwei Wochen vor dem Wahltag, als Eisenhower versprach, den Koreakrieg zu beenden, der sich zu einem blutigen Patt entwickelt hatte – mit 25 000 toten Amerikanern.

Vom Tag seiner Amtseinführung am 20. Januar 1953 an setzte Eisenhower sich acht Jahre lang für den Frieden ein. Nachdem er den Koreakrieg beigelegt hatte, starb während seiner Amtszeit kein einziger amerikanischer Soldat mehr im Gefecht. Seiner Ansicht nach war der einzige Weg, um einen dritten Weltkrieg zu gewinnen, ihn zu verhindern.

Aber die Ambitionen von Eisenhowers kalten Kriegern waren grenzenlos, und die Vorschläge, die sie dem Präsidenten auf den Tisch legten, atemberaubend: im Namen des Antikommunismus Regierungen auf der ganzen Welt zu stürzen. Die Rote Armee zu einem Aufstand gegen das Politbüro anzustacheln. Osteuropa zu befreien, sei es durch Waffengewalt oder durch Sabotage und Subversion. Eine Atombombe über Nordvietnam abzuwerfen, das gegen eine halbe Million französischer Soldaten kämpfte. Und bevor es zu spät sei, einen atomaren Überraschungsangriff auf Moskau durchzuführen. Eisenhower brauchte eine Struktur, um diesen hochfliegenden Plänen Disziplin und Ordnung zu verleihen. Charles Bohlen, den Eisenhower als Nachfolger von George Kennan zum amerikanischen Botschafter in Moskau ernannte, lieferte ein erstes Grundgerüst. Die Sowjets hatten Kennan ausgewiesen, weil er die Repressionen durch den Kreml öffentlich verurteilte, nachdem man ihn ein Jahr lang in erstickender Weise überwacht hatte.

Am 7. März 1953, zwei Tage nach Stalins Tod, skizzierte Bohlen das Problem in aller Deutlichkeit: »Über all unseren Plänen und Aktionen«, schrieb er, »schwebt die Frage, ob sich dieses Land jetzt oder demnächst entschließt, einen Umsturz im Kreml herbeizuführen.«[6] Oder ob es stattdessen nach außen hin eine Art friedliche Koexistenz anstrebte, während es insgeheim versuchte, die Sowjets zu unterwandern. Eine Frage, die fast drei Jahre lang unentschieden blieb. Und in diesen tausend Tagen marschierten Eisenhowers christliche Soldaten einem unbekannten Ziel entgegen.

Eisenhower widmete seine Präsidentschaft von Anfang dem Kampf gegen die Sowjets. Mit dem Nationalen Sicherheitsrat orchestrierte er die Instrumente seiner Macht. Dessen Mitglieder versammelten sich allwöchentlich um den großen runden Mahagonitisch im Cabinet Room des Weißen Hauses, und Eisenhower führte den Vorsitz und kritzelte Karikaturen und Kaffeetassen auf seinen Notizblock, während er das Schicksal der Welt abwog. Im Nationalen Sicherheitsrat wurden die Strategien zur Schwächung der Macht im Kreml entwickelt. Neben dem Präsidenten gaben Außenminister John Foster Dulles und sein Bruder Allen den Ton an. John Foster Dulles hatte im Wahlkampf für Eisenhower immer wieder die Befreiung der osteuropäischen Staaten thematisiert. Allen Dulles war ab August 1951 unter Walter Bedell Smith, der inzwischen als Außenstaatssekretär ein einflussreicher Akteur im Nationalen Sicherheitsrat war, Vizedirektor der CIA gewesen und wurde 1953 ihr Direktor. Zu den weiteren Mitgliedern des Sicherheitsrats zählten der Verteidigungsminister, der Vorsitzende des Vereinigten Generalstabs und die obersten Militärbefehlshaber. Auch der Finanzminister war eingebunden, nicht zuletzt weil Eisenhower verhindern wollte, dass der Aufbau eines Kriegsarsenals durch das Militär zum Staatsbankrott führte. Allen Dulles eröffnete die Sitzung in der Regel mit einem 20-minütigen Überblick über die Weltlage, wobei er jenen Orten, an denen verdeckte Operationen der CIA geplant waren, besondere Aufmerksamkeit widmete. Mit seinem kompromisslosen Bruder an der Seite, unbegrenzten Mitteln zu seiner Verfügung und vor allem dem Ohr des Präsidenten machte er die CIA zu einer Waffe in Eisenhowers Rüstkammer, die ebenso bedeutend war wie das rapide wachsende Atomwaffenarsenal der USA.

Eisenhowers Doppelstrategie zur Projektion amerikanischer Macht waren Atomwaffen und verdeckte Operationen. Beides war kostspielig, aber immer noch weitaus billiger als die immense konventionelle Aufrüstung, die seinen Generälen, Admirälen und Kriegsstrategen vorschwebte. Er steckte pro Jahr bis zu 110 Milliarden Dollar nach heutigem Wert in die Produktion von über 22000 Atomsprengköpfen sowie den Bau von Interkontinentalraketen und strategischen

Bombern, die sie transportierten. (Zwischen dem Beginn des Koreakriegs 1950 und dem Einsatz von Kampftruppen in Vietnam 1965 gaben die Vereinigten Staaten über eine Billion Dollar für Atomwaffen aus.) Zugleich wehrte er die pausenlosen Forderungen seitens hochrangiger Militärs ab, die konventionellen Streitkräfte massiv aufzurüsten; unter Eisenhower sanken die Militärausgaben prozentual zur boomenden amerikanischen Wirtschaft drastisch. So hatte er es von Anfang an geplant: eine schlanke Truppe und ein muskulöser Staatskörper.

»Jede produzierte Waffe, jedes zu Wasser gelassene Kriegsschiff, jede abgefeuerte Rakete ist letztlich Diebstahl, begangen an denen, die hungern und nichts zu essen bekommen, und an denen, die frieren und nicht bekleidet werden«,[7] sagte er in seiner ersten großen Rede zur Außenpolitik am 16. April 1953. Sie trug den Titel »Die Chance für den Frieden« und war nicht nur an die Amerikaner gerichtet, sondern auch an die Russen, deren neue Führungstroika sie zwar in voller Länge in der *Prawda* abdruckte, Eisenhowers Vorschläge zur Begrenzung von Armeen und Arsenalen jedoch zurückwies. Im nächsten Atemzug legte der US-Präsident dar, was er offiziell als ein universelles Prinzip betrachtete. »Jeder Staat hat das unveräußerliche Recht zur Bildung einer Regierung und zum Aufbau eines Wirtschaftssystems seiner Wahl«, erklärte er. »Jeder Versuch eines Staates, anderen Staaten ihre Regierungsform zu diktieren, ist unhaltbar.«

Angesichts der amerikanischen Bestrebungen, ausländische Staatsführer zu kontrollieren, zu manipulieren, zu schwächen, zu stürzen und gelegentlich auch zu ermorden, war dieses hehre Ideal wenig bis gar nichts wert.

Die verdeckten Operationen der CIA waren die Speerspitze der amerikanischen Außenpolitik, und sie wurden mit weitgehender Autorisierung durch den Präsidenten durchgeführt. Der erste Putsch, den die CIA erfolgreich bewerkstelligte, war der Sturz des frei gewählten Premierministers des Iran, Mohammad Mossadegh, der so kühn gewesen war, sich vom untergehenden britischen Empire die Kontrolle über das iranische Öl zurückzuholen. (Akten der CIA und des Außenministeriums, in denen Hintergründe, Ergebnis und Nachwirkungen des Putschs ausführlich dargelegt werden, wurden 2018 freigegeben.) Allen Dulles, Bedell Smith, Frank Wisner und Kermit »Kim« Roosevelt, Präsident Theodore Roosevelts Enkel und Leiter der Nahost- und Afrikaabteilung der CIA, hatten seit Herbst 1952 zusammen mit dem britischen Geheimdienst Pläne zum Sturz Mossadeghs ausgearbeitet.

Wenige Tage nach Eisenhowers Wahlsieg hatte Trumans Nationaler Sicherheitsrat in einer streng geheimen Erklärung konstatiert: »Es ist von entscheidender Bedeutung für die Vereinigten Staaten, dass der Iran ein unabhängiger und souveräner Staat bleibt, der nicht von der UdSSR beherrscht wird. Aufgrund seiner strategischen Schlüsselposition, seiner Ölreserven, seiner Anfälligkeit für Interventionen oder bewaffnete Angriffe durch die UdSSR und seiner Anfälligkeit für politische Subversion muss der Iran als dauerhaftes Ziel der sowjetischen Expansion betrachtet werden.«[8] Truman hatte »politische Spezialoperationen im Iran und in benachbarten Gebieten des Nahen Ostens, einschließlich der Beschaffung von eventuell benötigter Ausrüstung« genehmigt. Als Eisenhower »Die Chance für den Frieden« schrieb, hatte die CIA im Iran Waffen und Munition angehäuft, die ausreichten, um eine zehntausend Mann starke Guerillastreitmacht[9] sechs Monate lang zu versorgen, dazu Unmengen Geld, um »ein Netzwerk mit zahlreichen Kontakten zu Presse, Politik und Klerus«[10] im Iran aufzubauen. Sie hatten auch schon einen potenziellen Anführer des Putschs auserkoren, General Fazlollah Zahedi, der in den CIA-Akten ausführlich beschrieben ist: »Er unterstützte während des Zweiten Weltkriegs die Bestrebungen der Nazis im Iran und ist seit langem entschieden antisowjetisch eingestellt.«[11] Gemeinsam verfolgten sie das Ziel, dem willfährigen proamerikanischen Schah Reza Pahlavi wieder auf den Pfauenthron zu verhelfen, wo er dafür sorgen würde, dass das iranische Öl in den Westen floss.

Als Stalin im Sterben lag, hatte Allen Dulles Eisenhower und dem Nationalen Sicherheitsrat ein apokalyptisches Bild gemalt. Im Iran »könnten leicht die Kommunisten an die Macht kommen«, und das würde die Welt verändern: »Nicht nur wäre die freie Welt der enormen Schätze beraubt, die die iranische Ölproduktion und die iranischen Ölreserven darstellen, sondern die Russen würden sich diese Schätze sichern«, warnte Dulles. »Sollte der Iran an die Russen fallen, besteht kaum ein Zweifel, dass wenig später auch die anderen Regionen des Nahen Ostens mit über 60 Prozent der weltweiten Ölreserven unter kommunistische Kontrolle fallen werden.«[12] Eisenhower, der sofort erkannte, was auf dem Spiel stand, war entsetzt, aber ein Sturz Mossadeghs kam für ihn dennoch nicht in Frage. Im Gegenteil, seiner Meinung nach sollten die USA ihn um fast jeden Preis unterstützen. Der Protokollführer des Nationalen Sicherheitsrats schrieb: »Der Präsident sagte, wenn es tatsächlich zu einem sowjetischen Vorstoß gegen den Iran komme, würden wir hier an diesem Tisch die Frage der vollständigen Mobilmachung erörtern müssen« – also die Frage eines offenen Krieges gegen die Russen –, denn »wenn wir zu diesem Zeitpunkt und in diesem Fall nicht reagierten, würden die Vereinigten Staaten seiner Befürchtung nach zu einer zweitrangigen Macht herabsinken. ›Wenn ich‹, sagte der Präsident, ›500 Millionen Dollar zur Verfügung hätte, um sie heimlich auszugeben, würde ich unverzüglich 100 Millionen davon in den Iran schaffen‹«, um die Regierung gegen die Sowjets zu unterstützen. Dulles hatte etwas ganz anderes im Sinn. Einen Monat später genehmigte der CIA-Direktor ein bescheideneres Budget: eine Million Dollar nicht rückverfolgbarer CIA-Mittel zum Sturz von Mossadegh, die Anzahlung für eine Operation, die letzten Endes 5,33 Millionen Dollar[13] kostete. Es erforderte einige Überredungskunst, aber die Dulles-Brüder und der neue amerikanische Botschafter in Teheran, Loy Henderson, überzeugten den Präsidenten schließlich davon, dass die Ölfrage nicht zu Amerikas Gunsten gelöst werden konnte, solange Mossadegh an der Macht war.

Am 11. Juli gab Eisenhower grünes Licht für einen Putsch. »Er wurde direkt mit dem Präsidenten abgemacht«,[14] sagte Dulles zu seinem Bruder. Fünf Wochen später endete die Operation im Chaos. »Mossadegh erfuhr über ein Leck in unserem militärischen Geheimdienstapparat von dem Plan und ergriff sofort Gegenmaßnahmen«, berichtete die CIA danach.[15] Der Schah floh aus dem Land, und die Anstifter zum Putsch tauchten unter.

Und dann kam es auf den Straßen Teherans – in Kim Roosevelts Augen wie durch ein Wunder – drei Tage später zu spontanen Tumulten. In einem euphorischen Telegramm an die CIA-Zentrale sprach er von »einem wahren Völker-[*sic*] Aufstands, der von niemandem angeführt wurde, bis Anführer geliefert wurden«.[16] Der Funke, der die Straßenproteste auslöste, war die politische Propaganda der CIA, insbesondere ein fingiertes, von Roosevelt diktiertes Interview mit Zahedi, mit dem die Teheraner Zeitungen und Radiostationen als Teil einer seit Monaten laufenden Fake-News-Kampagne überflutet wurden. »Die Demonstration begann ganz bescheiden im Basarviertel, aber die anfänglich winzige Flamme fand erstaunlich viel Brennmaterial und wurde bald zu einem lodernden Brand, der im Verlauf eines Tages die ganze Stadt erfasste«, berichtete Botschafter Henderson. »Haus des Premierministers gestürmt und geplündert ... Fast zeitgleich besetzte General Zahedi den Schreibtisch im Büro des Premierministers.«[17] Roosevelt hatte Zahedi aus einem sicheren Unterschlupf der CIA geholt, in dem er sich versteckt hielt. Er richtete den derangierten, mit einem schmutzigen Unterhemd und Khakihose bekleideten General auf, redete ihm gut zu und hievte ihn an die Macht. »Es ist so weit«, sagte er zu ihm. »Sie werden raus auf die Straße und das Kommando übernehmen müssen, und wir haben Radio Teheran.«[18]

Als Roosevelt Eisenhower die Geschichte erzählte, wobei er die unappetitlicheren Details wegließ, meinte der Präsident, das klinge nach einem Groschenroman. Einige Wochen später schrieb Eisenhower in sein Tagebuch, die CIA habe »die Wiedereinsetzung des Schahs im Iran und die Absetzung Mossadeghs« veranlasst. »Was wir getan haben, geschah ›verdeckt‹. Wenn etwas davon herauskäme, wären wir nicht nur in dieser Region blamiert, wir hätten in Zukunft auch kaum noch eine Chance, etwas Ähnliches durchzuführen.«[19]

Mit der Wiedereinsetzung des Schahs wurde das Verhältnis zwischen der CIA und dem Iran sehr innig. »Der Schah und der Premierminister, die sich im Klaren darüber sind, dass sie Hilfe brauchen, um aus der gegenwärtigen Situation Kapital zu schlagen, sind willige Kollaborateure der CIA geworden«, berichteten die Planer der politischen Kriege bei der CIA. Daraufhin machten sich Dulles und Wisner daran, sich die Loyalität der militärischen, politischen, religiösen und intellektuellen Führung sowie des Pressekorps zu kaufen. Dieser Kraftakt sollte »ein Programm der politischen Aktionen/psychologischen Kriegsführung im Iran unterstützen«.[20] Ende 1954 unterstrich die CIA die anhaltende Notwendigkeit dieses Programms in einem detaillierten Bericht, in dem festgestellt wurde, dass der amerikanische Einfluss im Iran nicht unbemerkt geblieben sei. »Die wichtigsten neuen Aspekte der gegenwärtigen Machtsituation«, so CIA-Analysten, seien »der umfassende Einsatz autoritärer Mittel – Kriegsrecht, Zensur und Verfolgung oder Unterdrückung von Gegnern –, um den Widerstand gegen das Regime und die Regierung kleinzuhalten«, sowie »das Hervortreten der Vereinigten Staaten, die von vielen Iranern für den Sturz Mossadeghs verantwortlich gemacht werden und die seitdem die wichtigsten finanziellen Unterstützer der Regierung sind, als anerkannter bedeutender Akteur in dieser Situation«.[21] Diese Bedenken wurden durch eine Jubelstimmung zur Seite geschoben, die über Jahre hinweg nicht abflaute. »Der Schah ist jetzt unser Mann«,[22] sagte Roosevelt nach seiner Rückkehr in die CIA-Zentrale zu seinen Vorgesetzten. Und so blieb der Schah ein Vierteljahrhundert im Amt, kaufte für Milliarden von Dollar amerikanische Waffen und bildete ein Bollwerk gegen die Kommunisten im Nahen Osten. Der Sturz eines frei gewählten ausländischen Regierungschefs durch die Vereinigten Staaten blieb eine Generation lang ein offizielles Geheimnis, wenn auch nicht bei den Iranern jener Generation, die vom Schah unterdrückt wurde und 25 Jahre später Rache übte. Noch heute müssen wir mit den Folgen ihres Gegenputschs leben, einer islamischen Revolution, die die Welt erschüttert hat.

Die CIA hatte zu Eisenhowers Zufriedenheit bewiesen, dass verdeckte Operationen ein machtvolles Instrument im politischen Krieg waren. Begeistert gab er der Behörde freie Hand, Regierungen von Guatemala bis Indonesien zu stürzen, Regierungen aufzustellen, Juntas zu unterstützen, Wahlen zu manipulieren und auf der ganzen Welt die öffentliche Meinung mit Geld und Propaganda zu beeinflussen. Propaganda sei womöglich die vielversprechendste und mächtigste aller Waffen, ließ Eisenhower sich vom Nationalen Sicherheitsrat sagen. (Der Begriff *Propaganda* geht auf das Wirken katholischer Missionare zurück, die ihren Glauben unter den Ungläubigen propagierten.) Die amerikanischen kalten Krieger waren unermüdlich damit beschäftigt, an Botschaften für Ausländer zu feilen, um sie vom Kommunismus abzubringen, antistalinistisches Denken zu verbreiten und sie davon zu überzeugen, dass ihre Interessen mit denen der Vereinigten Staaten im Einklang waren.

Bereits am vierten Tag von Eisenhowers Präsidentschaft begann man an Propagandatricks im Dienst des politischen Krieges zur Unterwanderung des Kremls zu arbeiten. Eisenhower beauftragte seinen engen Vertrauten William H. Jackson mit der Entwicklung eines Schlachtplans. Als hoher Geheimdienstmitarbeiter war Jackson an der Planung der Täuschungsmanöver im Zuge der Landung der Alliierten in der Normandie im Zweiten Weltkrieg beteiligt gewesen, hatte vor Allen Dulles den Posten als stellvertretender Direktor des Zentralen Nachrichtendiensts innegehabt und fungierte als wichtiger ziviler Berater der CIA. Der politische Krieg mit dem Ziel, die Herzen und Köpfe zu erobern, war unter Truman planlos betrieben worden, und der Präsident sagte zu Jackson, er wolle eine »gemeinsame und dynamische Anstrengung« auf diesem Feld, was er für »unverzichtbar für die Sicherheit der Vereinigten Staaten und der anderen Völker in der Gemeinschaft freier Nationen«[23] halte. Eisenhower hatte eine breite Auffassung von politischer Kriegsführung. Ihm zufolge könne sie alles umfassen, »vom Singen einer schönen Hymne bis zur extremsten physischen Sabotage«.[24]

Jackson arbeitete mit Robert Cutler zusammen, dem Nationalen Sicherheitsberater des Präsidenten. Zu ihren wichtigsten Mitstreitern gehörten zwei kalte Krieger der CIA: Franklin Lindsay, der ehemals in leitender Funktion in Wisners Abteilung für verdeckte Operationen tätig gewesen war, und Henry Loomis, später Direktor des US-amerikanischen Auslandssenders Voice of America unter Eisenhower. Jackson und Cutler rekrutierten die besten Köpfe, die sie in und außerhalb der Regierung fanden, und führten über 250 Bewerbungsgespräche – unter anderem mit zwei jungen Harvard-Absolventen, den künftigen Nationalen Sicherheitsberatern McGeorge Bundy und Henry Kissinger. Am 30. Juni 1953 legten sie dem Präsidenten ihr Konzept vor, in dem sie ein »Programm für eine Weltordnung« vorstellten, das vor allem auf politische Kriegsführung und Informationsoperationen setzte. Lerne deinen Feind kennen, rieten sie, krieche in seinen Kopf und verändere seine Sicht der Welt.

»Der beste Weg, um das Verhalten der Sowjets zu beeinflussen, ist, den Kreml mit schwierigen Entscheidungen über wichtige Angelegenheiten zu konfrontieren«, hieß es in dem Bericht. »Politische Kriegsführung sollte darauf ausgelegt sein, das Regime dahingehend unter Druck zu setzen, dass es einen für die Interessen der Vereinigten Staaten günstigen Kurs einschlägt.« Die Kernprinzipien der amerikanischen Propaganda – »anderen zu zeigen, dass Entscheidungen, die sie nach dem Wunsch der Vereinigten Staaten treffen sollen, in ihrem eigenen Interesse liegen« – waren grundlegende Elemente des politischen Krieges. Wenn die amerikanische Führung dies im Hinterkopf behalte und scharfsichtig plane, ohne naive Hoffnungen zu hegen, »hat unserer Ansicht nach die politische Kriegsführung große Erfolgsaussichten, eine Schwächung und einen Rückzug der Sowjetmacht zu erzwingen und das sowjetische System in seinem Wesen zu verändern«.

»Die verdeckte Propaganda der CIA in der freien Welt zielt darauf ab, kommunistische Subversion zu bekämpfen, dem Neutralismus entgegenzuwirken und ganz allgemein die Vorstellungen und Interessen der Vereinigten Staaten und des Westens zu fördern«, hieß es in dem Bericht weiter. »Die Verbreitung der Wahrheit ist nicht genug.«

Im »Programm für eine Weltordnung« wurde die Tätigkeit des von Kennan konzipierten, von Allen Dulles gegründeten und von der CIA finanzierten Nationalkomitees für ein Freies Europa als mächtigstes Instrument der Vereinigten Staaten zur Erreichung dieses Ziels bezeichnet. Es führte den Kampf über den Äther und steckte immense Summen in den Rundfunksender Radio Free Europe, der Millionen von Menschen hinter dem Eisernen Vorhang erreichte, vor allem in Polen, Ungarn und der Tschechoslowakei. Sein Pendant, Radio Liberation (später Radio Liberty), zielte ausschließlich auf die Sowjetunion und auf die sowjetischen Truppen in Osteuropa. Voice of America spielte eine Melodie – nüchterne Nachrichten und zugespitzte politische Kommentare im Namen der amerikanischen Regierung –, die CIA-Sender spielten eine andere – Propaganda, die so tat, als wäre sie die Stimme von Befreiungskräften in den Ländern, die sie ins Visier genommen hatten. Darüber hinaus schickte die CIA eine Armada von Ballons mit Propagandamaterial hinter den Eisernen Vorhang; Mitte der 1950er Jahre waren es über 300 Millionen Flugblätter. All dies waren Bestandteile der »mächtigen Wurlitzer«, Wisners Bezeichnung für das Propagandainstrument, das einen Soundtrack für das tägliche Drama des Kalten Krieges lieferte. Die CIA schrieb die Texte, komponierte die Musik und dirigierte das Orchester für den politischen Krieg.

Der Bericht endete jedoch mit einer Warnung vor übertriebenen

Erwartungen. »Der Kalte Krieg kann nicht mit Worten allein gewonnen werden«, hieß es abschließend. »Was wir tun, wird weiterhin sehr viel wichtiger sein als das, was wir sagen.«

Bei Drucklegung des Berichts versuchten die Ostdeutschen gerade, ihre Ketten abzuwerfen. Der Volksaufstand in der DDR war der erste seiner Art im Kalten Krieg, und zum ersten Mal wagten die für die nationale Sicherheit zuständigen Beamten in Amerika zu hoffen, dass sich ihre Befreiungsträume erfüllen könnten. Was am 17. Juni 1953 in Berlin als Arbeiteraufstand gegen die von stalinistischen Bürokraten erhöhten Arbeitsnormen begann, breitete sich in den folgenden Tagen auf über 400 Städte und Dörfer in ganz Ostdeutschland aus. Der Aufstand war gewalttätig und unberechenbar, und er schockierte und ängstigte die Politoffiziere. »Tod dem Kommunismus!«, skandierten die Demonstranten. »Lang lebe Eisenhower!«[25] Der Kreml, noch immer ohne einen Nachfolger für Stalin, machte seine Panzer gefechtsbereit und gab an die Soldaten den Befehl aus, scharf zu schießen.

Am 25. Juni traten Präsident Eisenhower, Vizepräsident Richard M. Nixon und die Dulles-Brüder im Nationalen Sicherheitsrat zusammen, und Eisenhower unterzeichnete eine geheime Präsidentendirektive, NSC 158. (Sie wurde erst 2017 vollständig freigegeben.) Darin hieß es, dass die Vereinigten Staaten in Ostdeutschland »verdeckt Akte und Haltungen des Widerstands bis knapp vor einer Massenrebellion fördern« sollten. Die CIA solle »die Eliminierung wichtiger Marionettenfunktionäre« durch ausländische Agenten unterstützen und »Untergrundorganisationen trainieren und ausrüsten, die in der Lage sind, auf Anweisung« überall in den sowjetischen Satellitenstaaten Osteuropas »großflächige Angriffe oder anhaltende Kriegshandlungen auszuführen«. Ziel sei es, »den Widerstand gegen die kommunistische Unterdrückung zu nähren« und »die freie Welt, insbesondere Westeuropa, davon zu überzeugen, dass die Freiheitsliebe und der Hass auf ausländische Unterdrücker hinter dem Eisernen Vorhang stärker sind, als man anzunehmen wagte, und dass der Widerstand gegen den Totalitarismus weniger hoffnungslos ist als gedacht«.[26]

Starke Worte, aber eben nur Worte. Die amerikanische Antwort auf den Aufstand in der DDR und einen kleineren ähnlichen Protest in Polen in jenem Sommer war weitaus schwächer als die Rhetorik. Der spätere CIA-Direktor Richard Helms schrieb an Wisner, seinen direkten Vorgesetzten in der Abteilung für verdeckte Operationen, in hohen Regierungskreisen gebe es eine Menge »verschwommene Vorstellungen«[27] darüber, was in Osteuropa möglich sei. Die großspurigen Ankündigungen von Leuten wie Richard Nixon und John Foster Dulles, man werde die geknechteten Staaten befreien, entsprängen deren Wunsch, »bestimmte Wahlkampfversprechen einzulösen«, und gingen »zu Lasten einer nüchternen Einschätzung ... der grundlegenden Fakten des Lebens. Es schien eine Tendenz zu geben, in den Satellitenstaaten Unfrieden zu stiften ..., da dies innenpolitisch gut ankommen würde, aber es fehlt im Gegenzug die Absicht, die notwendigen nichtverdeckten Truppen und Hilfsmittel bereitzustellen, um solche aggressiven Methoden des Kalten Krieges zu einem positiven Ergebnis zu führen.« John Bross, CIA-Chef für Osteuropa, sagte zu Allen Dulles, die Aussicht auf eine siegreiche Revolution in Ostdeutschland liege nahe null. Die Rote Armee hatte dort 22 Divisionen stationiert, rund 350000 bewaffnete Soldaten. Wenn die Vereinigten Staaten nicht riesige Mengen Waffen ins Land schmuggelten und »wenn US-Streitkräfte nicht offen dafür eingesetzt werden, einen Aufstand in Ostdeutschland zu unterstützen, werden unserer Ansicht nach die Kräfte des Widerstands in kürzester Zeit liquidiert«.[28] Für ihn waren die Chancen für einen erfolgreichen Aufstand in Polen, Ungarn oder der Tschechoslowakei gleich »null«.

Eisenhower wollte es nicht auf einen Krieg mit den Sowjets ankommen lassen. Er befürchtete, dass die nächste verrückte paramilitärische Mission hinter dem Eisernen Vorhang einen Atomkrieg auslösen könnte. Die Sowjets hatten am 12. August 1953 eine Wasserstoffbombe getestet, und in Russland und den USA fanden zehn Jahre lang regelmäßig oberirdische Tests immer stärkerer Wasserstoffbomben statt. Moskau brachte schließlich eine solche Bombe mit einer Sprengkraft von mindestens 50 Megatonnen zur Explosion, was etwa 4000 Hiroshima-Bomben entsprach; der Feuerball stieg acht Kilometer hoch, und die Schockwelle war noch fast 1000 Kilometer entfernt zu spüren. Wäre die Bombe auf New York City gefallen, hätte sie sofort mehr als zehn Millionen Menschen getötet. Das bedrohliche Bild eines alles auslöschenden Atompilzes erschwerte es Eisenhower, eine klare Sicht dessen zu entwickeln, wie er weiter vorgehen wollte.

Die Rote Angst war im Herbst 1953 in voller Blüte, als sich der Lügen und Verleumdungen verbreitende Senator Joseph McCarthy auf dem Höhepunkt seiner Macht befand und das FBI einen Krieg gegen sowjetische Spione und die amerikanische Linke gleichermaßen führte. Anspannung und Angst hatten ganz Washington erfasst. Bei der Sitzung des Nationalen Sicherheitsrats am 26. September schrieb der Protokollführer mit, als Eisenhower laut dachte: »Für ihn sah es so aus ... als wäre die Stunde der Entscheidung gekommen und als müssten wir gegenwärtig wirklich darüber nachdenken, ob wir gegen den Feind alles aufbieten sollen oder nicht ... Die Vereinigten Staaten stünden einer schrecklichen Bedrohung gegenüber, und wir hätten tatsächlich keinen Weg gefunden, diese Bedrohung abzuwehren, ohne unserer Wirtschaft und der Freiheit unseres Volkes noch stärkere Beschränkungen aufzuerlegen.«[29]

> Wir hätten es uns zur Aufgabe gemacht, fuhr der Präsident fort ... einen Lebensstil zu verteidigen, und es bestehe die große Gefahr, dass wir bei der Verteidigung dieses Lebensstils auf Methoden zurückgreifen würden, die genau diesen Lebensstil gefährdeten. Dem Präsidenten zufolge lag das wahre Problem darin, Methoden zu finden, um die sowjetische Bedrohung abzuwehren und notfalls Kontrollmaßnahmen zu ergreifen, ohne dass wir uns dabei in einen Garnisonsstaat verwandelten. Die ganze Angelegenheit, sagte der Präsident, sei paradox ... es sei der Versuch, der Bedrohung unserer Werte und Institutionen mit Methoden beizukommen, die diese Institutionen gefährden.

Es war ein existenzielles Dilemma des Kalten Krieges: undemokratische Methoden zur Verteidigung der amerikanischen Demokratie anzuwenden. Aber Eisenhower glaubte, wenn es um das nationale Überleben ging, rechtfertigte der Zweck die Mittel.

Anfang 1954 beauftragte er ein Team qualifizierter Ermittler unter Federführung von General James Doolittle, der im Zweiten Weltkrieg die Luftangriffe auf Tokio geleitet hatte, mit einer gründlichen Untersuchung der CIA. Die Ermittler lieferten am 30. September einen schonungslosen Bericht. Sie stellten den Fehlschlag Dutzender paramilitärischer Operationen in Russland, China, Nordkorea, Polen, Albanien und weiteren Staaten fest. Sie fanden heraus, dass diese Operationen ein erschreckendes Maß an Geld und Menschenleben gekostet und nutzlose oder gar keine Informationen erbracht hätten. Im selben Atemzug drängten sie den Präsidenten, weiterzumachen. Die Vereinigten Staaten müssten »unsere Feinde mit Methoden zermürben, sabotieren und vernichten, die schlauer, raffinierter und effizienter sind als diejenigen, die gegen uns eingesetzt werden«, schrieben sie. »Wir stehen einem unversöhnlichen Feind gegenüber, dessen erklärtes Ziel es ist, mit allen Mitteln und um jeden Preis die Weltherrschaft zu erringen. In diesem Spiel gibt es keine Regeln. Die bislang anerkannten Normen menschlichen Verhaltens gelten hier nicht mehr. Wenn die Vereinigten Staaten überleben sollen, müssen die alten amerikanischen Vorstellungen vom ›Fair Play‹ neu überdacht werden.«[30]

Politische Kriegsführung gegen einen abgeschotteten und totalitären Staat war weitaus schwieriger als der Angriff auf eine offene Demokratie. Die CIA hatte in der Sowjetunion keinen bedeutenden Spion eingeschleust, und das sollte ihr auf Jahre hinaus nicht gelingen. Sie sammelte in Ländern wie Polen, Ungarn und der Tschechoslowakei so gut wie keine Informationen aus erster Hand. Kommunistische Spione dagegen hatten die Schutzwälle der amerikanischen nationalen Sicherheit überwunden, die sowjetische Entwicklung von Atomwaffen beschleunigt, die amerikanischen Codeknacker lahmgelegt, wichtige verdeckte Operationen sabotiert und die politischen Tarn- und Propagandaorganisationen der CIA subtil infiltriert. Bis dato eine mehr oder weniger totale Schlappe. Fünf Jahre lang hatten die amerikanischen kalten Krieger das Ziel verfolgt, die Russen aus Osteuropa zu vertreiben und sie an einen Punkt zurückzudrängen, an dem sie den Vereinigten Staaten und ihren NATO-Verbündeten nicht mehr gefährlich werden konnten. Wie sich herausgestellt hatte, war dieses Ziel nicht zu erreichen.

Nach den langen Debatten, die seit Beginn seiner Amtszeit heftig geführt worden waren, räumte Eisenhower ein, dass man den Kreml nicht durch militante verdeckte Operationen in die Knie zwingen konnte. Er würde mit den Russen reden, um herauszufinden, was sich hinsichtlich einer friedlichen Koexistenz bewerkstelligen ließ, in der Hoffnung, einen atomaren Holocaust zu verhindern.

Im Juli 1955 nahm Eisenhower an einem Gipfeltreffen der Weltkriegssiegermächte in Genf teil und demonstrierte ein gehöriges Maß an gutem Willen. Er hielt eine Rede vor seinem neuen Gegenspieler, dem sowjetischen Staatschef Nikita Chruschtschow, und seinem alten Verbündeten, Marschall Schukow, inzwischen sowjetischer Verteidigungsminister. Die beiden hatten soeben als Gegengewicht zur NATO den Warschauer Pakt gegründet, ein Militärbündnis zwischen der Roten Armee und den sieben sowjetischen Satellitenstaaten. In den hohen Sälen des Palais des Nations machte Eisenhower den Russen einen überraschenden und verblüffend innovativen Vorschlag. Sein Plan mit dem Namen »Open Skies« (offener Himmel) war eine schöne Vision. Washington und Moskau sollten sich gegenseitig erlauben, die Militärstützpunkte der anderen Seite zu überfliegen, sie mit Aufklärungsflugzeugen auszuspähen, um die Gefahr von Überraschungsangriffen zu reduzieren und so die Chancen für den Frieden zu erhöhen. Als er seine Rede beendet hatte, ertönte ein Donnerschlag, ein greller Blitz durchschnitt den Himmel, und sämtliche Lichter erloschen. Die amerikanische Delegation hielt es für einen Applaus der göttlichen Vorsehung für Eisenhower.

Bei den Sowjets, die befürchteten, dass die Amerikaner das ganze Ausmaß ihrer Schwäche erkennen würden, fand die Idee keinen Anklang. Aber Eisenhower hatte noch das Spionageflugzeug U-2 im Ärmel. Der erste Testflug fand in der darauffolgenden Woche statt.

Ende 1955 wurde eine neue Direktive des Nationalen Sicherheitsrats zur politischen Kriegsführung erlassen. Zwar gab man das Ziel, die Sowjetunion zurückzudrängen, nunmehr auf, doch die Russen und die Rotchinesen sollten in Osteuropa und Asien auf Schritt und Tritt bekämpft werden. »Lästige Probleme für den Internationalen Kommunismus schaffen und ausnutzen«, verfügte der Präsident. Und noch ehrgeiziger: »Den Einfluss des internationalen Kommunismus eindämmen ... und die Fähigkeit und den Willen solcher Völker und Staaten stärken«,[31] ihm Widerstand zu leisten. Die neuen Anweisungen sollten mit den alten Methoden ausgeführt werden: Propaganda, Sabotage, Subversion, Täuschung und Unterstützung von Befreiungsarmeen auf der ganzen Welt.

Die CIA erfüllte die erste dieser Aufgaben – und fuhr einen monumentalen Sieg ein –, als sie an die *New York Times* eine Geschichte weiterleitete, die weltweit für Schlagzeilen sorgte: den Text einer »Geheimrede« Chruschtschows. Stalin war seit fast drei Jahren tot, als der 20. Parteitag der KPdSU stattfand. Nach dem offiziellen Ende des

Parteitags rief Chruschtschow die russischen Delegierten am 24. Februar 1956 gegen Mitternacht erneut in den großen Saal des Kremls und hielt eine vierstündige Rede; die Presse und ausländische Delegationen waren ausgeschlossen. John Rettie, damals Moskau-Korrespondent der Nachrichtenagentur Reuters, packte gerade seine Koffer, als das Telefon klingelte. Ein russischer Freund bat ihn um ein sofortiges Treffen. Es sei dringend. »Chruschtschow habe, wie es hieß, ein vernichtendes Resümee gezogen«, schrieb Rettie 50 Jahre später, »und Stalin unverhüllt als Mörder und Folterer von Parteimitgliedern bezeichnet. Das war so traumatisch, dass man jetzt davon spricht, einige Parteimitglieder hätten während der Rede einen Herzanfall erlitten und andere anschließend Selbstmord begangen.«[32] Rettie reiste nach Stockholm ab und gab die Informationen nach sorgfältiger Überlegung und unter Vorbehalt weiter.

Allen Dulles in Washington las die Nachricht mit großer Freude. Es bestehe zwar immer die Möglichkeit, »dass Chruschtschow betrunken war«, sagte er zu Eisenhower, doch wenn sich die Rede als echt erweise, gebe sie den Vereinigten Staaten »eine großartige Gelegenheit, die Situation sowohl verdeckt als auch offen zu ihrem Vorteil zu nutzen. Stalin sei der Cheftheoretiker der Sowjetunion gewesen. Er sei nicht nur 25 Jahre lang Diktator der Sowjetunion gewesen, eine Rolle, in der man ihn vor allem kenne, sondern auch ihr großer Kriegsheld. Was würden die Sowjets jetzt tun?«[33] Wie konnte der Kommunismus ohne eine Doktrin erfolgreich fortbestehen? Der CIA-Direktor wies seine Spitzenmitarbeiter an, alles in ihrer Macht Stehende zu tun, um sich die Rede zu beschaffen. Ein Königreich für eine Abschrift! Wochen verstrichen. Dann, am Freitag, den 13. April, traf im Büro von Amos Manor, Direktor des israelischen Inlandsgeheimdienstes Schin Bet, eine Diplomatenmappe aus der israelischen Botschaft in Warschau ein. Da war sie, die Rede: 70 Seiten auf Polnisch. Manor brachte sie zum israelischen Ministerpräsidenten David Ben-Gurion, einem gebürtigen Polen, der sie las und ausrief: »Wenn das echt ist, ist es ein historisches Dokument, und heute in 30 Jahren wird es in Moskau ein liberales Regierungssystem geben.«[34]

Manor ließ die Rede übersetzen und eine englische Version an die israelische Botschaft in Washington übermitteln mit der Anweisung, sie James Angleton auszuhändigen, Chef der Spionageabwehr bei der

CIA und deren Verbindungsmann zum israelischen Geheimdienst. Allen Dulles wollte die Echtheit der Rede überprüfen lassen. Er schickte eine Kopie an jemanden, dessen Identität nur er kannte, für alle anderen in der Regierung war er nur »der Experte«. Es handelte sich um George Kennan, der von John Foster Dulles in einem Wutanfall wegen vermeintlich mangelnder politischer Loyalität aus dem Außenministerium verbannt worden war. (Ein törichter Schritt: Dulles' politisches Programm der Befreiung Osteuropas war größtenteils von Kennan erarbeitet worden.) Von der Regierung in die Wüste geschickt, mit einem einträglichen Ruheposten an der Universität Princeton, blieb Kennan ein hoch geschätzter Berater der CIA, der bei ihrem Direktor gut angeschrieben war. Kennan befand das Transkript der Rede für echt. Allen Dulles war überglücklich, und mit dieser Bestätigung seines Spionagechefs erlaubte der Präsident die Veröffentlichung. Dulles gab sie an Harrison Salisbury weiter, der das Moskauer Büro der *New York Times* geleitet und ihn, wenn er auf Heimaturlaub war, bei privaten Mittagessen mit Informationen versorgt hatte.

»CHRUSCHTSCHOW-REDE ÜBER STALIN ENTHÜLLT DETAILS ÜBER TERRORHERRSCHAFT – Vorwurf des Komplotts zu Säuberungen im Kreml – USA geben Text heraus – Toter Diktator als brutal, halb verrückt und machtbesessen geschildert«,[35] lautete die Schlagzeile am 4. Juli auf Seite eins. »Stalin verbreitete nach Chruschtschows Darstellung um sich herum einen Pesthauch der Heimtücke, des Verrats und der schauerlichen Verschwörungen«, schrieb Salisbury. »Das Bild überstieg die wildesten Vermutungen politischer Gegner des Kommunismus.« Die Zeitung druckte den vollen Text ab – 26000 Wörter –, und die politische Weltachse verschob sich. In diesem Fall war die Wahrheit genug.

Die Nachwirkungen in den Vereinigten Staaten waren immens, wenn auch weitgehend unsichtbar. Die Kommunistische Partei Amerikas wurde durch die Veröffentlichung der Geheimrede zerschmettert. Ihre Mitgliederzahl sank innerhalb weniger Monate von rund 50000 auf 5000. Damit einhergehend verkümmerte das Netzwerk sowjetischer Spionage in den Vereinigten Staaten, das von einem amerikanischen kommunistischen Untergrund unterstützt worden war.

Die CIA strahlte auf Radio Free Europe Höhepunkte der Rede in Länder hinter dem Eisernen Vorgang aus, neben aufrichtigen Beteuerungen Präsident Eisenhowers, dass die Befreiung Osteuropas immer noch ein Herzstück der amerikanischen Außenpolitik sei. Diese Nachrichten weckten bei der angstzermürbten Bevölkerung große Hoffnungen. Im Oktober 1956 erhoben sich in der ungarischen Hauptstadt Budapest studentische Demonstranten gegen den großen Bruder; ihnen schlossen sich Zehntausende Arbeiter an, die sich gegen die Bevormundung durch den Kreml auflehnten. Zwei Tage danach marschierten sowjetische Soldaten in die Stadt ein, und die Schlacht begann. Radio Free Europe sendete knisternde Botschaften der Befreiung, die die Menschen ernst nahmen. Ganz bestimmt würde Amerika zu ihrer Rettung kommen! »Mehr oder weniger jeder der zig Ungarn, mit denen wir in den letzten 24 Stunden gesprochen haben, hat gefordert: ›Gebt uns Waffen‹, ›Gebt uns diplomatische Unterstützung‹, ›Was wird Amerika in dieser Stunde für uns tun?‹«, berichtete die amerikanische Botschaft am 24. Oktober.[36] Es kam keine Antwort.

Zwei Tage später sagte Allen Dulles zu Eisenhower, »der Aufstand in Ungarn« sei »die bislang schwerste Bedrohung für den Fortbestand der sowjetischen Kontrolle über die Satellitenstaaten«.[37] Der Präsident erwiderte: »Wenn sie so etwas wie ein Leben führen könnten, wenn sie ihre Regierung und das, was sie wollen, selbst wählen könnten, sind wir zufrieden, und das würde wirklich eines der weltweit größten Probleme lösen, das dem Weltfrieden im Weg steht.«[38] John Foster Dulles hielt mit Eisenhowers Zustimmung eine aufrüttelnde Rede in Dallas: »Das heroische ungarische Volk stellt sich dem mörderischen Feuer der Panzer der Roten Armee entgegen. Diesen Patrioten ist die Freiheit wichtiger als ihr Leben. Und alle, die friedlich die Freiheit genießen, haben die heilige Pflicht, mit allen wirklich hilfreichen Mitteln dafür zu sorgen, dass diejenigen, die jetzt für die Freiheit gestorben sind, nicht vergeblich gestorben sind.«[39]

Als aber das Sterben begann und keine Hilfe kam, schickte der amerikanische Botschafter jenseits der Grenze in Wien am 28. Oktober eine Warnung nach Washington. Hunderte Sendungen von Radio Free Europe und Tausende mit Luftballons abgeworfene Propagandaflugblätter hätten »die Ungarn mobilisiert«, und nun zeigten sie mit dem Finger auf »unser Unvermögen, etwas Effektives für sie zu tun, nachdem sie sich gegen ihre kommunistischen Unterdrücker erhoben haben«.[40] Am selben Tag wies Frank Wisner, der Chef für verdeckte

Operationen bei der CIA, den leitenden politischen Berater von Radio Free Europe an, den Ruf zu den Waffen zu verstärken. Daraufhin schickte der New Yorker Direktor von Radio Free Europe eine dringende Nachricht an seine ungarischen Mitarbeiter in München: »Keinerlei Einschränkungen mehr. Alle Mittel sind erlaubt. Wiederhole: Alle Mittel sind erlaubt.« Noch am selben Abend rief Radio Free Europe die Bevölkerung Ungarns dazu auf, Sabotageakte auf die Eisenbahn zu verüben, Molotow-Cocktails in die Ventilatoren russischer Panzer zu werfen und bis zum Ende zu kämpfen: »Freiheit oder Tod!«[41]

Einen Augenblick sah es so aus, als hätten sie gewonnen. Am 30. Oktober verkündete Ministerpräsident Imre Nagy die Abschaffung der Ein-Parteien-Herrschaft. Ungarische Soldaten schlossen sich den Demonstranten an. Die *Prawda*, die Tageszeitung der sowjetischen Kommunistischen Partei, veröffentlichte eine Stellungnahme des Politbüros, in der das Blutvergießen bedauert wurde. In Moskau sagte Marschall Schukow dem amerikanischen Botschafter Charles Bohlen, dass sich die sowjetischen Truppen aus Ungarn zurückzögen. Am folgenden Tag telegraphierte die amerikanische Botschaft in Budapest: »Nach einer dramatischen Wende über Nacht ist es heute Morgen so gut wie sicher, dass diese ungarische Revolution eine historische Tatsache ist.«[42] Der Präsident, der kurz davor stand, mit überwältigender Mehrheit wiedergewählt zu werden, wandte sich am selben Abend im Fernsehen an das amerikanische Volk: »Ein neues Ungarn geht aus diesem Kampf hervor, ein Ungarn, das, wie wir aus ganzem Herzen hoffen, seine nationale Unabhängigkeit und Freiheit gewinnen wird«, sagte Eisenhower. »Wenn die Sowjetunion tatsächlich gemäß ihrer erklärten Absicht handelt, wird die Welt in unserer Generation den größten Schritt hin zu Gerechtigkeit, Vertrauen und Verständnis unter den Nationen erleben.«[43]

Als der Nationale Sicherheitsrat am nächsten Morgen zusammentrat, schwärmte Allen Dulles gegenüber Eisenhower von der historischen Tatsache in Ungarn. »Was dort geschehen ist, war ein Wunder«, sagte er. »Die Ereignisse haben all unsere bisherigen Ansichten, ein Volksaufstand sei angesichts moderner Waffen ganz und gar unmöglich, Lügen gestraft. Doch das Unmögliche ist wahr geworden, und die Macht der öffentlichen Meinung hat den effizienten Einsatz bewaffneter Streitkräfte verhindert ... Die sowjetischen Soldaten hatten selbst keine Lust, Ungarn zu erschießen, außer in Budapest.«[44] John Foster Dulles sagte zu Nixon, es sei der Beginn des Zerfalls des Sowjetimperiums.

Doch die CIA hatte niemanden, der in Ungarn Geheimdienstinformationen sammelte, und so entging es dem Außenministerium, dass 200000 Rotarmisten bereitstanden, um das Land zu erobern. Auch dem KGB-Chef Iwan Serow mangelte es an Klugheit und Weitsicht. Serow war nach Beginn des Aufstands nach Budapest gereist; von dort hatte er am 28. Oktober dem Politbüro berichtet, dass die Vereinten Nationen mit Rückendeckung der Vereinigten Staaten erwogen, die ungarischen Revolutionäre mit einer massiven militärischen Intervention zu unterstützen. Diese Behauptung war ohne jeden Wahrheitsgehalt, doch fatalerweise wurden daraufhin die Panzer und Mannschaftstransportwagen Richtung Budapest auf den Weg geschickt.

Am 1. November zitierten Imre Nagy und sein Kabinett den sowjetischen Botschafter in Budapest, Juri Andropow, den späteren KGB-Chef und Generalsekretär der KPdSU, zu sich. Sie wollten von ihm wissen, was es mit den Truppenbewegungen auf sich habe. Seine Erklärung war offenkundig nicht überzeugend. Die ungarische Regierung trat umgehend aus dem Warschauer Pakt aus und erklärte Ungarn für neutral. Am nächsten Tag begannen die Sowjets die Hauptstadt zu umstellen. Als die ungarische Führung am Abend des 3. November über einen Ausweg aus der Krise beriet, wurde die Versammlung von KGB-Funktionären gestürmt und die Führung festgenommen. Der sowjetische Angriff auf Budapest begann am nächsten Morgen um vier Uhr. Es kam zu den erbittertsten Kämpfen in Europa seit Ende des Zweiten Weltkriegs, und bei dem Versuch, sich den sowjetischen Panzern entgegenzustellen, starben Tausende Ungarn. Hunderttausende flohen über die Grenze nach Österreich. Imre Nagy wurde verhaftet und hingerichtet. Wisner flog nach Wien, fuhr zur ungarischen Grenze, sah den Strom verzweifelter Flüchtlinge, die im Schutz der Nacht dem Horror zu entfliehen versuchten, und erlitt einen schweren Nervenzusammenbruch, gefolgt von zwei weiteren, die letztlich zu seinem Suizid 1965 führten. Ein anschaulicheres Bild für das Scheitern der verdeckten Operationen und Geheimpläne gegen den Kreml kann man sich kaum vorstellen.

Eisenhower und die Dulles-Brüder waren am Boden zerstört, weil sie nichts tun konnten, um den Aufstand zu unterstützen. Es war das Ende eines Jahrzehnts glorreicher Träume und machte all die kühnen Ankündigungen, wie man die Sowjets unterwandern und die Demokratie in Osteuropa fördern würde, zunichte. Der soeben wiedergewählte Eisenhower berief am 8. November den Nationalen Sicherheitsrat ein. »Der Präsident sagte, es sei in der Tat eine bittere Pille, die wir zu schlucken hätten«, hieß es im Protokoll. »Was können wir tun, das wirklich konstruktiv ist? Sollen wir die diplomatischen Beziehungen zur UdSSR abbrechen? Was wäre damit gewonnen? Den Sowjets ist das egal. Die ganze Sache ist unfassbar schockierend.«[45] Die politische Kriegsführung stützte sich im Wesentlichen darauf, dass die Vereinigten Staaten vor den Augen der Welt als Freiheitsmacht dastanden, und nun war dieses Ideal in Osteuropa und darüber hinaus beschädigt. Mit dem Traum der Amerikaner, die Macht des Kremls zu brechen, die geknechteten Staaten zu befreien und sie in die offenen Arme des Westens aufzunehmen, war es eine Generation lang vorbei. 25 Jahre sollten vergehen, bis die Vereinigten Staaten einen Weg fanden, die sowjetische Herrschaft über halb Europa herauszufordern.

Doch bereits vor der Vereidigung für seine zweite Amtszeit im Januar 1957 traf Eisenhower Vorbereitungen, in der sogenannten Dritten Welt – den Entwicklungsländern Lateinamerikas, Afrikas, Asiens und des Nahen Ostens, von denen sich viele weder Amerika noch Russland zuordneten –, den Sowjets Paroli zu bieten. Er hatte bereits Jahre zuvor die berühmteste Doktrin des Kalten Krieges aufgestellt, die Domino-Theorie: Wenn man von einer Reihe Dominosteinen den ersten umwarf, würde bald auch der letzte fallen. Und Eisenhower sah jetzt auf der ganzen Welt wackelnde Dominosteine. Ihm lag besonders daran, proamerikanische Regierungen in Ländern vom Libanon bis Japan zu unterstützen. Und Staatschefs, denen er kommunistische Sympathien unterstellte, etwa in Indonesien, im Irak und in den Inselstaaten der Karibik, versuchte er zu stürzen.

Was die Araber und ihr Öl betraf, verabschiedete er umgehend die »Eisenhower-Doktrin«. »Die russischen Herrscher versuchen schon lange, den Nahen Osten zu dominieren. Das galt für die Zaren, und es gilt für die Bolschewiken«, sagte er in einer Ansprache vor dem

Kongress. »Wir haben soeben die Unterwerfung Ungarns durch nackte Waffengewalt erlebt. Als Folge davon ... braucht und erstrebt der internationale Kommunismus einen sichtbaren Erfolg.«[46] Er ließ sich 200 Millionen Dollar bewilligen, um jene Staaten im Nahen Osten zu schützen und zu verteidigen, die in der Gunst der Amerikaner standen. Er versprach, dass die amerikanischen Truppen sie vor Aggressoren schützen würden, und schickte im darauffolgenden Jahr die Armee und die Marineinfanterie in den Libanon. Insgeheim hatte der Präsident allerdings kaum noch Hoffnung, dass sich im Nahen Osten so etwas wie eine Demokratie entwickeln würde. »Wenn man da hingeht und mit diesen Arabern zusammenlebt, merkt man, dass sie unsere Vorstellungen von Freiheit und Menschenwürde einfach nicht verstehen können«, sagte er später im Nationalen Sicherheitsrat. »Sie haben so lange unter irgendeiner Form von Diktatur gelebt, wie können wir da erwarten, dass dort eine frei gewählte Regierung erfolgreich sein kann?«[47]

Sein Zorn richtete sich gegen den muslimischen Präsidenten Sukarno von Indonesien, der 80 Millionen Menschen regierte und auf vielleicht 20 Milliarden Barrel noch nicht erschlossenem Erdöl saß. Sukarno hatte in Eisenhowers Augen gefehlt, weil er 29 asiatische, arabische und afrikanische Staatsoberhäupter zusammengerufen hatte mit dem Vorschlag, eine Allianz blockfreier Staaten zu bilden – ein dritter Weg für die Dritte Welt neben der NATO und dem Warschauer Pakt. Das passte dem Weißen Haus ganz und gar nicht: Man war entweder für die Vereinigten Staaten oder gegen sie. Die CIA erwog, Sukarno zu ermorden, ließ diese Idee jedoch fallen, als ihr Agent nicht nahe genug an Sukarno herankam, um den tödlichen Schuss abzufeuern. Stattdessen verlegte sie sich darauf, seine politischen Gegner zu finanzieren. Im Juli 1957 erhielt Eisenhower den Bericht eines vertrauensvollen Mitarbeiters des Nationalen Sicherheitsrats, den er in die indonesische Hauptstadt Jakarta geschickt hatte, um mit dem CIA-Abteilungsleiter für den Nahen Osten Rücksprache zu halten. Der Tenor des Berichts war düster: Fast alle Verbündeten der Vereinigten Staaten in der damals als Indochina bezeichneten Region – Südvietnam, Südkorea, Taiwan, Laos – würden von unpopulären und korrupten Diktatoren regiert. Bei Sukarno hingegen liege das Problem woanders: Er sei äußerst populär und rücke Indonesien durch

Wahlen nach links – Subversion mit dem Stimmzettel. Das wollte Allen Dulles nicht dulden. Er malte vor dem Nationalen Sicherheitsrat mal wieder den Teufel an die Wand: Sukarno werde zum Kommunisten, er sei im Begriff, die Grenze zu überschreiten, und wenn Indonesien falle, sei ganz Indochina in Gefahr. Am 25. September beauftragte Eisenhower die CIA, einen Umsturz herbeizuführen.[48]

Drei Tage später brachte der *Blitz* in Bombay, eine englischsprachige Wochenzeitung, deren Herausgeber für Einflüsterungen des KGB sehr empfänglich war, die Schlagzeile: US-KOMPLOTT ZUM STURZ SUKARNOS. Es folgte die chaotischste Operation der CIA in der Geschichte des Kalten Krieges. Sie gipfelte darin, dass unbescholtene Bürger eines neutralen Staates und dessen entschieden antikommunistische Streitkräfte, deren Elitekommandos in den Vereinigten Staaten trainiert worden waren und sich »Söhne Eisenhowers« nannten, bombardiert und mit Tieffliegern angegriffen wurden. Die Luftwaffe der CIA, deren Besatzung aus polnischen Rekruten bestand, die seit Ende der 1940er Jahre für die CIA arbeiteten, warfen fünf Tonnen Waffen und Munition sowie bündelweise Bargeld ab, die versehentlich Sukarnos Soldaten in die Hände fielen. Die Piloten der CIA töteten willentlich Hunderte Zivilisten und versenkten einen britischen Frachter. Die chaotische Geheimoperation war für die Indonesier kein Geheimnis, wohl aber für das amerikanische Volk, und sie dauerte sechs Monate, bis sie im Juni 1958 endgültig scheiterte. Dulles versuchte, das Ausmaß der Katastrophe vor dem Präsidenten zu verheimlichen, was ihm auch teilweise gelang, aber die Operation war Frank Wisners Schwanengesang. Er kehrte geistig verwirrt aus dem Fernen Osten zurück. Die Diagnose lautete psychotische Manie, und die Behandlung bestand aus sechs Monaten Elektroschocks. Danach war er ein gebrochener Mann, und obwohl Dulles ihm einen geruhsamen Posten als Stationschef in London gab, war sein Jahrzehnt als Feldmarschall des amerikanischen politischen Krieges zu Ende.

Sein Nachfolger war Richard Bissell, der den Marshallplan verwaltet und Ende der 1940er, Anfang der 1950er Jahre Gelder daraus in die CIA-Kasse umgeleitet hatte. 1956 hatte er das Spionageflugzeug U-2 binnen zwei Jahren vom Reißbrett auf die Landebahn gebracht; die wichtigste Aufgabe der U-2-Maschinen bei ihren Flügen über sowjetisches Terrain war der Beweis, dass es die »Raketenlücke« –

die brisante Behauptung, Russland sei Amerika in puncto Atomwaffen überlegen –, gar nicht gab. Bissell, der brillentragende Sprössling eines steinreichen Versicherungsmagnaten und Angehöriger des amerikanischen Establishments, konnte brillant mit Geld und Maschinen umgehen, aber er hatte auch eine mörderische Ader. Am 1. Januar 1959 übernahm er das Kommando über den politischen Krieg, am selben Tag, an dem Fidel Castro die Macht in Kuba ergriff. Die CIA beobachtete das Geschehen erst fasziniert, dann besorgt, dann wütend, während ihr allmählich klarwurde, dass der *comandante* ein Kommunist war. Noch vor Jahresende schlug Richard Bissell vor, ihn zu töten.

Chruschtschow und dem KGB entging nicht, dass Eisenhower sich verstärkt der Dritten Welt zuwandte. Sie registrierten sehr genau, dass Amerika immer massivere offene und verdeckte Operationen in Indochina durchführte, wo amerikanische Spezialeinheiten und die CIA Schattenkriege in Vietnam und Laos ausfochten. Im Nahen Osten stellten sich amerikanische Diplomaten und Agenten der kommunistischen Bedrohung im arabischen Raum entgegen. In Afrika fanden Jahrhunderte der europäischen Eroberung und Herrschaft ein bitteres Ende, und die Kolonialmächte hinterließen nach ihrem Abzug einen Kontinent, der wieder zu haben war. Der Kampf dort könne zum »entscheidenden Faktor im Konflikt zwischen den Kräften der Freiheit und dem internationalen Kommunismus«[49] werden, hatte Vizepräsident Nixon nach seiner Rückkehr von einer dreiwöchigen Afrikareise 1957 zu Eisenhower gesagt, und er empfahl nachdrücklich, die amerikanische Politik der Eindämmung des Kommunismus in Europa auch in Afrika entschlossen zu praktizieren. Alles in allem waren in dem Jahrzehnt seit Ende der 1940er Jahre drei Dutzend Staaten in Asien und Afrika unabhängig geworden. In fast jedem von ihnen stellten sich der Kreml und das Weiße Haus auf einen Wettstreit um die Macht ein. Beide Seiten konzentrierten sich besonders auf nationale Befreiungsbewegungen, die versuchten, das imperiale Joch abzuschütteln. In einer perfekten Welt hätte Eisenhower versuchen können, jedem dieser Länder die Ideale der Unabhängigkeitserklärung schmackhaft zu machen; selbst Mao Zedong war der Geist der Amerikanischen Revolution nicht unbekannt. Aber Mao war ein eingefleischter Militarist und drängte Chruschtschow, mit stalinistischer

Härte und Skrupellosigkeit zu agieren. Es war nicht zuletzt Mao, der ihn überzeugt hatte, den Kurs zu ändern und den Aufstand in Ungarn gewaltsam niederzuschlagen; der ihn dazu gedrängt hatte, Ho Chi Minh in Vietnam zu unterstützen; und der ihn dazu bewogen hatte, im Namen des Antiimperialismus Afrikaner, Asiaten und Lateinamerikaner zu bewaffnen. Mit der Zeit wurde Mao sogar dem Kreml zu tyrannisch; Ende der 1960er Jahre standen die beiden Länder kurz vor einem Krieg.

Nach Eisenhowers Wiederwahl änderte der KGB seine Strategien gegenüber Amerika, da die Führung des russischen Geheimdienstes befand, die Amerikaner seien in der politischen Kriegsführung Amateure und in der Kunst der Täuschung besonders ungeübt. Der als Oberst Rudolf Abel bekannte sowjetische Spion, der im Juni 1957 in New York verhaftet wurde, nachdem er neun Jahre lang unter falscher Identität gearbeitet hatte, hatte beim Verhör durch das FBI erklärt, der amerikanische Geheimdienst stecke »noch in den Kinderschuhen«. Diese Meinung teilten zwei aufeinanderfolgende KGB-Chefs: Iwan Serow, der von 1954 bis 1958 an der Spitze der Behörde stand, und Alexander Schelepin, der Serow ablöste, als dieser die Leitung des sowjetischen Militärgeheimdiensts GRU übernahm. Zusammen arbeiteten sie an einer Umgestaltung der Nachrichtendienste des Kremls. Die sowjetische Spionage in den Vereinigten Staaten befand sich Ende der 1950er Jahre auf dem Tiefpunkt, das System ihrer Unterstützer in der geschrumpften Kommunistischen Partei der Vereinigten Staaten existierte nicht mehr, und ihre Untergrundnetzwerke wurden durch J. Edgar Hoovers Spionageabwehragenten stark unter Druck gesetzt. Der KGB hob das große Spiel auf die nächste Ebene, indem er eine neue Abteilung zur Unterminierung Amerikas schuf: Abteilung D.

D wie *desinformatsia*, ein russisches Wort, das 1952 in der *Großen Sowjetischen Enzyklopädie* mit »Verbreitung (in der Presse, im Radio etc.) falscher Berichte, um die öffentliche Meinung irrezuführen« umschrieben wurde. Die Abteilung für Desinformation war die erste Fake-News-Fabrik der Welt. Sie begann, unzählige offiziell wirkende Fälschungen von Dokumenten der US-Regierung anzufertigen und sie über Print- und Rundfunkkanäle in Übersee zu verbreiten. Die CIA deckte letztendlich 32 dieser Fälschungen auf, was allerdings nur einen Bruchteil dessen darstellte, was die Abteilung zwischen 1957 und 1961 fabrizierte. »Zum Teil waren es Heckenschützenangriffe«,[50] erklärte eine CIA-Analystin, zum Teil auch größere Angriffe, aber stets wurden die Vereinigten Staaten als imperialistischer Aggressor und Bedrohung für den Weltfrieden dargestellt. Wie es sich für die beste Propaganda gehört, hatten manche der Geschichten einen wahren Kern, zum Beispiel der Vorwurf, die Vereinigten Staaten würden versuchen, einen Umsturz in Indonesien herbeizuführen. Ziel war es, die Vereinigten Staaten zu diffamieren und die Beziehungen zwischen Amerika und seinen Verbündeten zu zerrütten. Laut einer Untersuchung der CIA von 1965 verfolgte Abteilung D drei Ziele: erstens, das Vertrauen des Kongresses und des amerikanischen Volks in die für den Kalten Krieg zuständigen Regierungsbehörden zu zerstören – insbesondere in die CIA und das FBI. Zweitens, das Ansehen Amerikas in Europa zu beschädigen und »dadurch direkt zum Bruch des NATO-Bündnisses beizutragen«.[51] Und drittens, in der Dritten Welt Misstrauen gegen die Vereinigten Staaten zu säen. Die hingebungsvolle Tätigkeit der Abteilung D in den folgenden 30 Jahren lieferte eine solide und dauerhafte Vorlage für Wladimir Putins globales Netzwerk politischer Kriegsführung im 21. Jahrhundert.

Moskau hatte seine Doktrin der Täuschung jedoch noch nicht perfektioniert. Dieser Aufgabe widmete sich der künftige sowjetische Partei- und Staatschef Juri Andropow, als er ein Jahrzehnt später an die Spitze der KGB-Hierarchie aufstieg. Die Spione des Kremls kontrollierten, wie die der CIA, bereits Nachrichtenkanäle auf der ganzen Welt. Besonders gern nutzten sie den *Blitz* in Bombay, dessen vom KGB verfasste Artikel häufig von internationalen Nachrichtenagenturen aufgegriffen und verbreitet wurden, vor allem von jenen, die von den Sowjets und ihren Verbündeten betrieben wurden. Der *Blitz* brachte 1958 und 1959 zahllose falsche Exklusivmeldungen. Eine handelte von einem Geheimpakt zwischen John Foster Dulles und dem japanischen Ministerpräsidenten Nobusuke Kishi – der in Wirklichkeit ein einflussreicher CIA-Agent war – über den Einsatz japanischer Truppen überall in Asien. In einer anderen wurden vermeintliche amerikanische Pläne zum Bau von Atomwaffen auf der indonesischen Insel Sumatra enthüllt. Der größte Knüller der Fake-News-Produzenten war ein gefälschter Brief von Nelson Rockefeller, unter Eisenhower Sonderberater im Weißen Haus für psychologische Kriegsführung und später Vizepräsident der Vereinigten Staaten, an Präsident Eisenhower. Laut diesem gezielt verbreiteten Propagandadokument trieb der Multimillionär und Bilderbuchkapitalist Rockefeller einen Plan voran, wonach sich die Vereinigten Staaten durch das Danaergeschenk der Wirtschaftshilfe die militärische und politische Macht in Übersee zu sichern suchten. In den folgenden Jahren gab es noch viele solcher geschickt konstruierten Falschmeldungen. Der KGB nahm ein Körnchen Wahrheit und errichtete darauf einen Berg von Lügen.

Auch die CIA intensivierte in den 1950er Jahren ihre Nachrichten- und Propagandatätigkeit, um das Image der Vereinigten Staaten im In- und Ausland zu verbessern. Auf nationaler Ebene nutzte sie dabei ein soziales Netzwerk, das mehr auf die Manipulation von Informationen als auf Desinformation setzte. Ziel war es, die öffentliche Meinung subtil zu formen und nicht mit der Keule der Massenmedien zu bearbeiten. Viele Chefs von Medienunternehmen und nicht wenige Journalisten waren zur Kooperation bereit. Allen Dulles hatte einflussreiche und leicht zu überzeugende Freunde an der Spitze von CBS News, der Magazine *Time* und *Life* sowie der *New York Times*. Der Herausgeber der *Times*, Arthur Hays Sulzberger, unterzeichnete eine Vereinbarung zur Geheimhaltung ihrer beruflichen Beziehung und erwies Dulles bereitwillig Gefälligkeiten, etwa als er einen seiner Reporter aus Guatemala abzog, damit der Putsch der CIA gegen den rechtmäßig gewählten Präsidenten 1954 nicht an die Öffentlichkeit drang. Diese mächtigen Presseorgane sowie ABC News, das *Wall Street Journal*, das Magazin *Newsweek*, Associated Press und ein Dutzend weitere hatten mindestens einen Journalisten auf der Gehaltsliste, der offen oder insgeheim für die CIA arbeitete, und die Herausgeber wussten oft gar nicht, dass ihre Reporter zwei Herren dienten. Dutzende, wenn nicht Hunderte im Ausland tätige akkreditierte Korrespondenten und freie Mitarbeiter waren verdeckte CIA-Mitarbeiter oder angeworbene ausländische Agenten.

Der Journalismus war das ideale Deckmäntelchen für Spionage; Spione konnten als Reporter arbeiten und Reporter als Spione. Joseph Alsop, der damals meistgelesene außenpolitische Kolumnist, dessen Artikel in der *New York Herald Tribune*, der *Newsweek* und der

Saturday Evening Post erschienen, nahm in den 1950er Jahren auf Geheiß der CIA eine Korrespondententätigkeit auf den Philippinen und in Laos auf und berichtete nicht nur seinen Lesern, sondern auch der CIA. Seine Artikel spiegelten durchwegs die Ansichten der CIA. Als der nicht geoutete Alsop 1957 von einem attraktiven KGB-Offizier in ein Hotelzimmer in Moskau gelockt und in flagranti fotografiert wurde, half ihm die CIA, sich aus der Affäre zu ziehen. 20 Jahre später sagte er, er sei stolz, den Gründervätern der CIA gedient zu haben; sie waren enge Freunde und tranken in Georgetown zusammen Martinis. »Dick Bissell war mein ältester Freund aus Kindheitstagen«, sagte er dem Reporter Carl Bernstein. »Es war eine persönliche Geschichte, er war mein guter Kumpel. Ich habe nie einen Dollar dafür bekommen. Ich habe nie eine Geheimhaltungsvereinbarung unterzeichnet. Das war nicht notwendig ... Ich habe Dinge für sie gemacht, wenn ich sie für richtig hielt. Ich nenne es die Erfüllung meiner Bürgerpflicht.«[52]

Auf internationaler Ebene besaß oder finanzierte die Propagandaabteilung der CIA rund 50 Zeitungen, Radiostationen, Magazine und Nachrichtenagenturen weltweit, die in nahezu jeder international bedeutenden Hauptstadt ihre Version der Ereignisse verbreiteten. Die in London ansässige Nachrichtenagentur Forum World Features, gegründet im Auftrag der CIA von dem Multimillionär John Hay Whitney, Eisenhowers Botschafter im Vereinigten Königreich, lieferte der amerikanischen und internationalen Leserschaft zuverlässig Artikel, in denen ein aggressiver außenpolitischer Kurs vertreten wurde. Prominente amerikanische Verlage druckten in den 1950er und frühen 1960er Jahren zwei Dutzend englischsprachige Bücher, die von der CIA finanziert oder produziert wurden. Bestes Beispiel ist das bei Doubleday & Company erschienene *The Penkovsky Papers*, angeblich das Tagebuch eines Sowjetspions, der insgeheim für die CIA arbeitete. Der Bestseller wurde von dem weltläufigen Journalisten Frank Gibney, einem engen Vertrauten von Allen Dulles, und von Peter Deriabin, einem KGB-Überläufer, der für die CIA arbeitete, aus CIA-Unterlagen zusammengeschustert. Den Protagonisten der Geschichte gab es wirklich – die Sowjets hatten ihn verhaftet und hingerichtet –, aber die Vorstellung, dass ein Spion Tagebuch führte, war eigentlich absurd. Darüber machte sich zu jener Zeit allerdings kaum jemand Gedanken. Die Chefredakteure und Herausgeber der mächtigsten Medienunternehmen und eine Handvoll ihrer Journalisten glaubten, es sei kein Verbrechen, mit der CIA zusammenzuarbeiten. Sig Mickelson, von 1954 bis 1961 Direktor von CBS News und dortiger Kontaktmann zur CIA und später Direktor von Radio Free Europe, hielt es »für eine damals normale Beziehung. Der Kalte Krieg war auf seinem Höhepunkt, und ich ging davon aus, dass die Medien kooperierten.« In Eisenhowers Amerika herrschte in den Nachrichtenredaktionen und Vorstandsetagen die Devise »Recht oder Unrecht, ich stehe zu meinem Land«. Dieser allgemeine Konsens zerbrach erst mit dem Krieg in Vietnam.

Als seine Präsidentschaft auf das Ende zuging, warb Eisenhower weiter mit ganzer Kraft für eine friedliche Koexistenz mit den Sowjets. Im September 1959 lud er Chruschtschow in die Vereinigten Staaten ein; die beiden führten in Camp David drei Tage lang Gespräche und sahen sich abends Westernfilme an. In der Öffentlichkeit tauschten sie Höflichkeiten aus; hinter verschlossenen Türen stritten sie sich heftig und suchten nach einer gemeinsamen Basis. Der Präsident bekannte, dass er sich »vor einem Atomkrieg fürchte und dass dies seiner Ansicht nach jeder tun sollte. Im letzten Krieg, sagte er, habe ihm das Kommando über große Armeen vielleicht Momente des Hochgefühls beschert, aber heutzutage sei der Krieg nur noch ein Kampf ums Überleben.«[53] Jene glorreichen Tage waren in eine dunkle Ära übergegangen, die von menschlicher Torheit geprägt war.

Chruschtschow versuchte, das Treffen in versöhnlicher Stimmung zu beenden. Obwohl er in seinem Verhältnis zu den Vereinigten Staaten nicht sagen könne, »wo das Barometer stehe, auf schön, veränderlich oder Sturm«, erklärte er, wolle er Eisenhower einladen, im Mai nach Russland zu kommen, »wenn das Wetter schön sei und alles in voller Blüte stehe. Die herrliche Landschaft und der wundervolle Duft blühender Bäume könnten den Gesprächen zwischen ihm und dem Präsidenten förderlich sein.«[54] Eisenhower nahm die Einladung gern an.

Doch alle Hoffnungen auf Tauwetter im Kalten Krieg schwanden, als die Sowjets am 1. Mai 1960 eine U-2 über russischem Territorium abschossen und den Piloten gefangen nahmen. Eisenhower hatte die Flüge längst beenden wollen, weil er trotz Allen Dulles' Beteuerungen, dass ein solches Desaster unmöglich sei, befürchtete, sie könnten den Dritten Weltkrieg auslösen. Aber Richard Bissell hatte als Chef der Luftaufklärung auf einer letzten U-2-Mission bestanden. Sie sollte ein für alle Mal das Märchen von einer Raketenlücke widerlegen, das der demokratische Präsidentschaftskandidat, Senator John F. Kennedy, im Wahlkampf als Waffe gegen die Eisenhower-Regierung und seinen republikanischen Rivalen, Vizepräsident Richard Nixon, einsetzte. Die Verschleierungsgeschichte der NASA, das Flugzeug sammle meteorologische Daten, ließ sich nicht mehr aufrechterhalten, als Chruschtschow den Piloten, das Flugzeugwrack und den Film über sowjetische Luftstützpunkte und Jagdbomber vorweisen konnte. Damit sei laut Chruschtschow bewiesen, dass Allen Dulles kein Meteorologe war. Mit der Behauptung, der Flug sei nicht vom Präsidenten genehmigt gewesen, verbreitete das Außenministerium eine weitere Unwahrheit. Damit war für Eisenhower das Maß voll. Er ging am 9. Mai ins Oval Office und informierte seinen Sekretär, dass er zurücktreten wolle. »Mir war nicht bewusst, was für einen hohen Preis wir für diese Lüge würden zahlen müssen«, sinnierte Eisenhower, als er im Ruhestand war.[55]

Der Abschuss der U-2 blamierte Amerika vor der Weltöffentlichkeit, räumte mit der Vorstellung auf, dass sich die amerikanische politische Kriegsführung durch ein Lügengebäude schützen ließ, und lieferte zum ersten Mal den Beweis, dass das amerikanische Volk von seinen Präsidenten betrogen wurde. Chruschtschow nannte Eisenhower einen Lügner und sagte die geplanten gemeinsamen Friedensgespräche ab. Tief betrübt sagte Eisenhower zu seinem wissenschaftlichen Chefberater, »das dumme U-2-Schlamassel« habe all seine Bemühungen zerstört, den Kalten Krieg zu beenden, und »er habe nun bis zum Ende seiner Präsidentschaft nichts Lohnendes mehr zu tun«.[56] Seine Niedergeschlagenheit verwandelte sich bald in glühenden Zorn.

Er war verbittert und erschöpft, nahm vor dem Zubettgehen eine doppelte Dosis Schlaftabletten, von denen er doch nur Albträume bekam, anstatt Erholung zu finden, und war im Sommer in einer entsetzlichen Stimmung. Er machte sich daran, einen Teil des Schlamassels aufzuräumen, das ansonsten der nächste Präsident erben würde. Im August beauftragte er die CIA mit Plänen für eine paramilitärische Invasion Kubas und genehmigte für diese Operation ein Budget von

13 Millionen Dollar. Er erteilte zumindest seine stillschweigende Zustimmung zur Eliminierung Fidel Castros, und um das politische Gleichgewicht in der Karibik wiederherzustellen, zur Beseitigung des rechtsgerichteten Diktators Rafael Trujillo in der Dominikanischen Republik. *Eliminierung* und *Beseitigung* waren die Euphemismen, die Dwight Eisenhower und Allen Dulles verwendeten, wenn sie über politische Morde sprachen. Bei einer Sitzung des Nationalen Sicherheitsrats am 18. August war der Präsident sehr viel direkter, als er den Befehl erteilte, Patrice Lumumba aus dem Weg zu räumen, den ersten Ministerpräsidenten der unabhängigen Republik Kongo.

Der politische Krieg Amerikas sollte bald einen Höhepunkt erreichen. Doch zuletzt sagte Eisenhower verzweifelt, dass er seinem Nachfolger eine Welt voller Probleme hinterlasse.

KAPITEL 4

Die letzte Hoffnung für den Westen

Am Morgen des 19. Januar 1961, einen Tag vor der Amtsübergabe, trafen sich Dwight D. Eisenhower und John F. Kennedy unter vier Augen im Oval Office. Der Präsident hatte seine Zweifel an Kennedy, der im November mit einem Vorsprung von nur 118 550 der fast 69 Millionen abgegebenen Stimmen den amtierenden Vizepräsidenten Nixon besiegt hatte. Seinen Wahlsieg verdankte er vor allem seiner Rhetorik, die Russen seien im Begriff, den Kalten Krieg zu gewinnen. Der Fünf-Sterne-General Eisenhower händigte die geheimen Protokolle zum Start eines Atomkriegs und die Pläne zur Durchführung verdeckter Operationen an einen jungen Mann aus, der im Zweiten Weltkrieg Marineleutnant gewesen war. Gemeinsam verließen sie das Oval Office, um im Cabinet Room mit dem alten und neuen Außen-, Verteidigungs- und Finanzminister zusammenzukommen. Kennedy brachte die Pläne der CIA zur Invasion Kubas zur Sprache. Neun Tage zuvor hatte die *New York Times* getitelt: »USA unterstützen Ausbildung von castrofeindlichen Kräften auf geheimer Luftwaffenbasis in Guatemala; Schlagabtausch mit Kuba befürchtet.« Eisenhower sagte, es sei unumgänglich: Die Vereinigten Staaten könnten Castro nicht an der Macht dulden, und sie sollten gleich auch noch den dominikanischen Diktator Trujillo erledigen. Diplomatengepäck mit Kleinwaffen, von der CIA abgeschickt, war bereits in die Dominikanische Republik unterwegs. Zwei Tage zuvor, am 17. Januar 1961, war der abgesetzte Ministerpräsident der Republik Kongo, Patrice Lumumba, im Zuge eines von der CIA unterstützten und von Eisenhowers Zorn befeuerten Putschs in einem elenden Gefängnis getötet worden.

Kennedy erbte den weltweit mächtigsten Apparat der politischen Kriegsführung. Doch mit seinen 43 Jahren war er der jüngste jemals gewählte Präsident, und seine Unerfahrenheit zeigte sich schon bald nach der Amtsübernahme in seiner unsicheren Führung. Die Invasion in der Schweinebucht erschütterte sein enormes Selbstbewusstsein, denn die missglückte Mission offenbarte Amerikas Unfähigkeit, seine militärischen, nachrichtendienstlichen und diplomatischen Kräfte zu koordinieren. Am 27. April, eine Woche, nachdem 118 der im Dienst der CIA agierenden Kubaner bei ihrem gescheiterten Kommandoangriff getötet und 1202 weitere gefangen genommen worden waren, versuchte Kennedy etwas verzweifelt, das grundsätzliche Verhalten der Vereinigten Staaten von dem der Sowjets abzugrenzen.

»Überall auf der Welt stellt sich uns eine monolithische und ruchlose Verschwörung entgegen, die ihre Einflusssphäre vorrangig mit verdeckten Aktionen vergrößert – mit Unterwanderung statt Invasion, mit Subversion statt Wahlen, mit Einschüchterung statt freier Entscheidung, mit Guerillakämpfern bei Nacht statt Armeen am Tag«, erklärte er in einer Rede vor dem Verband der amerikanischen Zeitungsverleger. »Es ist ein System, das gewaltige menschliche und materielle Ressourcen zusammengezogen hat, um einen engmaschigen, hocheffizienten Apparat aufzubauen, in dem militärische, diplomatische, geheimdienstliche, wirtschaftliche, wissenschaftliche und politische Operationen aufeinander abgestimmt sind.«[1] Aus den Worten des Präsidenten sprach die Angst um sein eigenes Land. Er wusste inzwischen, dass die Komponenten des amerikanischen Apparats alles andere als aufeinander abgestimmt waren und dringend einer Überholung bedurften.

Im Kreml galt Kennedy als Schwächling. Bei einem Gipfeltreffen mit Chruschtschow im Juni in Wien musste der US-Präsident eine Tracht Prügel einstecken. Der sowjetische Staatschef war kämpferisch und angriffslustig und forderte den Präsidenten brüsk heraus. Kennedy sagte, Chruschtschow habe ihm wegen der Schweinebucht eine Abreibung verpasst, weil er glaubte, mit einem Präsidenten, der so jung und unerfahren war, dass er in ein solches Schlamassel geraten konnte, leichtes Spiel zu haben, und weil er der Ansicht war, wer eine Sache anfängt und sie dann nicht durchzieht, habe keinen Mumm. Kennedys Einschätzung war richtig. Chruschtschow begann umgehend, Pläne für den Bau der Berliner Mauer auszuarbeiten – Millionen Menschen waren bereits aus dem kommunistischen Ostdeutschland in den Westen geflohen –, und ein gutes Jahr später, im Oktober 1962, verschiffte er Atomwaffen nach Kuba, um das Land als Brückenkopf für Revolutionen in der gesamten westlichen Hemisphäre zu schützen.

Kennedy wiederum dachte nicht daran, auf verdeckte Aktionen zu verzichten. Er legte die Kontrolle über die paramilitärischen Operationen der CIA in die Hände seines 35-jährigen Bruders, des Justizministers Robert F. Kennedy. Innerhalb von nicht einmal drei Jahren veranlassten sie 163 derartige Operationen, durchschnittlich eine pro Woche, fast genauso viele wie Eisenhower in acht Jahren. Die Kennedys nahmen Castro ins Fadenkreuz und verfolgten weiterhin die Pläne zu seiner Ermordung, die schon unter Eisenhower geschmiedet worden waren.[2] Sie setzten auf massive Geheimoperationen, die sie als wichtige Waffen des politischen Krieges ansahen, als Instrument der Projektion und Wahrung von Amerikas Macht und Einfluss in der Welt und als Wunderwaffe in den eskalierenden Schlachten, mit denen Amerika in Südostasien, Mittelamerika und Afrika zu tun hatte.

Die Sowjets taten dasselbe. Die vom KGB entworfene Doktrin ging davon aus, dass der Krieg zwischen den Vereinigten Staaten und der Sowjetunion auf den Schlachtfeldern der Dritten Welt ausgefochten und gewonnen werden würde. Kurz nach dem Gipfel in Wien schickte KGB-Chef Alexander Schelepin Chruschtschow den Entwurf eines atemberaubend ehrgeizigen Plans, der das Ziel verfolgte, »in verschiedenen Weltgegenden Bedingungen zu schaffen, die geeignet sind, die Aufmerksamkeit und die Kräfte der Vereinigten Staaten und ihrer Verbündeten abzulenken«.[3] Zentraler Teil dieses Plans war es, die in Afrika, Asien und Lateinamerika entstehenden nationalen Befreiungsbewegungen für den größeren Kampf gegen Washington zu instrumentalisieren und »bewaffnete Aufstände gegen prowestliche reaktionäre Regierungen« zu entfachen. Nirgends war die Zeit für Revolution und Konterrevolution so reif wie in Afrika. Allein im Jahr zuvor hatten sich 17 afrikanische Nationen von den Ketten ihrer weißen Herren befreit. Mit dem Zusammenbruch des Kolonialismus befürchtete Amerika ein Chaos, und Chaos galt als Brutstätte für Kommunismus. Der nächste Castro konnte jederzeit unbemerkt an die Macht kommen. Und der Gefahr, dass ein Land kommunistisch wurde, musste das Weiße Haus mit allen Mitteln entgegentreten.

Kein Land war eine fettere Beute als der Kongo. Er sei »das Herzstück des Kampfes im Kalten Krieg« der 1960er Jahre gewesen, sagte Frank Carlucci, damals politischer Offizier in der neu eröffneten amerikanischen Botschaft in Léopoldville und später stellvertretender CIA-Direktor und Verteidigungsminister.[4] Und der Kongo blieb ein Ziel der politischen Kriegsführung unter weiteren acht Präsidenten während der folgenden 30 Jahre. Die geheime Geschichte von Amerikas Einfluss im Kongo, wie sie in 2014 freigegebenen Dokumenten niedergelegt ist, enthüllt, was möglich war, wenn die Vereinigten Staaten im Kalten Krieg ihre militärischen, diplomatischen, geheimdienstlichen und wirtschaftlichen Instrumente aufeinander abstimmten. Sie konnten mit unsichtbarer Hand das Schicksal eines riesigen und strategisch wichtigen Landes lenken, welches der Eckpfeiler eines ganzen Kontinents war.

Die Republik Kongo war der größte und potenziell mächtigste der neu entstehenden Staaten Schwarzafrikas. Seine Fläche von rund zweieinhalb Millionen Quadratkilometern entsprach einem Drittel des Territoriums der Vereinigten Staaten. Er verfügte über reiche Bodenschätze: zwei Drittel der Diamantvorkommen, die Hälfte der Kobalt- und ein Zehntel der Kupfervorkommen weltweit; außerdem über Uran, das Amerika für seine Atomwaffen benötigte, über Gold, Erdöl, Kautschuk und Seltene Erden. Seine Bevölkerung hatte 75 Jahre lang unter der belgischen Unterdrückung gelitten, dem brutalsten Kolonialregime des 20. Jahrhunderts. Der grausame und raffgierige belgische König Leopold II. raubte, so viel er konnte, in »der abscheulichsten Jagd nach Beute, die je die Geschichte des menschlichen Geistes entstellt hat«, schrieb Joseph Conrad, der in seinem Roman *Herz der Finsternis* die Ausbeutung des Kongos beschrieben hatte, noch während sie sich vollzog. König Leopold wurde zu einem der reichsten Männer der Welt, und seine Helfershelfer ermordeten im Zuge ihrer brutalen Ausplünderung des Landes Millionen von Menschen. Die herrschende Klasse Belgiens bereicherte sich an den Rohstoffen des Kongos, bis der Zweite Weltkrieg fünf Jahrhunderten europäischer Kolonialherrschaft ein Ende bereitete und über dem letzten der großen Kolonialreiche die Sonne unterging.

Die Belgier hatten davon geträumt, die Unabhängigkeit der Kolonie noch für Jahrzehnte hinauszögern zu können, doch das war eine Illusion. Im Januar 1960, ein Jahr vor Präsident Kennedys Amtsantritt, luden sie widerwillig den kleinen Kreis kongolesischer Führungsfiguren zu einer Konferenz nach Brüssel ein. Sie spekulierten darauf, einen Ministerpräsidenten zu finden, den sie zu ihrer gefügigen Marionette machen konnten. Für eine friedliche Machtübergabe hatten sie kaum weitere Vorkehrungen getroffen. Zum Entsetzen der Kolonialherren wählten die Delegierten Patrice Lumumba, jenen Mann, der als Stimme der Freiheit verurteilt und soeben erst aus dem Gefängnis entlassen worden war. Die Vereinigten Staaten wussten wenig über ihn. Die Akten der CIA und des Außenministeriums enthielten nur dürftige Angaben zu seiner Biographie. Lumumba war 34 Jahre alt, ein Postangestellter, der zu einem politischen Hitzkopf geworden war und zur »ersten Stimme, die wirklich Unabhängigkeit forderte«, so Owen Roberts, ein amerikanischer Konsul im Kongo.[5] Lumumba sei »ein charismatischer, lautstarker Führer« gewesen, der seine Ideen aus der Lektüre von Voltaire und Rousseau, nicht von Marx und Engels bezog. Vor dem US-Kongress sagte Roberts aus, Lumumba sei ein afrikanischer Nationalist gewesen, nicht der Kommunist, als der er hingestellt wurde. »Ja, er war radikal, aber er konnte schwerlich ein Kommunist sein, weil es in Belgisch-Kongo keine kommunistischen Schriften gab. Geschweige denn Kommunisten.« Die Sowjets waren derselben Ansicht. Lumumba hatte sich in Brüssel mit B.A. Sawinow getroffen, einem sowjetischen Diplomaten der mittleren Ebene, und Moskau um materielle Unterstützung für seine politische Bewegung gebeten. Sawinow leitete die Bitte an das Ministerium für Auswärtige Angelegenheiten weiter, mit dem warnenden Zusatz, Lumumba könne nicht als Kommunist gelten, seine Ideologie sei unausgereift.

Die Vereinigten Staaten fürchteten ihn trotzdem. Als der Tag der Unabhängigkeit näher rückte, hielten alle den Atem an. Robinson McIlvaine wurde entsandt, um als Geschäftsträger in der Hauptstadt Léopoldville, einer Stadt mit strahlend weißen Gebäuden und tiefgrünen tropischen Bäumen am Ufer des strudelnden und wogenden Kongo-Flusses, die amerikanische Botschaft zu eröffnen. Er hatte von seinen Vorgesetzten keine genauen Instruktionen erhalten. »Kaum jemand hatte eine Vorstellung von dem, was passieren würde«, sagte er. »Ich glaube nicht, dass irgendjemand in der US-Regierung viel Ahnung von diesem Teil der Welt hatte.«[6] Das stimmte nicht ganz. Robert D. Murphy vertrat die Vereinigten Staaten bei den Unabhängigkeitsfeierlichkeiten. Er war Trumans Botschafter in Brüssel gewesen und hatte die Härte der belgischen Herrschaft im Kongo miterlebt und bewundert. Im Zweiten Weltkrieg war er Eisenhowers politischer Chefberater und im Kalten Krieg einer seiner wichtigsten Berater im Weißen Haus und zuletzt im Außenministerium für politische Angelegenheiten zuständig gewesen. Unter den Präsidenten Kennedy, Johnson, Nixon, Ford und Carter wurde er Berater für die Geheimdienste und für ausländische Angelegenheiten. Am Tag der Unabhängigkeit des Kongos war er Direktor des Morgan Guaranty Trust und geschäftlich eng verbunden mit der Société Générale de Belgique[7] und mit amerikanischen Unternehmen, deren gewaltige Investitionen in die Bodenschätze und Bergwerke des Landes auf dem Spiel standen. Eisenhowers Verteidigungsminister, sein Außenstaatssekretär und sein Botschafter in Belgien waren alle Wirtschaftsmagnaten, deren millionenschwere Unternehmensportfolios auf dem Spiel standen. Sie interessierten sich brennend dafür, wie es mit dem Kongo weiterging.

Es ging alles sehr schnell. »Am 30. Juni wurde die Unabhängigkeit erklärt. Ich traf eine Woche vorher ein«, erinnerte sich McIlvaine. »Wir feierten noch den vierten Juli [den amerikanischen Unabhängigkeitstag]. Am sechsten brach alles zusammen.« Die kongolesische Armee, die *Force Publique*, hatte 24 000 schwarze Soldaten in ihren Reihen, befehligt von tausend belgischen Offizieren, und am 5. Juli hatte ihr Oberkommandierender, General Émile Janssens, auf eine Tafel geschrieben: »Vor der Unabhängigkeit ist nach der Unabhängigkeit.«[8] Doch jetzt, da ihre weißen Offiziere das Land verließen, verlangten die Soldaten ihre Beförderung und eine höhere Bezahlung. Und als Lumumba ihren Rang und ihr Gehalt nicht sofort erhöhte, meuterten sie. Die Belgier schickten Fallschirmjäger, um den nationalen Flughafen und die Bergwerke zu besetzen. Im Bemühen, die Zeit zurückzudrehen, organisierten sie die Abspaltung der riesigen südlichen Provinz Katanga, die über die reichen Bodenschätze des Landes verfügte, und errichteten in der Provinzhauptstadt Élisabethville einen

Militärstützpunkt und eine Schattenregierung. Sie riefen die Republik Katanga aus, ernannten den von ihnen favorisierten Politiker Moïse Tshombé zum Präsidenten und gaben Katanga eine Verfassung, eine Flagge und eine Nationalhymne.

In der zweiten Julihälfte bemühte sich UN-Generalsekretär Dag Hammarskjöld mit Hochdruck um die Zustimmung zu einer Friedensmission, der größten und komplexesten Mobilisierung dieser Art, die die Vereinten Nationen jemals durchgeführt hatten. Ziel war die Durchsetzung eines Waffenstillstands und der Abzug der belgischen Truppen. Lumumba flog nach New York, ersuchte die Vereinten Nationen um nachdrücklichere Unterstützung und reiste am 27. Juli zu einem Kurzbesuch nach Washington, wo er die Führung des Außenministeriums um finanzielle und technische Hilfe bat. Im Protokoll dieses Treffens hieß es: »Der Ministerpräsident sagte, er möchte nicht, dass der Kongo seinen kolonialen Status verlasse, nur um unter die Herrschaft einer anderen Form der Diktatur oder des ideologischen Einflusses zu geraten. Wir sind, sagte er, Afrikaner und möchten es bleiben.«[9] Außenstaatssekretär C. Douglas Dillon, Sprössling einer reichen Oberschichtsfamilie, fand Lumumba grässlich. »Einfach kein vernünftiger Mensch«, meinte er naserümpfend.[10]

Das Weiße Haus, die CIA-Führung und die Mitglieder des Nationalen Sicherheitsrats betrachteten Lumumba mit großer Bestürzung. Sie sahen in ihm einen zweiten Castro und den Kongo als Ziel eines baldigen sowjetischen Staatsstreichs. Allen Dulles meinte gegenüber Eisenhower, man könne davon ausgehen, dass Lumumba auf Anweisung Moskaus von der belgischen Kommunistischen Partei gekauft sei, ohne jedoch einen Beweis dafür zu liefern. Der CIA-Offizier Lawrence R. »Larry« Devlin, von Dulles beauftragt, sich um den Kongo zu kümmern, hatte zu seinem Vorgesetzten gesagt, wenn die Sowjets Lumumba am Haken hätten, hätten sie bald auch die Diamanten, das Öl und das Uran des Landes unter ihrer Kontrolle. Sie würden den Kongo als Basis benutzen, um ihren Einfluss auf ganz Afrika auszudehnen und ihre Macht, ihren Einfluss und ihr Ansehen in der gesamten Dritten Welt zu festigen. Am 29. Juli berichtete der Vereinigte Generalstab Eisenhower:

> Die Vereinigten Staaten müssen darauf vorbereitet sein, jederzeit geeignete Militäraktionen durchzuführen, um eine sowjetische Militärintervention im Kongo zu verhindern oder zu bekämpfen. Multilaterales Handeln wäre vorzuziehen, aber es könnte auch eine unilaterale Aktion notwendig werden. In der derzeitigen kriegerischen Stimmung der Sowjets könnte die UdSSR annehmen, die Vereinigten Staaten würden sich ihr nicht entgegenstellen. Wir müssen darauf vorbereitet sein, ihnen entgegenzutreten und sie zu besiegen. Um zu verhindern, dass sie einen so überstürzten Schritt vollziehen, muss ihnen begreiflich gemacht werden, dass wir eine militärische Übernahme des Kongos durch die Sowjets nicht hinnehmen werden.[11]

Am 1. August erklärte Eisenhower seinem Team für die nationale Sicherheit bedauernd, in den letzten zwölf Monaten habe sich die Welt zu einem Unruheherd entwickelt, der größer sei, als er es in jüngerer Zeit erlebt habe: »Die Kommunisten versuchen, dies auszunutzen, und sind dabei so erfolgreich, dass jetzt [Collegestudenten] sagen, die Kommunisten dächten an die normalen Menschen, während die Vereinigten Staaten unzeitgemäße Regime unterstützten.«[12] Diese Schlacht zu verlieren konnte Amerika sich nicht leisten.

Ein paar Tage später trafen unter der Flagge der Vereinten Nationen mehr als 11 000 Soldaten im Kongo ein, die meisten aus afrikanischen Staaten. Ihre Mission bestand darin, die Belgier hinauszukomplimentieren, und sie hatten die Anweisung, nur zur Selbstverteidigung zu schießen. Lumumbas Glaube an die Mission geriet ins Wanken, als er sah, dass der Westen keine Gewalt anwendete, um seine Macht gegenüber den kolonialen Unterdrückern des Kongos zu sichern, und dass jegliche Unterstützung, die die USA bereit waren, ihm zu schicken, über die Vereinten Nationen lief. Irgendwann in den folgenden zwei Wochen beschloss er, die Sowjets insgeheim um militärische Hilfe zu bitten: um Waffen, Transportflugzeuge, Lkws und Kommunikationsausrüstung.

Das Land war zu haben, man musste nur zugreifen. In diesen Sog wurde der neue CIA-Stationschef Larry Devlin hineingezogen, der bald zum Statthalter des Kongos aufstieg. Devlin war eine markante, sportliche Erscheinung: glatt nach hinten gekämmtes schwarzes Haar, leichter dunkler Anzug, weißes Hemd mit offenem Kragen. Eine Ray-Ban-Sonnenbrille schützte seine Augen. Soeben 38 Jahre alt geworden, war er ein Mann von Welt. Im Zweiten Weltkrieg hatte er unter Eisenhower in Nordafrika und Europa gekämpft, und 1949, als er in Harvard einen Master-Studiengang im Fach Internationale Beziehungen absolvierte, war er von einem Gastdozenten namens McGeorge Bundy für die CIA angeworben worden. (Bundy war damals das jüngste Mitglied einer geheimen Gruppe, die die Mechanismen des Marshallplans so perfektionierte, dass Gelder daraus in verdeckte CIA-Operationen flossen. Dem Konklave des Council on Foreign Relations gehörten Dwight Eisenhower, Allen Dulles, Richard Bissell und George Kennan an. Im Januar 1961 gab Bundy seinen Posten als Dekan des Fachbereichs Geistes- und Naturwissenschaften in Harvard auf und wurde Präsident Kennedys Nationaler Sicherheitsberater.) In seinen ersten Jahren als Geheimagent hatte Devlin die Welt unter dem Deckmantel eines Autors von Reiseführern bereist, eine exzellente Tarnung für das Spionagegewerbe. Zuletzt war er in Brüssel stationiert gewesen, wo er sich – seine bevorstehende Mission im Kongo im Blick – als Diplomat ausgegeben und die turbulente Konferenz im Januar 1960 verfolgt hatte, auf der Lumumba zum Ministerpräsidenten bestimmt worden war.

Devlin war hochintelligent, couragiert und unermüdlich, bereit zu List und Tücke und so verschlagen, wie seine Profession es erforderte. Er war überzeugt, dass die Sowjets vorhatten, im Kongo die Macht zu übernehmen, um von dort aus ein kommunistisches Afrika aufzubauen. »Wir hatten die klare Mission, einen politischen Krieg zu führen«, sagte er fast 50 Jahre später, und »wir arbeiteten im Auftrag des Präsidenten der Vereinigten Staaten«.[13] Es herrschte ein draufgängerischer Geist: An Geld mangelte es nicht, alle Mittel waren erlaubt, und es wurden keine Fragen gestellt. In den Tagen nach seiner Ankunft im Kongo begann Devlin, die amerikanische Außenpolitik mitzugestalten. Und diese Politik hatte den Sturz von Patrice Lumumba zum Ziel.

»Lumumba bewegt sich nach links und Commie-Einfluss wächst«, kabelte Devlin am 11. August 1960 im abgehackten Telegrammstil an die CIA-Zentrale.[14] »Wenn nicht in naher Zukunft gestoppt, wird er, glaube ich, zum starken Mann, beseitigt gemäßigte Opposition und errichtet Regime unter Einfluss, wenn nicht voller Kontrolle der Commies. Glaube daher, Lumumbas Sturz würde westlichen Zielen dienen … alle Anstrengungen der Station auf diese Umsturzkampagne konzentriert.« Am 18. August schrieb er: »Unabhängig davon, ob Lumumba tatsächlich Kommunist ist oder ob er das Spiel der Commies spielt, um seine Macht zu festigen, nehmen im Kongo antiwestliche Kräfte an Stärke zu, und womöglich bleibt nur noch wenig Zeit, um ein zweites Kuba zu verhindern.«[15] Der Präsident wurde hellhörig. Noch am selben Tag fand in der noblen Küstenstadt Newport, Rhode Island, wo Eisenhower Ferien machte, eine Sondersitzung des Nationalen Sicherheitsrats statt.[16] Der Protokollant Robert Johnson, ein Mitarbeiter des Nationalen Sicherheitsrats, bezeugte später unter Eid, er habe gehört, wie sich Eisenhower an Allen Dulles wandte und sagte, Lumumba müsse ermordet werden. Danach sei lähmende Stille eingetreten.

In derselben Woche, vielleicht sogar am selben Tag, flogen sowjetische Piloten 15 Transportflugzeuge in das rund 2500 Kilometer von der Hauptstadt entfernte Stanleyville, Lumumbas Heimat, wo er politischen Rückhalt genoss. Ihr unerreichtes Ziel war die Unterstützung Lumumbas bei einem Militärangriff auf die belgischen Streitkräfte in Katanga, der von Soldaten der kongolesischen Armee ausgeführt werden sollte. Den ganzen Sommer über, so erklärte Devlin später, seien Hunderte Sowjets und Tschechen nach Léopoldville geströmt, vordergründig, um Lebensmittel zu bringen und Wirtschaftshilfe anzubieten und Lumumba bei der Führung seiner Ministerien zu unterstützen, tatsächlich aber in der Hoffnung, die rote Fahne ins Herz Afrikas zu tragen. Der neue sowjetische Botschafter und ein drei Mann starkes KGB-Kontingent trafen in derselben Woche ein wie Devlin. Der sowjetische Gesandte überreichte Lumumba sein Beglaubigungsschreiben und drückte ihm dann einen Brief Chruschtschows in die Hand, in dem dieser ihm seine Solidarität bekundete. Er verglich die Situation im Kongo mit den Anfängen der Sowjetunion, in die nach dem Sieg der Russischen Revolution ausländische Soldaten einmarschiert waren.

Am 27. August schrieb Dulles an Devlin, das Weiße Haus sei überzeugt, wenn Lumumba weiter an der Macht bleibe, werde »die unausweichliche Folge bestenfalls Chaos sein, schlimmstenfalls [wird] der Weg für eine kommunistische Machtübernahme im Kongo geebnet, mit verheerenden Konsequenzen … Wir sind daher zu dem

Schluss gekommen, dass seine Beseitigung ein dringendes und vorrangiges Ziel sein muss, dem wir unter den gegebenen Umständen bei unserer verdeckten Aktion oberste Priorität einräumen sollten.«[17] Dulles autorisierte Devlin, für jeden einzelnen Schritt dieser verdeckten Aktion bis zu 100 000 Dollar auszugeben, ohne dass die Zentrale zustimmen musste, eine außerordentliche Machtbefugnis. Der Stationschef entwarf bereits einen, wie er es nannte, »dreiseitigen Plan, was Schritt für Schritt zu welchem Zeitpunkt getan werden sollte, angefangen damit, dass man den ersten Senator kaufte«.[18] Die Maßnahmen waren nicht darauf beschränkt, sich die Loyalität von Politikern zu erkaufen oder wenigstens für eine gewisse Zeit zu sichern, Stimmen für ein Misstrauensvotum gegen Lumumba im kongolesischen Parlament zusammenzubringen und Demonstranten dafür zu bezahlen, dass sie ihn während seiner Rede bei einem Treffen afrikanischer Außenminister in Léopoldville niederbrüllten. Devlin musste auch ein neues Staatsoberhaupt für den Kongo finden.

Am Abend des 13. September 1960 verließ der Stationschef die Botschaft Richtung Präsidentenpalast auf der Suche nach Lumumba. Statt Lumumba begegnete er einem schlanken jungen Soldaten in Militäruniform mit Namen Joseph-Désiré Mobutu. Er war 29 Jahre alt, hatte unter den Belgiern als Unteroffizier gedient, der höchste für ihn erreichbare Rang, und seit 1956 als bezahlter Informant im Kongo für sie gearbeitet. Devlin und Mobutu hatten sich bereits in Brüssel kennengelernt, im Vorfeld der Wahl, und einander abgecheckt. Ein guter Geheimagent spürt es in den Fingerspitzen, wenn er ein Talent vor sich hat, und Mobutu erkannte Macht, wenn er ihr begegnete. Sie wurden schnell handelseinig. Oberst Mobutu versicherte Devlin, die Armee sei bereit, Lumumba zu stürzen – wenn die Vereinigten Staaten die neue Junta anerkennen würden. Devlin versprach ihm an Ort und Stelle, sein Land werde einen Staatsstreich unterstützen. Mobutu verlangte dreist 5000 Dollar in bar, und Devlin sagte ihm ohne Zögern das Geld für den nächsten Morgen zu. Der Stationschef kehrte in die Botschaft zurück, und um zwei Uhr früh begab er sich zur Residenz des neuen amerikanischen Botschafters Clare Timberlake und weckte ihn, um ihm mitzuteilen, was er eingefädelt hatte.

Wie seine Landsleute in Washington glaubte auch Timberlake, der seit 30 Jahren im Foreign Service tätig war, ein Chaos im Kongo werde den Sowjets die einmalige Chance bieten, eine starke kommunistische Front in Afrika aufzubauen. Anders als die meisten erkannte er auch, dass Schwarzafrika sich geschlossen vom Westen abwenden könnte, wenn die Belgier unter dem Vorwand, das Chaos zu beseitigen, ihre Kolonialherrschaft mit Waffengewalt wiederherstellten. Die Erfolgsaussichten der unbewaffneten und beispiellosen UN-Mission im Kongo waren ungewiss. Damit bot sich den Vereinigten Staaten die Möglichkeit, zu ihren eigenen Bedingungen Ordnung zu schaffen. Der Botschafter gab dem Stationschef grünes Licht. Devlin telegraphierte Dulles umgehend, er habe Mobutu angeheuert, der langfristiges »politisches Handlungspotenzial« verheiße, »vorausgesetzt, er zerstört sich bei dem Komplott nicht selbst«.[19] Der CIA-Direktor war überglücklich. Augenzwinkernd und mit einem Lächeln machte er bei der nächsten Sitzung des Nationalen Sicherheitsrats eine Andeutung: Es sei nicht leicht, im Kongo einen Staatsstreich durchzuführen, aber er sei in Gang gesetzt.

Der Kongo beherrschte den ganzen Sommer über die Titelseiten der Zeitungen, und viele führende Auslandskorrespondenten hatten sich im Hotel Régina in Léopoldville versammelt. Am 15. September nach Mitternacht hielt Mobutu dort eine Pressekonferenz. Er sprang auf einen Tisch und verkündete einen unblutigen Putsch. Er ernannte sich selbst zum Oberkommandierenden der Armee und erklärte, er habe beschlossen, den Staatschef, die Regierung und das Parlament auszuschalten. Lumumba stehe unter Hausarrest. Es sei kein Staatsstreich, erklärte er, sondern eine friedliche Revolution. Um deutlich zu machen, wem gegenüber er loyal war, schloss er die sowjetische Botschaft und wies deren Diplomaten und Agenten aus. 480 russische und tschechische Botschaftsmitarbeiter wurden zu unerwünschten Personen erklärt und aufgefordert, das Land mit dem nächsten Flugzeug zu verlassen.

Devlin schickte eine Eilmeldung an die CIA-Zentrale. In seiner Aufregung vergaß er das Codewort für *Putsch* und benutzte stattdessen das für *Krieg*. Das trieb den Präsidenten der Vereinigten Staaten aus dem Bett. Der Stationschef legte rasch nach mit dem Plan für eine »Crash-Operation« zur Unterstützung von Oberst Mobutu.[20] »A: Mobutu braucht finanzielle Hilfe, um Soldaten und Offiziere bezahlen zu können und Benzin für Truppenbewegungen zu beschaffen. B:

Mobutu braucht französischsprachige Wirtschafts-, Politik- und Sicherheitsberater. C: Mobutu wünscht ein Sicherheitsteam, das gegen Lumumba und die Kommunisten agiert.« Der Nationale Sicherheitsrat billigte dies und noch viel mehr: stetige Lieferungen von Waffen und Munition. Amerikanische Geheimdienstanalysten kamen in einem Informationspapier für das Weiße Haus zu dem Schluss, dass der widerspenstige Kongo jetzt ein echtes Machtzentrum besitze: »Mobutus Militärdiktatur.«[21] Das Land wurde nun von General Mobutu und der CIA regiert.

Aber wie Dulles dem Präsidenten sagte: »Lumumba war noch nicht beseitigt und blieb eine ernste Gefahr.«[22] Der stellvertretende CIA-Direktor Richard Bissell, der schon mehr als ein Mordkomplott geschmiedet hatte, ließ Devlin wissen, er wolle Lumumba tot sehen, bevor Eisenhower am 20. Januar 1961 aus dem Amt schied. Bissell schickte den Top-Wissenschaftler der CIA nach Léopoldville: Sidney Gottlieb, einen klumpfüßigen Biochemiker, der bei der CIA die Forschungen zu Methoden der Bewusstseinskontrolle leitete. Er hatte unzähligen nichtsahnenden menschlichen Versuchskaninchen LSD verabreicht und die Droge selbst mindestens hundert Mal eingenommen. Daneben beschäftigte er sich auch mit chemischer Kriegsführung, insbesondere der Verabreichung von Gift zur Ermordung politischer Führer. Er traf mit Spritzen und tödlichem Gift im Handgepäck ein. Plan A war, Lumumbas Zahncreme mit Gift zu versetzen. Devlin müsse nun in Mobutus Lager einen Agenten finden und ihn mit der Ermordung Patrice Lumumbas beauftragen.

»Großer Gott!«, sagte Devlin. »Wer hat das autorisiert?«[23]

»Präsident Eisenhower«, antwortete Gottlieb.

Devlin schloss die Mordwerkzeuge in seinem Bürosafe ein und rang mit sich. Er hatte im Krieg Feinde getötet, aber das hier war etwas anderes. Er konnte sich nicht überwinden, es zu tun, doch es war unmöglich, dies seinen Vorgesetzten einzugestehen. Im November schickte Bissell zwei weitere Männer, die den Job erledigen sollten: den CIA-Offizier Justin O'Donnell und einen Berufskiller, der lediglich mit seinem Tarnnamen QJ/WIN in die Geschichte einging. Er war ein ausländischer Staatsbürger mit kriminellem Hintergrund, den die CIA irgendwo in Europa angeworben hatte.[24] Ein dritter Mann, der Devlin unterstützen sollte, war WI/ROGUE, ein staatenloser Glücksritter, Fälscher und Bankräuber. Die Operation mit der vergifteten Zahncreme wurde nie ausgeführt; später vergrub Devlin den Inhalt der Tasche am Ufer des Kongo-Flusses. Er machte Mobutu den Vorschlag, die Sache zu gegebener Zeit auf altmodische Weise zu erledigen: mit einer Kugel. Aber die Mörder der CIA kamen nie nahe genug an ihr Zielobjekt heran, ebenso wenig wie Mobutus Verbündete. Lumumba stand unter Hausarrest, bewacht von 150 Soldaten der kongolesischen Armee und der Vereinten Nationen. Die Kongolesen wollten verhindern, dass Lumumba sich in UN-Gewahrsam flüchtete, die UN, dass er von den Kongolesen getötet wurde. Und dann, in der Nacht des 27. November, während eines schweren Gewittersturms, schlich sich Lumumba an seinen Bewachern vorbei und machte sich auf nach Stanleyville.

Devlin berichtete an die Zentrale, er arbeite mit Mobutu zusammen, um Straßensperren zu errichten und dessen Soldaten zu mobilisieren. Vier Tage später wurde Lumumba gefangen genommen, in die Hauptstadt zurückgeflogen, eingesperrt und geschlagen. Mobutu kam vorbei und spuckte ihm ins Gesicht. Am 17. Januar 1961 waren, eine Laune des Schicksals, Frank Carlucci und ein US-Senator, der zu Besuch war, die letzten Amerikaner, die Lumumba lebend sahen. »Am Nachmittag nahmen wir in einem Straßencafé einen Drink, und ein Lastwagen fuhr vorbei«, erinnerte sich Carlucci. »Lumumba waren die Hände auf dem Rücken zusammengebunden, er saß hinten im Lastwagen. Das Fahrzeug war auf dem Weg zum Flughafen.« Eine DC-4 flog den Gefangenen nach Élisabethville in der Provinz Katanga, die südlichste Stadt des Kongos, wo er seinen Feinden übergeben wurde. Der Leiter des CIA-Stützpunkts in Katanga telegraphierte Devlin, Lumumba sei in Ketten aus dem Flugzeug gestiegen, brutal misshandelt und mit ausgeschlagenen Zähnen. Er sei in ein Gefängnis gebracht worden und werde von weißen Soldaten bewacht.

Am Abend des 19. Januar 1961, dem letzten Tag der Eisenhower-Regierung, berichtete der Leiter des CIA-Stützpunkts, ein belgischer Offizier habe Lumumba mit einer Salve aus einer Maschinenpistole erschossen. In Moskau hielt sich die Trauer um ihn in Grenzen. Chruschtschow sagte zu Llewellyn Thompson, dem amerikanischen Botschafter in Moskau, seine Inhaftierung und sein Tod seien im Interesse der Sowjets gewesen. Der Botschafter berichtete: »Hinsichtlich des Kongos sagte C., was dort passiert sei und insbesondere Lumumbas Ermordung habe dem Kommunismus geholfen. Lumumba sei kein Kommunist gewesen, und er bezweifle, ob er je einer geworden wäre.«[25] Nach Ansicht des Kremls waren die Chancen für eine kommunistische Machtübernahme im Zuge der Unabhängigkeit des Kongos gleich null gewesen.

Nach Kennedys Vereidigung begannen das Weiße Haus und die CIA sofort, ihre Pläne zur politischen Kontrolle des Kongos festzuklopfen. Die CIA-Zentrale schickte Mobutu 250000 Dollar, und es erfolgten weitere Waffenlieferungen. Dazu gab es direkte Anweisungen von ganz oben: Mobutu solle hinter den Kulissen die Macht übernehmen, während Devlin ihm zusichern sollte, dass Geld fließen würde, so viel er verlangte: für seine privaten Ausgaben, für die Besoldung seiner Soldaten in Léopoldville und für die Ausweitung seiner Macht bis in die Hauptstadt und die Provinzen. Die CIA würde Mobutu eine Liste mit Kandidaten für das Amt des Staats- und Ministerpräsidenten sowie mit den Namen von Regierungsmitarbeitern zur Billigung vorlegen. Mit diesen handverlesenen politischen Führungsfiguren sollte er sich treffen und ihnen sagen, dass sie ohne ihn kein Amt erlangen oder die Regierung führen konnten. Mobutu akzeptierte den Plan.

An seine Vorgesetzten schrieb Devlin: »Stimme zu, dass die politische Realität irgendeine Form von Verfassungsmäßigkeit für die neue Reg. notwendig macht. Aber wenn wir realistisch sein wollen, müssen wir uns mit einer demokratischen Fassade begnügen.«[26]

Am 3. März 1961 erörterten Präsident Kennedy und der Nationale Sicherheitsrat – CIA-Direktor Allen Dulles, Außenminister Dean Rusk, Verteidigungsminister Robert McNamara und der Nationale Sicherheitsberater McGeorge Bundy – bei einem zweistündigen Treffen im Weißen Haus Pläne zur politischen Kriegsführung im Kongo. Kennedy sagte, die CIA solle ihr »Wunderwaffen«-Programm im Kongo vorantreiben und erweitern. Die Instrumente dafür standen schon bereit. Dulles setzte umgehend Devlin in Kenntnis und benutzte dabei den internen Codenamen der CIA für dieses Programm, KUBARK. »Bei einem Treffen am dritten März auf höchster politischer Ebene wurde die Genehmigung für KUBARK bestätigt: die Aufwendung von Geldern sowohl zur Bestechung von [gestrichen]

Streitkräften als auch nötigenfalls zur zusätzlichen Bezahlung ausgewählter Streitkräfte Mobutus, um sich deren Loyalität zu sichern«, schrieb der CIA-Direktor an Devlin. »Ich ersuche Sie, alle Mittel zu prüfen, damit Gelder für diese Zwecke sicher und effektiv genutzt werden können.«

Präsident Kennedy wusste über diese Zahlungen und deren Zweck bis ins kleinste Detail Bescheid. »Wie letzte Woche von Ihnen gefordert«, schrieb Bundy am 10. Juni 1961 an den Präsidenten, »sind wir dabei, eine Sitzung einzuberufen, um alle unsere geheimen Aktivitäten zur Unterstützung politischer Führer und Parteien mit Ihnen zu erörtern. Bei dieser Sitzung soll insbesondere ein Vorschlag zur Vorgehensweise im Kongo präsentiert werden, der die Unterstützung des Botschafters und unseres Außenministeriums hat.« Und weiter: »Inzwischen wurde ein kleiner Aspekt dieses Vorschlags für den Kongo präsentiert, dessen Dringlichkeit mich veranlasst hat, ihm in Ihrer Abwesenheit zuzustimmen, da er in klarer Übereinstimmung mit dem Außenministerium steht. Es handelt sich um die Zahlung von 23 000 Dollar für besondere Aktivitäten zur Stärkung des gemäßigten Lagers im Kongo. Sehr viel größere Summen wurden in der Vergangenheit in dieselbe Richtung ausgegeben, über dieselben Kanäle und ganz selbstverständlich.«[27] Bundy vertraute Devlins Urteil, warum auch nicht? Er selbst hatte ihn aus den heiligen Hallen Harvards in das Labyrinth der CIA rekrutiert.

Im Verlauf von sechs Jahren ließ die CIA, soweit nachweisbar, mindestens 11,7 Millionen (nach heutigem Wert mehr als 100 Millionen) Dollar in die Kampagne der politischen Kriegsführung fließen, um Mobutu an die Macht zu bringen und an der Macht zu halten. Den bisher freigegebenen Annalen des Kalten Krieges zufolge erhielt kein anderer militärischer Machthaber von den Vereinigten Staaten ein solches Ausmaß an finanzieller Unterstützung zur persönlichen Verwendung. In den ersten Monaten der Kennedy-Regierung schickte Devlin Mobutu mehr als eine Million Dollar. Mit diesem Geld wurden Waffen, Kommunikationsausrüstung, Lastwagen und Jeeps bezahlt und die wichtigsten militärischen und zivilen Akteure im Kongo bestochen. Es wurde eine politische Koalition unterstützt, um das Parlament zu kontrollieren, als es erneut zusammentrat. Das Geld floss in Druckerzeugnisse und Rundfunkkanäle zu propagandistischen Zwecken und nicht zuletzt in Mobutus stetig wachsende Privatkasse. Devlin festigte seine politische Kontrolle, indem er die beiden engsten Verbündeten Mobutus – Justin Bomboko, den Minister für Auswärtige Angelegenheiten, und Victor Nendaka, den Chef der Geheimpolizei – auf die Gehaltsliste der CIA setzte. Die drei bildeten den Kern der Binza-Gruppe, benannt nach dem Stadtbezirk, in dem sie zusammenkamen. Sie waren die eigentliche Regierung. Und Devlin war der Regierungschef. Sie machten sich daran, das Land zu führen und dessen nächsten Ministerpräsidenten auszuwählen.

Devlin reichte das noch nicht. In immer drängenderen, manchmal wütenden Depeschen an die CIA-Zentrale rief er dazu auf, die amerikanische Außenpolitik bezüglich ganz Afrikas zu überdenken. »Die Unabhängigkeit des Kongos führte zu Chaos, großen Schwierigkeiten für den Westen und einer Chance für den Sowjetblock, die Situation für seine eigenen Zwecke zu nutzen«, schrieb er am 12. Oktober. »An die Stelle von Ad-hoc-KUBARK-Aktionen, um der Notsituation zu begegnen, muss jetzt ein detaillierter und organisierter Aktionsplan treten, der über den Tag hinausweist und umreißt, wie [die Vereinigten Staaten] sich den Kongo und Zentralafrika insgesamt in Zukunft wünschen. KUBARK gebührt das Hauptverdienst am Sturz der Lumumba-Reg. [und] am Erfolg von Mobutus Staatsstreich«, schrieb er. Doch »statt eine starke Kraft für die Wahrung von Recht und Ordnung zu werden, hat … die Armee das Gesetz in die eigene Hand genommen und verhaftet willkürlich Kongolesen und Ausländer, raubt Banken aus und führt Plünderungen durch«. Sie seien »kaum mehr als ein bewaffneter Mob«. Und jetzt kehrten die Sowjets auf die Bildfläche zurück, unterstützten insgeheim eine politische Splittergruppe unter Führung von Lumumbas Stellvertreter am Kongo-Fluss in Stanleyville, eröffneten erneut ihre Botschaft und boten Mobutus zahlreichen Feinden Militärhilfe an. In jenem Sommer war in Zusammenarbeit mit dem tschechoslowakischen Geheimdienst StB in Stanleyville ein Brückenkopf des KGB errichtet worden.[28] Von hier aus floss ein stetiger Strom von Waffen, während die Tschechoslowaken Lumumbas Unterstützern in der Hauptstadt konspirative Wohnungen bereitstellten.

Devlin sagte, die Vereinigten Staaten würden nicht genug tun, um den Kommunismus und seinen Verbündeten, das Chaos, im Kongo zu stoppen. Was gebraucht werde, sei eine massivere Operation der politischen Kriegsführung, dazu Militärhilfe und Unterstützung bei der Ausbildung der Streitkräfte, Flugzeuge und Helikopter für eine Luftwaffe, ausländische Hilfs- und Lebensmittelprogramme, der Bau von Straßen und Brücken, eine schlagkräftigere Diplomatie und Propaganda sowie wirksame öffentliche Informationskampagnen – Mittel, die Amerika zur Verfügung stünden. Mobutu hatte ein eindringliches Gesuch um direkte Unterstützung an die Vereinigten Staaten gerichtet, und Devlin pflichtete ihm bei. Er betonte, Mobutu sei der Schlüssel zum Erfolg der amerikanischen Außenpolitik in ganz Afrika und ein Eckpfeiler des globalen Kampfes gegen die Sowjets.

Der Präsident und die Special Group, ein von Robert Kennedy geleitetes Gremium im Weißen Haus zur Genehmigung verdeckter Operationen, pflichteten Devlin entschieden bei. Im November wurden die finanziellen Mittel der CIA für eine Unterstützung Mobutus, der Binza-Gruppe und ihres sorgsam ausgewählten Strohmanns, Ministerpräsident Cyrille Adoula, aufgestockt. John F. Kennedy genehmigte zudem Geld und Propaganda, um »Ministerpräsident Adoulas politisches Ansehen im In- und Ausland zu verbessern und ihm und seinen engsten Mitarbeitern eine Machtbasis im eigenen Land aufzubauen«.[29] Devlin berichtete, es sei notwendig, »viele Hände zu schmieren«, um diese Machtbasis zu errichten. Auf dem Weg über das Außenministerium verschaffte er Adoula die Einladung zu einem Treffen mit Präsident Kennedy im Weißen Haus. Er bereitete den Ministerpräsidenten so gut vor, wie er konnte. Doch die Gespräche am 5. Februar 1962 verliefen ziellos. Adoula beklagte sich ausgiebig darüber, dass die Armee doppelt so groß sei, wie sie sein sollte, räumte aber auch ein, er wisse nicht, was er mit den Tausenden arbeitslosen Soldaten machen solle, die er eigentlich entlassen müsste.

Im Verlauf des folgenden Jahres hielt Devlin sehr engen Kontakt zu Mobutu. Er traf sich mehrmals die Woche mit ihm zum Essen und Trinken und erfüllte alle seine Geldforderungen. Er berichtete regelmäßig nach Washington, Mobutu sei nach wie vor der Einzige, der über die politischen und militärischen Qualifikationen verfüge, um das Land vor dem Chaos zu bewahren. Und er versprach ihm, er werde eines Tages gleichfalls ins Weiße Haus eingeladen werden. Nach einigem Hin und Her erreichte Devlin dieses Ziel, auch wenn es äußerst ungewöhnlich war, dass ein Militärkommandant oder gar Putschist zu einem Vier-Augen-Gespräch mit dem Präsidenten der Vereinigten Staaten zusammentraf. Es wurden Pläne für eine zweiwöchige Amerikareise erarbeitet: Galaempfang durch den Vorsitzenden des Vereinigten Generalstabs, Führung durch die US-Militärakademie West Point, Mittagessen in der neuen CIA-Zentrale in den bewaldeten Hügeln über dem Potomac und eine Stunde im Oval Office. Die königliche Behandlung spiegelte die Macht, die Mobutu verkörperte.

Im Jahr 1962 schickte Devlin mehr als 200 Berichte an die CIA-Zentrale, deren Inhalt er und seine Vorgesetzten im März 1963 für das Außenministerium und das Weiße Haus zusammenfassten. »Eine Vielzahl nahezu unlösbarer Probleme« plagten den Kongo seit seiner Unabhängigkeit, hieß es darin.[30] Dennoch hätten der Stationschef und die von ihm rekrutierten Agenten »eine Regierung [geschaffen] so proamerikanisch, wie es in Afrika ... überhaupt möglich« sei, und die CIA habe diese Regierung zusammengehalten: »In zahlreichen Fällen war es Adoula und seinen wichtigsten Mitstreitern aufgrund der finanziellen Unterstützung und politischen Beratung möglich, unmittelbare, kurzfristige Krisen zu überstehen, die zum Zusammenbruch der Regierung hätten führen können.« Die CIA finanzierte eine neue Zeitung, »die weithin als Organ der Regierung betrachtet« werde, und belieferte sie mit Informationen. Sie unterstützte eine große Gewerkschaft. Sie hatte eine paramilitärische Streitmacht zur Aufstandsbekämpfung geschaffen. Und wie eh und je machte sie General Mobutu und seine Verbündeten immer reicher. Präsident Kennedy erteilte all dem seine Zustimmung.

Im Mai wurde Devlin Chef der Ostafrika-Abteilung in der CIA-Zentrale, eine Beförderung, die dem Rang eines Brigadegenerals in der Armee vergleichbar war. Er hatte vor, nach Mobutus Rückkehr aus Washington seinen Posten im Kongo zu verlassen. Während er sich auf seine Abreise vorbereitete, traf ein neuer leitender politischer Offizier in der amerikanischen Botschaft ein, Lewis Hoffacker vom State Department. Wie Devlin war auch er seit fast drei Jahren im Kongo, die meiste Zeit davon im Konsulat Élisabethville in der Provinz Katanga. Seine Berichterstattung war so spannend, dass der Präsident ihn zu einem persönlichen Briefing nach Washington beordert hatte. Hoffacker zeigte sich tief beeindruckt von dem Imperium, das der Stationschef aufgebaut hatte. »Die CIA war sehr groß und bedeutend«, sagte er.[31] »Ihre Agenten waren überall: in der Regierung, im Militär und in der Botschaft. Alle wussten, wer sie waren; sie waren das Rückgrat der Zentralregierung.« Weniger beeindruckt war er nach einem langen Gespräch mit Mobutu: Er sei »ein fauler Lümmel«, seine Armee »Gesindel. Ihnen geht es nur um Raub und Plünderung. Sie verschaffen den Kongolesen keine Sicherheit. Sie sind einfach korrupt und ineffizient, genau wie er [Mobutu], der von Anfang an nur an sich selbst gedacht hat.«

Am 23. Mai 1963 aß Mobutu in Langley, Virginia, mit den CIA-Chefs zu Mittag. An jenem Tag kabelte Devlin seinen, wie er glaubte, letzten Bericht aus dem Kongo: Mobutu sei Amerikas bester Freund in Afrika, und auch wenn er seine Fehler habe, sollten die Vereinigten Staaten weiter auf ihn setzen. Zu ihm gebe es keine Alternative. Acht Tage später traf Präsident Kennedy im Weißen Haus mit dem General zusammen. Er fragte, was die Vereinigten Staaten noch alles für den Kongo tun könnten. Schicken Sie uns direkte Militärhilfe, sagte Mobutu – er wollte amerikanische Ausbilder, Lastwagen, Kommunikationsausrüstung und Kriegsmaterial für seine Soldaten. »Wenn Sie mir Ausrüstung geben«, sagte er zu Kennedy, »werde ich bereit sein.«[32] Er werde jedoch drei Jahre brauchen, um in seinem Land Ordnung zu schaffen. Mobutu wollte auch ein paar Dinge für sich selbst: vier Wochen Fallschirmtraining in Fort Benning, zwei Wochen im Ausbildungszentrum für Sondereinsätze in Fort Bragg sowie eine fliegende Kommandozentrale, eine afrikanische Air Force One. Der Präsident sagte, all dies und noch mehr werde er gern zur Verfügung stellen. Damit waren die Schleusen geöffnet. In den 1960er Jahren erhielt der Kongo rund 800 Millionen Dollar Wirtschaftshilfe, mehr als jedes andere Land Schwarzafrikas. Der Präsident sagte zu Mobutu, auf der Welt habe niemand mehr für die Freiheit in Afrika getan als er. »General«, erklärte er, »ohne Sie wäre das Ganze zusammengebrochen und die Kommunisten hätten die Macht übernommen.« Mobutu antwortete: »Ich tue, was ich tun kann.« Der Präsident bescheinigte ihm, er habe einen hervorragenden Job gemacht. Im September lösten Mobutu und seine Verbündeten das Parlament auf und verhängten das Kriegsrecht. Die politischen Parteien der Opposition wurden verboten und gingen in den Untergrund.

Unterdessen hatten die Sowjets eine neue diplomatische Delegation in den Kongo entsandt, dazu einen neuen KGB-Stationschef, Boris Woronin, der den Auftrag hatte, mit der verbotenen Opposition zusammenzuarbeiten. Die CIA identifizierte ihn, und Mobutu beschloss, ihn auszuschalten. Am 19. November 1963 wurde Woronin verhaftet, halbtot geschlagen und am nächsten Abend in das Ndola-Gefängnis gebracht, einem Höllenkreis auf einer Militärbasis. Mobutu kam mitten in der Nacht. Seine Männer zerrten den Gefangenen auf den Gefängnishof, und Mobutu sagte zu dem russischen Agenten, dies sei seine letzte Chance zu gestehen. Die Soldaten legten die Gewehre an. Und dann blies Mobutu die grausame Inszenierung ab. Am nächsten Morgen ließ er in der sowjetischen Botschaft Strom und Telefon abschalten, erklärte die Botschaft für geschlossen und verwies deren Mitarbeiter zum zweiten Mal innerhalb von zwei Jahren des Landes. Am Morgen des 21. November sprach ein Amerikaner, höchstwahrscheinlich der neue CIA-Stationschef Ben Cushing, den verletzten und barfüßigen Boris Woronin an und fragte ihn – erfolglos –, ob er ein neues Leben im Westen nicht der Aussicht auf »sibirische Verbannung« vorziehen würde.[33] Solche direkten Begegnungen von CIA-Agenten mit KGB-Agenten gab es an der Front des Kalten Krieges nur selten.

Am Tag darauf wurde Präsident Kennedy in Dallas von einem ehemaligen US-Marine ermordet, der nach Moskau übergelaufen und nach Amerika zurückgekehrt war. Allen glaubwürdigen Berichten zufolge waren Chruschtschow und Castro entsetzt, und der KGB hatte saubere Hände. Doch der Mord beschäftigt bis heute die Phantasie der Menschen, und für Millionen bleibt er das schwarze Loch der amerikanischen Geschichte. CIA-Direktor John McCone, seit November 1961 Nachfolger von Allen Dulles, musste seinem katholischen Glaubensbruder Robert Kennedy auf das heilige Altarsakrament schwören, dass seine Agenten keine Schuld am Tod des Präsidenten trugen.

Zu dem Erbe, das Präsident John F. Kennedy seinem Nachfolger Lyndon B. Johnson hinterließ, gehörte auch eine wachsende Konfrontation mit dem Kommunismus in der Dritten Welt von Saigon bis Stanleyville. Auf höchster Regierungsebene sorgten sich Leute wie McCone und Außenminister Rusk, die Vereinigten Staaten würden

den Wettstreit um die Herzen und Köpfe der Afrikaner verlieren. Rusk schlug eine Strategie des Teilens und Herrschens vor. Er forderte die CIA auf, »verdeckt alles Mögliche zu tun«, um zwischen Schwarzafrikanern und »den muslimischen Sklavenhändlern« der arabischen Welt »Feindseligkeiten zu wecken und zu befeuern«.[34] McCone versicherte Johnson, »unsere verdeckte Unterstützung« habe »im Kampf das Blatt gewendet«.

Doch Kreml und KGB stellten sich auf die Seite von Regierungen und Befreiungsbewegungen von Algerien bis Südafrika. 1962 war hier Nelson Mandela vom Afrikanischen Nationalkongress, insgeheim Mitglied der Kommunistischen Partei, verhaftet und zu lebenslanger Gefängnisstrafe verurteilt worden. (Es war der CIA-Offizier Donald Rickard, der, getarnt als amerikanischer Vizekonsul in Durban, der südafrikanischen Regierung den Tipp gab, der zu Mandelas Verhaftung führte; später nannte er Mandela den gefährlichsten Kommunisten der Welt außerhalb der Sowjetunion.) Ein Jahr zuvor hatten die Sowjets in Moskau die Patrice-Lumumba-Universität gegründet, die Studenten aus Afrika, Asien und Lateinamerika die Möglichkeit eines Hochschulstudiums bot. Sie wurde vom KGB kontrolliert, und KGB-Offiziere rekrutierten und schulten vielversprechende junge Männer für künftige Kämpfe in Afrika, dem Nahen Osten und Lateinamerika. Mit mäßigem Erfolg versuchten die Sowjets, Lumumbas Anhänger für einen Gegenputsch im Kongo zu bewaffnen, nachdem sich im Juni 1964 die UN-Friedenstruppen zurückgezogen hatten. Diese Getreuen, wütend über die Korruptheit ihrer Regierung, träumten davon, im Namen ihres ermordeten Ministerpräsidenten die Macht zu übernehmen und eine Volksrepublik mit der Hauptstadt Stanleyville zu gründen. Mobutus undisziplinierte Armee war schlecht gerüstet, dieser Bedrohung zu begegnen. General Paul Adams, der Befehlshaber für Spezialoperationen des Pentagons, artikulierte weitverbreitete Ängste, als er an den Vereinigten Generalstab schrieb, ein Sieg der Aufständischen werde unmittelbar ein kommunistisch dominiertes Schwarzafrika zur Folge haben. Der versierte Diplomat Averell Harriman, inzwischen Staatssekretär für Politische Angelegenheiten im Außenministerium, reiste in den Kongo und versprach die rasche Entsendung amerikanischer Flugzeuge.[35] Seine Liste umfasste Waffen, die man in diesem Teil der Welt nie zuvor gesehen hatte: B-26-Bomber, Hubschrauber sowie Leichtflugzeuge, bestückt mit schweren Maschinengewehren, Raketen und 500-Pfund-Bomben zur Aufstandsbekämpfung. Der Kommandeur dieser Luftwaffe sollte Devlin sein.

Lyndon B. Johnson hatte einen neuen Botschafter ernannt, den altgedienten Diplomaten George McMurtrie »Mac« Godley, der im März im Kongo eintraf. Die Kerntruppe – Godley, CIA-Stationschef Cushing und der hochgebildete stellvertretende Stationschef Charles Cogan, Harvard-Absolvent des Jahrgangs 1949 mit magna cum laude – wurde von Devlin aus der Zentrale unterstützt. Sie arbeiteten mit dem neuen kongolesischen Ministerpräsidenten Moïse Tshombé zusammen, gleichfalls nur eine Galionsfigur und als einstiger Herrscher von Katanga Liebling der Belgier. (»Tshombé hatte wenig Unterstützung von außen«, schrieb Cogan 50 Jahre später. »Andere afrikanische Staaten zum Beispiel wollten nichts mit ihm zu tun haben.«[36]) Die Amerikaner verfügten jetzt über eine eindrucksvolle militärische Streitmacht, die sie gegen die Rebellen in Stanleyville einsetzen konnten. Das wachsende paramilitärische Team der CIA setzte Hunderte weiße Söldner ein, die zumeist aus den rassistischen Regimen Südafrikas und Rhodesiens kamen und unter dem Kommando von »Mad Mike« Hoare standen. Die Luftwaffe der CIA im Kongo war so mächtig, dass sie Furcht und Schrecken verbreiten konnte. Zu ihren Piloten zählten CIA-Offiziere und externe Militärdienstleister, aber auch Kubaner, die in der Schweinebucht gekämpft hatten. Im Juni überredete Mobutu zwei amerikanische Piloten zu einem dreitägigen Angriff auf Stellungen der Rebellen. Der Vereinigte Generalstab hielt hart dagegen, als das Außenministerium sein Unbehagen darüber zum Ausdruck brachte, dass die Amerikaner Napalm auf Afrikaner abwarfen.

Ende Juli hatte die stärkste Rebellenstreitmacht der Simba, auf Suaheli »Löwen«, Stanleyville umzingelt. Hunderte amerikanische und europäische Missionare sowie das kleine Konsulat der Vereinigten Staaten waren ihnen ausgeliefert. Botschafter Godley wies den amerikanischen Konsul Michael Hoyt an, die Stellung zu halten. Ein Fehler, wie sich herausstellte. Hoyt, der Leiter des CIA-Stützpunkts David Grinwis (als Vizekonsul getarnt), ein Kommunikationsoffizier der CIA und zwei weitere Konsulatsmitarbeiter wurden gefangen genommen, als die Stadt fiel. Es war die erste amerikanische Geiselkrise des Kalten Krieges. »Ich wusste, dass es tollkühn war zu bleiben«, erinnerte sich Hoyt. Die Rebellen hatten keinen Zweifel daran gelassen, »dass Amerikaner auf ihrer schwarzen Liste standen«.[37] Die Anführer der Simba-Rebellen wiesen Hoyt an, ein Telegramm nach Washington zu schicken mit der Warnung, er würde getötet werden, wenn die Luftwaffe der CIA nicht am Boden bliebe. Daraufhin kehrte Devlin umgehend in den Kongo zurück, um eine Mission zur Befreiung der Geiseln zu leiten.

»Stanleyville ist in der Hand der Rebellen«, berichtete der Nationale Sicherheitsrat am 6. August 1964 Präsident Johnson.[38] »Die Zentralregierung könnte in den nächsten Wochen zusammenbrechen ... Es besteht die konkrete Gefahr, dass die Kommunisten [die Situation] in naher Zukunft ausnutzen könnten.« Im Weißen Haus war die Stimmung ohnehin angespannt: Johnson war im Begriff, erstmals Flugzeugträger und Kampfflugzeuge nach Vietnam zu schicken. Am 10. August schickte Devlin von der CIA-Station in der Hauptstadt ein Telegramm an die Zentrale. Er prophezeite »einen großen Tag für die Commies im Kongo«, wenn sich das Blatt nicht wende.[39] »Wenn sich die Commies beeilen, könnten sie die Rebellenreg. für kommunistische Zwecke ausnutzen und in vielen Ländern Ost-, Zentral- und Westafrikas Umsturzoperationen« beginnen.

Der Präsident, Verteidigungsminister McNamara, Außenminister Rusk und CIA-Direktor McCone trafen sich am folgenden Tag zu einer Sitzung des Nationalen Sicherheitsrats. Johnson war tief besorgt. Die Zeit dränge, sagte er, und der Kongo müsse gerettet werden. Auf McCones Anweisung erarbeitete Devlin einen Plan und forderte für einen Luftkrieg im Kongo sieben Langstreckenbomber, zwei Militärtransporter, Kampfhubschrauber, Piloten und Flugbesatzung an. Der Krieg am Boden war ein größeres Problem. »Die kongolesische Armee ist völlig ineffizient«, schrieb er, »und nur mit belgischen oder anderen weißen Offizieren kann eine wirksame Streitkraft aufgestellt werden.«[40] Die Vereinigten Staaten sollten »den sofortigen Aufbau einer Streitmacht von 3000 Mann mit 200 weißen Söldnern« finanzieren, die CIA werde die Kommandeure bezahlen.

Für Carl Rowan, den afroamerikanischen Direktor der United States Information Agency USIA, der Behörde für Öffentlichkeitsarbeit und Public Diplomacy, und einzigen Nichtweißen in Johnsons engstem Kreis, war dies kein politischer Krieg, sondern eine Wiederbelebung imperialer Macht. Er schrieb an den Präsidenten: »US-amerikanische Flugzeuge schaffen belgische Waffen ins Land, mit denen südafrikanische und südrhodesische Söldner Afrikaner töten.« Und er warnte: »Wenn wir die gegenwärtige Situation im Kongo retten … könnte uns dies im langfristigen Kampf um ganz Afrika den Sieg kosten.« Devlin und die CIA drängten weiter, trotz dieser moralischen Zwickmühle. Sie verlangten und erhielten mit Billigung des Weißen Hauses eine kräftige Geldspritze für die weißen Söldner sowie 750 000 Dollar für Mobutu. Der General verlangte weitere 35 Millionen für seine Agenten und Sicherheitskräfte, deren Reihen mit Belgiern verstärkt werden sollten. Botschafter Godley reagierte bestürzt. Am 19. August kabelte er eine Warnung an Washington: »Wir könnten uns bald in einer Situation befinden, allein oder zusammen mit den Belgiern ein Minderheitsregime uneingeschränkt zu unterstützen, das sich nur mit Hilfe von US-finanzierter Geheimpolizei … behauptet.« Die Amerikaner stünden dann in engem Schulterschluss mit Apartheidregimen und »gegen die meisten, wenn nicht alle [Länder] auf diesem riesigen Kontinent«.[41] In den afrikanischen Staaten, die ins Kreuzfeuer der Auseinandersetzung zwischen Moskau und Washington geraten waren, vergaß man diese Tatsache nicht so schnell. Während in den Vereinigten Staaten die Bürgerrechtsbewegung erstarkte, schwenkte Amerika in Afrika die Kolonialflagge und verbündete sich mit geheimen Apartheid-Armeen.

Am 24. November flogen zwölf amerikanische C-130-Transportflugzeuge 545 belgische Fallschirmjäger nach Stanleyville. Nachdem die CIA-Bomber Luftschläge gegen Rebellenstellungen geführt hatten, eroberten die belgischen Kommandosoldaten und eine aus 18 Kubanern bestehende CIA-Streitmacht die Stadt mit Gewalt und mähten die Simba-Rebellen zu Hunderten nieder. 21 Geiseln, darunter zwei Amerikaner, wurden getötet, die Konsularbeamten und CIA-Mitarbeiter wurden befreit. Zwei Tage später saßen Hoyt und Grinwis in einer Air-France-Maschine nach New York und tranken Champagner. Der amerikanische Präsident erhielt die Nachricht von der Geiselbefreiung auf seiner Ranch in Texas, wo er seinen erdrutschartigen Wahlsieg feierte. Johnson hatte schwere Zweifel an der Mission gehegt. Er sah die Gefahr, dass der Kongo oder gar der gesamte afrikanische Kontinent zu einem zweiten Vietnam wurde.[42] Doch am Ende war er überzeugt, keine andere Wahl zu haben, denn nach Berichten der CIA stand die internationale Streitmacht des Kommunismus in Afrika – die Castros Generalfeldmarschall Che Guevara schon bald in eine verheerende Mission führen sollte – bereit, den Kongo zu erobern.

Richard Helms, der im April 1965 stellvertretender CIA-Direktor wurde und 14 Monate später zum CIA-Direktor aufstieg, wollte nicht, dass unter seiner Führung auch nur ein einziges Land, auf dessen Entwicklung seine Agenten einen gewissen Einfluss ausübten, kommunistisch wurde. Im Frühjahr 1965 rief er Devlin in sein Büro nach Langley. Helms verfügte über höfliche Umgangsformen und führte zugleich ein hartes Regiment. Er hielt es für eine ausgezeichnete Idee, dass Devlin in den Kongo zurückkehrte. Devlin war anderer Ansicht. Er wollte für die CIA in den Vietnamkrieg ziehen. Helms war gezwungen, ihn per Befehl nach Afrika zurückzubeordern. Die Mission stand unter einem günstigen Stern. Am 19. Juli traf sich Devlin erneut mit Mobutu zum Essen. Der General fragte Devlin, wie ihm das Klima gefiel. Er meinte das politische Klima. Der Staats- und der Ministerpräsident, beide Marionetten, waren zwei Skorpione in einer Flasche, die Mobutu verkorkt hatte. Jeder versuchte, den anderen abzusetzen.

Mit Beginn der Regenzeit Ende Oktober eskalierten die Spannungen in der kongolesischen Hauptstadt. Am Abend des 19. November trafen sich der CIA-Offizier und sein wichtigster Akteur in der Region, um Klartext zu reden. »Mobutu sagte, er benötige Devlins persönlichen Rat. Er betonte, er wende sich an Devlin als einen Freund«, berichtete der Stationschef in einem Telegramm.[43] Mobutu schlug vor, den Konflikt ein für alle Mal zu lösen. »Mobutu betonte, er wolle nicht – wiederhole: nicht – noch einen Putsch führen, sagte aber, er halte es für seine Pflicht zu versuchen, in der gegenwärtigen politischen Sackgasse eine Kompromisslösung zu finden. Er fragte Devlin, ob er eine Lösung vorschlagen könne.«[44] Er wollte grünes Licht. Devlin berichtete: »In Anbetracht der Tatsache, dass die Station keine zufriedenstellende Alternative zu Mobutu als Oberbefehlshaber der Armee kennt, und angesichts von Mobutus langjähriger Kooperation … hält die Station es für geboten, dass die US-Regierung versucht, Mobutu zu helfen.« Zwei Tage später, am 21. November, trafen sie sich erneut. Mobutu verlangte 100000 Dollar, und zwar sofort. Devlin berichtete, dieser Forderung nachzukommen sei für Amerika die letzte Möglichkeit, auf das Schicksal des Landes Einfluss zu nehmen.

»*Krise im Kongo*«, schrieb der Berater des Nationalen Sicherheitsrats Robert »Blowtorch Bob« Komer etwa zur selben Stunde an Bundy.[45] »Mobutu ist der Schlüssel; vielleicht kann er einen Kompromiss erzwingen. Wahrscheinlich wird hierzu bei 303 ein neuer Bakschisch-Antrag gestellt werden.« Dem Komitee 303, vorher Special Group, gehörten Bundy sowie die jeweilige Nummer zwei der CIA, des Außenministeriums und des Verteidigungsministeriums an; es war die Rechnungsstelle für größere verdeckte Aktionen. Die vier konferierten telefonisch. Bundy hatte ein detailliertes Memo seines Stabs in der Hand, in dem es abschließend hieß: »Wir können Mobutu stützen. Wir könnten ihn entweder bei einem Putsch unterstützen oder ihn die bestmögliche Strategie erarbeiten lassen ... Er ist bereits unser Mann. Er kontrolliert die Armee (mit unserer Hilfe). Er hat sich im derzeitigen Durcheinander als der vernünftigste Führer erwiesen. Im Moment weiß er über die Situation besser Bescheid als wir.«[46] Mobutu war ein geschickter Manipulator derjenigen, die dachten, sie könnten ihn manipulieren.

Am 25. November 1965 um fünf Uhr morgens verkündete Mobutu, er habe im Kongo die Macht übernommen und den Staats- und Ministerpräsidenten abgesetzt. Devlin besuchte ihn um 11.30 Uhr. Mobutu nahm die Pose des Staatsmanns an und sagte, er verstehe, dass die Vereinigten Staaten sein Regime nicht sofort anerkennen könnten, betonte aber, dass er mit Amerikas Unterstützung für sein Überleben rechne. Devlin wiederum kabelte an die CIA: »Mobutu sagte, es wäre gut, wenn er alle Berater bekommen könne, die KUBARK zur Verfügung stellen kann. Er verwies insbesondere auf die Notwendigkeit eines Beraters für das Informationsministerium [und] eines politischen Beraters, der ihm zur Seite stehen könne ... Er betonte, er werde jetzt und in Zukunft KUBARK um Rat und Empfehlungen ersuchen ... Er möchte eine enge Arbeitsbeziehung mit der Station beibehalten.« In ihrem Antwortschreiben lobte die CIA-Zentrale Devlin, er habe seinen Job gut gemacht, und wies ihn an,

Mobutu weiterhin in größtmöglicher Weise zu unterstützen. Am 13. Dezember schrieb der Stationschef, Mobutu sei »im Kongo die letzte Hoffnung für den Westen«.[47]

Damit begann das langsame Sterben einer Nation.

Eine der ersten Amtshandlungen Mobutus nach seiner Machtübernahme war die öffentliche Hinrichtung von vier ehemaligen Kabinettsministern vor 50000 Zuschauern. Die CIA behielt ihn danach noch für mindestens zwei Jahre auf ihrer Gehaltsliste. Bald war er auf deren Zuwendungen nicht mehr angewiesen. Er reaktivierte die Minen, die den Reichtum des Landes produzierten – Diamanten, Silber, Gold, Kupfer, Kobalt, Zinn, Uran, Zink usw. –, und sicherte sich deren Gewinne. Im Jahr 1970 gehörten sie ihm ganz allein. Die Diamanten wurden »nach Belgien geflogen und das Geld auf sein Bankkonto überwiesen«, sagte Michael Newlin, zwischen 1972 und 1975 stellvertretender Missionschef an der amerikanischen Botschaft in Kinshasa. Das Gold wurde in die Schweiz geschafft. Und Mobutu nahm sich nicht nur die Diamanten und das Gold, sondern alles, was Reichtum versprach, sowie den Löwenanteil der Einnahmen aus dem Devisenhandel und den staatlichen Handelsgeschäften. »Mobutu und seine reichen Verwandten und Helfershelfer investierten nicht in das Land, sondern schöpften alles ab«, sagte Newlin. »Durch Abhöraktionen, wie ich vermute, fanden wir heraus, dass die Zentralbank im Begriff war, die gesamten Silberreserven der Nationalbank nach Jersey City in eine Firma zu schaffen.« 1973 hatte Mobutu alle großen Unternehmen, die sich in ausländischem Besitz befanden – Fabriken, Farmen, Großhandelsunternehmen –, ganz oder teilweise unter seine Kontrolle und in seinen Privatbesitz gebracht. In seine Taschen floss jetzt mindestens die Hälfte der Einkünfte des Landes. Am Ende des Jahrzehnts war Mobutu einer der reichsten Männer der Welt. Sein stetig wachsendes Vermögen wurde letztendlich auf 5 Milliarden Dollar geschätzt. Seine tatsächlichen und imaginären Feinde warf er willkürlich ins Gefängnis. Jemand konnte an einem Tag Mobutus Minister und am nächsten Tag todgeweiht sein. Mobutu war der neue König Leopold geworden.

Larry Devlin hatte in diesem Korruptionszirkus einen Logenplatz. Nachdem er 1974 als Leiter der Afrika-Abteilung aus der CIA ausgeschieden war, kehrte er in das Land zurück, das er vor dem Chaos und dem Kommunismus gerettet hatte. Er war in Afrika noch viele Jahre Haupthandelsvertreter für den sagenhaft reichen belgisch-amerikanischen Diamantenhändler und Bergbaumagnaten Maurice Tempelsman, der ein heimlicher Geschäftspartner Mobutus, langjähriger Lebensgefährte von Jacqueline Kennedy Onassis und später ein wichtiger finanzieller Unterstützer und Vertrauter Präsident Bill Clintons war. Kurz vor seinem Tod 2008 sprach Devlin voller Stolz über seinen Dienst bei der CIA: »In jenen Jahren haben wir verhindert, dass die Sowjets in Afrika oder in einem sehr großen Teil Afrikas die Macht übernahmen. Unsere Aufgabe war der politische Krieg. Wir haben nicht alle diese Kriege gewonnen, diesen aber schon.«[48]

Mobutu stand für den Rest des Kalten Krieges in der Gunst der Vereinigten Staaten und erhielt trotz seiner von Korruption und Menschenrechtsverletzungen geprägten Regierungsführung weiter beträchtliche militärische und wirtschaftliche Hilfe, hauptsächlich aufgrund seiner Beziehungen zur CIA. Wenn die CIA aufstrebenden afrikanischen Staatschefs, die sie unterstützte, Waffen schicken wollte, zum Beispiel dem angolanischen Rebellenführer Jonas Savimbi, stellte Mobutu Fluglandeplätze als Umschlagplatz zur Verfügung. Er entsandte Soldaten, um von der CIA favorisierte Regierungen und Aufstände in Afrika zu unterstützen, und war eine wichtige Schaltstelle für die amerikanischen Geheimdienste. Selbst Präsident Jimmy Carter, der die Menschenrechte zum Leitprinzip seiner Außenpolitik erklärte, empfing ihn 1979 mit Ehrengarde und Fanfaren im Weißen Haus. (Anlässlich dieses Besuchs schlossen zwei hohe Mitarbeiter im Außenministerium eine Wette ab. Frank G. Wisner, der Sohn des CIA-Chefs für verdeckte Operationen, wettete einen Dollar gegen William C. Harrop, einen erfahrenen Afrika-Diplomaten, dass Mobutu im Weißen Haus in Zukunft nicht mehr willkommen sein würde. In den nachfolgenden 40 Jahren hing dieser Dollar in einem Rahmen über Harrops Schreibtisch zum Beweis dafür, dass Menschenrechte in der amerikanischen Außenpolitik nur selten eine Rolle spielten.)

»Mobutu besaß enormes Charisma, Anziehungskraft und Charme. Er war auch ein genialer Intrigant und Verschwörer«, sagte Robert Oakley, amerikanischer Botschafter im Kongo von 1979 bis 1982.[49] »Ich erinnere mich nicht, dass sich Mobutu auch nur ein einziges Mal dazu geäußert hätte, welcher Nutzen seinem Land durch unsere Hilfe zuteilwurde, oder dass er sich für diesen Nutzen auch nur interessiert hätte. Er bekundete niemals seine Dankbarkeit oder sein Interesse, er wollte immer nur noch mehr.« Mobutu, so Oakley, habe die Reichtümer seines Landes mit Hilfe der Société Générale de Belgique in Brüssel gestohlen, einer Gesellschaft, die nacheinander als Holding für Belgiens kolonialen Reichtum diente, als Privatschatulle des Königs, als Geldwaschanlage für Mobutu und als Aufbewahrungsort für einen Großteil seiner Beute. »Von diesen illegalen Gewinnen zweigte er auch etwas für seine belgischen Freunde ab, so dass alle profitierten, ausgenommen die Bevölkerung«, sagte Oakley. Während er und seine Kumpane sich mit der Beute vergnügten, die seine Macht einbrachte, verrottete die grundlegende Infrastruktur seines Landes in der tropischen Hitze. Der Dschungel begann die Städte und Dörfer jenseits der Hauptstadt zurückzuerobern, und Mobutus Soldaten unterdrückten die Bürger auf brutale Weise. In einer offiziellen Einschätzung, die im Vorfeld von Mobutus Treffen mit Präsident Ronald Reagan im Dezember 1986 erstellt wurde, nannte die CIA den Grund für den unerschütterlichen Rückhalt, den der kongolesische Diktator von den Vereinigten Staaten erhielt: »Präsident Mobutu unterstützt wohl wie kein Zweiter in Afrika die nationalen Sicherheitsinteressen der Vereinigten Staaten«, hieß es darin. »Sein politischer Niedergang hätte für die Vereinigten Staaten gravierende Folgen und würde Washington seines engsten Freundes in Afrika berauben.«[50] Diese Gefühle wurden erwidert: »Mobutu weiß sehr wohl, dass die Vereinigten Staaten wiederholt auf seine Bedürfnisse eingegangen sind, als seine Regierung in ernster Gefahr war, und betrachtet die Beziehung als etwas Besonderes.« Die CIA empfahl, Mobutu bei seinem Besuch im Weißen Haus »als afrikanischen Staatsmann« zu würdigen.

Reagan leistete der Empfehlung Folge. Drei Jahre später bereitete ihm Präsident George H. W. Bush, ebenfalls ein ehemaliger CIA-Direktor, einen besonders überschwänglichen Empfang. Er nannte ihn einen der ältesten und meistgeschätzten Verbündeten der Vereinigten Staaten. Doch mit Mobutus Reichtum wuchs auch seine Grausamkeit, meinte Brandon Grove, unter Reagan amerikanischer Botschafter in Kinshasa. »Die Bevölkerung in den Dörfern und auf dem Land hatte große Angst vor Mobutu und insbesondere vor seiner Armee. Die Menschen litten unter den ständigen Plünderungen, Grausamkeiten und Vergewaltigungen seiner unterbezahlten oder unbezahlten Soldaten, die sich ihren ›Sold‹ von Dorfbewohnern holten, denen sie die Nahrungsmittel wegnahmen.«[51] Mobutu besaß auf dem Kongo-Fluss eine riesige Yacht, die *Kamaniola*, auf der er Reagans CIA-Direktor William J. Casey und Bushs Außenminister James A. Baker empfing. Ihm gehörten Schlösser und Villen in der Schweiz, in Frankreich, Spanien und Italien, ein prachtvolles Apartment in der Avenue Foch in Paris und ein immenses Vermögen, aber all dies war ihm nicht genug. In seinem Heimatdorf Gbadolite im Nordwesten des Kongos ließ er inmitten des Regenwalds ein Versailles erbauen, ein riesiges Schloss aus italienischem Marmor und grünem Malachit, das über eine Diskothek verfügte, über einen Atombunker, Möbel im Stil Ludwigs XIV. und einen für die Concorde ausgelegten Flugplatz. Er begann, immer mehr Zeit in der Märchenwelt von Gbadolite zu verbringen, aber er »tat so gut wie nichts, um der Bevölkerung Schulen und funktionierende Krankenhäuser, Straßen, Wasser, Kanalisation, Strom, Wohnraum oder sonst etwas zur Verfügung zu stellen«, sagte Grove. »Demokratische Institutionen und die Achtung der Menschenrechte hatten in seinen Plänen keinen Platz. Mobutu fühlte sich niemandem gegenüber rechenschaftspflichtig.« Alle amerikanischen Präsidenten seit Kennedy hatten ihn als ein Instrument der politischen Kriegsführung ihres Landes in Afrika betrachtet, und ihr unerschütterlicher Rückhalt hatte ihn geschützt und sein globales Image aufpoliert, trotz aller gegenteiligen Beweise.

»Ich denke, dass Historiker im Rückblick sagen werden: Wie konnten die Vereinigten Staaten mit einem solchen Diktator so lange im Bunde sein? Weil es die Konfrontation mit der Sowjetunion gab – eine Einschätzung, die sich letztlich als falsch erwies? Aber das war die Situation«, sagte William C. Harrop, unter Reagan und Bush amerikanischer Botschafter in Kinshasa.[52] 1993, zwei Jahre nachdem Harrop seinen Posten verlassen hatte und das Land in den tiefsten Abgrund fiel, sagte er, Mobutu sei »ein genialer Manipulator der ethnischen, militärischen und regionalen Politik seines Landes gewesen. Er war auch ein genialer Manipulator der Vereinigten Staaten von Amerika ... des Nationalen Sicherheitsrats, des Außenministeriums, der Central Intelligence Agency und des Verteidigungsministeriums«. Und Harrop fuhr fort:

Wenn wir bei den Vereinten Nationen in bestimmten Angelegenheiten afrikanische Unterstützung oder Hilfe brauchten, war General Mobutu immer zur Stelle. Unsere Beziehung war keineswegs eine Einbahnstraße. Wenn es beispielsweise im Sicherheitsrat eine Abstimmung über den Ausschluss Israels aus irgendeinem Gremium gab oder wenn wir im Sicherheitsrat Unterstützung bezüglich Korea, Puerto Rico oder anderen damals aktuellen Problemen brauchten, konnten wir immer auf Präsident Mobutu zählen.

Es gab also viele Gründe, warum die Vereinigten Staaten mit diesem außergewöhnlichen, autoritären und egoistischen Diktator zusammenarbeiteten. Aber das waren die Fakten, und es war unsere Art und Weise zu operieren. Zu seiner Genialität gehörte es, die Vereinigten Staaten zu benutzen. Und einer der Gründe, warum er an der Macht war, lag darin, dass er Amerikas Mann war.

Mit dem Ende des Kalten Krieges brachen solche Erwägungen zusammen. Und in der Folge brach auch der Kongo zusammen. 1997, 37 Jahre nach Beginn seiner Annäherung an die Vereinigten Staaten, flüchtete Mobutu vor einer bewaffneten Rebellion und starb wenig später im Exil. Der Kongo geriet in einen epochalen Feuersturm, einen afrikanischen Weltkrieg, in dem neun Staaten kämpften und fünf Millionen Menschen getötet oder verwundet wurden. Unser Mann hatte das Arsenal gefüllt und die Lunte entzündet.

KAPITEL 5

Die Stimme Amerikas

Amerikaner, die den Kalten Krieg nicht miterlebt haben, fragen sich vielleicht: Wer waren diese Menschen, die wir unterstützt haben? Was haben wir letztendlich gewonnen? Wo hat sich die Demokratie bis heute durchgesetzt? In diesem Licht betrachtet mag der lange Kampf wie eine Torheit erscheinen.

Sehr viele Menschen, die damals im Namen der Vereinigten Staaten einen politischen Krieg führten, sahen das anders. Die Amerikaner hatten sich mit Stalin gegen Hitler verbündet, und wenn sie nun mit dem Schah und mit Mobutu einen Teufelspakt gegen den Kreml schlossen, geschah es zur Ehre von Gott und Vaterland. Sie glaubten schlicht und einfach, sie befänden sich in einem Kampf von Gut gegen Böse. Wenn sie in ihrem Glauben manchmal wankten, fanden sie Trost in einem alten Sprichwort vom Balkan, das Franklin D. Roosevelt gern zitierte: »Kinder, in Zeiten großer Gefahr dürft ihr euch mit dem Teufel verbrüdern, bis ihr über der Brücke seid.«[1] Eines Tages, so dachten sie, würden sie in eine neue Welt eintreten.

Zu ihrem Leidwesen mussten sie jedoch feststellen, dass sich ihre Feinde nicht mit militärischer Macht allein bezwingen ließen. Vietnam war die bitterste Lektion: ein politischer Krieg, der nicht mit Waffengewalt gewonnen werden konnte. Die amerikanische Führung, zumindest ein Teil davon, begriff schließlich, dass im politischen Krieg Sieg oder Niederlage weniger von amerikanischer Macht und Staatskunst abhing, sondern vom Kampfgeist der Bevölkerung in den Ländern, in denen er geführt wurde. Der längste und ruhmreichste dieser Kämpfe dauerte mehr als 40 Jahre und fand in einem

Land statt, das in seiner tausendjährigen Geschichte mehr Kriege erlebt hatte als jedes andere und dessen Nationalhymne beginnt: »Noch ist Polen nicht verloren.«

Im 17. Jahrhundert war Polen das größte Land Europas. Dann wurde es von den Schweden, den Türken und den Russen an allen Fronten angegriffen und schließlich von Russland, Preußen und Österreich geteilt. 140 Jahre lang, bis zum Ende des Ersten Weltkriegs, war es von der Landkarte verschwunden. 1939 fielen Hitler und Stalin in Polen ein. Dann wurde es von der deutschen Wehrmacht auf ihrem Weg nach Stalingrad Richtung Osten und später von der Roten Armee auf ihrem Weg nach Berlin Richtung Westen überrollt. Von 1943 bis 1945 kämpften polnische Divisionen unter General Eisenhower, aber sie konnten ihr Land nicht vor der fast vollständigen Zerstörung retten. Bei Kriegsende stand in Warschau kein Stein mehr auf dem anderen, die Erde war mit polnischem Blut getränkt. Städte und Dörfer waren ausgelöscht. Sechs Millionen Polen waren dem Krieg zum Opfer gefallen, ein Fünftel der Bevölkerung, darunter drei Millionen Juden, die von den Nazis ermordet worden waren. Polen war das Epizentrum des Holocaust. Eineinhalb Millionen Polen litten und starben in den sibirischen Gulags. Und dennoch wurden die Polen nie bezwungen, nicht einmal nachdem sie unter die Sowjetherrschaft geraten waren. »Der Kommunismus passt nicht zu den Polen«, sagte Stalin 1944. »Sie sind zu individualistisch.«[2]

Die Polen sahen ihre Geschichte im Spiegel des Leidens und der Auferstehung Christi. Sie waren schöne Verlierer, romantische Visionäre, die Iren Osteuropas. Ihre Verbindung zu Amerika war unverbrüchlich: Am Ende des Zweiten Weltkriegs lebten fünf Millionen polnische Immigranten in den Vereinigten Staaten, und in den Jahren danach kamen weitere zehn Millionen hinzu. Polnische Exilanten in Europa boten sich der noch jungen CIA bereitwillig als Mitglieder einer Widerstandsarmee an, und die CIA war entschlossen, sie einzusetzen. Polen schien ein guter Ausgangspunkt für die Vereinigten Staaten zu sein, um sich ihren Traum vom Zurückdrängen des Kommunismus zu erfüllen.

Die CIA hatte seit ihren Anfängen 1947 geglaubt, sie könne mit Hilfe einer Gruppe von Exilpolen in London eine Untergrundarmee namens Freiheit und Unabhängigkeit (Wolność i Niezawisłość, kurz WiN) mobilisieren. Der für verdeckte Operationen zuständige Frank Wisner stellte sich vor, 20000 paramilitärische Kämpfer und 100000 Sympathisanten zu bewaffnen und auszurüsten, die eine Rebellion gegen die kommunistische Unterdrückung anzetteln könnten. Ein Pole war in London mit Fotos aufgetaucht, auf denen ein von WiN zerstörter sowjetischer Panzer zu sehen war; er gab sie einem ehemaligen polnischen General, der sich hilfesuchend an die CIA wandte. Die Exilpolen in London und die CIA erreichte ein ständiger Nachrichtenstrom aus Polen, der darauf schließen ließ, dass sich ein Aufstand anbahnte. Von 1950 an unterstützte die CIA WiN, indem sie mindestens drei Dutzend polnische Patrioten per Fallschirm hinter dem Eisernen Vorhang absetzte – dazu Waffen, Technik für Untergrundsender, Spionageausrüstung sowie rund fünf Millionen Dollar in Bargeld und Gold. Am 28. Dezember 1952, in den letzten Tagen der Truman-Regierung, brachte der polnische Staatsrundfunk dann eine niederschmetternde Meldung.

WiN war ein Schwindel – eine Schöpfung der sowjetischen und polnischen Nachrichtendienste. Sie hatten das Täuschungsmanöver von Anfang bis Ende kontrolliert und gesteuert. Das Ganze war einer der größten Fehlschläge des amerikanischen Geheimdienstes zu Beginn des Kalten Krieges – »eine monumentale Katastrophe«[3] nannte es John McMahon, damals ein junger CIA-Offizier in Deutschland, 50 Jahre später, nachdem er von seinem Posten als stellvertretender CIA-Direktor zurückgetreten war. WiN war der erste Auftrag des frisch gebackenen CIA-Mitarbeiters Ted Shackley, und der Anblick seiner Kollegen, als sie realisierten, dass fünf Jahre Planung und Millionen von Dollar einem Betrug zum Opfer gefallen waren, hatte sich in sein Gedächtnis gebrannt. Er sollte bald Gelegenheit bekommen, zurückzuschlagen.

Als die amerikanische Botschaft in Warschau die schadenfrohen Berichte des polnischen Staatsrundfunks mit seinen detaillierten Schilderungen des Schwindels nach Washington übermittelte, schäumte Robert Joyce vor Wut. Er war George Kennans Nachfolger im Politischen Planungsstab des Außenministeriums und hatte mit diesem und der CIA eng zusammengearbeitet, als sie die politische Kriegsführung aus der Taufe hoben – und das war dabei herausgekommen. »Ich muss wohl nicht betonen, dass diese Affäre einen verheerenden Rückschlag darstellt«, schrieb er am 31. Dezember 1952. Er wies darauf hin, dass in Polen und anderen Staaten im sowjetischen Einflussbereich die »totalitären polizeistaatlichen Methoden allmählich eine Perfektion wie in [Orwells] ›1984‹ erreichen, so dass ›Widerstand‹ wahrscheinlich nur noch *in den Köpfen* der geknechteten Völker möglich ist«.[4]

Der Kampf um die Köpfe der Menschen war voll entflammt. Sechs Monate später begegnete Zbigniew Brzezinski, der gerade in Harvard seinen Doktor gemacht hatte, Paul Henze, auch er ein Harvard-Absolvent, in der Zentrale von Radio Free Europe in München, wo Henze als stellvertretender politischer Berater arbeitete. Die beiden schlossen eine lebenslange Freundschaft, die sich ein Vierteljahrhundert später im Nationalen Sicherheitsrat fortsetzte, wo sie ihre eigene kleine Widerstandszelle bildeten. Der 1928 in Warschau geborene Brzezinski war der Sohn eines polnischen Diplomaten, der zur Zeit von Hitlers Machtergreifung in Deutschland stationiert gewesen war. In seiner Doktorarbeit beschäftigte er sich mit der Entstehung von Stalins Reich, und das Leid Polens prägte sein Weltbild. Der 1924 in dem kleinen Nest Redwood Falls in Minnesota geborene Henze hatte in Eisenhowers Armee gedient und mit Hilfe der G.I. Bill, einem Gesetz zur Wiedereingliederung von Veteranen, in Harvard einen Master in Sowjetstudien erworben. Der Studiengang war eine Nachwuchsschmiede für die CIA, wo Henze am 21. Juni 1950, vier Tage vor Ausbruch des Koreakriegs, seinen Dienst antrat. Brzezinski und Henze, beide in den Zwanzigern, ehrgeizig und abenteuerlustig, waren begeistert, an einer so großen Operation der politischen Kriegsführung beteiligt zu sein. Brzezinski hielt große Stücke auf seinen Kollegen: »Ich war von Anfang an beeindruckt von seinem bedingungslosen Einsatz für die Freiheit der von Stalin beherrschten Osteuropäer, und auch von seiner – damals neuartigen – Erkenntnis, dass die Verbreitung der Wahrheit über das Radio letztendlich das kommunistische Machtmonopol brechen würde.«[5]

George Kennan dachte sich Radio Free Europe aus, Frank Wisner leistete Geburtshilfe, und Allen Dulles zog das Kind groß. Kennan wollte sich die Energie und den Intellekt von Exilanten und Emigranten, die aus Osteuropa geflohen waren, zunutze machen. Wisner und Dulles halfen, sie im amerikanisch besetzten Westdeutschland zusammenzubringen, setzten sie ins Studio und sendeten ihre Stimmen in Länder hinter dem Eisernen Vorhang. Dulles, damals ohne ein offizielles Amt, war ein einflussreicher Berater des Weißen Hauses und fungierte in Ermangelung einer starken Führung bei der CIA faktisch als deren Direktor. Er hatte das Nationalkomitee für ein Freies Europa als öffentlich-rechtliche Körperschaft in New York gegründet, mit einem riesigen, verdeckt arbeitenden Ableger in Übersee. Das Komitee erhielt viele Millionen Dollar von der CIA zur Finanzierung von Radio Free Europe. Die CIA bezahlte die Gehälter von zunächst Hunderten und dann Tausenden Angestellten, baute die Zentrale in München am Englischen Garten auf und bestimmte die Themen der Sendungen. Am 4. Juli 1950 wurden die ersten Programme ausgestrahlt, und 1951 umfasste die Reichweite des Senders Polen und vier weitere sowjetisch kontrollierte Länder. Die Sendungen entwickelten sich im Lauf der Jahre im besten Fall zu einem brillanten Mix aus Nachrichten und Unterhaltung, politischer Satire und Propaganda. Schlimmstenfalls waren sie zersetzend – eine Giftfabrik,[6] wie es einer der Spitzenmitarbeiter von Radio Free Europe ausdrückte. In den fünfziger Jahren träumten die Direktoren des Nationalkomitees davon, Chaos zu stiften.[7] Für sie waren die Rundfunkstationen in erster Linie Waffen für einen möglichst militanten politischen Krieg, und sie wollten ihre Speerspitzen schärfen.

»Bei den ersten Sendungen wussten sie eigentlich gar nicht, was sie taten«, sagte Richard H. Cummings von Radio Free Europe, später Sicherheitsdirektor in der Münchner Zentrale. »Sie hatten keinen Plan. Es war ihnen egal. Sie sendeten einfach drauflos. Ich würde sagen, es war Propaganda. Man könnte es als ›Fake News‹ bezeichnen.«[8]

Die Polen lauschten dennoch ehrfürchtig; Radio Free Europe war gleichsam ihre Kathedrale im Äther. Begeistert hörten sie die Stimme von Jan Nowak, einem Helden des Warschauer Aufstands gegen die Nazis 1944 und dem neuen Leiter des polnischen Dienstes von Radio Free Europe. In seinem ersten Beitrag für seine Hörer im Mai 1952 fing er die Stimmung der Zeit ein: »Der Kampf findet nicht in den Wäldern, auf den Straßen oder im Untergrund statt, sondern in den Herzen der Polen – in den vier Wänden eines polnischen Hauses. Diesem Kampf wollen wir uns mit den Funkwellen von Radio Free

Europe anschließen.«[9] Seinen amerikanischen Vorgesetzten war das zu viel Poesie, sie verlangten mehr Biss. »Warum befürworten wir nicht Sabotageakte in Polen?«, fragte einer der New Yorker Direktoren des Nationalkomitees im Juli 1953 unverblümt. Paul Henze in München wetterte gegen die »Psychokrieger« in Washington und ihre »dumme« und »hirnverbrannte«[10] Anstachelung zur Gewalt. Dieser Konflikt wurde nie ganz gelöst.

Die überraschendste Stimme in der Geschichte des polnischen Dienstes von Radio Free Europe ging im Herbst 1954 auf Sendung. Sie gehörte Józef Światło, einem hohen Offizier der polnischen Geheimpolizei.[11] Er hatte sich als stellvertretender Leiter der Abteilung X im Ministerium für Öffentliche Sicherheit, zuständig für das Aufspüren von Staatsfeinden, einen furchterregenden Ruf erarbeitet. Er hatte nicht nur Władysław Gomułka verhaftet, den bei Stalin in Ungnade gefallenen ehemaligen Generalsekretär der kommunistischen Polnischen Vereinigten Arbeiterpartei, sondern auch den Primas der katholischen Kirche in Polen, Kardinal Stefan Wyszyński. Nach Stalins Tod um sein eigenes Schicksal besorgt, lief er im Dezember 1953 im besetzten Berlin zu den Amerikanern über.

Die CIA beauftragte Ted Shackley, sich mit ihm zu treffen. Ihre Gespräche in einer konspirativen Wohnung bei Frankfurt am Main zogen sich über vier Wochen hin, und der Überläufer beschrieb in allen Einzelheiten die Drecksarbeit, die er im Auftrag seiner sowjetischen Weisungsgeber erledigt hatte. Es war eine lange Liste. Shackley wollte wissen, ob Gomułka am Leben war. Światło sagte, er sei in einer Villa der Abteilung X komfortabel untergebracht – und auch eine antistalinistische Fraktion der Polnischen Vereinigten Arbeiterpartei sei gesund und munter. Das war Musik in den Ohren der CIA. »Wenn es in der polnischen Führung Unruhe gab«, schrieb Shackley 50 Jahre später, »wollten wir sie schüren.«[12] Also flog die CIA Światło in die Vereinigten Staaten und schickte ihn nach einer erneuten, sehr viel eingehenderen Befragung in die New Yorker Dependance von Radio Free Europe, wo man entschied, seine Enthüllungen über den Äther nach Polen zu senden. Das erste Tonband traf am 17. September in Jan Nowaks Büro in München ein.

»Die Insider-Geschichte der Geheimpolizei und der Partei« wurde ab Oktober 1954 in 77 wöchentlichen Folgen ausgestrahlt. Im Februar

1955 begannen die CIA und Radio Free Europe, 800000 Flugblätter mit dem Text der Sendungen zu drucken und mit einer ganzen Flottille von Luftballons nach Polen zu schicken. In Warschau und Moskau sah man diese Operation als ernste Bedrohung und legte in Washington offiziell Protest wegen Verletzung der polnischen Souveränität ein. Die Światło-Affäre erschütterte die Polnische Vereinigte Arbeiterpartei bis ins Mark. Sie führte zur Abschaffung von Abteilung X, zur Inhaftierung von Kommissaren der Geheimpolizei, zur unehrenhaften Entlassung des Chefs für innere Sicherheit und zu Panik in den Ministerien der Angst. Ein Historiker von Radio Free Europe schrieb im 21. Jahrhundert, die Sendungen waren das wohl »erfolgreichste Beispiel für die Beeinflussung eines gegnerischen Regimes in der Geschichte des internationalen Rundfunks«.[13] Im Juni 1956 schürte die CIA erneut Unruhe mit der Ausstrahlung von Chruschtschows Geheimrede, in der Stalin angeprangert wurde. Die Rede wurde, zusammen mit pointierten Kommentaren, ununterbrochen gesendet. Osteuropa war elektrisiert, und am 28. Juni kam es zu einem Aufstand im polnischen Posen.

Die Polen wussten, wie man Widerstand im Untergrund organisiert; der Warschauer Aufstand lag erst zwölf Jahre zurück. Und dieser Widerstand hatte ein Publikum: Anlässlich der alljährlichen internationalen Handelsmesse befanden sich Hunderte Ausländer in Posen, darunter Richard E. Johnson, Wirtschaftsexperte an der amerikanischen Botschaft in Warschau. Am Abend des 27. Juni besuchte Johnson zusammen mit einem Kollegen einen Nachtclub, wo sie am Tisch eines Schwarzhändlers landeten, mit dem sie etwas tranken. »Später am Abend, als die Stimmung stieg und wir noch etwas mehr Champagner getrunken hatten, flüsterte er uns zu: ›Morgen fliegt hier alles in die Luft.‹ Wir fragten: ›Was meinen Sie damit?‹ Er sagte: ›Ja, die gehen auf die Straße und schlagen Krach.‹«[14] Am nächsten Tag riefen die Arbeiter des ZISPO-Werks frühmorgens zum Generalstreik auf und zogen ins Stadtzentrum, wo sich ihnen ein Heer von Arbeitern aus anderen Fabriken anschloss.

»Während die Menge auf hunderttausend Personen anwuchs«, erinnerte sich Johnson, »attackierten einige ein Gefängnis und befreiten die Insassen; andere demolierten technische Geräte auf dem Dach eines Regierungsgebäudes, mit denen westliche Rundfunksender gestört wurden.« Die Demonstranten, die die Störantennen zerlegten, riefen: »Wir wollen hören, was in der Welt da draußen los ist!« und »Wir wollen Freiheit!« Amerika zeigte Flagge. In Abwesenheit des Botschafters fuhr der Geschäftsträger in Warschau mit der Botschaftslimousine, über deren Scheinwerfern die US-Fahne flatterte, in die umkämpfte Innenstadt. Er hatte die Anweisung, sich so auffällig wie möglich zu verhalten. Er fuhr demonstrativ in den Straßen Posens auf und ab, um Präsenz zu zeigen. Diese Geste war alles, was die Amerikaner an Unterstützung aufboten.

Am späten Nachmittag schickte der sowjetische General, der die polnische Armee befehligte, zwei Panzer- und zwei Infanteriedivisionen in die Stadt. Zehntausend Soldaten schlugen den Aufstand mit Rückendeckung des KGB und der polnischen Geheimpolizei brutal nieder. Bevor sie die Stadt wieder unter Kontrolle hatten, töteten sie mindestens 57 Demonstranten, verletzten 600 und verhafteten viele Hundert weitere. Posen war weltweit auf den Titelseiten der Zeitungen und ein Dauerthema bei Radio Free Europe. Im Nationalen Sicherheitsrat herrschte die einhellige Meinung, dass das Blut polnischer Märtyrer ein Segen für die Vereinigten Staaten sei. Allen Dulles erklärte ganz im Geist Stalins, dass man kein Omelett zubereiten könne, ohne Eier zu zerschlagen. Nixon sagte, »im Hinblick auf die US-amerikanischen Interessen wäre es kein absolutes Übel, wenn die eiserne Faust der Sowjets erneut auf den Ostblock niedersausen würde«.[15]

Zur Überraschung des Weißen Hauses, des Außenministeriums und der CIA griff die Polnische Vereinigte Arbeiterpartei nicht beim polnischen Volk, sondern in den eigenen Reihen hart durch. 15 000 Kopien der Geheimrede zirkulierten in den polnischen Ministerien und unter den Intellektuellen des Landes. Viele Angehörige der Eliten hörten auch heimlich Radio Free Europe, sofern sie die Möglichkeit dazu hatten. Die Partei nahm das Risiko eines russischen Einmarschs in Kauf und stellte sich auf die Seite der Dissidenten. »Polnisches Regime schwer erschüttert durch unerwarteten Aufstand in Posen, der wohl hier und in Moskau drängende Fragen aufgeworfen hat«, meldete die amerikanische Botschaft in Warschau nach Washington. Die polnische Führung sei gezwungen gewesen, »die von den Arbeitern aufgezeigten Missstände zu beseitigen und um die Gunst der Bevölkerung zu werben«.[16] Die Partei selbst machte auf dem quälend langen Marsch in die Freiheit einen großen Schritt, indem sie sich von ihren eingefleischtesten Stalinisten trennte, die politischen Opfer der alten Garde rehabilitierte, sie wieder in das polnische Politbüro aufnahm und den verhassten sowjetischen Marschall Konstantin Rokossowski als Verteidigungsminister entließ.

Im Oktober wählte die Partei einen neuen Vorsitzenden – Władysław Gomułka, der nach der Rundfunkübertragung von Chruschtschows Geheimrede ein paar Wochen zuvor aus dem Hausarrest entlassen worden war. Chruschtschow persönlich traf unangekündigt in Warschau ein, versetzte die in Polen stationierten sowjetischen Truppen in Alarmbereitschaft und versuchte zu verhindern, dass Gomułka an die Macht kam. Vergeblich. Am 20. Oktober erklärte der neue Parteichef, Posen sei die legitime Antwort der Arbeiter auf »die Verzerrungen der fundamentalen Prinzipien des Sozialismus«. Er verurteilte den »plumpen Versuch, die schmerzliche Tragödie von Posen als das Werk imperialistischer Agenten darzustellen«. Die Ursache des Aufstands sei »in uns selbst zu suchen, in der Parteiführung, in der Regierung«.[17] Er ging noch über Chruschtschow hinaus und prangerte die Mängel im sowjetischen System selbst an. Und bemerkenswerterweise stoppte er die Versuche seiner Regierung, die Übertragungen von Radio Free Europe zu stören.

In Washington ergriffen das Weiße Haus, das State Department und die CIA die Gelegenheit, die polnische Unabhängigkeit zu unterstützen. Am 23. Oktober kamen sie überein, ein umfangreiches Wirtschaftshilfeprogramm vorzuschlagen. Präsident Eisenhower sagte bei einem Wahlkampfauftritt vor der United Brotherhood of Carpenters and Joiners of America, der Gewerkschaft der Zimmerleute und Tischler, am selben Abend: »Einem Volk wie den Polen, die einst die Freiheit kannten, kann man nicht für immer ihre nationale Unabhängigkeit nehmen ... Die Erinnerung an die Freiheit lässt sich nicht durch die Angst vor Waffen auslöschen, und die Liebe zur Freiheit ist beständiger als die Macht von Tyrannen.«[18] Der US-Präsident sagte zu John Foster Dulles, die Polen müssten »nicht befürchten, dass wir versuchen werden, sie in die NATO aufzunehmen oder in unsere Bündnisse zu integrieren. Sie sollen sich frei entscheiden können.«[19] Allen und John Foster Dulles stimmten darin überein, dass der Präsident einen Mini-Marshallplan für Polen befürworten sollte. Das würde die Polen ermutigen, »an den politischen Einstellungen festzuhalten, die letzten Sommer und Herbst offen zutage getreten sind«, schrieb Allen seinem Bruder, und es wäre ein »greifbarer Beweis für die amerikanische Unterstützung polnischer Bemühungen, den sowjetischen Einfluss auf polnische Angelegenheiten nach und nach zurückzudrängen«.[20]

Die Eisenhower-Regierung genehmigte wenig später einen Kredit in Höhe von 55 Millionen Dollar sowie weitere 138 Millionen Dollar in Form von Agrargütern. Das war keine Wohltätigkeit, sondern Teil eines größeren Plans: Die Vereinigten Staaten würden mit Gomułka zusammenarbeiten, um den monolithischen Sowjetblock durch offizielle Diplomatie, einen verstärkten Informationskrieg, wirtschaftliche und technologische Unterstützung, das Meistbegünstigungsprinzip und Kulturprogramme zu schwächen.

In dem Jahrzehnt, seitdem George Kennan den Beginn der politischen Kriegsführung verkündet hatte, waren deren Auswirkungen in kaum einem Land der Welt so stark zu spüren wie in Polen. Kennan reiste im Juli 1958 als CIA-Berater durch das Land und hielt seine Eindrücke in einem Brief fest, den Allen Dulles an Präsident Eisenhower weiterleitete. Kennan war beeindruckt, »wie viel sich die Polen erlauben können« – vor allem »absolute Meinungsfreiheit«. Er stellte fest, dass die polnischen Intellektuellen keine »Illusionen über das Wesen der Sowjetmacht« hegten. Seinem Eindruck nach war die Regierung nun »fest nach Westen orientiert«. Letztlich war er jedoch überrascht, »wie wenig dies bedeutet, dass Polen jetzt oder in naher Zukunft in der Lage sein wird, die kommunistische politische Kontrolle abzuschütteln«.[21] Wenn Kennan Blumen roch, hielt er nach einem Sarg Ausschau.

Seiner Aufmerksamkeit entgangen war ein äußerst mächtiges Element der amerikanischen politischen Kriegsführung, ein Phänomen, das man Uneingeweihten nicht erklären kann: der Jazz.

»Bei Voice of America gab es einen Diskjockey namens Willis Conover, der nachts von zehn bis eins Jazz auflegte«, erinnerte sich David J. Fischer, damals ein junger Botschaftsmitarbeiter in Warschau, der später amerikanischer Botschafter wurde. »Jeder – und damit meine ich jeden, der zählte –, hörte sich diese Sendung an.«[22]

Conover war in der kommunistischen Welt ein Superstar, in Amerika hingegen so gut wie unbekannt.

Voice of America ging erstmals nach Pearl Harbor auf Sendung; ihr erster Direktor war John Houseman, ein rumänischer Einwanderer, der sich als Produzent von Orson Welles' verblüffend authentisch wirkendem Hörspiel »Krieg der Welten« einen Namen gemacht hatte und später als Schauspieler einen Oscar gewann. Er schickte amerikanische Unterhaltungsmusik, vor allem Big-Band-Jazz, in die Welt hinaus, so weit das Signal reichte. Die Nazis hatten den Jazz, den sie »Negermusik« nannten, als von Afroamerikanern produziertes und von Juden verbreitetes kulturelles Gift verboten. Houseman erinnerte sich später: »Wir merkten, dass wir Musik als Propagandainstrument einsetzten.«[23] 1953 wurde Voice of America zur Rundfunkabteilung der von Präsident Eisenhower neu gegründeten United States Information Agency, die unter anderem auch Pressedienste, Bibliotheken und Dokumentarfilme umfasste. Die Informationsagentur sollte nach Eisenhowers Willen das freundliche, offene Gesicht des amerikanischen politischen Krieges sein, der lächelnde Soldat, der Essen und Süßigkeiten an Hungernde verteilte, nur dass es sich in diesem Fall um Information und Unterhaltung handelte.

Conover moderierte seine Sendung erstmals im Jahr 1955 und blieb ihr bis zu seinem Tod 40 Jahre später treu. Sein von Whisky und Tabak gegerbter Bariton wurde für die Bewohner von Warschau, Prag, Budapest und darüber hinaus schnell zu einer vertrauten Stimme. Nicht selten trafen Amerikaner bei ihrem Besuch in diesen Städten auf Einheimische, die ein erstaunlich idiomatisches Englisch sprachen. Auf die Frage, wo sie das gelernt hätten, erhielten sie die Antwort: *Villis Conofer*. Der TV-Nachrichtenmoderator John Chancellor, ein späterer Direktor von Voice of America, nannte Conover »das effektivste Instrument, das wir bei der Voice hatten«.[24] Conovers Sendung begann mit »Take the ›A‹ Train« von Duke Ellington als Titelmusik, einer Melodie voller optimistischer Energie. Conover brachte Musik von und vor allem auch Interviews mit Duke Ellington, Billie Holiday, Louis Armstrong, Dizzy Gillespie, Thelonious Monk und vielen weiteren Schöpfern einer Kunstform, die so einflussreich und bewusstseinsverändernd war wie das Kino. Ihre Musik war eine Kraft der Befreiung in einem Amerika, in dem Menschen mit dunkler Hautfarbe bis heute ausgegrenzt und abgelehnt werden. Jazz war der Sound der Freiheit; er erzählte der Welt mehr über Amerika, als den meisten Amerikanern bewusst war.

Anfang 1959 hatte Conover säckeweise Fanpost aus Polen erhalten, in der er bestürmt wurde, Polen zu besuchen. Noch im Juni flog er nach Warschau. Als er bei der Landung aus dem Fenster schaute und Hunderte Menschen sah, einige mit Kameras und Tonbandgeräten, dazu Mädchen mit Blumen in den Händen, dachte er: *Ich lass erst mal den aussteigen, dem dieser Empfang gilt.* Er verließ als Letzter das Flugzeug, und die Menge tobte. An jenem und am nächsten Abend reisten Musiker aus ganz Polen auf eigene Kosten an und gaben in der Nationalphilharmonie Conover zu Ehren ein Konzert, um ihm zu demonstrieren, was sie durch seine Sendung gelernt hatten. Einen besseren Beweis dafür, dass Amerika ihre Herzen und Köpfe erobert hatte, kann man sich nicht vorstellen.

Der Jazz, erklärte Conover den Nichteingeweihten, verkörpere Lebensfreude, Kraft und soziale Mobilität. Die Musiker einigten sich auf einen Song, auf Tonart, Tempo und Harmonien; und »sobald das abgemacht ist, sobald sie den Rahmen festgelegt haben, können sie frei improvisieren. Und genau so funktioniert es in den U.S.A.«[25] Jazz sei »ein musikalisches Spiegelbild dessen, wie es in Amerika abläuft«, sagte er der *New York Times* bei seiner Rückkehr aus Polen. »Wir hier drüben übersehen das leicht, aber die Menschen in anderen Ländern spüren dieses Freiheitselement. Sie lieben den Jazz, weil sie die Freiheit lieben.«[26]

Ein paar Wochen nach Conover kam Anfang August 1959 ein ganz anderer Gast nach Warschau: Vizepräsident Richard M. Nixon machte zur Vorbereitung auf den Präsidentschaftswahlkampf eine Reise um die Welt. Er führte ein fünfstündiges Gespräch mit Gomułka, von dem er sich einiges anhören musste. Bezüglich Radio Free Europe, das ihm den Weg an die Macht geebnet hatte, nun aber Gift und Galle gegen ihn sprühte, schlug der polnische Staatschef neue Töne an. »RFE tritt nicht für Ideen ein«, beklagte er sich. »Es überschüttet alles und jeden in Polen mit Beleidigungen.«[27] Aber das war längst noch nicht alles. Gomułkas Stimme wurde lauter, sein Gesicht rötete sich, als er die jahrhundertelange Geschichte Polens vor Nixon ausbreitete, in der keine Generation von Krieg, Fremdherrschaft oder beidem verschont geblieben sei. Er und sein Land lebten in Angst vor dem erstarkenden Westdeutschland, das von der politischen und militärischen Macht Amerikas vorbehaltlos unterstützt werde. »Die Polen haben erlebt, wie ihre Verwandten und Freunde mit verbundenen Augen von Deutschen an die Wand gestellt wurden«, sagte er. Das Kriegsende liege erst 14 Jahre zurück; er und sein Volk lebten tagtäglich mit der Erinnerung. »Wir wollen nicht, dass man auf uns herumtrampelt«, sagte er zu Nixon. »Ich glaube nicht an den Krieg, und Chruschtschow tut es auch nicht. Jede Art Krieg wäre Selbstmord. Aber es gibt Menschen, die Selbstmord begehen wollen. Letztlich muss und wird es eine einzige Welt geben. Es ist sinnlos, jetzt darüber zu diskutieren, ob es eine sozialistische oder eine kapitalistische Welt sein wird.«

Nixon, der den polnischen Staatschef für eiskalt hielt, versuchte, ihn aufzutauen. »Vielleicht kann sie beides sein«, meinte er. »Die Dinge ändern sich.«

Eisenhowers Bruder und engster Berater Milton, der Nixon begleitet hatte, brachte dem Präsidenten Gomułkas Argumentation nahe. Radio Free Europe stärke mit seinem Programm die kommunistische Führung Polens, indem es Wut und Angst schüre, schrieb er ihm. Die Polen wollten in Frieden leben. Bei der Wahl zwischen den Deutschen, die sie hassten, und den Sowjets, die sie nur fürchteten, glaubten sie sich für die Abhängigkeit von der Sowjetmacht entscheiden zu müssen.

Eisenhower las diese Warnung, schloss sich ihr an und leitete sie an Allen Dulles weiter, der so gut wie nichts unternahm, um den Ton und Tenor des Senders zu ändern. Mehr als einmal versicherte er dem Präsidenten, für Radio Free Europe sei es »ein Drahtseilakt, einerseits keine Aufstände in Polen zu schüren, die Menschenleben kosten würden, und andererseits den Polen nicht den Eindruck zu vermitteln, die Vereinigten Staaten hätten die Hoffnung auf ihre letztliche Befreiung aufgegeben«. Dieser schwierigen Aufgabe werde er sich weiterhin widmen.[28]

»Wir tun unser Bestes, um Polen von der Sowjetunion abzuspalten«, sagte Eisenhower im August 1960 vor führenden Kongressabgeordneten im Weißen Haus. »Wir machen hier ein bisschen was und da ein bisschen was, so gut wir können.«[29] Doch diese Bemühungen kamen bald fast völlig zum Stillstand. In den 1960er Jahren fuhren die Vereinigten Staaten den politischen Krieg in Polen stark zurück. In Warschau gab es das jährliche Jazzfestival, in Posen die Handelsmesse, und amerikanische Botschaftsangehörige tranken mit ihren polnischen Kollegen Scotch und Wodka, aber ansonsten tat sich wenig, als Nixon 1968 erneut für das Präsidentenamt kandidierte und gewann. Die Glaubwürdigkeit von Radio Free Europe war angekratzt, seitdem Enthüllungsjournalisten dessen Verbindungen zur CIA aufgedeckt hatten. Der Chef von Polens gefürchteter Geheimpolizei hatte begonnen, mit dem neuen KGB-Chef Juri Andropow zusammenzuarbeiten, um gemeinsame Operationen gegen den Hauptfeind USA und die »Zentren der ideologisch-politischen Sabotage im Westen« – insbesondere Radio Free Europe – durchzuführen.[30] Und die Vereinigten Staaten schauten nur zu, als sich das polnische Volk im Zuge der sich anbahnenden weltweiten Studentenproteste 1968 abermals erhob. Als sich Präsident Nixon im Frühjahr 1972 auf einen erneuten Warschaubesuch vorbereitete, galt seine Hauptsorge weniger dem Schicksal des polnischen Volks als den polnischen Wählerstimmen bei der amerikanischen Präsidentschaftswahl. Ein Drittel der polnischen Bevölkerung lebte inzwischen in den Vereinigten Staaten. »Schauen wir mal, was es für uns bedeutet, wenn man uns, mit etwas Glück, in Warschau einen großartigen Empfang bereitet«, sagte Nixon zu seinem Stabschef H.R. Haldeman. »[Es] wirkt sich auf Pennsylvania aus, es wirkt sich auf Ohio aus, es wirkt sich auf Illinois aus, und es wirkt sich auf Michigan aus.«[31]

Richard Nixons Präsidentschaft stand im Zeichen der Entspannungspolitik gegenüber der Sowjetunion, der desaströsen Fortsetzung des zum Scheitern verurteilten Krieges in Vietnam und schließlich der schweren Straftaten von Watergate, die ihn das Amt kosteten. Als er im August 1974 stürzte, hatte sich das Krebsgeschwür seiner Präsidentschaft in den Institutionen der nationalen Sicherheit und den Instrumenten des politischen Krieges ausgebreitet. Der Senat setzte 1975 einen Ausschuss zur Untersuchung dieser Institutionen und Instrumente ein und deckte die Attentate auf Castro und Lumumba, die Orchestrierung von Staatsstreichen gegen frei gewählte Staatsführer in Guatemala und im Iran und die erschreckenden Experimente mit LSD zur Bewusstseinskontrolle auf. Außerdem kam heraus, dass die CIA und das FBI Amerikaner ausspioniert und deren Post geöffnet hatten und in ihre Häuser eingebrochen waren: Auf Weisung sämtlicher Präsidenten von Truman bis Nixon hatten sie einen politischen Krieg gegen ihr eigenes Volk geführt. Diese Enthüllungen schlugen bei den Amerikanern ein wie eine Bombe, für den KGB waren sie ein Geschenk des Himmels. Sie lieferten dem russischen Geheimdienst zehn Jahre lang Stoff für politische Propaganda und sorgfältig konstruierte Desinformation mit dem Ziel, Amerikas Image in der Welt zu zerstören.

Nach Veröffentlichung der vernichtenden Untersuchungsergebnisse durch den Senat stellte das Weiße Haus 1976 den politischen Krieg mehr oder weniger ganz ein, und als Präsident Gerald Ford versuchte, eine großangelegte verdeckte Operation zur bewaffneten Unterstützung von Guerillatruppen in Afrika durchzuführen, kam der Kongress dahinter und strich ihm die Mittel. Am 13. Januar 1977 trafen sich die sturmgebeutelten Überlebenden der Nixon-Regierung – Außenminister Henry Kissinger, Verteidigungsminister Donald Rumsfeld, der Stabschef des Weißen Hauses Dick Cheney und CIA-Direktor George H. W. Bush – zu einer letzten Sitzung des Nationalen Sicherheitsrats mit Ford. Bestürzt inspizierten sie das Schlachtfeld.

Die Fähigkeit der CIA, verdeckte Operationen durchzuführen, war lahmgelegt. »Wir sind nicht mehr dazu in der Lage«, lamentierte Kissinger.[32]

»Henry, du hast recht«, sagte Bush. »Im Bereich der verdeckten Aktionen sind wir ineffektiv und ängstlich.«

»Vieles wird heutzutage nicht einmal mehr vorgeschlagen, weil wir Angst haben, auch nur darüber zu diskutieren, geschweige denn es umzusetzen«, klagte Kissinger. Bushs Antwort wird bis heute unter Verschluss gehalten.

Eine Woche später wurde Präsident Jimmy Carter in sein Amt eingeführt. Er hatte bei der Wahl im November 1976 nur knapp gewonnen, und mit ausschlaggebend war ein Patzer Fords in einer Wahlkampfdebatte gewesen. Ford hatte erklärt, dass Polen und Osteuropa nicht von der Sowjetunion beherrscht würden. Er hatte vermutlich gemeint, dass das polnische Volk und seine Nachbarn sich nicht als unterjocht betrachteten, dass sie sich im Angesicht von Unterdrückung ihren Kampfgeist und ihr Identitätsgefühl bewahrt hatten. Falls Ford dies hatte sagen wollen, hatte das amerikanische Volk es jedenfalls nicht verstanden.

Wie Truman und Eisenhower versuchte auch Carter, die sowjetische Kontrolle über Polen und Osteuropa zu untergraben, und zwar im Namen der Menschenrechte. Er war entschlossen und bereit, zur Erreichung dieses Ziels Methoden der politischen Kriegsführung einzusetzen. Carter unterschrieb fast so viele Anordnungen für verdeckte Operationen wie Nixon und Ford zusammen. Er sah den politischen Krieg gegen den Warschauer Pakt im Licht der Schlussakte von Helsinki, die 1975 von den Vereinigten Staaten, der Sowjetunion und allen Staaten Europas außer Albanien unterzeichnet worden war und sich unmissverständlich für die freie Bewegung von Menschen und den ungehinderten Austausch von Ideen über Grenzen hinweg aussprach. Einfach gesagt glaubte Carter, mit Hilfe amerikanischer Ideen, die von der CIA übermittelt werden sollten, das unterdrückerische Sowjetsystem zerstören zu können, und zwar auf eine völlig andere Weise als seine Vorgänger. Robert Gates, später CIA-Direktor und Verteidigungsminister und damals CIA-Analyst im Nationalen Sicherheitsrat, sah in ihm den ersten Präsidenten seit Truman, der die Legitimität des Sowjetregimes direkt in Frage stellte.

Für diese Aufgabe hatte der Präsident die perfekte Besetzung: einen polnischen Patrioten. Zbigniew Brzezinski war sein Nationaler Sicherheitsberater, und Brzezinski holte seinen alten Freund Paul Henze, damals CIA-Stationschef in der Türkei, in den Nationalen Sicherheitsrat. Sie waren froh, dass zumindest ein CIA-Programm für verdeckte Operationen die politischen Umbrüche überlebt hatte: Unter Ford waren 1976 rund vier Millionen Dollar für die Unterstützung von Dissidenten in der Sowjetunion und Osteuropa ausgegeben worden, hauptsächlich um verbotene Bücher und Literatur hinter den Eisernen Vorhang zu schmuggeln. »Die Aktivitäten von Dissidenten, die für mehr Bürgerrechte in Polen kämpfen ... haben vergangenes Jahr stark zugenommen«, stellte die CIA im Februar 1977 fest.[33] Dies befeuerte Brzezinskis Phantasie. Er bat die Analysten der CIA um einen vollständigen Bericht, den sie im April vorlegten. »Die Situation in Polen ist die bei weitem explosivste in Osteuropa. Es könnte jederzeit zum großen Knall kommen«, hieß es darin. »Die Führung ist sich sehr wohl bewusst, dass ... eine direkte Konfrontation, die das Potenzial hat, Märtyrer hervorzubringen, vermieden werden muss.«[34] Brzezinski markierte diese Passage und schickte den Bericht an den Präsidenten.

Diese explosive Situation war nicht zuletzt die Folge einer verdeckten Operation unter der Leitung von Irving Brown, der lange Jahre in Brüssel den größten US-amerikanischen Gewerkschaftsdachverband AFL-CIO in Europa vertrat. Brown hatte als Verbindungsmann der CIA fungiert, als die Vereinigten Staaten 1947 Weizen und Waffen nach Westeuropa verschifften, und muskelbepackte Hafenarbeiter engagiert, um zu verhindern, dass die Operation von kommunistischen Gewerkschaftern sabotiert wurde. Er hatte zum engeren Kandidatenkreis gezählt, als Kennan einen Chef für die Abteilung für verdeckte Operationen suchte, aber gegen Frank Wisner verloren. Seitdem hatte er jahrzehntelang eine Art AFL-CIA betrieben und in Koordination mit amerikanischen Geheimdienstlern antikommunistische Gewerkschaften unterstützt. »Ich glaube nicht, dass Irving [Brown] jemals einen Dollar in der Tasche hatte, der nicht von der CIA stammte«,[35] erinnerte sich Tom Braden, der in den 1950er Jahren bei der CIA die Abteilung für internationale Organisationen leitete und dafür sorgte, dass Brown, der insgeheim Gewerkschaften auf der ganzen Welt unterstützte, immer gut bei Kasse war.

Anfang 1977 unterhielt Brown einen Kanal, über den er das KOR – Komitet Obrony Robotników oder Komitee zur Verteidigung der Arbeiter – mit Geld und Kommunikationsgeräten versorgte. Die neue Untergrundgruppe unterstützte protestierende Arbeiter, die entlassen oder inhaftiert worden waren. Mit dem Geld und dem Material war das KOR in der Lage, einen Untergrundverlag sowie die Fliegende Universität zu betreiben, eine von Studenten organisierte Vorlesungsreihe, bei der in geschütztem Rahmen freiheitliche Gedanken diskutiert werden konnten. Die Führer des KOR unterhielten ein Netz von Kontakten zum polnischen Dienst von Radio Free Europe in München und informierten den Sender laufend über ihre Arbeit und die Repressionsversuche seitens der Regierung. Dafür telefonierten sie mit polnischen Exilanten in London und Paris, die wiederum in München anriefen, und RFE sendete die Informationen zurück nach Polen. So wurde der Kreis derer, die von dem Widerstand wussten, erheblich erweitert. Für Lane Kirkland, den langjährigen Vorsitzenden der

AFL-CIO, war dies die Keimzelle der Bewegung, aus der die polnische Gewerkschaft Solidarność hervorging. »In Polen gab es einen Vorläufer von Solidarność«, sagte er, »eine Art Geheimorganisation namens KOR, mit der wir über Irving in unserem Pariser Büro Kontakt hielten.« Das KOR wurde der intellektuelle Kern von Solidarność. Und Solidarność wurde eine Macht, mit der kaum jemand gerechnet hatte.

Brzezinski wies Präsident Carter im Juni 1977 darauf hin, dass Polen reif sei für einen politischen Krieg. »Es kann nicht ausgeschlossen werden, dass die Lage dort explodiert«, schrieb er hoffnungsvoll.[36] Er wollte wissen, was die CIA tue, um Bewegung in die Sache zu bringen. Es dauerte Monate, bis die traumatisierte CIA einer präsidialen Weisung nachkam, das Ganze anzukurbeln, aber im Lauf des folgenden Jahres verschiffte die CIA Hunderttausende Bücher und Zeitschriften. »Ein solches Programm trägt zu unserer nationalen Verteidigung ebenso viel bei wie unser Waffenarsenal – und kostet dabei kaum Geld«, merkte Paul Henze an.[37]

Am 18. Oktober 1978 erfuhr Brzezinski hocherfreut, dass einer der Nutznießer des literarischen Programms der CIA ein Dankschreiben geschickt hatte, eine Postkarte, auf der er sich für die vielen polnischen und englischen Bücher und Magazine bedankte. Die Karte stammte von Kardinal Karol Wojtyła, dem Erzbischof von Krakau. Zwei Tage zuvor war der Kardinal zum neuen Papst gewählt worden – ein elektrisierendes Ereignis. Richard Virden, Presseattaché an der amerikanischen Botschaft, erinnerte sich, dass er »die Abendnachrichten im Staatsfernsehen schaute – etwas anderes gab es nicht, das Fernsehen war damals Staatsmonopol –, als der Sprecher verkündete: ›Und in Rom wurde heute Karol Wojtyła aus Krakau zum Papst gewählt.‹ Bedeutungsvolle Pause, dann ging es in etwa so weiter: ›Und nun die neuesten Traktor-Produktionszahlen …‹ Der Sprecher hatte noch keine Instruktionen erhalten, niemand hatte ihm gesagt, wie er mit dieser Information umgehen sollte, was sie für die Partei und das Land bedeuten könnte«, sagte Virden. »Die Menschen in Polen hingegen wussten, was das bedeutete; in Krakau strömten sie auf die Straßen und Plätze, und die Kirchenglocken läuteten die ganze Nacht, darunter eine, die in den vergangenen hundert Jahren nur ein einziges Mal geläutet hatte, am Ende des Zweiten Weltkriegs.«[38]

Als der Papst im Juni 1979 zu einem neuntägigen Besuch nach Polen zurückkehrte, wurde er von Millionen begrüßt. Seine Botschaft war einfach und bedeutungsvoll: Habt keine Angst. Er stand neben Edward Gierek, dem Vorsitzenden der Polnischen Vereinigten Arbeiterpartei, und sagte, die Rolle der Kirche sei es, die Menschen zuversichtlicher, mutiger und sich ihrer Menschenrechte bewusster zu machen. In einer Rede in der Industriestadt Nowa Huta befürwortete er die Arbeiterrechte und lehnte die Vorstellung ab, der Mensch sei »nur ein Produktionsmittel oder solle sich selbst als Produktionsmittel betrachten«, ein direkter Angriff auf die kommunistische Doktrin. Carter nutzte die Gunst der Stunde und besuchte Polen Ende des Jahres. Dabei traf er sich nicht nur mit Gierek und dessen Ministern, sondern auch mit Kirchenführern und Dissidenten. Brzezinski trug seinen Teil dazu bei und knüpfte Geheimkontakte zu den Führern der wachsenden radikalen Arbeiterbewegung in Polen.

Zu Beginn des Jahres 1980 brach die polnische Wirtschaft ein, teils infolge der weltweiten Erdölkrise nach der Iranischen Revolution, die zum Sturz des Schahs führte und die jahrzehntelange amerikanische Dominanz am Persischen Golf bedrohte. Am 1. Juli erhöhte die polnische Regierung die Lebensmittelpreise und löste damit eine Reihe von Streiks, Arbeitsniederlegungen und Bummelstreiks aus, die das ganze Land erfassten. Radio Free Europe informierte seine Hörer laufend über die Forderungen der ad hoc gebildeten Arbeiterkomitees, die mit ihren Betriebsleitungen und der Regierung verhandelten, und verlieh ihren Forderungen nach höheren Löhnen und Mitbestimmung Nachdruck. Der Sender erreichte inzwischen fast die Hälfte der polnischen Haushalte und hielt auch die polnische Regierung auf dem Laufenden. Bei einer Augustsitzung des polnischen Politbüros warf der Verteidigungsminister, General Wojciech Jaruzelski, der Regierungsführung vor, sie würden sich selbst und dem Volk über die seit langem schwelende Wirtschaftskrise etwas vormachen. »Vor zwei Jahren«, erklärte er, »haben wir gesagt, dass unsere Schulden 17 Milliarden erreicht haben, aber wir wussten es von Radio Free Europe.«[39]

Am 14. August kam es auf der Danziger Leninwerft zu einem Streik; zum ersten Mal forderten die Arbeiter das Recht, unabhängige Gewerkschaften zu gründen. Ihr Anführer war der 36-jährige Elektriker Lech Wałęsa, der vier Jahre lang eng mit dem KOR zusammengearbeitet hatte, was zu seiner Entlassung, Festnahme, Inhaftierung und Überwachung durch die Geheimpolizei geführt hatte. Die Regierung versuchte zu verhindern, dass sich die Nachricht von dem Streik verbreitete, indem sie eine Nachrichtensperre verhängte und die Telefonverbindung nach Danzig kappte, aber es nützte nichts. »Dank Radio Free Europe erfuhren die Menschen in Danzig, in ganz Polen und rund um die Welt von unserem Streik«,[40] sagte Bogdan Borusewicz, einer der Hauptorganisatoren, der später Vorsitzender des polnischen Senats wurde und 2010 für ein paar Stunden kommissarisch polnischer Staatspräsident war.

Quasi über Nacht hatte Wałęsa Streiks im ganzen Land ausgelöst, und die Arbeiter und ihre Verbündeten in den Universitäten und Kirchen taten sich zusammen. »Die Ereignisse in Polen könnten weitreichende Konsequenzen für die Ost-West-Beziehungen und sogar für die Zukunft des Ostblocks haben«,[41] schrieb Präsident Carter am 27. August an die britische Premierministerin Margaret Thatcher. Das bestmögliche Ergebnis, fuhr Carter fort, »würde eine Übereinkunft zwischen den Machthabern und dem polnischen Volk beinhalten, ohne Anwendung von Gewalt. Eine solche Übereinkunft könnte zu einem Systemwandel in Polen führen.« Drei Tage später akzeptierte das Regime zum Erstaunen der ganzen Welt die Forderungen der rebellischen Arbeiter. Diese hatten nicht nur das Recht auf unabhängige Gewerkschaften und das Streikrecht errungen – revolutionäre Ideen in einem Land unter sowjetischer Kontrolle –, sondern auch den Zugang zu den Medien, eine Lockerung der staatlichen Zensur sowie die Übertragung der Sonntagsmesse in Radio und Fernsehen für ans Haus gefesselte Menschen. Die Unterzeichnung der in Danzig geschlossenen Vereinbarung, bei der Wałęsa einen überdimensionalen Füllfederhalter benutzte, wurde im Fernsehen übertragen. Am 17. September schlossen sich drei Dutzend neuerdings unabhängige polnische Gewerkschaften, die über drei Millionen Arbeiter vertraten, unter dem Namen Solidarność, Solidarität, zusammen.

Brzezinski sah in Solidarność eine unmittelbare Bedrohung der Sowjetmacht. Würde die Rote Armee in Polen einmarschieren, um Moskaus Autorität wiederherzustellen, wie in Ungarn 1956, in der Tschechoslowakei 1968 und in Afghanistan 1979? Er stellte diese

Frage am 23. September im Weißen Haus bei einer Sitzung mit dem Verteidigungsminister, dem stellvertretenden Außenminister, dem geschäftsführenden Vorsitzenden des Vereinigten Generalstabs und dem CIA-Direktor, Admiral Stansfield Turner. Er wollte wissen, ob es Informationen über sowjetische Truppenbewegungen gab, und über amerikanische Notfallpläne für den Fall einer Militärintervention sprechen. Turner sagte, amerikanische Spionagesatelliten könnten die Mobilmachung sowjetischer Militärdivisionen mit einer Vorwarnzeit von etwa zwei Wochen erkennen – sofern der Himmel wolkenfrei und die Sicht klar sei. Wie Brzezinski schätzte auch die CIA die Ereignisse in Polen als eine Kampfansage an das gesamte kommunistische System ein. Ihren Analysten zufolge befürchtete der Kreml »einen Welleneffekt«[42] auf Osteuropa und die Sowjetunion selbst.

Am Tag der Präsidentschaftswahl im November 1980, bei der Ronald Reagan Jimmy Carter vernichtend schlug, erreichten die CIA alarmierende Nachrichten von ihrer wertvollsten Quelle hinter dem Eisernen Vorhang. Das CIA-Büro in Warschau hatte eine Warnung von Oberst Ryszard Kukliński erhalten, der seit fast zehn Jahren insgeheim mit dem amerikanischen Geheimdienst zusammenarbeitete.[43] Der Oberst war Mitglied des polnischen Generalstabs, Berater von Verteidigungsminister Jaruzelski und Verbindungsmann zum sowjetischen Marschall Wiktor Kulikow, dem Oberkommandierenden der Vereinten Streitkräfte des Warschauer Pakts. Der 50-jährige Kettenraucher war ein unermüdlicher Berichterstatter. Er hatte der CIA Kopien von über 30000 streng geheimen Militärdokumenten der Sowjets und des Warschauer Pakts geliefert, von Angriffsplänen bis zu Informationen über Waffen. Er ging mit äußerster Vorsicht vor, wie jemand, der bei Tauwetter im Frühling einen gefrorenen See überquert. Sollte man ihn erwischen, würde er als Verräter gehenkt werden.

In einem sechsseitigen Brief hatte er die Amerikaner darauf aufmerksam gemacht, dass er und eine kleine Gruppe Offiziere den Befehl erhalten hätten, Pläne für die Verhängung des Kriegsrechts in Polen auszuarbeiten. Den Brief zusammen mit Fotos von Verordnungsentwürfen zur Einschränkung von Bürgerrechten deponierte er in einem toten Briefkasten an einen geheimen Ort in Warschau, wo ein CIA-Offizier sie abholte. Im November vertieften sich CIA-Analysten in Bilder von sowjetischen Truppenbewegungen, die Spionagesatelliten aufgenommen hatten – eigentlich nur Bruchstücke eines Mosaiks, da oft eine undurchdringliche Wolkendecke die Sicht auf das Gelände versperrte –, und versuchten, die Berichte des Obersts auszuwerten. An Thanksgiving sagten sie dem Weißen Haus ohne Umschweife, es sei immer wahrscheinlicher, dass das polnische Volk Repressionen zu spüren bekommen werde. Robert Gates, soeben zum Top-Analysten der CIA für die Sowjetunion und Osteuropa ernannt, schrieb, Moskau erachte die neuen Freiheiten, die die Polen errungen hätten, als nicht hinnehmbar. Am 2. Dezember teilte CIA-Direktor Turner dem Präsidenten mit: »Ich glaube, die Sowjets bereiten ihre Streitkräfte auf eine militärische Intervention in Polen vor.«[44]

Am frühen Morgen des 5. Dezember traf dann eine Nachricht von Kukliński mit dem Vermerk *Eilt sehr* in der CIA-Zentrale ein. Darin hieß es, die Sowjets hätten entschieden, innerhalb von 72 Stunden mit 15 Divisionen, zwei tschechoslowakischen Divisionen und einer ostdeutschen Division, insgesamt mehr als eine Viertelmillion Soldaten, in Polen einzufallen. Am Nachmittag des 6. Dezember 1980, einem Samstag, sagte Turner den wichtigsten Hütern der nationalen Sicherheit, dass die Sowjets »am Montag oder Dienstag in Polen einmarschieren werden«. Und am Sonntag teilte er ihnen mit, dass alle Vorbereitungen für eine sowjetische Invasion in Polen abgeschlossen seien und die »Entscheidung« gefällt worden sei, noch in derselben Nacht »einzumarschieren«.[45] Der Präsident gab eine öffentliche Erklärung heraus, in der er diese Mitteilung wiederholte.

Aber nichts davon stimmte. Nicht nur der Himmel über Polen und der westlichen Sowjetunion war an diesem Wochenende bedeckt, auch der Blick des Präsidenten und seines Teams für die nationale Sicherheit war getrübt. Sie alle waren erschöpft und gedemütigt. Seit 399 Tagen wurden im Iran amerikanische Geiseln festgehalten. Eine Befreiungsmission war katastrophal gescheitert. Im Dezember 1979 waren die Sowjets in Afghanistan einmarschiert, ohne dass die CIA davor gewarnt hätte. Turner und die CIA waren zu Recht dafür kritisiert worden, dass sie klare Hinweise auf die bevorstehende sowjetische Militäraktion übersehen hatten, und diesen Fehler wollten sie nicht noch einmal machen. Stattdessen machten sie einen anderen Fehler. Denn falls die Sowjets im Dezember 1980 eine Invasion in

Polen je erwogen hatten, war sie zum Zeitpunkt von Turners Warnung bereits abgeblasen worden. Die polnischen Generäle sollten mit Solidarność allein fertigwerden. Bezeichnenderweise sprach sich ausgerechnet KGB-Chef Andropow, dessen Stimme im Politbüro großes Gewicht hatte, gegen die Invasion aus, was vielleicht den Ausschlag gab. Der Kreml plante zwar tatsächlich militärische Übungen in Polen, aber diese Manöver sollten nur als Vorwand für die Verhängung des Kriegsrechts dienen. Als zwei Wochen später der Himmel kurz aufklarte, enthüllten amerikanische Spionagesatelliten, dass nur drei sowjetische motorisierte Schützendivisionen in Westrussland gefechtsbereit waren.

Die Gefechtsübungen in Polen begannen am 23. März 1981. Wieder warnte die CIA vor einer bevorstehenden sowjetischen Invasion – ein erneuter falscher Alarm und nicht das letzte Geheimdienstversagen bezüglich der Entwicklungen in Polen. Die Situation in Polen weckte in Washington ein wachsendes Gefühl der Bedrohung und warf »einen langen Schatten der Anspannung, der Gefahr einer Fehleinschätzung und sogar eines militärischen Konflikts zwischen den Supermächten«, schrieb Robert Gates.[46] Die Reagan-Regierung erarbeitete in aller Eile Notfallpläne zur Aufstockung amerikanischer Truppen und zur Stationierung von Atomwaffen in Europa. Am 26. April schrieb Kukliński in einem Brief an Dave Forden, seinen langjährigen Führungsoffizier bei der CIA, dass die politische Situation in Polen düster und die militärische Situation hoffnungslos sei. »Wir Polen erkennen, dass wir selbst für unsere Freiheit kämpfen müssen«, schrieb er. »Ich blieb bei meiner Überzeugung, dass die Unterstützung Ihres Landes für all jene, die für diese Freiheit kämpfen, uns unserem Ziel näherbringen wird.«[47]

Diese Unterstützung kam inzwischen aus vielen Quellen. Präsident Carter hatte die Finanzhilfe auf 715 Millionen Dollar jährlich erhöht, was Polen zum größten Empfänger amerikanischer Wirtschaftshilfe weltweit machte. Die AFL-CIA unterstützte Solidarność und das KOR stärker denn je. Radio Free Europe berichtete täglich über die Anstrengungen Lech Wałęsas und des polnischen Volks und versuchte, die Defizite des Regimes aufzudecken. Mitarbeiter der amerikanischen Botschaft hielten engen Kontakt zu Zivilisten in den oberen Etagen der Regierung sowie zur Führung von Solidarność und der katholischen Kirche. Der Papst erteilte Solidarność strategische und taktische Ratschläge. Und die Polnische Vereinigte Arbeiterpartei räumte im Rahmen einer inneren Umstrukturierung liberalen und gemäßigten Mitgliedern größeres Gewicht ein und führte Wahlreformen durch. Diese zarten jungen Triebe betrachtete der eingefleischte Pessimist Gates in jenem Frühling als einen Hoffnungsschimmer. »Meiner Ansicht nach«, schrieb er an CIA-Direktor Casey, »erleben wir womöglich eine der bedeutsamsten Entwicklungen der Nachkriegszeit, die, sofern sie nicht gestoppt wird, das von Stalin in der Sowjetunion und in Osteuropa geschaffene System noch in diesem Jahrzehnt tiefgreifend verändern könnte.«[48]

Kukliński warnte weiter vor einer unmittelbar bevorstehenden Verhängung des Kriegsrechts: Die Dekrete sollten demnächst in Druck gehen, und es sei bereits eine Liste mit 600 zu inhaftierenden Personen vorbereitet worden. Am 15. September schlug er erneut Alarm bei der CIA. Die Geheimpolizei habe Solidarność infiltriert und erfahren, dass die Regierungspläne sowie deren Codename Operation Frühling an die Dissidenten verraten worden waren. Die Zahl der Eingeweihten sei klein, die Suche nach Verdächtigen angelaufen. Am 2. November wurde er von seinen Vorgesetzten zur Rede gestellt: Sie hätten aus eigenen Quellen erfahren, dass die CIA die Pläne kenne. Kukliński wurde nicht verhaftet, befürchtete aber, dass dies nur eine Frage der Zeit war. Er bat das Warschauer CIA-Büro, ihn, seine Frau und seine zwei Söhne in Sicherheit zu bringen. Casey benachrichtigte Botschafter Francis Meehan, dass eine Evakuierung bevorstehe. Fünf Tage später holte der Stationschef die Kuklińskis in einem Volvo ab, brachte sie in die Botschaft und verfrachtete sie, in Packkisten versteckt, in einen Lieferwagen mit Diplomatenkennzeichen. Der Lieferwagen fuhr über Polen und Ostdeutschland nach Westberlin. Von dort wurden die Kuklińskis mit einer Militärmaschine in die Vereinigten Staaten geflogen. Inzwischen wusste General Wojciech Jaruzelski, seit Oktober der neue Vorsitzende der Polnischen Vereinigten Arbeiterpartei, dass der Oberst ein Spion war, dass die Amerikaner höchstwahrscheinlich seine Pläne zur Verhängung des Kriegsrechts kannten und CIA, Außenministerium und Weißes Haus wussten, dass er sie umsetzen würde.

Als es dann aber am 13. Dezember 1981 so weit war, war man in

Washington geschockt. Die CIA hatte trotz Kuklińskis Warnung nicht geglaubt, dass die Polen das Kriegsrecht verhängen würden. Wie es scheint, waren seine Berichte nicht an das Außenministerium weitergeleitet worden, und im Weißen Haus wusste nur einer Bescheid: der Nationale Sicherheitsberater Richard Allen, der sich wegen seiner Verwicklung in einen Bestechungsskandal hatte beurlauben lassen. Niemand in der CIA war den Hinweisen nachgegangen, wie eine umfassende retrospektive Studie von Douglas MacEachin ergab, und daher »konnten die menschlichen Schwächen der festgefahrenen Denkweise, des bürokratischen Revierschutzes, der mangelhaften Kommunikation und schlicht der Unaufmerksamkeit ungehindert Schaden anrichten«.[49] Diese Mängel waren in der Geschichte der Geheimdienste alles andere als ungewöhnlich; die 9/11-Kommission des US-Kongresses machte dieselben Versäumnisse für den Erfolg der Terroranschläge verantwortlich. Der amerikanische Geheimdienst hatte Wissen nicht in Weitblick und Weitblick nicht in Handeln umgemünzt. Ein kluger Geheimdienst hätte Solidarność gewarnt und vielleicht die Niederschlagung der Demokratie in Polen und damit auch menschliches Leid verhindern können. Am Ende des Winters waren in Polen zehntausend Personen als politische Gefangene verhaftet, Dutzende Aktivisten und streikende Bergarbeiter von Sicherheitskräften und der Geheimpolizei getötet und die Solidarność-Bewegung in den Untergrund getrieben worden. Ihre Anführer saßen im Gefängnis, das Eigentum und die Finanzmittel der Gewerkschaft waren konfisziert, ihre Büros geschlossen.

Um Weihnachten schickte Reagan dem sowjetischen Generalsekretär Leonid Breschnew einen Brief, in dem er seinen Ärger zum Ausdruck brachte: »Die jüngsten Ereignisse in Polen haben das amerikanische Volk und mich mit Entsetzen erfüllt«, begann der Brief.[50] »Seit der Verhängung des Kriegsrechts am 13. Dezember werden tagtäglich die grundlegendsten Rechte des polnischen Volks verletzt: massive Verhaftungen ohne Gerichtsverfahren; Inhaftierung von Gewerkschaftsführern und Intellektuellen in überfüllten Gefängnissen und eiskalten Internierungslagern; Aufhebung der Versammlungs- und Vereinigungsfreiheit sowie brutale Übergriffe auf Bürger durch die Sicherheitskräfte.« Die Antwort des sowjetischen Staatschefs war so frostig wie die Gefangenenlager.

Gestützt auf die von Carter und Brzezinski erarbeiteten Grundlagen begann die Reagan-Regierung im folgenden Jahr nach und nach mit der Planung und Umsetzung einer großangelegten verdeckten Operation zur Unterstützung von Solidarność. Die ganze Geschichte muss erst noch geschrieben werden. Wichtige Dokumente – die Protokolle von Sitzungen des Nationalen Sicherheitsrats, die Unterlagen des Außenministeriums, die Akten der Abteilung für verdeckte Operationen der CIA – sind auch 40 Jahre danach noch unter Verschluss. Die grundlegenden Elemente jedoch liegen auf der Hand. Die Vereinigten Staaten pumpten zig Millionen Dollar in einen politischen Krieg zur Befreiung Polens und nutzten dabei so ziemlich alle zur Verfügung stehenden Mittel außer Blutvergießen.

Der personelle Verschleiß an der Spitze von Reagans Team für die nationale Sicherheit – der rasche Rücktritt zweier Nationaler Sicherheitsberater, des stellvertretenden CIA-Direktors und des Außenministers – fand seine Entsprechung in der Menge an Geld und Energie, die in verdeckte Operationen gesteckt wurden. William Casey hatte den Status eines Kabinettsmitglieds, der erste CIA-Direktor, der dieses Privileg erhielt. Er war ein Mensch ohne jede Moral, der Gesetze und Vorschriften beugte und brach. Als Reagans ehemaliger Wahlkampfmanager besaß er das Vertrauen des Präsidenten, obwohl er alles andere als vertrauenswürdig war. In den ersten Monaten der Regierung Reagan erlangte er die Vollmacht, aggressive verdeckte Operationen in Kuba und Nicaragua, in ganz Mittelamerika und großen Teilen Afrikas durchzuführen sowie einen verwegenen Plan zur Sabotage der sowjetischen Gaspipelines umzusetzen. Die von der CIA veranlasste Lieferung schadhafter Software für die Pipelinesteuerung löste in Sibirien eine Explosion aus, die von Satelliten aufgenommen wurde. Auf geheime Zuwendungen für Solidarność verzichtete Casey zunächst. Das änderte sich jedoch mit der Zeit, und laut dem späteren US-Botschafter in Polen, Thomas W. Simons Jr., entwickelten die Vereinigten Staaten »ein sehr robustes Programm der verdeckten Unterstützung für Solidarność ... unter maßgeblicher Beteiligung der AFL-CIO«.[51]

Lane Kirkland, seit November 1979 Vorsitzender der AFL-CIO, trat als Erster in Aktion. In Abstimmung mit Casey hauchte er dem verdeckten Apparat des Verbands, der AFL-CIA, neues Leben ein.

»Wir bauten Kanäle auf und lieferten Material und Geldmittel an den Untergrund, und wir hatten mehrere unterschiedliche Wege dafür, etwa die Finanzierung des Brüsseler Büros von *Solidarność*«, erinnerte sich Kirkland.[52] »Und wir hielten sie während der Untergrundjahre aufrecht.« Die AFL-CIA pumpte mindestens vier Millionen Dollar[53] in ein System, über das der polnische Widerstand mit Kommunikationsausrüstung versorgt wurde – mit Videokameras, Kassettenrekordern und Kassetten, Druckern, Kopiergeräten, Kohlepapier, Druckerpressen und Druckerschwärze, die man in Flaschen von Hershey's Chocolate Syrup nach Polen schmuggelte. Im Sommer 1982 sponserte sie Dutzende neuer Untergrundzeitungen, die dem Staatsfernsehen Konkurrenz machten, wo uniformierte Militäroffiziere roboterartig die Nachrichten herunterleierten. Irving Brown rekrutierte den im Exil lebenden Solidarność-Aktivisten Mirosław Domińczyk, gab ihm den Codenamen Coleslaw – Krautsalat – und Geld für den Schmuggel von Ausrüstung nach Polen. Coleslaw bezahlte damit Unterstützer, die als Touristen nach London reisten und eine zerlegte Druckerpresse Stück für Stück nach Warschau transportierten. »Die Druckerpressen, die wir während des Kriegsrechts aus dem Westen bekamen, waren vergleichbar mit Maschinengewehren oder Panzern im Krieg«, sagte Wiktor Kulerski, ein wichtiges Mitglied des Untergrunds.[54]

Das Kriegsrecht in Polen führte zu einem Wiederaufschwung von Radio Free Europe. Der Sender wurde seit 1974 mit vom Kongress bewilligten öffentlichen Mitteln finanziert, nachdem das Weiße Haus das finanzielle Engagement der CIA zugegeben hatte, was ohnehin ein offenes Geheimnis war. Im Juni unterzeichnete Reagan eine geheime Direktive zur nationalen Sicherheit, dank derer 21,3 Millionen Dollar an Radio Free Europe und sein russischsprachiges Pendant Radio Liberty flossen. Mit dem Geld konnten sie ihr Programm erweitern, die Reichweite ihrer Sendeanlagen erhöhen und ihre Fähigkeit verbessern, Störsender aus Warschau und Moskau abzuwehren. RFE diente der Sache der Freiheit nun als kraftvoller Verstärker, indem es Aufrufe zu Streiks und Demonstrationen verbreitete und einem wachsenden Hörerkreis Botschaften aus dem Untergrund sendete. Wałęsa sagte später, Radio Free Europe sei das Kultur- und das Informationsministerium von Solidarność gewesen. Der neue Chefredakteur des polnischen Dienstes von Radio Free Europe, Zdzisław Najder, arbeitete mit Solidarność zusammen. Dokumente legen nahe, dass über ihn Geld, Laptops, Festplatten und Kassettenrekorder in die Hände von Solidarność-Kurieren gelangten, Aktivitäten ganz im Stil der Geheimoperationen der CIA. In Polen wurde er in Abwesenheit wegen Hochverrat zum Tod verurteilt.[55] Seine Tätigkeit stellte für das Kriegsrecht eine existenzielle Bedrohung dar.

Prominente katholische Mitglieder der Reagan-Regierung flogen regelmäßig nach Rom, um den Papst über die politische, militärische und nachrichtendienstliche Lage in Polen auf dem Laufenden zu halten. Zu den Abgesandten zählten Casey, der bei geheimen Flügen nach Europa und in den Nahen Osten oft einen Zwischenstopp im Vatikan einlegte; der an verschiedenen Botschaften als Militärattaché eingesetzte General Vernon Walters, unter den Präsidenten Nixon und Ford stellvertretender CIA-Direktor, der den Papst ein Dutzend Mal besuchte und perfekt Italienisch sprach, die Arbeitssprache des Papstes; der Nationale Sicherheitsberater William Clark; sein Nachfolger Robert McFarlane; sowie der polnischstämmige Edward Rowney, Chefunterhändler bei den Verhandlungen über die Reduzierung von Atomwaffen. Sie lieferten neben anderen nachrichtendienstlichen Informationen Berichte über Hilfen für Solidarność und von Spionagesatelliten gewonnene Bilder sowjetischer Atomwaffen in Osteuropa. Als die Vereinigten Staaten ihre strategischen Waffenarsenale verstärkten und dreist schlagkräftige Atomwaffensysteme in Westeuropa stationierten, erhob der Papst, der sich immer wieder gegen das Wettrüsten aussprach, keine Einwände.

Präsident Reagan traf Johannes Paul II. am 7. Juni 1982 zu einem Vier-Augen-Gespräch im Vatikan. Beide hatten im Jahr zuvor im Abstand von sechs Wochen ein Attentat überlebt, und Reagan war überzeugt, zwischen ihnen bestehe eine mystische Verbindung und sie seien vom Tod verschont worden, um eine göttliche Mission zu erfüllen. Von ihrem Gespräch existieren keine offiziellen Aufzeichnungen, aber Thomas P. Melady zufolge, dem späteren amerikanischen Botschafter beim Heiligen Stuhl, erörterten sie die Geschicke von Nationen. »Der Präsident sagte, er habe gelesen, dass der Papst erklärt habe, eines Tages werde Osteuropa frei sein und sich Westeuropa anschließen. Präsident Reagan fragte: ›Eure Heiligkeit, wann wird das sein?‹ Und der Papst erwiderte: ›Zu unseren Lebzeiten.‹ Der Präsident sprang quasi vom Stuhl hoch ... ergriff seine Hand und sagte: ›Lassen Sie uns zusammenarbeiten.‹«[56]

Es wurde viel darüber geschrieben, dass das Weiße Haus, die CIA, der Papst und Solidarność eine große Strategie verfolgten, tatsächlich aber ging es letztlich nur um den Austausch nachrichtendienstlicher Informationen. Die Amerikaner übermittelten dem Papst geheime Auskünfte über Polen und das Ringen des Landes sowie über die Sowjets – Informationen, die er an die Solidarność-Führer und ihre Unterstützer in der Kirche weiterleitete. Er war wie Radio Free Europe eine Relaisstation für den politischen Krieg.

Im Mai und September 1982 unterzeichnete Reagan zwei Geheimbefehle, die die verdeckten Operationen und die Außenpolitik gegenüber der Sowjetunion und Osteuropa bestimmten. Sie waren eine kraftvolle Neuauflage von George Kennans Konzepten von 1948. Im ersten hieß es, dass die Vereinigten Staaten beabsichtigten, auf der ganzen Welt »die Expansion der sowjetischen Kontrolle und Militärpräsenz einzudämmen und umzukehren«.[57] Im zweiten ging es darum, die »prowestliche Orientierung« jener osteuropäischen Staaten zu stärken, die »eine relative Unabhängigkeit von der Sowjetunion aufweisen«.[58] Auf diese Weise wollte man ihre politische Abhängigkeit von Moskau verringern und ihre Beziehungen zu den freien Staaten Westeuropas festigen. Polen bot sich natürlich als Hauptkandidat für diese Unterstützung an. Dort verstärkte die Regierung gerade den Druck auf die Opposition. Im Oktober wurde Solidarność verboten, führende Mitglieder des Komitees zum Schutz der Arbeiter wurden wegen Hochverrats vor Gericht gestellt.

Am 4. November traf sich der Präsident im Lagezentrum des Weißen Hauses mit der National Security Planning Group, die für die Autorisierung großer CIA-Operationen zuständig war. Zu ihren Mitgliedern zählten Casey, Bush, Verteidigungsminister Caspar Weinberger und Außenminister George Shultz. Reagans Tagebucheintrag von diesem Tag ist zu entnehmen, dass Polen auf der Agenda stand. Die Gruppe erörterte und genehmigte ein Geheimprogramm der politischen Kriegsführung, um Solidarność in ihrem Bemühen um die Aufhebung des Kriegsrechts und die Freilassung politischer Gefangener zu unterstützen. Anders als die großangelegte Lieferung von Waffen und Munition an islamische heilige Krieger im sowjetisch besetzten Afghanistan musste diese CIA-Operation mit Fingerspitzengefühl durchgeführt werden und wirklich geheim ablaufen. Zu diesem Zweck wurde die CIA-Operation mit dem Decknamen QR/HELPFUL ins Leben gerufen.[59]

Reagan sei in seinem Tatendrang kaum zu bremsen gewesen, meinte Außenminister Shultz: »Im Fall von *Solidarność* musste man ihm sagen: ›Vorsichtig, wir wollen doch keinen Dritten Weltkrieg auslösen. Machen Sie Druck, aber gehen Sie nicht bis an die Grenze.‹«[60] Es wäre das Ende von Solidarność gewesen, hätte man sie in unmittelbare Verbindung mit einer draufgängerischen verdeckten CIA-Operation gebracht. Lech Wałęsa und seine Verbündeten brauchten keine Waffen, bei einem bewaffneten Aufstand hätten sie keine Chance gehabt. Sie brauchten die Mittel, um eine alternative Welt zu schaffen, eine Gegenkultur, die die Obrigkeit durch die Verbreitung von scharfen Worten, beißenden Kommentaren, ätzender Satire, demokratischen Idealen, ehrlicher Propaganda, harten Fakten und dem einen oder anderen Hieb gegen die Staatsmedien in gedruckter und mündlicher Form herausfordern konnte. In Polen würden die Waffen des im Untergrund geführten politischen Krieges die Werkzeuge einer freien Presse sein. Von Januar 1983 an gab die CIA geschätzt rund 20 Millionen Dollar dafür aus. Sie nutzte die Versorgungsrouten, die von westeuropäischen Großstädten – unter anderem Paris, London, Rom und Westberlin – über Land nach Warschau führten, und baute zwischen Stockholm und Danzig eine Seeverbindung auf, um Solidarność mit Geld und hochentwickelter Druck- und Funktechnik zu versorgen.[61]

Der erste große Erfolg war eine neue Funkfrequenz für die freie Rede. Die AFL-CIO hatte Startkapital und Ausrüstung für ein Solidarność-Untergrundradio zur Verfügung gestellt, das 1982 den Betrieb aufnahm, zunächst mit leistungsschwachen Sendern von fahrenden Autos und Lieferwagen aus, um nicht so leicht von der Geheimpolizei aufgespürt zu werden. Die CIA baute diese Kompetenzen aus, indem sie 1983 Technologie und Expertise für ehrgeizigere Print- und Radiokampagnen lieferte. Dies erzürnte die Behörden, die mit verstärkter Überwachung und Razzien zurückschlugen. Welches Ausmaß diese Durchsuchungen annahmen – und wie stark der Widerstand war –, ist geheimen Polizeiakten zu entnehmen, wonach die Regierung in diesen beiden Jahren 1,3 Millionen Flugblätter, 828050 Bücher und

Zeitschriften, neun Offsetdruckmaschinen, sieben Xerox-Kopierer und fast eine halbe Million Blatt Papier beschlagnahmte.[62] Es gelang ihr jedoch nie, die Sender ausfindig zu machen. Wegen des Verdachts der Unterstützung von Solidarność durch die CIA begann die Regierung, amerikanische Geheimdienstoffiziere auszuweisen, die als Diplomaten getarnt in der amerikanischen Botschaft arbeiteten. Das brachte nicht viel, denn die CIA wickelte die Übergabe von Geld und Material stets über Mittelsmänner ab.

Im Sommer 1983 änderte das Regime seinen Kurs. Der Papst war im Juni von einer Polenreise zurückgekehrt, bei der er in Warschau und Krakau von Millionen begrüßt worden war. In der wogenden Menge wehten Solidarność-Fahnen, und er traf sich zu Gesprächen mit Lech Wałęsa. Wie bei allen seinen Besuchen wurden die Repressionen für ein paar Tage zurückgenommen. Diesmal hielt dieser Effekt an. Wenige Wochen, nachdem er das Land verlassen hatte, hob die Regierung das Kriegsrecht auf, wenn auch nicht das Verbot von Solidarność, die Zensur der Medien und die Einschränkung der Versammlungsfreiheit. Im Oktober erhielt Wałęsa den Friedensnobelpreis, was die Vereinigten Staaten zum Anlass nahmen, sein Anliegen noch stärker zu unterstützen. Im November schuf der Kongress mit dem National Endowment for Democracy (Nationale Stiftung für Demokratie) eine Institution, die demokratische Grundrechte im Ausland mit »Soft Power« fördern sollte. Kirkland, inzwischen im Verwaltungsrat von Radio Free Europe, war die treibende Kraft hinter der Gründung der Stiftung und ein guter Freund ihres Direktors. Als Erstes wurde das Free Trade Union Institute der AFL-CIO, das Solidarność von Anfang an unterstützt hatte und mit QR/HELPFUL eng zusammenarbeitete, mit 13,8 Millionen Dollar unterstützt. Das Geld floss stetig und in großer Menge. Alles in allem investierte die Stiftung 40 Millionen Dollar in die Befreiung Polens.

Ende 1984 und Anfang 1985 gelang Solidarność mit Hilfe der von der CIA gelieferten Technologie eine Reihe subversiver Schläge. Die Gewerkschaft verfügte inzwischen über ein geheimes Netz mobiler Sendeanlagen mit einer Reichweite von rund 1,5 Kilometern, über Guerilla-Sender, die in der Lage waren, das Programm des Staatsfernsehens zu unterbrechen, auf dem Bildschirm die Solidarność-Flagge zu zeigen, die echten Nachrichten zu berichten und die nächsten Protesttermine bekanntzugeben.[63] Michael Kaufman, der Leiter der Warschauer Redaktion der *New York Times*, war eines Abends im Haus eines Aktivisten zu Gast, als die Sieben-Uhr-Nachrichten begannen, und sah verblüfft, wie die Worte *Solidarność lebt* auf dem Bildschirm auftauchten, gefolgt von der Aufforderung an die Zuschauer, sich in einer halben Stunde auf einer bestimmten Frequenz Radio Solidarność anzuhören. »Wir hörten viele Polizeisirenen, und vor dem Fenster sahen wir einen blauen Lieferwagen vorbeifahren, auf dessen Dach ein kleiner Peilsender war«, erzählte Kaufman. »›Es macht die Polizei verrückt‹, sagte einer meiner Gastgeber. ›Sie fassen es nicht, dass wir in ihr Fernsehen eindringen können. Sie versuchen, unsere Sender aufzuspüren, aber sie werden sie nicht finden.‹«[64]

Mitte der 1980er Jahre schmuggelte die CIA Videorekorder, Videokameras und -kassetten, Funkscanner und Funksender, Computer und Disketten, Fotokopierer und Offsetdrucker im Wert von mehreren Millionen Dollar nach Polen. Die Lieferungen erreichten wohlbehalten ihr Ziel, obwohl die Geheimdienste Polens, Ostdeutschlands und der Sowjetunion alles taten, um es zu verhindern. In den polnischen Städten gab es über 400 Untergrundzeitschriften, die populärsten mit einer Auflage von 30000 Exemplaren. Sie halfen mit, das schwelende Feuer des Widerstands zu schüren.

Im September 1986 verbuchte die Opposition einen überwältigenden Erfolg, als Jaruzelski die meisten inhaftierten Untergrundaktivisten begnadigte. Solidarność suchte nun Wege, offen zu agieren. Im Frühjahr 1987 erreichte Radio Solidarność Zuhörer in ganz Polen. Telewizja Solidarność unterbrach am Vorabend eines weiteren Papstbesuchs die Abendnachrichten und rief zu öffentlichen Demonstrationen auf. Und als der Papst am zweiten Sonntag im Juni vor einer großen Menschenmenge in Danzig einen Open-Air-Gottesdienst feierte, schlug er kühne neue Töne an. »Jeden Tag bete ich für euch«, sagte er. »Jeden Tag bete ich für mein Land, ich bete für die arbeitenden Menschen, und ich bete für dieses besonders wichtige polnische Symbol, Solidarność.«

In Moskau begann ein neuer Staatschef damit, die politische Landschaft in den Ländern des Warschauer Pakts, der Sowjetunion und auf der ganzen Welt umzugestalten. Michail Gorbatschow musste das Dilemma lösen, wie er das System verändern konnte, ohne es zu zerstören. Im Rahmen seines Reform- und Umbauprogramms Perestroika wurde 1987 der Zugang zu Regierungsposten erstmals auch Nichtmitgliedern der Kommunistischen Partei ermöglicht, und wichtige Posten wurden durch geheime Wahl mit mehreren Kandidaten besetzt. Das war erst der Anfang. Gorbatschow machte sich daran, einige der schwersten wirtschaftlichen, kulturellen und politischen Widersprüche des Kommunismus anzugehen. Robert Gates, inzwischen stellvertretender CIA-Direktor, berichtete dem Kongress, dass die Veränderungen für Spannungen und Unruhe in der Sowjetunion und ihren Satellitenstaaten sorgten, dabei wusste die CIA nicht einmal die Hälfte: Gorbatschow hatte der politischen Führung Polens und der restlichen Warschauer-Pakt-Staaten bei einem Geheimtreffen im Mai 1987 angekündigt, dass die Sowjetunion nie wieder militärisch intervenieren würde, um einen Aufstand in Osteuropa niederzuschlagen. Und jetzt wagte das polnische Volk erneut den Aufstand, wie schon 1944, 1956, 1968, 1970, 1976, 1980 und in den Jahrhunderten davor. Aber diesmal konnte niemand sie niederwerfen.

Das Jahr 1988 brachte die größten Streiks und Proteste seit acht Jahren. Es begann mit der Forderung nach besserem Lohn, dann kamen Petitionen, Solidarność wieder zuzulassen, und schließlich hörten die Straßenkämpfe nicht mehr auf. General Jaruzelski erkannte, dass die Rote Armee ihn nicht an der Macht halten würde und dass sich das polnische Regime mit seinen Gegnern verständigen musste. Noch vor Jahresende diskutierte Wałęsa im nationalen Fernsehen mit dem Vorsitzenden der kommunistischen Gewerkschaften. Im Januar 1989 drohte Jaruzelski mit Rücktritt, sollte die Partei Solidarność nicht unverzüglich legalisieren. Und Czesław Kiszczak, Innenminister, Chef der Geheimpolizei und zweitmächtigster Mann im Staat, fing an, mit den Menschen zu reden, die er so lange unterdrückt hatte. Am 6. Februar 1989 lud er zu Gesprächen am Runden Tisch in den Präsidentenpalast. 55 Personen versammelten sich, zur Hälfte Regierungsvertreter, zur Hälfte Mitglieder von Solidarność, dazu eine Handvoll Kirchenvertreter. Bald beteiligte sich auch Jaruzelski an den Gesprächen, die bis zum 5. April fortgeführt wurden, und er bat auch Wałęsa dazu. Der Staatschef begriff, dass die Menschen, die er verachtet und als Kriminelle und Konterrevolutionäre verurteilt hatte, seine Landsleute waren.

Es war eine Revolution, die in den Köpfen stattfand. In *Die Rache der Geschichte* schrieb die Journalistin Tina Rosenberg, rückblickend könne man leicht vergessen, »was für ein unerhörtes Experiment der Runde Tisch war. Im April 1989 war ein nichtkommunistisches Polen noch unvorstellbar. Die Berliner Mauer und die Sowjetunion erschienen noch unzerstörbar.«[65] Noch im selben Monat legalisierte die polnische Regierung Solidarność, ließ Wahlen zu und war bereit, die Macht zu teilen. Die Wahlen am 4. Juni waren nicht wirklich frei: Der Partei waren fast zwei Drittel der Sitze im Sejm, dem Unterhaus, vorbehalten, aber Solidarność errang 160 der 161 Sitze sowie 92 der 100 Sitze im neu geschaffenen Senat. Die in freundlichen Gesprächen ausgehandelten Kompromisse hatten zu einer friedlichen Revolution geführt. Im August 1989 bildeten beide Seiten eine Koalitionsregierung. Solidarność besaß jetzt echte politische Macht. Und sie war entschlossen, Gleichgesinnte im ganzen Sowjetreich an dieser Macht teilhaben zu lassen. Sie tat sich mit Unabhängigkeitsbewegungen in den baltischen Staaten – Litauen, Lettland, Estland – und den Sowjetrepubliken Ukraine, Belarus und Moldau zusammen. Sie unterstützte direkt streikende sowjetische Bergleute. Von ihrem Stil, ihrem stolzen Auftreten, ihren Strategien und Taktiken ließen sich zahlreiche Demokratiebewegungen inspirieren, sei es in den Bergwerken Sibiriens, in der Hauptstadt Ungarns und der Tschechoslowakei oder im geteilten Berlin, dem Brennpunkt des Kalten Krieges.

Was die CIA nicht kommen sah, war für den KGB offensichtlich: Wenige Tage, nachdem die Solidarność-Regierung in Polen Gestalt angenommen hatte, schuf der sowjetische Geheimdienst eine neue Abteilung, um »feindliche Elemente« zu bekämpfen, »die den gewaltsamen Sturz der sowjetischen Regierung planen«. Ein hoher sowjetischer Parteifunktionär hatte das Politbüro bereits gewarnt: »Wenn Sie die ›Erfahrung‹ in Polen betrachten, sehen Sie, worauf unser Land zusteuert«, nämlich »auf die Katastrophe«.[66] Die sowjetische Botschaft in Warschau berichtete dem Kreml, dass »Solidarność ihre Erfahrungen bewusst aufbauscht und das ›polnische Modell‹ als effektivstes Mittel im Kampf gegen ›das obsolete sozialistische System‹ darstellt«. Ein führender KGB-Offizier fügte düster hinzu, dass »Solidarność diese Strategie mit amerikanischer Unterstützung verfolgt hat, um den Sozialismus in Polen zu unterminieren, und jetzt wollen die Amerikaner, dass die Polen dasselbe in unserem Land machen«.

Als der Widerstand von Solidarność gegen die Herrschaft des Kremls einen Welleneffekt auslöste, der am 9. November 1989 die Berliner Mauer zum Einsturz brachte, war dies der Anfang vom Ende der Sowjetunion. An jenem Tag befand sich der 37-jährige Wladimir Putin als Oberstleutnant des KGB in Dresden und arbeitete in einer eleganten Villa in der Angelikastraße. Um die Ecke lag die örtliche Zentrale des Ministeriums für Staatssicherheit, der verhassten und gefürchteten Stasi, die zugleich als Nachrichtendienst fungierte. Bald richtete die DDR-Bevölkerung ihren Zorn gegen ihre Unterdrücker. Am 5. Dezember 1989 drangen gut 2000 Demonstranten in das Stasigebäude in Dresden ein und plünderten es. Dann wandten sie sich der KGB-Außenstelle zu. Putin stand zwischen ihnen und den Geheimnissen der Sowjets.

»Nun ja, die Deutschen demolierten ihre Führungsspitze, das Ministerium für Staatssicherheit«, sagte Putin seinen Biographen ein Jahrzehnt später, als er sich anschickte, in Russland die Macht zu übernehmen. »Das ist ihre eigene Sache. Aber wir waren nicht ihre Sache. Wir waren ernsthaft bedroht, denn wir verfügten über gewisse Dokumente. Aber uns würde niemand schützen ... Nach einiger Zeit, als die Menge wieder angriffslustiger wurde, ging ich zu den Menschen und fragte sie, was sie wollten. Ich erklärte ihnen, hier befände sich eine sowjetische Militärorganisation«, erinnerte sich Putin. »Und aus der Menge fragte einer: ... ›Was treiben Sie da eigentlich?‹ Nach dem Motto, wir wissen schon Bescheid. ... Die Menschen waren aufgeheizt.« Putin rief seine Vorgesetzten an und bat sie, ein Kontingent bewaffneter Soldaten zur Verteidigung des Gebäudes zu schicken. »Ich ... erhielt die Antwort: ›Ohne Erlaubnis aus Moskau können wir nicht eingreifen. Und Moskau schweigt.‹ Nach einigen Stunden kamen unsere Einsatztruppen trotzdem. Und die Menschenmenge zerstreute sich. Aber dieses ›Moskau schweigt‹ ... Ich hatte damals ein Gefühl, als ob das Land nicht mehr existierte.«[67]

Nach 45 Jahren hatten die USA im politischen Krieg den Sieg davongetragen. Es war eine Zeit des Triumphs und des Ruhms, und es herrschte das Gefühl, alles sei möglich. Aber das war nur ein flüchtiger Eindruck, so flüchtig wie der Moskauer Sommer. Putin sann auf Rache gegen Amerika, und im 21. Jahrhundert sollte er sie bekommen.

KAPITEL 6

Ein sehr schmutziges Spiel

Wladimir Putin wurde im zerstörten Leningrad geboren, acht Jahre, nachdem die deutsche Wehrmacht die Stadt fast dem Erdboden gleichgemacht hatte. Leid und Tod durch Hitlers lange Belagerung haben in der antiken und modernen Geschichte der urbanen Kriegsführung nicht ihresgleichen. Eineinhalb Millionen Menschen starben durch Luftangriffe, Artilleriebeschuss und Hunger. Die Zahl der russischen Toten und Verwundeten in Leningrad war größer als die der amerikanischen und britischen Kriegsopfer zusammengenommen. Putin zufolge war seine Mutter Maria dem Hungertod so nah, dass ihre Nachbarn sie zu den Leichen auf die Straße legten, bis jemand auf ihr Wimmern aufmerksam wurde.

Das Kind dieser zerbrochenen Welt wurde ein Geschöpf des Leningrader KGB. Schon seit der höheren Schule hatte Putin das Ziel, in den Spionagedienst einzutreten. Es war der einzig sichere Weg hinaus aus der winzigen, eiskalten Wohnung in dem grauen Betonblock, wo es nach Kohl und Gemeinschaftstoiletten stank, der einzige Weg für einen jungen Mann ohne Macht und Privilegien, die rutschige Karriereleiter der sowjetrussischen Politik zu erklimmen. Der KGB war alles beherrschend.

Putin trat 1975 in den Dienst ein, nachdem er zwei Jahre zuvor einem KGB-Offizier gegenüber diesen Wunsch geäußert hatte. Er erhielt seine Ausbildung an der KGB-Schule Nr. 401 an der Mündung des Flusses Ochta in die Newa im Osten Leningrads und war fast zehn Jahre lang Offizier des Leningrader Auslandsgeheimdienstes. Einen Großteil seiner Arbeitszeit verbrachte er damit, die Amerikaner im US-Konsulat auszuspionieren, das 1973 im trügerischen Morgenrot einer Entspannung zwischen Washington und Moskau feierlich wiedereröffnet worden war, 45 Jahre nach seiner Schließung im Zuge der Russischen Revolution.

»Leningrad war eine sehr viel härtere KGB-Stadt als Moskau«, sagte G. Wayne Merry aus Tulsa, Oklahoma, ein politischer Offizier im Außenministerium, der zwischen 1980 und 1983 an der amerikanischen Botschaft in Moskau stationiert war, dem ersten von insgesamt drei Einsätzen.[1] »Während der insgesamt drei Monate in Leningrad habe ich mehr persönliche Schikanen erlebt als während meiner fast drei Jahre in Moskau. Sie provozierten eine Reihe von Autounfällen mit Mitarbeitern unseres Konsulats. Ich war eines ihrer Zielobjekte und wäre von einem ihrer Autos, bei dem sie das Nummernschild abgedeckt hatten, fast angefahren worden. Die Leute vom Leningrader KGB waren richtige Hurensöhne.« Sechs KGB-Offiziere überwachten die amerikanischen Diplomaten in Leningrad in beklemmender Weise rund um die Uhr, weil sie davon ausgingen, dass sie Spione waren. In den Außenbezirken der Stadt drängten sie die Autos der Diplomaten von der Straße ab, sogar wenn deren Kinder auf der Rückbank saßen. Sie brachen regelmäßig in Wohnungen von Amerikanern ein und durchwühlten ihre Sachen. Sie riefen sie um drei Uhr nachts an und teilten ihnen mit, dass sie nur den Zeitvorgaben des KGB folgten. Wenn sie keine amerikanischen Diplomaten schikanierten, versuchten sie, amerikanische Geschäftsleute zu strafbaren Handlungen anzustiften. Zu ihren Gangstermethoden gehörte es, Leute zu manipulieren, zu erpressen und unter Druck zu setzen. Im Alter zwischen Mitte 20 und Mitte 30 war Putin Teil dieser Kultur, bevor er nach Dresden versetzt wurde, wo er den Zusammenbruch der Sowjetunion miterlebte.

Eine der ersten Amtshandlungen Putins nach seinem Machtantritt als russischer Staatspräsident im Jahr 2000 bestand darin, dass er vor der alten KGB-Zentrale in Moskau die Gedenktafel zu Ehren von Juri Andropow wiederanbringen ließ. Später ließ er eine drei Meter hohe Statue seines ehemaligen Chefs aufstellen. Das war nur konsequent. Andropow hatte ihn zu dem gemacht, der er war. Putin war sein Schüler. Er war der erfolgreichste Absolvent des KGB in der Ära Andropow und wurde in allen wichtigen Belangen dessen Nachfolger, zuerst als Spionagechef und dann als oberster Führer des Landes.

Als sowjetischer Botschafter in Ungarn während des Aufstands 1956 hatte Andropow miterlebt, wie ein wütender Mob Mitarbeiter der verhassten und gefürchteten Geheimpolizei aufgehängt hatte. Die Erfahrung des Aufstands hatte ihn geprägt, so wie die Revolte gegen die Stasi und deren sowjetische Kommissare in Dresden Putin prägten. Andropow hatte die Konterrevolution koordiniert, den Einmarsch der sowjetischen Panzer und Soldaten, die Niederschlagung des ungarischen Widerstands und die Verhaftung und Hinrichtung des ungarischen Ministerpräsidenten. Diese Leistung katapultierte ihn auf der unsicheren Karriereleiter der sowjetischen Politik immer weiter nach oben, bis er 1967 KGB-Chef wurde. Andropow führte 15 Jahre lang den mächtigsten Geheimdienst der Weltgeschichte und wurde 1982 Staatsoberhaupt der Sowjetunion. Als KGB-Chef war er eine freundlichere, sanftere Ausgabe von Stalin. Er ließ nicht Millionen Staatsfeinde ermorden und Millionen weitere in den sibirischen Gulags verschwinden. Über die Jahre verhaftete er lediglich ein paar Hunderttausend und sperrte die meisten politischen Gegner und sozial Unerwünschten in sogenannten psychiatrischen Kliniken weg. Außerhalb der Sowjetunion verstärkte und schärfte er Moskaus Methoden des politischen Krieges weltweit. Sein bleibendes Vermächtnis ist die Stärke der KGB-Schule der politischen Kriegsführung, die bis heute nachwirkt.

Die russische Version der politischen Kriegsführung heißt *aktiwnyje meroprijatija*, aktive Maßnahmen. Der Ausdruck bezeichnet ähnliche Aktionen, die jedoch so verschieden sind wie Russen und Amerikaner. Der politische Krieg der Amerikaner im 20. Jahrhundert war Teil einer Strategie, um den Kalten Krieg zu gewinnen. Die aktiven Maßnahmen der Sowjets umfassten ein breites Spektrum von Taktiken der Verschleierung, Irreführung und Überrumpelung, der Sabotage und gelegentlich der Ermordung politischer Gegner. Im Kampf um die Unterwanderung des Hauptfeinds Amerika war Täuschung die wichtigste Waffe. Täuschung war die Doppelhelix der Kreml-DNA.

Andropow schuf eine ganze Abteilung innerhalb des KGB, die für aktive Maßnahmen zuständig war, den »Dienst A«. Nach Schätzungen der CIA arbeiteten Anfang der 1980er Jahre dort rund 15 000 Offiziere mit einem Jahresbudget von rund vier Milliarden Dollar. Dienst

A war damit etwa genauso groß wie die Abteilung für verdeckte Operationen der CIA. Die Offiziere der Ersten Hauptverwaltung des KGB, der Auslandsaufklärung, mussten ein Viertel ihrer Zeit der Konzeption und Umsetzung von aktiven Maßnahmen widmen.[2]

Selbst ein Amerikaner, der nichts über Andropow weiß, kennt Aspekte der Operationen von Dienst A – jeder, der schon einmal gehört hat, die CIA hätte Präsident Kennedy und das FBI Martin Luther King ermordet oder die US-Armee hätte das AIDS-Virus in einem Labor für bakteriologische Kriegsführung entwickelt. Alle diese Falschmeldungen wurden von Andropows Offizieren und Agenten in Umlauf gebracht. In den 1980er Jahren erfanden sie Tausende Geschichten dieser Art, 1984 zum Beispiel einen von der russischen Nachrichtenagentur TASS, einer der größten Nachrichtenagenturen weltweit, verbreiteten Bericht, die Vereinigten Staaten arbeiteten an der Entwicklung von Pathogenen, die für Weiße harmlos, für People of Colour jedoch tödlich seien, und testeten die Erreger an Afrikanern in den Gefängnissen des südafrikanischen Apartheidregimes und an arabischen Insassen israelischer Haftanstalten. Sie fabrizierten weltweit zirkulierende Berichte, die amerikanische Regierung habe das Jonestown-Massaker in Guyana verübt, betreibe insgeheim ein umfangreiches Programm der biologischen Kriegsführung und liefere chemische Waffen an die heiligen Krieger, die in Afghanistan gegen die Rote Armee kämpften. All dies und noch viel mehr war sorgfältig konstruierte Desinformation, um das Image der Vereinigten Staaten in der Weltöffentlichkeit zu beschädigen.

»Herz und Seele der sowjetischen Aufklärung«, sagte der pensionierte KGB-Generalmajor Oleg Kalugin nach dem Ende des Kalten Krieges, sei nicht Spionage, sondern Subversion gewesen, »aktive Maßnahmen, um den Westen zu schwächen und die NATO ... zu spalten; um unter Verbündeten Zwietracht zu säen, die Vereinigten Staaten in der Wahrnehmung der europäischen, asiatischen, afrikanischen und lateinamerikanischen Bevölkerung zu schwächen und damit einem möglichen Krieg den Boden zu bereiten«.[3]

Das Instrument der Desinformation in Russland lässt sich bis mindestens in die Zeit der zaristischen Geheimpolizei zurückverfolgen, bis zu deren berüchtigtem Pamphlet *Die Protokolle der Weisen von Zion*. Die Fälschung, die eine jüdische Weltverschwörung belegen sollte, wurde von den Nationalsozialisten, von den Saudis und von amerikanischen Verschwörungstheoretikern bereitwillig aufgegriffen und kursiert bis heute im Internet. Andropows Abteilung für aktive Maßnahmen ging über solch krude Machwerke weit hinaus, allerdings waren ihre Mitarbeiter in der Fälschung von Dokumenten ungewöhnlich geschickt. Andropows KGB wollte den Lauf der Geschichte verändern, indem er sie neu schrieb, er wollte die Politik eines fremden Landes und das Denken von deren Bürgern verbiegen und verformen und auf diese Weise umgestalten. Wo immer sich eine Gelegenheit bot, manipulierte der KGB Wahlen, er schwächte die Bündnisse seiner Gegner, wo er nur konnte, diskreditierte ausländische Staatschefs und unterminierte die politischen Institutionen dieser Länder. Alle diese Strategien standen im Zentrum von Putins Ausbildung beim KGB.

Wenn die oberste Maxime der Nachrichtendienste lautet »Kenne deinen Feind«, so liegt das Ziel der aktiven Maßnahmen darin, diesen Feind zu überlisten. Zu diesem Zweck bediente sich der KGB der politischen Unterwanderung und jeder Art von Propaganda. Er platzierte »Einflussagenten« im Umfeld der Mächtigen. Er betrieb geheime Hörfunksender. Er bot Aufstandsbewegungen, Oppositionsgruppen und politischen Parteien verdeckte politische und wirtschaftliche Unterstützung an. Das Weiße Haus und die CIA benutzten im Kalten Krieg zwar oft dieselben Instrumente, aber der Kreml und der KGB verfügten über ein größeres Orchester.

Allen Dulles hatte Freunde beim Sender CBS News und beim *Time Magazine*, die er drängen und überreden und gelegentlich für die Interessen der CIA einspannen konnte. Juri Andropow verfügte mit der *Prawda* und der Nachrichtenagentur TASS in der Sowjetunion über die weltweit größten Medienkanäle, die Nachrichten fälschten und Tausenden Agenten im Auslandseinsatz Tarnung boten. Dulles kontrollierte kleine Verlage und Zeitschriften. Andropow hatte in Asien und Afrika ein ganzes Regiment kooperationswilliger Journalisten und Redakteure an der Hand, und auch in Westeuropa arbeiteten nicht wenige mit ihm zusammen. Dulles hatte den Congress for Cultural Freedom, der antikommunistische Literaturtagungen und politische Diskussionsforen finanzierte. Andropow hatte mit dem Weltfriedensrat, dem unter anderem Jean-Paul Sartre und Pablo Picasso angehörten, ein starkes Instrument gegen den amerikanischen Imperialismus. Die CIA stellte keine gefälschten Dokumente zur Diffamierung der Kreml-Führung her, auch wenn sie mit der Idee gespielt hatte, Chruschtschows Geheimrede von 1956 zu frisieren. Der KGB verunglimpfte amerikanische Präsidenten, amerikanische Botschafter und die amerikanische Flagge. Wirklich brillant war der KGB in der Herstellung von Fälschungen.[4] Er fälschte Telegramme des State Department, die belegen sollten, dass die Vereinigten Staaten in das gescheiterte Papstattentat verwickelt waren. Er erfand verdeckte Operationen, mit denen die Amerikaner angeblich das weiße rassistische Regime in Südafrika unterstützten, und fälschte ein Feldhandbuch der US-Armee, in dem Völkermord gebilligt wurde, ganz zu schweigen von der Fabrizierung angeblich streng geheimer CIA-Berichte und ganzer Ausgaben des Nachrichtenmagazins *Newsweek*.

Andropow wurde 1973 als KGB-Chef Mitglied des Politbüros und ließ Milliarden von Rubel in den politischen Krieg fließen. Zu der Zeit, als Putin im Leningrader KGB arbeitete, bildeten aktive Maßnahmen eine wichtige Komponente der sowjetischen Außenpolitik. Andropows Operationen gegen die Vereinigten Staaten liefen auf Hochtouren. Die CIA hatte ihm die Arbeit erleichtert, weil der US-Senat Mitte der 1970er Jahre die Schandtaten des Geheimdienstes offenlegte, vor allem aber auch wegen Andropows Erzfeind James Jesus Angleton.

Angleton war der Kapitän Ahab des amerikanischen Geheimdiensts und jagte 20 Jahre lang den weißen Wal der sowjetischen Täuschung. Ab 1954 führte er im Alleingang zwei Jahrzehnte lang die mächtige und unabhängige Spionageabwehrabteilung der CIA. Ein offizieller CIA-Historiker zeichnete ein anschauliches Bild von ihm:

Er war groß, mager und etwas vornübergebeugt; er hatte ein hageres, blasses Gesicht mit einer markanten Nase und einem großen Mund, trug stets eine übergroße Brille mit dickem Rahmen, einen schwarzen Anzug, einen Homburger und einen weiten Mantel und fuhr eine alte schwarze Mercedes-Limousine. Er traf am späten Vormittag in den Büroräumen der CIA ein und blieb bis zum Abend. In seinem Zimmer, in dem die Vorhänge zugezogen waren, war das Licht schummrig, in der Luft hing Zigarettenrauch, und überall lagen Akten und

Unterlagen herum. Seine Mittagspause dauerte oft bis in den späten Nachmittag, und er verbrachte sie in Washingtoner Restaurants zusammen mit Verbindungsleuten, operativen Kontakten und Arbeitskollegen. Es war erstaunlich, wie viel er trotz seiner geisterhaften Erscheinung essen und trinken konnte, und gegen Ende seiner beruflichen Karriere war er vermutlich Alkoholiker ... Er war verschwiegen und argwöhnisch. Angleton umgab sich und seine Mitarbeiter mit einer Aura des Undurchdringlichen, als wären sie im Besitz dunkler Geheimnisse und versteckter Intrigen, die viel zu brisant waren, um sie zu verraten.[5]

Angleton führte die Spionageabwehr nach eigenem Gutdünken. Niemand wusste, was er in seiner abgedunkelten, verrauchten Höhle eigentlich trieb. Fixiert auf die Täuschungsmanöver des KGB, ignorierte er »die Bedrohung durch die Chinesen, Tschechen, Ostdeutschen und Kubaner weitgehend. Während seiner Amtszeit hatten sie entweder Agenten in der CIA oder drehten alle Spione um, die der amerikanische Geheimdienst gegen sie einzusetzen glaubte«. Diese Dauerkrise in der amerikanischen Spionageabwehr war auch lange nach Angleton nicht vorbei.

Angleton war einer der ganz wenigen Amerikaner, die überhaupt eine Vorstellung von den aktiven Maßnahmen der Sowjets hatten. Aber auf diesen Felsen baute er eine hoch aufragende Kirche der Spekulationen. Er glaubte, der KGB manipuliere mit Hilfe einer Kompanie von Maulwürfen in der CIA die Vorstellung der Amerikaner von der militärischen Stärke der Sowjetunion. Er dachte, jeder sowjetische Überläufer, der nach 1961 zur CIA kam, sei ein Doppelagent im Dienst Moskaus. Und er war fest überzeugt, dass diese Maulwürfe und Doppelagenten Teil eines umfassenden und monströsen Plans waren, das Weiße Haus, das Pentagon und die amerikanischen Nachrichtendienste hinters Licht zu führen; dass sie die amerikanischen Präsidenten im Glauben wiegen wollten, ein politischer Entspannungsprozess sei im Gange; dass sie darauf abzielten, die Solidarität innerhalb der NATO zu erschüttern und die Entschlossenheit des Westens zum Widerstand gegen die Sowjetmacht zu brechen. Angletons Maulwurfjagden beschädigten oder zerstörten die Karriere aller hochrangigen Mitarbeiter in der Sowjetabteilung des klandestinen

Dienstes der CIA. Danach begann er einen Krieg gegen seine eigene Regierung: Die politische Entspannung sei nur vorgetäuscht, Rüstungskontrolle reiner Selbstmord. William Colby, Mitte der 1970er Jahre Direktor der CIA, sei ein KGB-Mitarbeiter. Fast alles, was die CIA und die mit ihr verbündeten westlichen Geheimdienste über die Sowjets wüssten, sei falsch – bis auf das, was er selbst wusste. »Die Informationen, die der Westen durch Kontakte mit dem Sowjetblock erhält, sind weitgehend gefälscht und kaum mehr als aufeinander abgestimmtes Material im Interesse der strategischen Desinformation durch den Sowjetblock.«[6] Er allein erkenne das Ausmaß dieser Verschwörung gegen Amerika. Und er allein könne das Land retten. Ende 1974 wurde Angleton gefeuert, nachdem die *New York Times* berichtet hatte, seine Mitarbeiter hätten 20 Jahre lang die private Briefpost von Amerikanern geöffnet und in Verletzung der CIA-Satzung linke Kriegsgegner bespitzelt. Er schied in trunkener Wut aus dem Dienst aus, und mit ihm verschwand eine Fundgrube an Fach- und Erfahrungswissen. Der Maulwurfjäger Angleton war allenfalls leicht paranoid; der allgemeine Konsens in der CIA-Zentrale lautete, dass er durchgedreht war. Als fleißiger Analyst der aktiven Maßnahmen jedoch lag er zumindest halb richtig.

Die Enthüllungen über das Fehlverhalten der CIA, die mit Angletons schmachvoller Entlassung begannen, hatten Kongressanhörungen zur Folge, die die finstersten Kapitel der Geschichte der CIA ans Licht brachten. Für Andropow war dies ein Glücksfall, von dem er nicht zu träumen gewagt hatte. Amerika hatte den Vietnamkrieg verloren, im Militär und in den Geheimdiensten herrschte Unordnung, das Ansehen der CIA war erschüttert, und dem KGB stand eine große Zeit bevor. Anknüpfend an die Enthüllungen des US-Senats bezüglich der versuchten Mordanschläge auf Castro und Lumumba startete Andropow sofort eine großangelegte Desinformationskampagne mit dem Ziel, Pläne der CIA zur Ermordung von 45 ausländischen Staatschefs aus den vergangenen zehn Jahren aufzudecken. 1978 rief er von seiner neuen Pfründe im Politbüro aus die Internationale Abteilung beim Zentralkomitee der KPdSU ins Leben, die mit Hilfe des KGB eine globale Propagandaoffensive gegen den Westen begann. Sie arbeitete mit rund 70 kommunistischen Parteien im Ausland und mit Frontgruppen und nationalen Befreiungsbewegungen in der ganzen Welt eng zusammen.

Ende der 1970er Jahre, als die Sowjets ihre aktiven Maßnahmen gegen die Vereinigten Staaten mehr und mehr verstärkten, war die detaillierte Untersuchung der sowjetischen Täuschung für den amerikanischen Geheimdienst nur eine zweitrangige Aufgabe. Für die Tätigkeit Tausender KGB-Offiziere waren lediglich eine Handvoll CIA-Analysten zuständig, die allerdings gute Arbeit leisteten.

Am 6. Februar 1980, sechs Wochen nach der sowjetischen Invasion in Afghanistan, äußerte sich John McMahon, Chef der Abteilung für verdeckte Operationen bei der CIA, in einer nicht öffentlichen Anhörung vor dem Geheimdienstausschuss des Repräsentantenhauses zu den aktiven Maßnahmen der Sowjets, eine längst überfällige Diskussion. »Propaganda und verdeckte Aktionen besitzen für die sowjetische Außenpolitik eine so große Bedeutung, dass die UdSSR bereit ist, viel Geld für diese Programme auszugeben«, sagte McMahon und schätzte die Summe auf drei bis vier Milliarden Dollar.[7] »Darüber hinaus haben die Sowjets zur Umsetzung ihrer Programme ein globales Netzwerk von Agenten, Organisationen und technischen Einrichtungen geschaffen. Dieses Netzwerk ist in seiner Größe und Effizienz allen führenden Weltmächten überlegen.« Er nannte die ehrgeizigen Ziele der Sowjets:

> Die Meinungsbildung der amerikanischen und der globalen Öffentlichkeit so zu beeinflussen, dass sie sich gegen die militärischen und politischen Programme der Vereinigten Staaten wendet, die von der Sowjetunion als bedrohlich wahrgenommen werden; den Nachweis zu führen, dass die Vereinigten Staaten eine aggressive, kolonialistische und imperialistische Macht seien; die Vereinigten Staaten von ihren Verbündeten und Freunden zu isolieren; all jene zu diskreditieren, die mit den Vereinigten Staaten zusammenarbeiten; zu zeigen, dass die Politik und die Ziele der Vereinigten Staaten mit den Bestrebungen der Entwicklungsländer nicht vereinbar sind; die westlichen Geheimdienste zu diskreditieren und zu schwächen und ihre Mitarbeiter zu enttarnen; die Weltöffentlichkeit hinsichtlich der Aggressivität bestimmter sowjetischer Strategien zu verwirren; ein für die Umsetzung der sowjetischen Außenpolitik günstiges Klima zu schaffen.

McMahon berichtete auch über eine neue und beunruhigende Entwicklung in der Ära Andropow. Der KGB produziere jetzt »technisch raffinierte Fälschungen« von weitaus besserer Qualität als in der Vergangenheit. Die neuen Fälschungen seien »so täuschend echt, dass die Sowjets sie in nichtkommunistischen westlichen Medien platzieren können mit der begründeten Hoffnung, dass sie selbst von sehr skeptischen Lesern für echt gehalten werden ... Zudem haben sowjetische Fälscher in zwei Fällen dem Präsidenten und dem Vizepräsidenten der Vereinigten Staaten unwahre und irreführende Äußerungen zugeschrieben, worauf sie in der Vergangenheit verzichtet hatten«. Nicht lange danach berief Präsident Carters Pressesprecher eine Nachrichtenkonferenz ein, um der Öffentlichkeit ein angeblich streng geheimes, tatsächlich aber gefälschtes Memorandum des Präsidenten zu präsentieren, das auf eine perfide rassistische Politik des Oval Office in Afrika hindeutete. Der KGB hatte ein gefälschtes Dokument des Nationalen Sicherheitsrats hergestellt und es ausschnittsweise an eine kleine afroamerikanische Zeitung in San Francisco geschickt. Der Bericht trug die Überschrift »Carter's Secret Plan to Keep Black Africans and Black Americans at Odds« (Carters geheimer Plan, Schwarzafrikaner und schwarze Amerikaner weiter zu spalten). Die TASS griff den Artikel auf und schickte ihn an sowjetische Botschaften, die ihn in der ganzen Welt verbreiteten. Obwohl die Pressestelle des Weißen Hauses noch nie etwas Derartiges gesehen hatte, blieb die Geschichte in den Vereinigten Staaten eine Eintagsfliege. Sie war jedoch der Ausgangspunkt des ersten amerikanischen Gegenangriffs auf Falschnachrichten aus Moskau.

Er begann mit Reagans Amtsantritt 1981. Grundlage war eine als »above top secret« klassifizierte Studie der CIA, die von Außenminister Alexander Haig in Auftrag gegeben, von CIA-Direktor William Casey unterzeichnet und mit »Sowjetische aktive Maßnahmen« betitelt war. Hauptverfasser war Richard »Dick« Malzahn, ein erfahrener Offizier des klandestinen Dienstes in der Abteilung Sowjetunion/Osteuropa und späterer Leiter der Operation QR/HELPFUL der CIA zur Unterstützung der polnischen Gewerkschaft Solidarność. Mit dem Segen von Casey und Haig, aber ohne explizite Anweisung rief Dennis Kux, ein talentierter Beamter des Außenministeriums, die Active Measures Working Group ins Leben.[8] Der 50-Jährige hatte im Auswärtigen Dienst Karriere gemacht und war als stellvertretender Referatsleiter für Koordination im kleinen, aber hochkompetenten Intelligence and Research Bureau des Außenministeriums tätig. Zu seinen Aufgaben gehörte die Kontaktpflege zur CIA. Er trommelte Experten der CIA (darunter Malzahn), des Außenministeriums, des FBI, des Pentagons, der United States Information Agency und des Nationalen Sicherheitsrats zusammen, die sich ans Werk machten, die vergifteten Früchte von Dienst A in der ganzen Welt zu sammeln.

»Das war neu«, erinnerte sich Kux.[9] »Soweit die USA in der Vergangenheit der Desinformation entgegengetreten waren, hatte sich die CIA darum gekümmert«, und zwar ausschließlich und geheim, ohne dass die Öffentlichkeit etwas davon wusste oder ahnte. »Die gängige Haltung im State Department war: ›Wir wollen solche Sachen nicht durch einen Kommentar aufwerten. Wir kommentieren keine Fälschungen.‹« Kux zufolge brauchten die Vereinigten Staaten einen ganz neuen Ansatz, um Richtigstellungen im Rahmen der Public Diplomacy mit dem Machtinstrument des politischen Krieges zu verknüpfen und auf diese Weise das sowjetische Ministerium der Unwahrheit zu bekämpfen. Kux gab der Mission den markanten Namen *RAP (Report – Analyze – Publicize)*. Als Erstes trugen amerikanische Botschaften und Konsulate im Ausland alle Falschnachrichten und Fälschungen zusammen, derer sie habhaft werden konnten (*Report*). Dann erfolgte die Analyse durch die Mitglieder der Gruppe und durch die CIA (*Analyze*). »Allmählich kristallisierten sich Muster heraus«, so Kux. »Mit der Zeit gewannen wir ein besseres Bild dessen, was vor sich ging. Wir entwickelten auch eine neue Strategie zur Bekämpfung von Desinformation. Sie bestand in deren Veröffentlichung (*Publicize*). »Im Unterschied zur Propaganda ist Desinformation Lüge ... mit der Absicht, Menschen durch Fälschungen und durch die gezielte Verbreitung falscher Nachrichten in die Irre zu führen«, sagte er. »Journalisten und Medienvertreter waren die wichtigsten Vehikel, die die Sowjets zur Verbreitung von Desinformation nutzten. Wir wollten versuchen, die Leute dafür zu sensibilisieren, indem wir diese Dinge publik machten. Wir glaubten auch, je mehr Krach wir schlagen würden, desto geringer wäre der Erfolg der Sowjets. Je mehr Aufmerksamkeit wir erzeugen konnten, desto erfolgreicher würden wir sein.«

Amerika habe sich zwar dem Jahr 1984 genähert, aber es sei noch nicht Orwells Dystopie *1984* gewesen, so Kux, wo die Partei das Denken der Bevölkerung steuert und überwacht. In einer Zeit wachsender Spannungen im Kalten Krieg empfahl er den Adressaten seiner

Analysen, Ruhe zu bewahren: Zwar sollte man Desinformation als einen Angriff auf die Demokratie erkennen, aber keine Angst haben, dass das Reich des Bösen das amerikanische Gemeinwesen beschädigen und imstande sein könnte, auf der politischen Bühne Amerikas die Fäden zu ziehen und ein Marionettentheater aufzuführen. Drei Jahrzehnte vergingen, bevor dieses Szenario Wirklichkeit wurde.

Am 9. Oktober 1981 veröffentlichte die Gruppe ihren ersten Bericht in 14 000 Kopien mit dem Titel »Soviet Active Measures: Forgery, Disinformation, Political Operations« (Sowjetische aktive Maßnahmen: Fälschung, Desinformation, politische Operationen). Er war zwar nur vier Seiten lang, aber es war ein umfassendes und eindrucksvolles Dokument. »Ende 1979«, so begann der Bericht, »streuten Agenten der Sowjetunion das Gerücht, die Vereinigten Staaten seien für die Besetzung der Großen Moschee in Mekka verantwortlich.«[10] In Wirklichkeit war die Große Moschee von einer Gruppe messianischer Saudi-Araber gestürmt worden, Vorläufer Osama bin Ladens. Doch am 21. November desselben Jahres griff ein pakistanischer Rundfunksprecher das Gerücht auf und verbreitete es während der Übertragung eines Kricketspiels zwischen Pakistan und Indien. Die Meldung entfachte die Wut einer islamistischen Studentengruppe in der pakistanischen Hauptstadt. Die Studenten stürmten die amerikanische Botschaft in Islamabad, setzten sie in Brand und töteten einen Wachposten des Marine Corps, zwei pakistanische Mitarbeiter und einen Angehörigen der US-Armee. Desinformation konnte tödlich sein, wenn man ihr nicht entgegentrat.

Die *New York Times* und die *Washington Post* berichteten über die Aktivität der Gruppe. Der Kongress horchte auf. Der Geheimdienstausschuss des Repräsentantenhauses begann mit neuerlichen Anhörungen zur sowjetischen Desinformation. Der Ausschussvorsitzende, der Kongressabgeordnete Edward Boland aus Massachusetts, und seine Kollegen lobten Kux und sein Team. Schon allein das war etwas Neues. Normalerweise sind behördenübergreifende Arbeitsgruppen in Washington die Stellen, an denen gute Ideen versanden. Die Annalen der amerikanischen Regierung sind voll von halbherzigen Maßnahmen, hochtrabenden Berichten und totgeborenen Empfehlungen. Die Active Measures Working Group aber startete einen dynamischen Angriff auf Geheimnisse und Lügen.

Kux beschloss, den Stein ins Rollen zu bringen und mit dem Gegenangriff an die Weltöffentlichkeit zu gehen. Im Frühjahr 1983 reisten Mitglieder der Gruppe nach Lateinamerika und in Länder, in denen die unselige Wirkung von Fake News am größten war, darunter Indien, Ägypten, Saudi-Arabien, Kenia, Marokko und Italien. »Wir tourten mit einer kleinen Truth Squad [Wahrheitstruppe] um die Welt«, um die Wahrheit zu verbreiten, sagte Kux. Für gewöhnlich gehörte er selbst, ein Kremlexperte des Außenministeriums, jemand von der US-Behörde für Öffentlichkeitsarbeit und ein CIA-Analyst diesem Trupp an. Im Verlauf von drei Jahren besuchten sie 30 Länder und unterrichteten Geheimdienstleute, Außenminister und Journalisten.

Sie und ihre Kollegen im State Department und im Nationalen Sicherheitsrat mussten auch versuchen, einer besonders orwellhaften Lüge entgegenzutreten, die nicht vom KGB, sondern direkt aus dem Kreml stammte. Am 1. September 1983 wurde der Korean-Air-Lines-Flug 007 auf dem Weg von New York nach Seoul von einem sowjetischen Abfangjäger mit Luft-Luft-Raketen abgeschossen, als die Maschine über dem Japanischen Meer den sowjetischen Luftraum durchquerte. Alle 269 Passagiere kamen ums Leben, unter ihnen der ultrakonservative amerikanische Kongressabgeordnete Larry McDonald aus Georgia. Die Sowjets behaupteten, Flug 007 sei eine militärische Spionagemission gewesen, und beschuldigten die Vereinigten Staaten, einen Krieg entfachen zu wollen. Als der Anschlag verübt wurde, hatte Andropow nicht mehr das Kommando. Er war zwar immer noch sowjetischer Staatschef, aber mit Nierenversagen in ein Moskauer Krankenhaus eingeliefert worden, das er nicht mehr lebend verließ.

Im Sommer und im Herbst 1983 war die Angst vor einem Atomkrieg größer als zu irgendeinem anderen Zeitpunkt seit der Kubakrise 20 Jahre zuvor. Zur Überraschung und Bestürzung des Pentagons hatte Reagan seine Vision eines »Friedensschilds« verkündet, der die Welt der Nuklearwaffen revolutionieren würde. Die Strategische Verteidigungsinitiative SDI, schon bald in »Star Wars«, Krieg der Sterne, umgetauft, war ein visionäres Programm, um mit weltraumgestützten Laser- und Strahlenwaffen atomar bestückte ballistische Interkontinentalraketen der Sowjets abzufangen. In den 1980er Jahren wurden für dieses technologische Hirngespinst zig Milliarden Dollar verschwendet, doch es diente auch als eine Waffe des politischen und psychologischen Krieges: Das Programm rief in der Sowjetunion Angst und Schrecken hervor. Andropow nannte es die Manifestation einer militärischen Psychose. Er war überzeugt, Reagan rüste in Wahrheit für einen Atomkrieg, aus dem er als Sieger hervorgehen wollte. Fast alle im Kreml und im KGB dachten, die NATO und die Vereinigten Staaten seien imstande, einen solchen Krieg jederzeit und ohne Vorwarnung beginnen zu können. Die amerikanischen Kriegsspiele im NATO-Hauptquartier gipfelten im November 1983 in der Simulation eines DEFCON-1-Atomangriffs[11] auf die Sowjetunion. Die US-Regierung ignorierte bewusst die Panik, die durch diese Militärübungen zur Vorbereitung auf einen dritten Weltkrieg geschürt wurde. Die Manöver brachten Washington und Moskau einem versehentlich herbeigeführten Armageddon gefährlich nahe.

Nach Andropows Tod im Februar 1984 nahm die Kriegsangst ab. Sein Nachfolger in der Kremlführung war für ein Jahr Konstantin Tschernenko, ein farbloses Faktotum und viel zu krank, um zu regieren. In diesem Interregnum war KGB-Chef Wiktor Tschebrikow der mächtigste Mann im Politbüro. Im Frühjahr setzte er eine Vielzahl aktiver Maßnahmen und Operationen der politischen Beeinflussung in Gang, um Reagan im Präsidentschaftswahlkampf 1984 zu schwächen. Vor allem dank John Lenczowski, einem Gründungsmitglied der Active Measures Working Group und im Nationalen Sicherheitsrat Leiter der Abteilung für europäische und sowjetische Angelegenheiten, wusste das Weiße Haus, was kommen würde. Im August 1984 schickte Lenczowski eine Warnung an seinen Vorgesetzten im Nationalen Sicherheitsrat, Admiral John Poindexter. 1976, als Reagan sich erfolglos um die Nominierung als republikanischer Präsidentschaftskandidat beworben hatte, hatten KGB-Offiziere in europäischen und indischen Zeitungen reaganfeindliche Artikel platziert. Jetzt versuchten sie es erneut, in sehr viel größerem Stil und diesmal auch in den Vereinigten Staaten.

»Die Regierung ist zunehmend besorgt über sowjetische Versuche der Einmischung in den amerikanischen Wahlprozess«, schrieb Lenczowski.[12] »Die Sowjets setzen massive Ressourcen ein, um die amerikanischen Wähler zu beeinflussen … Ihre Aktivitäten sind nicht nur eine Einmischung in die inneren Angelegenheiten unseres Landes, sie haben auch viel zur Verschlechterung des internationalen Klimas beigetragen.« Dieser als geheim eingestufte Bericht gelangte nie über den Nationalen Sicherheitsrat hinaus, doch er war ein Vorbote kommender Ereignisse.

Wenn die Active Measures Working Group einen blinden Fleck hatte, dann war es ihre Unfähigkeit zu erkennen, dass sich sowjetische Falschnachrichten, wie jede geschickte Desinformation, gelegentlich auf Fakten stützten. Das von der KGB-Propaganda gezeichnete Bild Reagans als eines Kriegstreibers basierte auf der Tatsache, dass er, nur 1600 Kilometer von Moskau entfernt, atomar bestückte amerikanische Mittelstreckenraketen auf NATO-Territorium stationierte. Einen Brief Irving Browns von der AFL-CIO, in dem eine Verbindung zwischen Solidarność und der CIA angedeutet wurde, entlarvte die Arbeitsgruppe als Fälschung. Doch deren zentraler Mitarbeiter Dick Malzahn wusste, dass dieses tiefe Geheimnis stimmte. Die Gruppe entdeckte eine zweite Fälschung, einen angeblichen Brief J. Edgar Hoovers an den Ausschuss für unamerikanische Umtriebe aus dem Jahr 1947, in dem die Kontakte des FBI zum Vorsitzenden der Filmschauspielergewerkschaft Ronald Reagan und Reagans Zusammenarbeit mit dem FBI bei der Aufdeckung der kommunistischen Unterwanderung Hollywoods dargelegt wurden. Reagan war zu jener Zeit tatsächlich FBI-Informant gewesen, er hatte sogar einen Tarnnamen gehabt: T-10.

Je raffinierter die sowjetische Desinformation Amerika und die Welt überlistete, desto schwerer wurde es für die Arbeitsgruppe, deren Fehler aufzuspüren. Dank ihrer Detailversessenheit gewannen ihre Mitarbeiter jedoch die meisten dieser Kämpfe. Es gab nur wenige Sowjets, die die amerikanische Idiomatik perfekt beherrschten, denn die sowjetischen Geheimdienstoffiziere wurden in britischem Englisch geschult. Als die italienische Presse ein gefälschtes Memorandum des US-Militärs veröffentlichte, in dem vom Abschuss einer italienischen Passagiermaschine durch NATO-Kampfflugzeuge bei einer Militärübung die Rede war, entdeckte die Gruppe, dass in dem Schreiben das britische *manoeuvre* und nicht das amerikanische *maneuver* verwendet wurde. Eine Fälschung! Sie untersuchten einen offiziell aussehenden Brief, der belegen sollte, dass der Flugzeughersteller Northrop Corporation mit Billigung der Reagan-Regierung Kampfjets an Südafrika verkaufte und damit das Waffenembargo verletzte. In dem Brief wird der im Amerikanischen unübliche Ausdruck *competent bodies* benutzt, eine wörtliche Übersetzung von *kompetentnyje organy*, KGB-Jargon für »Staatssicherheitsorgane«.[13] Eine Fälschung! Derselben linguistischen Forensik bedienten sich Kux und seine Kollegen, um die massiven Anstrengungen des KGB zu entlarven, die Vereinigten Staaten mit dem Papstattentat in Verbindung zu bringen. »Sie hatten ein Telegramm der Botschaft in Rom gefälscht«, sagte er. »Wir mussten das gefälschte Telegramm zerpflücken, indem wir auf die handwerklichen Fehler hinwiesen«, unter anderem die falsche Umschrift und die hölzerne Syntax der abgedroschenen sowjetischen Parteilinie.

Ihr größter Coup gelang der Arbeitsgruppe im Vorfeld der Olympischen Sommerspiele 1984 in Los Angeles. Die Sowjets lancierten zwei üble Pamphlete im Namen des Ku Klux Klan – des »Ku-Klux Klan«, wie der KGB mit dem verräterisch falschen Bindestrich schrieb. »AFRICAN MONKEYS! A GRAND WELCOME AWAITS YOU IN LOS ANGELES!« (Afrikanische Affen! Euch erwartet in Los Angeles ein großartiger Empfang!) Das war der erste Schlag.[14] »OUR OWN OLYMPIC FLAMES ARE WAITING TO INCINERATE YOU. THE HIGHEST AWARD FOR A TRUE AMERICAN PATRIOT WOULD BE THE LYNCHING OF AN AFRICAN MONKEY!« (In Los Angeles wird euch unser olympisches Feuer einäschern. Die höchste Auszeichnung für einen wahren amerikanischen Patrioten wäre das Lynchen eines afrikanischen Affen!) Das Flugblatt enthielt die Zeichnung eines an einem Strick baumelnden Schimpansen mit einem Schild um den Hals: »Hängt den Nigger.« Es war von außerhalb der Stadt Washington an die Olympischen Komitees von zehn afrikanischen Staaten geschickt worden. Ein zweites Flugblatt, das in afrikanische Länder, nach Japan, Südkorea, Malaysia und Hongkong geschickt wurde, lautete: »IF YOUR CURS DARE TO COME TO THE SUMMER OLYMPICS IN AMERICA THEY WILL BE SHOT OR HANGED. ALL OLYMPIC GOLD MEDALS TO THE WHITES ONLY! DEATH TO THE BLACKS AND COLOREDS!« (Wenn eure Hundesöhne es wagen sollten, zu den Olympischen Sommerspielen nach Los Angeles zu kommen, werden sie erschossen oder gehängt. Alle olympischen Goldmedaillen nur für die Weißen! Tod den Schwarzen und Farbigen!) Die Hassbotschaft wurde von der TASS aufgegriffen und in die ganze Welt hinausposaunt. Doch innerhalb von Tagen, nach einem wasserdichten Bericht der Active Measures Working Group, entlarvte Justizminister William French Smith die Pamphlete als sowjetische Desinformation.

Gewissheit lieferte der Vertreter des FBI in der Active Measures Working Group, der Spionageabwehragent Jim Milburn. Er hatte eine einwandfreie Quelle: einen KGB-Offizier an der sowjetischen Botschaft in Washington, der insgeheim für das FBI arbeitete. Sein Name war Sergei Motorin, offiziell ein rangniedriger Diplomat in der Abteilung Aufklärung, in Wirklichkeit ein Spion, der politische Geheiminformationen sammeln sollte, um Moskau über Washingtons Pläne für den Kampf im Kalten Krieg zu unterrichten. Er war 18 Monate zuvor vom FBI rekrutiert worden, teils durch freundliche Überredung, teils durch Erpressung. Und er hatte bei der Erstellung der rassistischen Flugblätter mitgewirkt. So rasche Ergebnisse und klare Siege konnte die Spionageabwehr nur selten verbuchen.

Acht Monate später wurde Motorin von Aldrich Ames verraten, einem alkoholsüchtigen und verbitterten Karrierebeamten in der CIA-Zentrale, der, so unglaublich es war, 1985 zum Chef der Spionageabwehr in der Sowjetabteilung des klandestinen Dienstes der CIA aufgestiegen war. Ames war der Maulwurf aus Angletons Albträumen. Er verkaufte dem KGB für 2,5 Millionen Dollar die Identität von zehn Sowjetbürgern, die insgeheim für die CIA und den FBI arbeiteten und daraufhin in der Sowjetunion wegen Landesverrats vor Gericht gestellt und kurzerhand hingerichtet wurden. Er übermittelte zahllose Geheimunterlagen zu militärischen und nachrichtendienstlichen Strategien und Plänen der Amerikaner. Deren Kenntnis erlaubte es dem KGB, in den Vereinigten Staaten Desinformation zu verbreiten, die die Vorstellung der Amerikaner von der militärischen Stärke der Sowjetunion verzerrte – genau das, was Angleton 20 Jahre zuvor befürchtet hatte. Milburn wurde Mitglied eines Teams von FBI-Agenten, die Ames schließlich 1994 zur Strecke brachten und festnahmen – ganze neun Jahre, nachdem er erstmals die CIA-Akten für den KGB geplündert hatte.

Ames' langjähriger Erfolg bei der Sabotage amerikanischer Geheimdienste beruhte nicht zuletzt auf der kollektiven Unfähigkeit der

CIA, sich vorzustellen, einer ihrer eigenen Mitarbeiter könne ein Verräter sein. Die CIA verpasste viele Gelegenheiten, Ames zu fassen. Unter anderem unterzog sie ihn zwei Mal einem Lügendetektortest, bei dem sie so stümperhaft vorging, dass er ihn beide Male bestand, und brauchte vier Jahre, um seinem plötzlichen Wohlstand auf den Grund zu gehen. Und als die CIA endlich seine Spur aufnahm, haperte es an der Kommunikation zwischen den Mitarbeitern der Spionageabwehr. Aber etwas anderes war noch viel gravierender. Wie hatte jemand wie Ames überhaupt in eine Position aufsteigen können, die ihm Zugang zu so brisanten Informationen verschaffte? (Dasselbe fragte man sich bei Edward Snowden, dem 29-jährigen IT-Spezialisten mit Highschool-Abschluss, der Terabytes hochsensibler Geheimdienstinformationen von der CIA und der Nationalen Sicherheitsbehörde NSA stahl und 2013 in Putins Russland mit offenen Armen empfangen wurde.) Ames habe es schon seit jeher »an Begeisterung gefehlt, er besaß wenig Sinn für Regeln und Vorschriften, wenig Selbstdisziplin, ein geringes Sicherheitsbewusstsein und wenig Achtung gegenüber seinen Vorgesetzten und seiner Aufgabe; er hatte schlechte Arbeitsgewohnheiten, kaum Freunde und bezüglich Integrität, Zuverlässigkeit und Diskretion keinen guten Ruf«, berichtete der CIA-Generalinspekteur nach Ames' Verhaftung.[15] »Doch seine Vorgesetzten tolerierten seine geringe Produktivität, bügelten seine Fehler aus, fanden wohlgewählte Worte des Lobes für ihn und reichten ihn mit Ehrungen und Auszeichnungen an den nächsten Vorgesetzten weiter.« Seine Faulheit und seine Trunksucht wurden hingenommen, und diese Duldsamkeit führte dazu, dass er in eine »für den Verrat fast aller hochsensiblen sowjetischen Agenten der CIA optimale« Position befördert wurde.

Ames war nicht der einzige Amerikaner, der in den 1980er Jahren für die Sowjets spionierte. Der Funkoffizier der Navy John Walker jr. betrieb einen Spionagering, der hochbrisante Informationen über amerikanische Systeme zur Sicherung der militärischen Kommunikation an Moskau verkaufte. Ronald Pelton übermittelte den Russen die Details streng geheimer Abhörprogramme der NSA zur Überwachung der militärischen Kommunikation der Sowjets. Edward Lee Howard verkaufte Geheimnisse der CIA an den KGB und setzte sich nach Moskau ab. Die Vereinigten Staaten waren versiert darin, sowjetische Desinformation anzuprangern, aber offenkundig machtlos, der sowjetischen Spionage entgegenzutreten oder zu verhindern, dass ihre eigenen Agenten spionierten und schweren Schaden anrichteten.

Nachdem die Active Measures Working Group bis 1984 ein hohes Maß an Expertise und Einfluss gewonnen hatte, brachen harte Zeiten für sie an. Kux verließ die Gruppe und kümmerte sich im Rahmen eines Geheimauftrags um den Schutz amerikanischer Botschaften weltweit gegen Spionage- und Terrorangriffe. Sein Nachfolger wurde ein energieloser Bürokrat, der kurz vor seiner überfälligen Pensionierung stand. Und CIA-Direktor William Casey schickte seinen eigenen Mann ins Weiße Haus, Walter Raymond, einen CIA-Veteranen mit 28-jähriger Erfahrung in verdeckten Operationen und Propagandakampagnen, der der Gruppe einige ihrer Talente und eine Zeitlang auch die Show stahl. Er hatte im April 1983 offiziell die CIA verlassen, war aber weiterhin Casey unterstellt, nunmehr als Sonderberater des Präsidenten für Angelegenheiten der nationalen Sicherheit und als Leitender Direktor für internationale Kommunikation und Information im Nationalen Sicherheitsrat. Raymond führte behördenübergreifende Arbeitsgruppen für öffentliche Diplomatie, psychologische Operationen und politische Kriegsführung.

Er gründete die Soviet Political Action Working Group, bestehend aus glühenden Reagan-Anhängern, die den Spieß umdrehen und den Kreml mit Hilfe von Desinformation untergraben wollten. Das Protokoll ihrer ersten Sitzung im Dezember 1983 spiegelte die gemeinsame Überzeugung, sie müssten »die aktiven Maßnahmen der Sowjets gegen die Sowjets selbst richten und in die Offensive gehen, um es ihnen heimzuzahlen«.[16] Zu Raymonds wichtigsten Unterstützern und engsten Mitstreitern gehörten Lieutenant Colonel Oliver North, ein zu allem entschlossener Marineinfanterist im Nationalen Sicherheitsrat, und der rechtsgerichtete Exilkubaner Otto Reich, der das Office of Public Diplomacy im Außenministerium leitete. Spätere Ermittler des US-Kongresses enthüllten, dass ihre Propagandatätigkeit vorrangig auf die Amerikaner und nicht auf die Russen abzielte, um das zu erreichen, was »eine verdeckte CIA-Operation in einem anderen Land versuchen könnte – die Medien, den Kongress und die amerikanische Öffentlichkeit auf die Linie der Reagan-Regierung« einzuschwören: einen politischen Krieg in Mittelamerika.[17]

Reagans Streben und Trachten war darauf gerichtet, die Contras zu unterstützen. Das Ziel dieser mit Rückendeckung der CIA agierenden, bunt zusammengewürfelten Rebellengruppe war der Sturz der von den Sowjets unterstützten Führung Nicaraguas, der Sandinisten, die 1979 der 40-jährigen Herrschaft amerikanisch gestützter Diktatoren ein Ende gesetzt hatten. Als Casey die Verminung nicaraguanischer Häfen anordnete – ein Kriegsakt –, setzte Raymond seine Propagandamaschinerie in Gang und erklärte gegenüber Reportern, die Contras hätten es selbst getan, um ihre militärischen Fähigkeiten unter Beweis zu stellen. Reichs Büro streute Falschmeldungen in der amerikanischen Presse, etwa die Behauptung, die sandinistische Regierung erhalte von den Sowjets MiG-Kampfflugzeuge. Mit diesem Bericht, der im Kongress Forderungen nach amerikanischen Luftschlägen laut werden ließ, unterbrach NBC News seine Berichterstattung über die Präsidentschaftswahlen 1984. Dies war nur eine Facette eines umfassenden Desinformationsprogramms des Weißen Hauses, mit dem die eigene Bevölkerung beeinflusst werden sollte. Das Programm wurde von Casey geleitet und im Rahmen der Mission des Präsidenten, den Sowjetkommunismus in Mittelamerika zurückzudrängen, von dessen Nationalem Sicherheitsrat überwacht.

Gemeinsam mit »hohen CIA-Funktionären mit Erfahrung in verdeckten Operationen sowie Spezialisten für militärische Aufklärung und Operationen der psychologischen Kriegsführung aus dem Verteidigungsministerium« waren Raymond, Reich und North »eng eingebunden in die Etablierung und Durchführung einer politischen Propagandaoperation im Inland«, so das Fazit des Auswärtigen Ausschusses des Repräsentantenhauses in einem gegen Ende der Reagan-Regierung veröffentlichten Bericht.[18] Demnach manipulierten der Präsident und der CIA-Direktor über ihre Büros und Mitarbeiter die öffentliche Meinung in Amerika mit den Mitteln der CIA-Spionage. Sie führten einen politischen Krieg gegen das amerikanische Volk, wie es zu ihrer Zeit Lyndon B. Johnson und Richard Nixon getan hatten. Mit dem Unterschied, dass Reagan das System der nationalen Sicherheit benutzte, um die Amerikaner zu belügen, während seine Vorgänger es benutzt hatten, um sie zu bespitzeln.

Die verdeckten und offenen Maßnahmen zugunsten der Contras wurden fünf Jahre fortgesetzt. Sie scheiterten spektakulär. Nachdem der Kongress 1984 die Mittel für die »Freiheitskämpfer« gestrichen hatte, wurden die CIA und der Nationale Sicherheitsrat unter Führung von Casey und North, unterstützt von einem Bündnis aus Geheimagenten und Betrügern, dabei ertappt, wie sie versuchten, das Verbot zu umgehen. Sie hatten Waffen im Wert von Millionen Dollar an die iranischen Revolutionsgarden verkauft, die Einnahmen abgeschöpft und an die Contras weitergeleitet. Dieses Fiasko, bei dem Gesetze der Vereinigten Staaten gebrochen wurden, der amerikanischen Außenpolitik Schaden zugefügt, das Gebot der Vernunft missachtet und die Reagan-Regierung ins Straucheln gebracht wurde, konnte von niemandem schöngeredet werden. Die Iran-Contra-Affäre kam im November 1986 an die Öffentlichkeit und enthüllte eine raffinierte Vertuschung im Weißen Haus. Die Reagan-Regierung fiel in Schmach und Schande, gegen ihre politischen Krieger wurden Ermittlungen eingeleitet und Urteile gesprochen. (Sechs Jahre später wurden fünf rechtskräftig verurteilte hohe Mitarbeiter der CIA, des Nationalen Sicherheitsrats und des Außenministeriums sowie Reagans Verteidigungsminister Caspar Weinberger, der noch auf seinen Prozess wartete, von dem scheidenden Präsidenten George H.W. Bush begnadigt – auf Empfehlung von Justizminister William P. Barr, der unter Präsident Donald Trump in dieses hohe Amt zurückkehrte. Damit war die Vertuschung perfekt.)

Drei Tage bevor der Feuersturm der Iran-Contra-Affäre losbrach, veröffentlichte die *Prawda* die krude Karikatur eines verrückten Wissenschaftlers, der einem grinsenden amerikanischen General für eine Handvoll Dollar ein Reagenzglas voller AIDS-Viren in Form von Hakenkreuzen aushändigt. Der Bildkommentar lautete: »Das AIDS-Virus, eine schreckliche Krankheit, für die, soweit bekannt, bisher keine Therapie gefunden wurde, stammt nach Ansicht einiger westlicher Wissenschaftler aus den Labors des Pentagons.« Dazu erschien in der *Prawda* ein detaillierter Bericht. Diese Desinformationskampagne blieb mehr als ein Jahr lang unentdeckt und unwidersprochen, während die Tätigkeit der Active Measures Working Group ins Stocken geriet und ihr Pendant im Nationalen Sicherheitsrat die Amerikaner mit Falschmeldungen fütterte.

Im September 1985 hatte der KGB den mit ihm verbündeten Nachrichtendiensten in Osteuropa eine Direktive geschickt: »Im Zusammenhang mit einer in den letzten Jahren in den USA aufgetretenen neuen und gefährlichen Krankheit, dem ›Acquired Immune Deficiency Syndrome – AIDS‹ [...] und der nachfolgenden großräumigen Verbreitung in anderen, auch westeuropäischen Ländern führen wir eine Reihe von aktiven Maßnahmen durch. Deren Ziel ist die Schaffung einer für uns günstigen Meinung im Ausland, der zufolge diese Erkrankung das Ergebnis geheimer, außer Kontrolle geratener Experimente der US-Geheimdienste und des Pentagons mit einer neuartigen biologischen Waffe [sowie] eines weiteren Experiments mit einer neuartigen biologischen Waffe im Pentagon ist« – gemeint sind gentechnische Experimente in Fort Detrick.

Die sowjetische Wochenzeitung *Literaturnaja Gaseta*, das Blatt der russischen Kulturelite, hatte im Oktober 1985 unter der Überschrift »Panik im Westen: was steckt hinter der Sensation um AIDS?« einen Artikel veröffentlicht. Die Geschichte schlich sich in die Köpfe von Millionen Menschen ein. Die Hauptverwaltung Aufklärung der DDR-Staatssicherheit entsandte an die mit den Sowjets verbündeten Geheimdienste weltweit ein Schreiben mit dem Titel »Zur Bekämpfung der Strategie der Konfrontation und der Aufrüstung der USA«. Darin hieß es, Ziel des »Objekt-Vorgangs ›DENVER‹« sei die »Aufdeckung der Gefahren, die der Menschheit aus Forschung, Produktion und Einsatz von B-Waffen erwachsen und die Verstärkung antiamerikanischer Vorbehalte in der Welt sowie die Initiierung innenpolitischer Auseinandersetzungen in den USA«. Seitens der DDR werde man »eine wissenschaftliche Studie und andere Materialien [übergeben], die belegen, dass AIDS aus den USA und nicht aus Afrika stammt und AIDS ein Produkt der B-Waffenforschung der USA ist«.[19] Der bulgarische Geheimdienst übernahm die Verbreitung dieser Desinformation in den Vereinigten Staaten, in Westeuropa und in der Dritten Welt.

Die Geschichte ging um die Welt. Sie wurde unter anderem vom Londoner Boulevardblatt *Sunday Express*, der Madrider Zeitschrift *Interview* und der argentinischen Tageszeitung *Diario Popular* aufgegriffen. Die TASS gab den Artikel des *Diario Popular* so wieder, dass es aussah, als sei dies die ursprüngliche Quelle. Die Meldung verbreitete sich unverzüglich in Indien, Pakistan, Indonesien und auf den Philippinen sowie in Neuseeland und Nigeria. Dass der KGB seine

Hände im Spiel hatte, blieb unbemerkt. Der Geheimdienst wusch Desinformation wie die Mafia Geld. Bis Ende 1986 tauchte die Geschichte in mindestens 60 Ländern auf und kursierte vor allem auch in den Vereinigten Staaten. Laut neuesten Umfragen wird sie bis heute von Millionen Amerikanern für wahr gehalten.

Diese große Lüge trug zur Revitalisierung der Active Measures Working Group bei. Unter ihrer neuen Leiterin Kathleen Bailey fand die Gruppe zurück zu alter Stärke. Bailey, eine resolute 37-jährige Texanerin und studierte Politikwissenschaftlerin, war zwei Jahre lang stellvertretende Direktorin der US-Behörde für Öffentlichkeitsarbeit gewesen und verfügte aufgrund ihrer vorherigen Tätigkeit zur Proliferation von Atomwaffen über enge Kontakte zu den amerikanischen Nachrichtendiensten. Sie übernahm Ende 1985 die Führung der Arbeitsgruppe. »Offen gestanden, wusste ich nicht, dass die Active Measures Working Group bereits vor mir existiert hatte«, sagte Bailey.[20] »Das hatte ich nicht auf dem Schirm. Die Gruppe hatte sich im Laufe des Jahres 1985 mehr oder weniger aufgelöst. Meine Aufgabe war es, sie wieder auf die Beine zu stellen.« Fehlende Führung, mangelnde Unterstützung durch die Spitze des Außenministeriums und nicht zuletzt die Tatsache, dass Raymond und seine geheime Propagandakampagne der Gruppe Kapazitäten und Energien raubten, hatten ihren Niedergang bewirkt. »Ich betrachtete Walt Raymond und seine Tätigkeit im Nationalen Sicherheitsrat als illegal«, sagte sie. »Es schien mir nicht legitim zu sagen: ›Führen wir selbst aktive Maßnahmen durch.‹ Meiner Ansicht nach sollte die Regierung der Vereinigten Staaten außer in Kriegszeiten nicht an aktiven Maßnahmen beteiligt sein. Wenn wir nicht versuchen, jemanden zu stürzen, finde ich das nicht akzeptabel. Die Russen widmen der Täuschung einen ganzen bürokratischen Apparat. Wir nicht.« Sie nahm an mehreren Sitzungen des Nationalen Sicherheitsrats unter Raymonds Vorsitz teil und verließ sie mit einem unguten Gefühl. »Er hatte sehr viel Einfluss auf die Reagan-Regierung und auf Ronald Reagan selbst«, sagte sie. Doch sie hielt ganz bewusst Distanz zu Raymonds Aktivitäten im Weißen Haus.

Die AIDS-Kampagne des KGB empörte sie. »Ich war fassungslos«, sagte sie. »Es machte mich wütend. Es kam mir so hinterhältig vor. Besonders die Karikatur schockierte mich. Sie war brillant. Absolut brillant. Jedes Wort war ein Treffer. Jedes Detail – der General, die Hakenkreuze, das Geld, das von einer Hand in die andere wechselte ... Wir beschlossen, aufs Ganze zu gehen, die Karikatur selbst zu veröffentlichen und zu sagen, dass die Sowjets ein sehr schmutziges Spiel spielten.«

Die *Prawda*-Karikatur war Umschlagbild und Kernstück eines detaillierten, 101 Seiten langen Enthüllungsberichts der Gruppe über die sowjetischen Lügen und die sowjetische Propaganda. Er wurde im August 1987 veröffentlicht und war der härteste Schlag, den die Arbeitsgruppe gegen den KGB führte. Zu den aufgelisteten Fälschungen zählten ein fingiertes Memorandum des Nationalen Sicherheitsrats mit der detaillierten Darlegung angeblicher Pläne der Reagan-Regierung für einen atomaren Erstschlag gegen die Sowjets; eine frei erfundene amerikanische Propagandakampagne mit übertriebenen Angaben zum radioaktiven Niederschlag, der bei der Reaktorkatastrophe von Tschernobyl freigesetzt wurde; und ein fabrizierter Bericht General Mobutus über die angebliche amerikanische Unterstützung antikommunistischer Guerillas in ganz Afrika. Akribisch genau dokumentiert wurde in dem Enthüllungsbericht die fast tägliche Wiederholung der AIDS-Lüge in Presse und Rundfunk auf der ganzen Welt. Ein Kapitel war den weltweit ausgestrahlten sowjetischen Radiosendungen über die angebliche biologische Kriegsführung der Vereinigten Staaten gewidmet. »Bakteriologen des Pentagons lösen Epidemien aus«, unter anderem »hämorrhagisches Fieber in Korea, Denguefieber in Kuba [und] virale Enzephalitis in Nicaragua«, lautete eine solche Falschmeldung. In einer anderen aufwieglerischen Falschmeldung wurde behauptet, die CIA habe die mosambikanische RENAMO unterstützt, eine in den 1970er Jahren mit Hilfe der weißen rassistischen Regime Südafrikas und Rhodesiens gegründete brutale Guerillaarmee, die mit sinnloser Gewalt Hundertausende Zivilisten ermordete. Hauptsächlich auf Drängen amerikanischer Botschafter in Afrika hatte die CIA auf eine Unterstützung von RENAMO verzichtet, auch wenn Casey dafür gewesen war. Doch unzählige Afrikaner und Millionen Amerikaner schenkten der Meldung Glauben. Baileys Bericht enthielt auch ein Interview mit dem KGB-Major Stanislaw Lewtschenko, der, als sowjetischer Journalist getarnt, in Tokio mit aktiven Maßnahmen betraut war und sich 1979 in die Vereinigten Staaten abgesetzt hatte. »Die Sowjetunion täuscht den Westen seit fast 70 Jahren«, sagte er. »In Europa und in den Vereinigten Staaten gibt es zweifellos immer noch viele, die diesbezüglich naiv sind«, fügte er hinzu, aber »die Zahl derer, die komplett naiv sind, geht langsam zurück.«

Der Bericht fand in der amerikanischen Öffentlichkeit, im Kongress, im Weißen Haus und im Kreml zahlreiche Leser. Einer von ihnen war Michail Gorbatschow.

Der letzte sowjetische Staatschef war seit März 1985 an der Macht, und in den folgenden zwei Jahren wurde klar, dass er etwas ganz Neues verkörperte. Zwar hatte sich sein Aufstieg im Sowjetsystem der 1960er und 1970er Jahre dank der politischen Unterstützung und persönlichen Freundschaft Andropows beschleunigt, aber er schien sich in fast allen wichtigen Belangen von seinen Vorgängern zu unterscheiden. Er blieb auf der Straße stehen, um sich mit den Leuten zu unterhalten. Er ermunterte das Politbüro zu neuen Ideen und zu einer offenen Debatte. Er stand für einen Sozialismus mit menschlichem Antlitz. Im November 1985 und im Oktober 1986 traf er sich mit Reagan in Genf und in Reykjavík. Er handelte mit den Vereinigten Staaten Atomwaffenverträge aus, bereitete den Rückzug der Roten Armee aus Afghanistan vor und versuchte, die ewig gestrige Politik und die Mangelwirtschaft seines Landes durch Glasnost (Transparenz) und Perestroika (Reform, Umbau) zu verändern.

Die Durchführung aktiver Maßnahmen durch den KGB jedoch beendete er nicht. Im Oktober 1987 wurden Außenminister George Shultz und der Nationale Sicherheitsberater Frank Carlucci im prächtigen Katharinensaal des Kremls in Moskau empfangen und erörterten mit Gorbatschow, Außenminister Eduard Schewardnadse und dem Sekretär des Zentralkomitees der KPdSU Anatoli Dobrynin das Schicksal der Nationen, als zur Überraschung der Amerikaner plötzlich der amerikanische Gegenangriff auf sowjetische Desinformation zur Sprache kam.

Dabei hatte die Begegnung vielversprechend begonnen. Ein grinsender Gorbatschow hatte seine Gäste mit einem herzlichen »Machen wir also weiter!« willkommen geheißen.[21] Aber irgendwann im Laufe dieses viereinhalbstündigen Treffens, in dem es unter anderem um Rüstungskontrollgespräche und den iranisch-irakischen Krieg ging, wurde der sowjetische Staatschef kühl. »Er hatte ein interessantes Dokument dabei«, heißt es in dem 2016 freigegebenen amerikanischen Protokoll. »Und er wollte mit dem Außenminister darüber sprechen. Er zog eine Kopie des im State Department erstellten Berichts *Soviet Intelligence Activities: A Report on Active measures and Propaganda, 1986–87* (Sowjetische Geheimdienstaktivitäten: Ein Bericht über aktive Maßnahmen und Propaganda, 1986–87) heraus«, die jüngste Veröffentlichung von Kathleen Bailey und ihrem Team. »Gorbatschow behauptete, der Bericht enthalte ›schockierende Enthüllungen‹. Er verwies insbesondere auf die Passagen über die ›Mississippi Peace Cruise‹ (Friedenskreuzfahrt auf dem Mississippi), die Gorbatschow Präsident Reagan beim Gipfel in Genf als ein Beispiel für jene Art zwischenmenschlicher Aktivitäten angepriesen hatte, deren Ausbau sie vereinbart hatten. Jetzt hatten, wie sich herausstellte, die Vereinigten Staaten entdeckt, dass genau diese Vereinbarungen – und genau diese Schiffsreise – von den Sowjets dazu benutzt wurden, die Amerikaner zu täuschen. Gorbatschow wollte wissen, ob das Beispiel, das er dem Präsidenten gegeben hatte, gezielt in den Bericht aufgenommen worden sei.«

Shultz, völlig überrascht, sagte, er kenne den Bericht nicht (was zutraf), und fragte, ob er ihn haben könne. Gorbatschow erwiderte, es sei sein einziges Exemplar. Er habe das Thema angesprochen, weil er die Beziehungen auf breiter Front verbessern wolle. »Moskau hat kein Interesse daran, Hass gegen die Vereinigten Staaten zu hegen«, sagte er. »Können die USA nicht leben, ohne die Sowjetunion als einen ›Feind‹ darzustellen? Ist dies unabdingbar? Was ist das für eine Gesellschaft, die eine solche Vorgehensweise nötig hat?« Er fragte, ob die Sowjetunion vom Weißen Haus tatsächlich immer noch als Reich des Bösen betrachtet werde, und wenn ja: »Wie kann der Außenminister mit Leuten verhandeln, die er als ›Feinde‹ betrachtet?« Dann erfolgte ein Schlag unter die Gürtellinie. Gorbatschow sagte, Shultz' Außenministerium habe selbst »aktive Maßnahmen entwickelt, die zwei Jahre Fortschritt beim Ausbau der beiderseitigen Beziehungen als KGB-Infiltration erscheinen« ließen. Shultz, nun schon etwas angeschlagen, konterte mit einer Gegenfrage – eine Taktik des Whataboutism, um vom eigentlichen Thema abzulenken, die von sowjetischen Propagandisten seit jeher angewandt wurde. Er versuchte, Gorbatschow als Heuchler zu verunglimpfen, ohne dessen Argumente zu widerlegen. Was mit der sowjetischen Besetzung Afghanistans sei, fragte Shultz. Was mit dem Abschuss von Flug 007 der Korean Air Lines? Gorbatschow schoss zurück: Wie viel die amerikanische Regierung an die Familie des Piloten gezahlt habe, der die todgeweihte Maschine geflogen habe. »Der Außenminister sagte, diese Äußerung wolle er keiner Antwort würdigen. Gorbatschow sagte, auch er werde die Bemerkungen des Außenministers ignorieren. Ein kalter Schatten senkte sich über den goldglänzenden Saal.«

Shultz versuchte, Boden gutzumachen. Es gebe seiner Ansicht nach keine wichtigere Aufgabe, als die Beziehungen zwischen Moskau und Washington zu verbessern. Aber Gorbatschow war immer noch wütend. Er schwenkte den Bericht der Arbeitsgruppe in der Luft und fragte, wie so etwas hatte veröffentlicht werden können: »Ob Dokumente wie dieses Vertrauen schaffen würden? Es habe Verbesserungen in den Beziehungen zwischen den beiden Staaten gegeben, und die sowjetische Seite begrüße dies. Aber die Vereinigten Staaten schienen sich davor zu fürchten. Wie schwach seien die Vereinigten Staaten, dass sie so reagierten. Gorbatschow fuhr fort, er würde diesen scharfen Wortwechsel gern in demselben Ton beenden, in dem er begonnen hatte – mit dem Wunsch nach einer Verbesserung der Beziehungen. Auf sowjetischer Seite gebe es diesen Wunsch. Die Vereinigten Staaten sollten darüber nachdenken. Der Außenminister sagte, er stimme zu. Gorbatschow sagte: ›Gut. Vergessen wir es.‹«

Es wurde nicht vergessen. Bei seiner Rückkehr nach Washington verlangte Shultz die Auflösung der Active Measures Working Group. Er war wütend, dass Gorbatschow ihn überrumpelt hatte und dass die anfängliche Zurückhaltung und die anschließende Konfrontation die prekären Verhandlungen fast zum Scheitern gebracht hatten. Sein Ärger war unangebracht. Der Bericht war Teil seiner Unterlagen gewesen, Shultz hatte sich vor seiner Ankunft in Moskau nur nicht die Zeit genommen, ihn zu lesen. »Ich war sehr unzufrieden mit George Shultz«, sagte Bailey. »Er hätte den Bericht lesen sollen, und er hätte sich Gorbatschow vorknöpfen und sich hinter uns stellen sollen.«

Sieben Wochen später besuchte Gorbatschow das Weiße Haus, unter großem Beifall der Amerikaner. In den Straßen Washingtons wurde er von jubelnden Menschenmengen begrüßt, die »Gorby!

Gorby!« skandierten. Aber aktive Maßnahmen standen erneut auf der Tagesordnung. Am 10. Dezember 1987 kamen Gorbatschow und sein Team mit Reagan, Bush, Shultz, Carlucci, Colin Powell und dem Direktor der US-Behörde für Öffentlichkeitsarbeit, Charles Wick, zu einem 90-minütigen Arbeitsessen im Weißen Haus zusammen. Unaufgefordert klinkte sich Wick mit der Bemerkung ein, er habe sich mit den Chefs von TASS und zwei anderen sowjetischen Nachrichtenagenturen getroffen, und sie seien sich einig gewesen, dass »es nicht nur Abrüstung« geben werde, »sondern auch ein Ende der Desinformation«.[22] »Mit anderen Worten«, sagte Gorbatschow nach kurzer Überlegung, »beide Seiten haben sich gegen die psychologische Kriegsführung ausgesprochen.« Im Protokoll heißt es, Schewardnadse habe gescherzt, dass die Abrüstung schneller kommen werde als ein Ende der Desinformation. In diesem Punkt hatte er absolut recht.

Die Sowjets schalteten bei den aggressivsten aktiven Maßnahmen gegen die Vereinigten Staaten tatsächlich einen Gang herunter. Die CIA schrieb dies zum Teil den Bemühungen der Active Measures Working Group zu. Die Vereinigten Staaten hingegen verstärkten ihre Operationen der politischen Kriegsführung in der Sowjetunion, wie die CIA im November an das Weiße Haus berichtete. »Unser erweitertes Programm zielt darauf ab, die gegenwärtige sowjetische Politik der Glasnost und die Revolution der elektronischen Kommunikation zu nutzen, zwei Phänomene, die für unser geheimes Aktionsprogramm zur Beeinflussung einer sowjetischen Zielgruppe eine beispiellose Chance bieten«, hielt die Sowjetabteilung der CIA fest.[23] »Letztes Jahr wurden in der Sowjetunion und in Osteuropa rund 500 000 Bücher, Zeitschriften, Audio- und Videokassetten verteilt.« Doch damit nicht genug. Laut dem bis heute weitgehend unter Verschluss gehaltenen Protokoll einer Sitzung zur Bewertung verdeckter Aktionen, die im Juli 1988 im Lagezentrum des Weißen Hauses stattfand, teilte CIA-Direktor William Webster dem Präsidenten, Carlucci und Powell mit, die CIA nutze viele derselben Instrumente (Kleinelektronik und computergestütztes Publizieren), die sie zur Unterstützung von Solidarność eingesetzt habe, und richte sie gegen die Sowjets. Webster zeigte Reagan ein »russischsprachiges Propagandaflugblatt, das scheinbar von der kommunistischen Jugendorganisation«, in Wirklichkeit aber von der CIA erstellt worden war.[24] »Sechstausend Kopien wurden in die Sowjetunion geschleust, vorgeblich zur Unterstützung von Gorbatschows Reformprogramm, tatsächlich aber, um demokratische Reformen zu fordern, die weit über das hinausgehen, was das Regime tolerieren wird«, berichtete er. »Das Flugblatt wurde öffentlich in Umlauf gebracht und zog eine KGB-Untersuchung nach sich. Wir haben kürzlich erfahren, dass Studenten, die vom KGB zur Befragung einbestellt wurden, erklärten, sie befürworteten die Botschaft des Flugblatts.« Ob die Studenten verhaftet wurden, lässt der Bericht offen.

Mit dem Ende der Reagan-Regierung begann sich auch die Active Measures Working Group aufzulösen, nicht zuletzt aufgrund der feindseligen Haltung des Außenministers. Bailey ging zur Arms Control and Disarmament Agency, der Rüstungskontroll- und Abrüstungsbehörde. Ihre besten Mitarbeiter kehrten zu ihren Fulltime-Jobs bei CIA und FBI zurück. Jim Milburn vom FBI widmete sich der Aufgabe, Aldrich Ames zur Strecke zu bringen. Der FBI-Agent, der Milburns Nachfolger wurde, war ein mürrischer, einsilbiger Mann, ein Veteran der Spionageabwehr und so farblos, dass einige Mitglieder der Gruppe später keine deutlichen Erinnerungen an ihn hatten, obwohl er manchmal die Sitzungen leitete und Hauptverfasser des Abschlussberichts der Gruppe an den Kongress war.

Es handelte sich um Robert Hanssen, der seit Ende der 1970er Jahre innerhalb des FBI für die Sowjets spionierte. Wie Aldrich Ames verriet auch Hanssen fast alle sowjetischen Agenten, die insgeheim für den FBI und die CIA tätig waren. Der zweifache Beweis, den diese beiden Überläufer den Sowjets lieferten, hatte zur Folge, dass alle diese Doppelagenten hingerichtet wurden. Das FBI beauftragte Hanssen mit der Untersuchung aller bekannten und mutmaßlichen sowjetischen Maulwürfe in der Behörde, um den Mann zu finden, der Sergei Motorin und zwei seiner KGB-Kollegen enttarnt hatte. Hanssen suchte nach sich selbst, daher blieben seine Ermittlungen ärgerlich ergebnislos, und die Spur wurde kalt. Nachdem Hanssen seine Spuren verwischt hatte, hatte er freie Bahn für seine Treffen mit Moskaus Spionen. Als Aufklärungsexperte in der Spionageabwehr mit uneingeschränktem Zugang zu den Computersystemen des FBI übermittelte er dem KGB neben anderen wertvollen Informationen auch eine vollständige Liste der FBI-Operationen, bei denen Doppelagenten eingesetzt wurden. Er warnte die Sowjets, das FBI sei im Begriff, einen Tunnel zum Keller ihrer neuen Botschaft in Washington zu graben, und er lieferte ihnen eine detaillierte Beschreibung der Entschlüsselungstechnik, mit der die NSA die Kommunikation Moskaus anzapfte. Er verriet Details der Budgetanträge der CIA für die nächsten fünf Jahre und vieles andere mehr. Hanssen wurde erst zu Beginn des 21. Jahrhunderts festgenommen, 22 Jahre nachdem er mit seiner Spionagetätigkeit begonnen hatte.

In den ersten Jahren des Kalten Krieges waren Moskaus Spione und Agenten ihren amerikanischen Gegnern weit überlegen. Sie übertrumpften sie auch in dessen Endphase, als die letzten Schlachten dieses langen Kampfes ausgefochten wurden. Und sie übertrumpften sie ein weiteres Mal, als ein Veteran des Leningrader KGB im Kreml die Macht übernahm.

KAPITEL 7

Der trügerische Traum vom goldenen Zeitalter

Der Zerfall der Sowjetunion schien der Triumph eines 45 Jahre dauernden politischen Krieges der Amerikaner zu sein. Die Vereinigten Staaten zögerten nicht, ihre beiden grundlegenden Prinzipien, den amerikanischen Kapitalismus und die amerikanische Demokratie, in das untergehende Sowjetreich und in die ganze Welt zu exportieren. Zwei Präsidenten erkannten und nutzten die Chance, die befreiten Sowjetrepubliken und die sowjetischen Satellitenstaaten zu einem Teil des Westens zu machen. In anhaltender Siegesfreude darüber, nunmehr die einzige globale Supermacht zu sein, nahmen die Vereinigten Staaten im März 1999 Polen, die Tschechische Republik und Ungarn in die NATO auf und machten sie zu ihren militärischen Verbündeten. Neun weitere ehemals sowjetisch kontrollierte Staaten standen auf der Warteliste. Warschau, Prag und Budapest, einstmals kommunistische Hauptstädte, lagen jetzt im amerikanischen Einflussbereich, der vom Baltikum bis zum Schwarzen Meer reichte. Und selbst Moskau war noch zu haben.

Diese Projektion der Macht galt als Geniestreich der amerikanischen Außenpolitik in jenem letzten Jahrzehnt des 20. Jahrhunderts, getragen von einem breiten politischen Konsens in Washington, von Hardlinern wie Gemäßigten. Doch nicht von allen. Nach Ansicht von Robert Gates, unter Präsident George H. W. Bush CIA-Direktor, spielten die Vereinigten Staaten mit dem Feuer. »In einer für Russland besonders demütigenden und schwierigen Zeit mit Plänen zur Osterweiterung der NATO vorzupreschen, während man Gorbatschow und andere in dem Glauben ließ, dass dies nicht passieren würde, zumindest nicht so bald, hat, glaube ich, nicht nur das Verhältnis zwischen den Vereinigten Staaten und Russland verschlechtert, sondern eine konstruktive Zusammenarbeit mit den Russen erschwert«, sagte er kurz nach Putins Machtübernahme im Jahr 2000.[1] »Wir haben die Russen enorm gegen uns aufgebracht.« Und der 93-jährige George Kennan warnte, dass »eine Erweiterung der NATO der verhängnisvollste Fehler der amerikanischen Politik seit dem Ende des Kalten Krieges wäre. Es ist zu erwarten, dass eine solche Entscheidung die nationalistischen, antiwestlichen und militaristischen Tendenzen in der russischen Öffentlichkeit anfacht, sich nachteilig auf die Entwicklung der russischen Demokratie auswirkt, die Atmosphäre des Kalten Krieges in den Ost-West-Beziehungen wiederaufleben lässt und die russische Außenpolitik in Richtungen drängt, die uns entschieden missfallen werden.«[2] Er befürchtete den Beginn eines neuen Kalten Krieges und erwies sich damit als Prophet. Kennan wusste, dass sich Imperien nicht einfach in Luft auflösen.

Alle russischen Staatschefs seit Gorbatschow waren überzeugt, dass die Vereinigten Staaten die Erweiterung der NATO in ehemaliges sowjetisches Herrschaftsgebiet hinein eher durch Täuschung als durch Diplomatie erreicht hatten, und einer war darüber erzürnter als der andere. Kurz nachdem die Strategie der Amerikaner offenkundig geworden war, sprach Boris Jelzin Bill Clinton direkt darauf an. »Warum sät ihr die Saat des Misstrauens?«, wetterte er. »Die Geschichte zeigt, dass es eine gefährliche Illusion ist anzunehmen, das Schicksal von Kontinenten und das Schicksal der Weltgemeinschaft ließe sich von einer einzigen Hauptstadt aus bestimmen.«[3] Dmitri Medwedew, der sich die Macht mit Putin als dessen Juniorpartner teilte, sagte: »Man hat uns zugesichert … dass die NATO nicht endlos nach Osten erweitert wird [als] militärischer Block, dessen Raketen auf russisches Territorium zielen.«[4] Putin glaubte, die Amerikaner »wollten einen vollständigen Sieg über die Sowjetunion. Sie wollten in Europa ganz allein das Sagen haben.«[5]

Den amerikanischen Vorstoß betrachtete er als eine List aus dem Kalten Krieg in neuer Verkleidung – als »eine ernste Provokation«, wie er bei der Münchner Sicherheitskonferenz im Februar 2007 erklärte.[6] »Und wir haben das Recht zu fragen: Gegen wen richtet sich diese Erweiterung? Und was ist aus den Zusicherungen geworden, die uns unsere westlichen Partner gemacht haben?« Seitdem sinnt er auf Rache. Seiner Ansicht nach hatten die Vereinigten Staaten die Berliner Mauer nach Osten an die russische Grenze gerückt. Und er begann zurückzuschlagen. Erst seitdem wir Zugriff auf wichtige amerikanische Dokumente aus den 1990er Jahren haben, die vor ein paar Jahren freigegeben wurden, kennen wir den Ursprung von Putins Angriff auf Amerika.

Der Kalte Krieg hatte begonnen, weil der im Juli 1945 mit Amerika ausgehandelte Frieden Stalins Vorstellungen nicht entsprach. Drei Jahre später hatte er seine Kontrolle über Polen, Ungarn und die Tschechoslowakei sowie über das restliche Osteuropa und das Baltikum gefestigt. Als Reaktion darauf folgten die Containment-Politik, der politische Krieg, der Marshallplan und die Gründung der NATO. 40 Jahre danach übernahmen die Rebellen der Solidarność-Bewegung die Macht in Polen, Ungarn baute den Signalzaun an seiner Grenze zu Österreich ab, und in der von Dichtern, Politologen und Studenten getragenen Samtenen Revolution wurden die Kommunisten in der Tschechoslowakei entmachtet. Als am 9. November 1989 die Berliner Mauer fiel, stimmten Zehntausende DDR-Bürger mit den Füßen ab und gingen in den Westen. »Die Stärke der NATO hat diese Veränderungen in Osteuropa möglich gemacht«, sagte Präsident George H. W. Bush zu Bundeskanzler Helmut Kohl in einem Telefongespräch kurz vor dem Fall der Mauer.[7] Die Geschichte steuerte auf ein Ende der deutschen Teilung zu. Und ein wiedervereinigtes Deutschland innerhalb der NATO war der große Siegespreis des Kalten Krieges.

Doch wie der Nationale Sicherheitsberater Brent Scowcroft am 29. November zu Bush sagte, war es auch »der schlimmste Albtraum der Sowjetunion«.[8] Eine solche Situation würde »das sowjetische Sicherheitssystem zerschlagen«. Würde die Rote Armee einschreiten, um den Lauf der Geschichte aufzuhalten? Könnte sie einen Dritten Weltkrieg auslösen? Während die Deutschen der Mauer mit Vorschlaghämmern zu Leibe rückten, wägten Bushs Berater für die nationale Sicherheit diese furchtbare Gefahr ab. Doch sie kamen bald zu dem Schluss, dass sie Gorbatschow und der Sowjetunion ihre Entscheidung diktieren konnten. Deutschland würde wieder eine geeinte Nation sein.

Diese Aussicht löste nicht überall auf der Welt Freude aus. »Zweimal haben wir die Deutschen geschlagen, jetzt sind sie wieder da«, erklärte die britische Premierministerin Margaret Thatcher mit nicht geringer Sorge im Kreis europäischer Staatsoberhäupter.[9] Der französische Staatspräsident François Mitterrand warnte Thatcher bei einem Mittagessen im Élysée-Palast, ein vereinigtes Deutschland werde mehr Einfluss und Macht gewinnen, als Hitler je hatte. »Alle anderen Staatschefs, ob aus Ost oder West, waren dagegen«, sagte Gates.[10] »Die Franzosen waren dagegen, die Briten waren dagegen, die Sowjets waren dagegen, die Polen waren dagegen, die Tschechen waren dagegen, die Ungarn waren dagegen, die Italiener waren dagegen. Wir waren total isoliert.« Anfang Dezember 1989 trafen sich Bush und Gorbatschow auf einem Schiff vor der sturmgepeitschten Küste Maltas. Ein Jahr war vergangen, seitdem der sowjetische Staatschef in einer denkwürdigen Rede vor den Vereinten Nationen der Logik des Kalten Krieges abgeschworen hatte. »Das Leben zwingt uns, traditionelle Stereotypen und veraltete Ansichten abzulegen und uns von Illusionen zu befreien«, sagte er.[11] »Heute entsteht eine neue Welt, und wir müssen nach einem anderen Weg in die Zukunft suchen.« Für die Regierung Bush hingegen war es in mancherlei Hinsicht ein verlorenes Jahr gewesen. Nach seinem Amtsantritt hatte Bush monatelang gezaudert, seinem Amtskollegen in Moskau misstraut und nicht erkannt, dass aus den Trümmern des Sowjetkommunismus tatsächlich eine neue Welt hervorzugehen begann. Er hatte sich gescheut, den Weg zu verlassen, dem sein Land seit 1945 gefolgt war, und stattdessen akribisch genau und quälend langsam jede einzelne Facette der amerikanischen Außenpolitik auf den Prüfstand gestellt. Er hatte in den Rückspiegel geschaut, während sich die Welt vor der Windschutzscheibe unwiderruflich veränderte.

Jetzt endlich trat er mit Gorbatschow in direkten Kontakt. »Bei unserem Gespräch unter vier Augen haben wir das Problem der Wiedervereinigung Deutschlands diskutiert«, sagte Bush auf dem schwankenden Schiff zu der sowjetischen Delegation.[12] »Wir sind uns bewusst, was für ein schwieriges, heikles Problem das ist.« Immerhin hatte das noch nicht geteilte Deutschland mehr als 20 Millionen

Sowjetbürger ermordet. »Wir wollen keinesfalls ein wiedervereinigtes Deutschland wie zwischen 1937 und 1945, was offensichtlich Ihre Sorge ist«, sagte Außenminister James Baker freimütiger als sein Präsident. »Das Deutschland von damals hatte mit westlichen Werten nichts gemein.« Das wollte Gorbatschow nicht so stehen lassen. Warum, hakte er ein, sollten Demokratie und Offenheit *westliche* Werte sein? Sie seien doch auch *seine* höchsten Ziele. Er brachte es auf den Punkt und fragte, auf welchen gemeinsamen Nenner sich beide Seiten einigen konnten. Während Bush noch nach Worten suchte, kam ihm Baker zu Hilfe: »Könnten wir als Kompromiss vielleicht sagen, dass dieser positive Prozess auf der Basis ›demokratischer Werte‹ abläuft?« Ärgerlicherweise endet die Aufzeichnung an dieser Stelle.

Im Februar 1990 reiste Baker nach Moskau, um Gorbatschow zu beschwichtigen. »Wir haben an Ihrer Seite gekämpft; zusammen haben wir Europa den Frieden gebracht. Bedauerlicherweise haben wir diesen Frieden schlecht verwaltet, was zum Kalten Krieg führte«, sagte Baker dem zunehmend bedrängten sowjetischen Staatschef.[13] »Nun da sich in Europa rapide und fundamentale Veränderungen vollziehen, haben wir die günstige Gelegenheit, im Interesse der Friedenssicherung zusammenzuarbeiten. Es ist mir ein großes Anliegen, dass Sie wissen: Weder der Präsident noch ich beabsichtigen, einseitige Vorteile aus den gegenwärtigen Vorgängen zu ziehen.« Ausdrücklich sagte er: »Wir verstehen, dass nicht nur die Sowjetunion, sondern auch andere europäische Staaten Garantien brauchen, dass die gegenwärtige Militärhoheit der NATO nicht einen Zoll weiter nach Osten erweitert wird, wenn die Vereinigten Staaten im Rahmen der NATO in Deutschland präsent bleiben.«

Nicht einen Zoll weiter nach Osten. Die Vereinigten Staaten machten diesbezüglich »kategorische Zusicherungen«, sagte Jack Matlock, unter Reagan und Bush amerikanischer Botschafter in Moskau.[14] Gorbatschow hörte sie klar und deutlich, und er hörte sie nicht nur einmal. Seine Antwort lautete: »Jede Erweiterung der NATO-Zone wäre inakzeptabel.« Gorbatschow vertraute auf die Zusicherungen der Amerikaner, ohne sie sich bescheinigen zu lassen: Er bekam von den Amerikanern nie etwas Schriftliches.

Zwei Wochen später flog Bundeskanzler Kohl zu Beratungen mit Bush nach Camp David, und sie wurden sich einig: Sie würden Moskau die Bedingungen für die Wiedervereinigung diktieren. Die BRD hatte zwar keine militärische Macht, aber sie konnte starken wirtschaftlichen Druck ausüben; kein anderes Land weltweit investierte mehr Kapital in der Sowjetunion und führte mehr Joint Ventures mit sowjetischen Unternehmen durch. Sie waren sich einig, dass Kohl Ostdeutschland mehr oder weniger kaufen konnte. Er würde Kapital hineinpumpen und die Sowjets für den Truppenabzug bezahlen, und das vereinigte Deutschland würde der NATO angehören. Baker rieb sich die Hände. Für ihn war dieser Schachzug das größte fremdfinanzierte Buy-out der Geschichte. Gates sprach später von einem Plan, um die Sowjets durch Bestechung zum Abzug zu zwingen.

»Wir werden das Spiel gewinnen«, sagte Bush in Camp David zu Bundeskanzler Kohl, »aber wir müssen dabei geschickt vorgehen.«[15] Bushs Gefühl, den Gang der Geschichte zu lenken, prägte das gesamte Gespräch.

»Die Sowjets sind nicht in der Position, das Verhältnis Deutschlands zur NATO zu diktieren«, sagte Bush. »Was mich beunruhigt, ist das Gerede, dass Deutschland nicht in der NATO bleiben darf. Zum Teufel damit. Wir haben uns durchgesetzt, nicht sie. Wir können nicht zulassen, dass die Sowjets ihre Niederlage in einen Sieg verwandeln.«

»Als Gegenleistung«, wandte Kohl ein, »werden sie natürlich etwas haben wollen.«

Deutschland habe »große Taschen«, entgegnete der Präsident der Vereinigten Staaten.

Deutschland trug den Löwenanteil der Kosten für den Abzug der 546000 Rotarmisten aus Deutschland – ein Exodus, der täglich 50 Truppenzüge mit jeweils 55 Waggons erforderte, mehr als drei Jahre lang – und den Bau von Wohnungen in Russland zu ihrer Unterbringung. Die unmittelbaren Kosten dieses Buy-outs – oder dieser Bestechung – betrugen über zehn Milliarden Dollar, die langfristigen Kosten waren um ein Vielfaches höher, ein spektakulärer Einsatz von Wirtschaftskraft als Mittel im politischen Krieg. Die immensen Summen spiegelten die Bedeutung des historischen Moments. Alles in allem kostete die deutsche Einheit mehr als zwei Billionen Dollar.

Der Rückzug der Roten Armee aus der Mitte Europas veränderte den Blick der amerikanischen Führung auf ihre Mission in der Welt.

Man sah den Anbruch einer neuen Ära, in der die Autorität und der Einfluss des Kremls hinter die russischen Grenzen zurückwich, um durch amerikanische Macht und Prinzipien ersetzt zu werden. »Jenseits der Eindämmung liegt die Demokratie«, erklärte James Baker am 30. März 1990 in einer Rede.[16] »Die Zeit, da die alten Diktatoren hinweggefegt wurden, geht zu Ende; jetzt ist die Zeit, neue Demokratien zu errichten. Aus diesem Grund hat Präsident Bush unsere neue Mission als Förderung und Konsolidierung der Demokratie definiert. Es ist eine Aufgabe, die sowohl den amerikanischen Idealen als auch den amerikanischen Interessen gerecht wird.« Bis zum Ende des Jahrhunderts blieb die Förderung der Demokratie eine definierende Kraft des politischen Krieges Amerikas.

Während unter ihren Füßen die Erde bebte, wurden Bush und Baker nicht müde, Gorbatschow zu beruhigen, dass die große tektonische Verschiebung kein Erdbeben sei. »Ich möchte betonen, dass unsere Politik nicht darauf abzielt, Osteuropa von der Sowjetunion abzuspalten. Diese Politik haben wir früher verfolgt. Heute sind wir daran interessiert, ein stabiles Europa aufzubauen, und zwar zusammen mit Ihnen«, sagte Baker am 18. Mai 1990 in Moskau zum sowjetischen Staatspräsidenten.[17] Aber Außenminister Eduard Schewardnadse sah das ganz anders und warnte: »Sollte das vereinigte Deutschland NATO-Mitglied werden, wird das die Perestroika kaputtmachen. Das wird uns unser Volk nicht verzeihen. Die Leute werden sagen, dass wir die Verlierer sind, nicht die Gewinner.«

Bei einem Gipfel in Washington am 31. Mai bekräftigte Bush gegenüber Gorbatschow, dass »wir Deutschland nicht zur Vereinigung drängen. Und natürlich haben wir nicht die Absicht, nicht einmal in Gedanken, der Sowjetunion zu schaden.«[18] Obwohl das nur die halbe Wahrheit war, musste Gorbatschow wohl oder übel auf Bushs gute Absichten vertrauen. Da sein Wille und sein Vermögen, die bröckelnde Architektur der Sowjetmacht zu erhalten, nahezu erschöpft waren, gab er wenige Tage später nach. (Wie er Kohl später anvertraute, hatte er, nachdem ihm die Konsequenzen voll und ganz klar geworden seien, das Gefühl gehabt, in eine Falle getappt zu sein, wenn auch in eine mit einem fetten Köder aus Geld und Krediten.[19]) Durch die auf dem Gipfel erzielte grundsätzliche Einigung wurde die Zugehörigkeit eines geeinten Deutschlands zur NATO zementiert –

und die Grenzen des Militärbündnisses nicht nur um einen Zoll, sondern um rund 108 000 Quadratkilometer nach Osten verschoben, bis an die polnische und tschechoslowakische Grenze. Es war der glorreiche Höhepunkt von 50 Jahren politischem Krieg gegen den Sowjetkommunismus und der größte Vorstoß eines Landes gegen ein anderes in Europa, seit Eisenhowers und Stalins Soldaten Nazideutschland besiegt hatten. Dies alles geschah, ohne dass auch nur ein einziger Schuss abgefeuert wurde, und es markierte das Ende einer Epoche.

»Seit Monaten hatten die Redenschreiber des Präsidenten den Satz ›Der Kalte Krieg ist vorbei‹ in seine Reden eingeflochten«, sagte der Nationale Sicherheitsberater Brent Scowcroft Jahre später.[20] »Und ich hatte ihn regelmäßig herausgestrichen. Nach diesem Gipfeltreffen kam ich zu dem Schluss, dass ich ihn diesmal stehen lassen konnte.«

Bush war nicht nur der letzte Präsident, der das zermürbende Kräftemessen des Kalten Krieges austragen musste. Er war auch der letzte Präsident, der als Soldat am Zweiten Weltkrieg teilgenommen und Kampfhandlungen miterlebt hatte, der letzte, dessen Sicht auf die Welt und Amerikas Rolle darin in den 1940er und 1950er Jahren geprägt worden war – der letzte Eisenhower-Republikaner, der letzte, dessen strategisches Denken von Kennans Konzept der politischen Kriegsführung bestimmt worden war. Und er war der letzte, der die Vereinigten Staaten mit Rückendeckung einer internationalen Allianz in die Schlacht führte.

Nach Saddam Husseins Invasion in Kuwait im August 1990 war die Planung und Ausführung des Krieges, um ihn von dort wieder zu vertreiben, mehr als nur eine Demonstration der militärischen Macht Amerikas. Als der Krieg im Januar 1991 begonnen wurde, stand der irakischen Armee eine Koalition aus 34 Staaten gegenüber, und sie alle nutzten die Kommunikationsinfrastruktur der NATO. Sechs verschiedene Typen von Kampfflugzeugen mit Piloten aus acht Nationen flogen, koordiniert über das Frequenzband der NATO, täglich bis zu 4000 Einsätze. Weder davor noch danach hat es etwas Vergleichbares gegeben. Der Krieg war eine eindrucksvolle Demonstration der Macht einer von den USA dominierten Allianz. Eine Lektion, die von den obersten Staatsorganen der Sowjets verstanden wurde.

Als der joviale, dem Alkohol zugeneigte Boris Jelzin im Juni 1991 zum Präsidenten der Russischen Teilrepublik der Sowjetunion gewählt wurde, war das Land im Begriff, in einander bekämpfende Nachfolgestaaten zu zerfallen. Ende desselben Monats besuchte Jelzin mit einer Delegation das NATO-Hauptquartier in Brüssel, wo er den NATO-Generalsekretär und ehemaligen Verteidigungsminister der Bundesrepublik Deutschland Manfred Wörner traf. Wörner gab Jelzin klar und deutlich zu verstehen, dass er und die große Mehrheit der Mitgliedsstaaten entschieden gegen die Aufnahme Polens, Ungarns und der Tschechoslowakei in ihr Bündnis waren. Sie wollten Russland nicht von Europa isolieren. Jelzin, der dringend internationale Verbündete brauchte, dachte, er habe in Wörner einen Freund gefunden, dem er vertrauen konnte. Diese Hoffnung kam einige Wochen später zum Ausdruck, als die alte Garde der Sowjetunion unter Führung des KGB-Chefs Wladimir Krjutschkow und des Verteidigungsministers Dmitri Jasow im August einen Putschversuch unternahm, um Gorbatschow zu stürzen und den Kommunismus vor dem sicheren Untergang zu bewahren. Das Weiße Haus in Moskau, Regierungssitz der Russischen Teilrepublik, wurde angegriffen.

»Am Ende des ersten Tages war unentschieden, wie der Putschversuch gegen Gorbatschow ausgehen würde«, erinnerte sich Wayne Merry, damals politischer Referent in der amerikanischen Botschaft in Moskau.[21] »An diesem Putsch war einiges sehr merkwürdig. Erstens, es war nichts am Himmel. Da waren keine Hubschrauber. Sie hatten die Luftstreitkräfte nicht unter ihrer Kontrolle. Allein die Tatsache, dass sie mitten in einem so riesigen Ballungsraum wie Moskau einen Staatsstreich durchführten und keine Hubschrauber zu sehen waren, deutete stark darauf hin, dass sie nicht alles im Griff hatten. Zweitens funktionierten im Weißen Haus noch die Telefone. Jelzin konnte also telefonieren. Was zum Teufel ist das für ein Staatsstreich, wenn man nicht einmal kontrollieren kann, wer eine Festnetzverbindung hat?«

Im NATO-Hauptquartier in Brüssel, wo Generalsekretär Wörner und sein Stellvertreter, der amerikanische Philanthrop Philip Merrill, eine Versammlung aller 16 Mitgliedsstaaten mit mehreren Hundert Teilnehmern leiteten, ging ein dringender Anruf aus Moskau ein. »Das Telefon an der Stirnseite des Tisches klingelt«, erinnerte sich Merrill.[22] »Es ist für Wörner.

›Boris? Was für ein Boris?‹

›Boris Jelzin, Idiot.‹

›Boris, schön, Ihre Stimme zu hören. Wie kann ich Ihnen helfen?‹

›Ich habe da ein Problem.‹

›Was für ein Problem?‹

›Ich bin hier in meinem Büro im Weißen Haus, das von einem Haufen Armeesoldaten umstellt ist. Ich bin mir nicht sicher, wie sich das weiterentwickelt. Die NATO muss mir helfen.‹

Wörner legte den Hörer weg und sagte: ›Was machen wir jetzt?‹«

Der Putsch brach schnell zusammen, und das war der Anfang vom Ende der Sowjetunion. Am nächsten Abend spazierte Merry zum Lubjanka-Platz, wo die KGB-Zentrale lag. Dort hatte sich eine jubelnde Menschenmenge versammelt. »Sie stürzten die riesige Statue von Felix Dserschinski, dem Gründer der sowjetischen Geheimpolizei«, sagte er.[23] »Am Himmel gab es ein Feuerwerk. Wir gingen zum Sitz des Zentralkomitees der Kommunistischen Partei am Alten Platz, dort hatten etliche Jelzin-Anhänger das Gebäude besetzt, damit die Akten nicht weggebracht oder zerstört werden konnten. Vom Hauptquartier der Kommunistischen Partei führt eine Straße zum Roten Platz, von der aus man den Fahnenmast auf dem Senatspalast im Kreml sieht. Anstelle der roten Fahne mit Hammer und Sichel flatterte die weiß-blau-rote russische Trikolore.«

Bush und sein Team für die nationale Sicherheit glaubten fast einhellig und fast bis zum Schluss, dass Gorbatschow den Sturm überstehen würde. Die Flut der Ereignisse, die die Sowjetunion mit sich riss, belehrte sie eines Besseren. Ein kleines Beispiel dafür, wie schnell die Experten gezwungen waren, das Undenkbare zu denken: Ende Oktober 1991 sagte George Kolt, der führende Sowjetexperte der CIA, gegenüber dem Weißen Haus, die Ukraine – eine Sowjetrepublik mit 50 Millionen Menschen und dem drittgrößten Atomwaffenarsenal der Welt – könne binnen fünf Jahren unabhängig werden. Sein Kollege im Nationalen Sicherheitsrat Ed Hewett hielt das für unmöglich. Sie debattierten heftig darüber. Fünf Jahre oder nie? Es passierte innerhalb von fünf Wochen.

Der letzte amerikanische Botschafter in der Sowjetunion war der smarte und wortgewandte Robert Strauss, ehemaliger Vorsitzender des Demokratischen Nationalkomitees. Er sagte zu Bush und seinen Beratern für die nationale Sicherheit, er werde bald der erste amerikanische Botschafter in Russland sein. Keiner glaubte ihm. Doch am 25. Dezember wurde im Kreml zum letzten Mal die rote Fahne mit Hammer und Sichel eingeholt, was das Ende Gorbatschows und der Sowjetunion markierte – und ein Jahr später war Bush nicht mehr im Amt. Von Botschafter Strauss stamme »ein treffendes Bild«, so Merry. »Es besagte, dass wir alle – einschließlich der russischen Führung – Pfeifen waren, die auf einem flussabwärts treibenden Baumstamm saßen und sich einbildeten, sie könnten Richtung und Ziel bestimmen.«[24] Das Ende der Sowjetunion brachte einige Gewissheiten der amerikanischen nationalen Sicherheit ins Wanken. Wie konnte Amerika ohne einen großen Feind eine große Nation sein? Wozu brauchten wir noch einen riesigen Militärapparat, der aufgebaut worden war, um den Dritten Weltkrieg gegen ein Land zu führen, das nicht mehr existierte? Und: Was war jetzt noch die Aufgabe der NATO? Als Jugoslawien implodierte und der blutigste Konflikt seit 1945 den Balkan erschütterte, hielten sich die NATO und der gesamte Westen heraus.

In dieser Zeit der schwindenden Gewissheiten betrat der nächste Präsident der Vereinigten Staaten die Bühne, Bill Clinton, der Gouverneur von Arkansas. »Der Kalte Krieg ist vorbei«, hatte Clinton auf dem Nominierungsparteitag der Demokraten im Juli 1992 verkündet. »Und unsere Werte – Freiheit, Demokratie, die Rechte des Individuums und die freie Marktwirtschaft – haben auf der ganzen Welt triumphiert.« Nur 141 seiner 4000 Wörter umfassenden Rede bezogen sich auf die Rolle Amerikas im Ausland. Soweit bekannt, hatte er sich wenig mit Außenpolitik beschäftigt, vielleicht weniger als jeder US-Präsident des 20. Jahrhunderts. Er glaubte, das große Problem Russland mit Gutmütigkeit lösen zu können, indem er mit Jelzin freundschaftlichen Umgang pflegte und ihm schmeichelte, ihn einen Demokraten nannte, obwohl er per Dekret regierte, und alles tat, um ihn zu unterstützen. Zugleich war er eine treibende Kraft für die Erweiterung der NATO, und ein solcher Vorstoß nach Osten würde mit Sicherheit Jelzins Ende bedeuten. Es waren zutiefst widersprüchliche Positionen, doch Clinton war ein hochtalentierter Politiker, charmant und manipulativ, zuweilen ein eloquenter Lügner und daher zuversichtlich, zweigleisig fahren zu können.

Auf Drängen seines Nationalen Sicherheitsberaters Anthony Lake, zu dessen Job das Auflösen von Widersprüchen gehörte, begann er, für eine Erweiterung des Militärbündnisses zu werben. Lake war ein Moralist – in Washington eine Seltenheit – oder zumindest sehr viel weniger amoralisch als die meisten seiner Kollegen oder sein neuer Chef. Anfang der 1960er Jahre, vor dem Eintreffen der amerikanischen Kampftruppen in Vietnam, war er ein hochgeschätzter Diplomat des Auswärtigen Dienstes. Zu den Lektionen, die er in Vietnam gelernt hatte, gehörte die Einsicht, dass gute Absichten zu »einem Krieg mörderischer Naivität« führen können.[25] Im Jahr 1969 fing er als Mitarbeiter Henry Kissingers im Nationalen Sicherheitsrat an und kündigte 1970 aus Protest gegen Nixons Invasion in Kambodscha. Kissinger hatte ihn im Zuge von Präsident Nixons vergeblicher Suche nach undichten Stellen abgehört. Unter Präsident Carter hatte er Kennans Posten als Direktor des Politischen Planungsstabs im Außenministerium inne. Während der Präsidentschaften von Reagan und Bush war er College-Dozent und versuchte sich im Westen von Massachusetts als Viehzüchter. Er folgte damit George Kennans Beispiel, der sich nach seiner Zeit im Außenministerium gleichfalls als Professor und Gutsbesitzer betätigte. Jetzt hatte er Kissingers ehemaligen Posten inne, und es oblag vor allem ihm zu bestimmen, wie die Vereinigten Staaten nach dem Ende des Kalten Krieges ihre globalen machtpolitischen Interessen durchsetzen sollten. Clinton mangelte es trotz seiner vielen Talente an Erfahrung und an den intellektuellen Fähigkeiten. Nach Lakes Ansicht konnte die Außenpolitik der Vereinigten Staaten zugleich realistisch und idealistisch, bedachtsam und kraftvoll, ja vielleicht sogar tugendhaft sein. »Ich glaube, Mutter Teresa und Ronald Reagan wollten beide dasselbe erreichen – Erstere, indem sie den Hilflosen half, Letzterer, indem er das Reich des Bösen bekämpfte«, sagte er einmal.[26] »Eine der schönen Seiten an diesem Job ist, dass man beides gleichzeitig tun kann und es nicht als einen Widerspruch sehen muss.« Diesbezüglich leistete er seinem Präsidenten gute Dienste. Er hatte zwei gegensätzliche Vorstellungen im Kopf, die er miteinander in Einklang zu bringen versuchte. Er hatte die besten Absichten.

Aber niemand, und schon gar nicht der Präsident, wusste, wie die Außenpolitik der Vereinigten Staaten nach dem Kalten Krieg aussehen sollte. Und so entbrannte ein Wettstreit – einer von Lakes Mitarbeitern sprach vom »Kennan-Gewinnspiel« – bei der Suche nach einem Leitprinzip, das Kennans Eindämmungspolitik ersetzen konnte, vorzugsweise unter einem kurzen, griffigen Slogan. Lake gewann mangels besserer Vorschläge, als er im September 1993 in einer Rede für die »Ausweitung der Demokratie« warb.[27] Er sagte, Amerika werde den Kreis der marktwirtschaftlich orientierten Demokratien in der Welt erweitern, und das ließe sich am besten durch die Aufnahme neuer Länder in die NATO bewerkstelligen. »Während des Kalten Krieges verstanden sogar Kinder Amerikas Sicherheitsmission; wenn sie in ihrem Klassenzimmer auf die Weltkarte schauten, wussten sie, dass wir versuchten, die schleichende Ausdehnung dieses großen roten Kleckses zu verhindern«, sagte Lake. Jetzt, so fuhr er fort, bestehe Amerikas Mission darin, den blauen Klecks der marktwirtschaftlich orientierten Demokratien mit Hilfe der NATO-Erweiterung zu vergrößern:

> Seit einem halben Jahrhundert ist die NATO das effektivste Militärbündnis der Menschheitsgeschichte … [Aber] wenn die NATO nicht bereit ist, mit der Zeit eine größere Rolle zu spielen, wird sie die öffentliche Unterstützung verlieren, und dann werden alle unsere Länder ein wichtiges Band transatlantischer und europäischer Sicherheit verlieren. Aus diesem Grund werden wir auf dem NATO-Gipfel, den der Präsident für kommenden Januar anberaumt hat, die NATO so zu modernisieren versuchen, dass mit der Ausweitung der marktwirtschaftlich orientierten Demokratien der Fortbestand einer grundlegenden kollektiven Sicherheit garantiert ist.

Im Vorfeld dieses Gipfels hatten die Spitzenbeamten für nationale Sicherheit und politische Planung im Außenministerium vorgeschlagen, 1998 Polen, Ungarn und die Tschechische Republik und 2000 die baltischen Staaten Lettland, Litauen und Estland in die NATO aufzunehmen. Für das 21. Jahrhundert verfolgten sie mit der Ukraine als Beitrittskandidat noch ehrgeizigere Pläne. Dabei waren sie sich über ihre Beweggründe durchaus im Klaren. Es ging weniger um die Ausweitung der Demokratie als um die Konfrontation mit dem Kreml. »Die Herausforderung für die NATO in der nächsten Generation«, schrieben sie, sei es, »die russische Macht einzudämmen und einzubinden«.[28] Aber wie sollte man die Russen dazu bringen, bei ihrer eigenen Eindämmung mitzuwirken? Das wusste keiner. »Das ist natürlich schwierig«, schrieben sie, »aber wir müssen die Russen einbinden.«

Gegen solche Überlegungen kam sofort Einspruch von General John Shalikashvili, dem Oberbefehlshaber der NATO-Truppen in Europa, der im Oktober 1993 Vorsitzender des Vereinigten Generalstabs der US-Streitkräfte wurde. Er war in Warschau geboren, seine Mutter war Polin, sein Vater ein georgischer Offizier und sein Großvater ein zaristischer General. Als die Rote Armee 1944 nach Westen vorrückte, floh er mit seiner Familie nach Deutschland. Shalikashvili warnte, dass die Russen die Erweiterung der NATO als existenzielle Bedrohung betrachten würden.

Die Frage, wo die Russen auf dieser neuen Weltkarte ihren Platz finden würden, blieb unbeantwortet, ebenso wie die nicht weniger heikle Frage, wie man sie einbinden konnte. Jelzins Verhalten trug nicht gerade dazu bei, das Vertrauen in eine demokratische Entwicklung in Russland zu fördern. Sein Blick war häufig getrübt. Er hatte Clinton erstmals auf einem Gipfel in Vancouver im April 1993 getroffen (die erste von 18 Begegnungen, fast so viele wie bei allen ihren Vorgängern im Kalten Krieg zusammen). An einem schönen Nachmittag unternahmen sie eine Bootsfahrt. »Wir hatten kaum abgelegt, da hatte Jelzin schon drei Scotch gekippt«, schrieb Strobe Talbott, Clintons enger Freund und wichtigster Russlandberater in seiner Regierung.[29] Auch Jelzins Abendessen war flüssig. »Jelzin begann zu lallen, er wurde rührselig (›Biiill, wir sind keine Rivalen – wir sind *Freunde*!‹).« Clinton, der bei einem alkoholkranken Stiefvater aufgewachsen war, sah es von der positiven Seite. Klar, der gute Boris sei ein Trinker, meinte er, aber er sei kein böser Trinker und außerdem in betrunkenem Zustand angenehmer als manch anderer in nüchternem.

Der polnische Staatspräsident Lech Wałęsa verstand es, Jelzins Schwäche zu seinem Vorteil zu nutzen. Wałęsa liebäugelte mit der NATO-Mitgliedschaft Polens als Bollwerk gegen Russland, auch wenn man ihm noch kein Beitrittsangebot unterbreitet hatte. Bei einem Abendessen im August, zu dem er Jelzin eingeladen hatte, floss der Wodka in Strömen. Alkoholselig räumte Jelzin im Prinzip ein, dass Polen ein souveräner Staat sei und der Allianz beitreten könne, wenn es das wolle – doch als er am nächsten Morgen wieder nüchtern war, wollte er alles zurücknehmen. Unter dem Einfluss seiner Berater schrieb er an Clinton, er sei zutiefst beunruhigt über die Aussicht, Staaten des ehemaligen Warschauer Pakts könnten Mitglieder der NATO werden. »Der Geist« des deutschen Einigungsvertrags schließe »die Option einer Ausdehnung der NATO-Zone nach Osten« aus.[30] In Russland, warnte er, würde diese Erweiterung von Hardlinern wie Gemäßigten gleichermaßen als Fortsetzung des Kalten Krieges betrachtet werden, mit allen Gefahren, die dies beinhalte.

Im Gegensatz zu Clinton hatte Anthony Lake dieses Risiko einkalkuliert. »Sollte es mit Russland tatsächlich bergab gehen und das Land nicht demokratisch werden«, so seine Überlegung, würden »nach sagen wir fünf, zehn oder 20 Jahren garantiert die Polen, die Tschechen, die Balten – für deren Einbeziehung ich mich immer leidenschaftlich eingesetzt habe – nach westlichem Schutz rufen«, erinnerte er sich zehn Jahre später.[31] »Und deshalb ist es besser, es jetzt zu tun.« Die Wirkung einer solchen Erweiterung auf den Kreml hatte er kleingeredet, obwohl ihm eine Begegnung mit seinem russischen Kollegen zu denken gegeben hatte. »Es war ein Empfang in Moskau anlässlich des Jahrestags zum Ende des Zweiten Weltkriegs. Er hatte getrunken. Ich hatte getrunken. Wir sprachen über die 25 Millionen Russen, die im Zweiten Weltkrieg gestorben waren, und er sagte: ›Wissen Sie, wir haben dieses Opfer im Zweiten Weltkrieg gebracht, und wir sind bereit, im Widerstand gegen die NATO-Erweiterung erneut dieses Opfer zu bringen.‹ Ich weiß noch, dass ich dachte: *Dieser Wodka ist wirklich gut.*«

Am 21. September 1993, am selben Tag, als Lake seine Rede über den größer werdenden blauen Klecks der Demokratie hielt, brach in Moskau die Anarchie aus. Jelzin, dem angesichts der wachsenden politischen Opposition von Nationalisten und Neofaschisten die Macht entglitt, löste das russische Parlament auf. Das verstieß gegen die Verfassung, weshalb das Parlament ein Amtsenthebungsverfahren gegen ihn einleitete und ihn absetzte. Es kam zu Straßenprotesten mit Horden von Demonstranten, die Sowjetfahnen und Stalin-Porträts trugen, gefolgt von blutigen Zusammenstößen. In den nächsten zehn Tagen starben auf den Straßen Moskaus 187 Menschen. Am 3. Oktober ordnete Jelzin den Beschuss des Parlaments an, um den Widerstand zu brechen, und ließ ein Loch in das russische Weiße Haus sprengen. Am selben Tag schossen somalische Rebellen in Mogadischu einen Black-Hawk-Hubschrauber ab, töteten dabei 18 Amerikaner, deren humanitäre Mission sich zu einer Aufstandsbekämpfung entwickelt hatte, und schleiften die verkohlten Leichen der gefallenen Soldaten durch die Straßen. Diese zeitgleich stattfindenden Katastrophen dämpften die Hoffnung, dass die amerikanische Demokratie das Gesicht der Welt prägen würde. Am 6. Oktober sagte Clinton zu Talbott: »Mann, wie ich den Kalten Krieg vermisse!«[32]

Nicht einmal ein Jahr nach seiner Wahl war Clinton angeschlagen, seine Popularität schwand zusehends, seine Regierung schwächelte. Die Welt, mit der er konfrontiert war, ließ sich nicht so einfach nach dem Vorbild Amerikas umgestalten. Er brauchte einen außenpolitischen Sieg im Namen der amerikanischen Demokratie, etwas, womit er den Kalten Krieg hinter sich lassen und eine neue Ära einläuten konnte. Zu Jahresbeginn 1994 sah sein Terminkalender einen NATO-Gipfel in Brüssel, ein Treffen mit Jelzin in Moskau und eine Konferenz in Prag mit den polnischen, tschechischen und ungarischen Staatschefs vor, denen er den NATO-Beitritt anbieten wollte – wohl wissend, dass er dadurch die Beziehungen zu Russland aufs Spiel setzte. War es das Risiko wert? Das Pentagon und große Teile des Außenministeriums verneinten und warben für eine Alternative: die Partnerschaft für den Frieden. Die 1990 nach Unterzeichnung des deutsch-deutschen Einigungsvertrags konzipierte Partnerschaft sah eine militärische Zusammenarbeit mit Russland und den sieben ehemaligen Warschauer-Pakt-Staaten vor, ihre Teilnahme an NATO-Gremien ohne Beitritt zum Bündnis, den Informationsaustausch, nicht jedoch das Teilen von Macht. Im Gegenzug verpflichteten sie sich zu einer zivilen Kontrolle ihrer Streitkräfte, der Transparenz ihrer Verteidigungshaushalte und dem Grundsatz der Verteidigung, nicht des Angriffs. Clinton versuchte wie üblich, beides zu bekommen. Es würde ein gewisses Maß an Doppelzüngigkeit erfordern, um Jelzin die Partnerschaft schmackhaft zu machen, während man hinter seinem Rücken mit Warschau, Prag und Budapest einen Pakt schmiedete.

Außenminister Warren Christopher und Talbott flogen nach Russland, nachdem sie von dem diplomatischen Geschäftsträger in Moskau, James F. Collins, ein ernüchterndes Memorandum mit der Warnung erhalten hatten, die NATO sei »für die Russen ein neuralgisches Thema. Sie befürchten, bei einer neuen Aufteilung Europas auf der falschen Seite zu landen, falls rasche Entscheidungen getroffen werden. Wenn die NATO eine Strategie der Expansion nach Mittel- und Osteuropa verfolgt, wie nuanciert auch immer, ohne Russland die Tür offen zu halten, würde man dies in Moskau allgemein als einzig und allein gegen Russland gerichtet interpretieren.«[33] Am 22. Oktober 1993 flogen sie mit einem Hubschrauber zu einer im Wald gelegenen Datscha, einer ehemaligen Jagdhütte Stalins, wo sie in einen überhitzten Wintergarten voller ausgestopfter Tiere geführt wurden. Jelzin, der keine drei Wochen zuvor mit roher Gewalt einen Staatstreich abgewendet hatte, war in schlechter Verfassung. Er roch nach Alkohol.

Christopher versicherte ihm, dass Russland »volle Mitbestimmung bei der zukünftigen Sicherheit Europas« erhalten werde.[34] Die Partnerschaft für den Frieden stehe allen ehemaligen Sowjet- und Warschauer-Pakt-Staaten offen, und »es gebe keine Bestrebungen, jemanden auszuschließen«. Jelzin vergewisserte sich, dass er es richtig verstanden hatte: Es sei eine Partnerschaft für alle und nicht die NATO-Mitgliedschaft für einige wenige? »So ist es«, sagte Christopher. »Eine brillante Idee«, antwortete Jelzin, »ein Geniestreich! Das trägt dazu bei, die Spannungen abzubauen, die wir jetzt in Russland hinsichtlich der osteuropäischen Staaten und ihrer NATO-Ambitionen haben. Es wäre für Russland ein Problem gewesen, vor allem wenn wir dadurch auf einen zweitklassigen Status herabgestuft worden wären. Jetzt, mit Ihrer neuen Idee, sind wir alle gleich.« Jelzin war hocherfreut. »Wirklich hervorragend«, sagte er. »Sagen Sie Bill, dass ich begeistert bin.«

Seine Begeisterung war bald verflogen. Am 12. Januar 1994 konferierte Clinton mit den Führern der Visegrád-Staaten Polen, Tschechien, Slowakei und Ungarn auf der Prager Burg und verkündete danach, dass sich die Spielregeln geändert hätten. Er sagte: »Jetzt lautet die Frage nicht mehr, ob die NATO neue Mitglieder aufnehmen wird, sondern wann und wie.«[35] *Nicht ob, sondern wann und wie* war das glatte Gegenteil von *Nicht einen Zoll weiter nach Osten.*

Wayne Merry kümmerte sich in der amerikanischen Botschaft in Moskau um die politische Berichterstattung. In einer Hand hielt er eine offizielle Erklärung des Außenministeriums mit einer Zusammenfassung dessen, was Clinton und Christopher zu Jelzin gesagt hatten. In der anderen hielt er den Bericht der Warschauer Botschaft, in dem stand, was der Präsident zu den Polen gesagt hatte. »Der Gegensatz war ziemlich krass, genau wie unsere Doppelzüngigkeit«, sagte er.[36] »Die Polen und andere posaunten in die Welt hinaus, sie hätten eine baldige Aufnahme in die NATO erreicht, daher wussten die Russen, dass wir sie mehr oder weniger angelogen hatten. Ich habe nie verstanden, warum wir das gemacht haben. Es wäre viel besser gewesen, Jelzin die Wahrheit zu sagen und mit Moskau daran zu arbeiten, wie man die Beziehungen zwischen der NATO und Russland verbessern könnte. Ich glaube, es war typisch für die Clinton-Regierung, dass sie, besonders hinsichtlich ihrer Beziehungen zu Russland, dachte, sie könnte beides haben: die Russen in einer für sie sehr wichtigen Angelegenheit ungeniert hintergehen, ohne einen Teil ihres Vertrauens in unser Wort und unsere Absichten einzubüßen. Gute Diplomatie bedeutet nicht, wie es oft heißt, für sein Land zu lügen. Gute Diplomatie bedeutet, dass die anderen wissen, dass man zu seinem Wort steht.«

Die letzten von einer halben Million russischer Soldaten, viele davon Offiziere, waren von Deutschland in ihre Heimat zurückgekehrt, wo Tausende von ihnen mit ihren Familien jahrelang in Güterwagen und Zelten hausen mussten. Der Sieg der Sowjets über Nazideutschland 50 Jahre zuvor, als die Rote Armee Richtung Berlin marschiert war, schien jetzt wie ein Film rückwärts abgespielt zu werden. Der Abzug der Russen wurde am 31. August 1994 mit einem Festakt in Berlin gekrönt. Bundeskanzler Helmut Kohl fand feierliche Worte über die Leiden der Sowjetbürger im Krieg. Jelzin, der wieder einmal betrunken war, nahm dem Dirigenten des Berliner Polizeiorchesters, das den Soldaten ein Ständchen brachte, den Taktstock ab, riss das Mikrophon an sich und versuchte, das Publikum zum Singen zu animieren. Es war eine Demütigung für die russische Nation. Doch es sollte noch schlimmer kommen.

Die Clinton-Regierung hatte nicht nur die Russen getäuscht, sie fiel auch der Selbsttäuschung zum Opfer. »Die NATO-Erweiterung wird, wenn sie stattfindet, per definitionem Bestrafung oder ›Neo-Containment‹ des bösen Bären sein«, schrieb Talbott an Christopher.[37] »Unser derzeitiger Standpunkt basiert auf dem Satz, dass eine erweiterte NATO nicht gegen Russland gerichtet sein wird«, fuhr er fort. Aber »haben wir das wirklich voll und ganz geglaubt? Die Polen und die Tschechen mit Sicherheit nicht.«[38] Die Historikerin Mary Elise Sarotte erreichte die Freigabe dieser und anderer Geheimdokumente aus 25 Jahre alten diplomatischen Akten und veröffentlichte sie im Juli 2019 in der Zeitschrift *International Security*. Darin enthalten waren unter anderem Talbotts Überlegungen zum Stand der Dinge mit Russland. Talbott, unter Clinton sieben Jahre lang Vizeaußenminister, war von Beruf Journalist und nicht Diplomat. Unter Reagan und Bush war er Chefkorrespondent für sowjetisch-amerikanische Beziehungen beim Magazin *Time* gewesen und hatte vier einschlägige Bücher geschrieben. Er bewunderte Kennan zutiefst und schwang wie dieser gern große Reden. »Wir und die Sowjetunion sind uns [am Ende des Kalten Krieges] nicht auf halbem Weg entgegengekommen, und wir und Russland werden das auch nicht tun«, schrieb er nun. »Entweder kommt Russland auf uns zu oder eben nicht, und in diesem Fall wird es untergehen wie schon die UdSSR.« Vizepräsident Al Gore hatte zu Jelzin gesagt, die Beziehungen zwischen den Vereinigten Staaten und Russland ähnelten dem Andocken der amerikanischen Raumfähre an die russische Raumstation Mir, die ihre Umlaufbahnen einander annähern müssten, während sie sich synchron aufeinander zubewegten. Das sah Talbott anders: »Russland muss auf uns zugehen und sich unserer Art, die Dinge zu erledigen, anpassen.«[39] Dies könne wie »eine unliebsame Bestätigung unserer Doktrin des ›Exzeptionalismus‹« erscheinen. Und wenn schon? »Tja, Pech gehabt. So sind wir nun mal; so sind die Vereinigten Staaten. Wir sind exzeptionell«, schrieb der Russland-Experte.

Die Doktrin des Exzeptionalismus war der tiefverwurzelte Glaube, dass Amerika, in den Worten Abraham Lincolns, die letzte, beste Hoffnung auf Erden sei. Eine andere Denkströmung reichte noch weiter zurück. Alexander Hamilton schrieb 1787, dass Amerika keine Ausnahme sei in der Geschichte der einander bekämpfenden Imperien, in einer Chronik von Kriegen, die so alt sei wie das Christentum, in Jahrhunderten der Torheit mit kurz aufblitzendem Ruhm. »Haben wir nicht schon zur Genüge erfahren, wie verfänglich und verstiegen solche nichtigen Theorien sind, die uns die Befreiung von allen Unvollkommenheiten, Schwächen und Übeln versprechen, welche der menschlichen Gesellschaft in jeder ihrer Gestalten anhaften? Ist es nicht Zeit, aus dem trügerischen Traum vom goldenen Zeitalter zu erwachen und es zur praktischen Maxime unseres politischen Verhaltens zu machen, dass wir – ebenso wie die anderen Bewohner dieses Planeten – noch weit entfernt sind vom Reich vollkommener Weisheit und Tugend?«[40]

Als die führenden Politiker Amerikas blinzelnd in die Dämmerung eines vermeintlich neuen Zeitalters blickten, sahen sie ihr Land als jenes weise und tugendhafte Reich. Die restliche Welt musste Amerika ähnlicher werden, ob es ihr gefiel oder nicht.

Talbott schrieb dem Außenminister, für ihn seien die Vereinigten Staaten ein Leuchtturm, der den Russen den wahren Weg hin zu »demokratischen Wahlen, Pressefreiheit, Pluralismus, offenen Märkten, einer Zivilgesellschaft, Rechtsstaatlichkeit, einer unabhängigen Gerichtsbarkeit, Gewaltenteilung und Rechten von Minderheiten« weise. Und dieses Licht solle die »klapprige, leckende, überdimensionale, kanonenbestückte Fregatte Russland mit ihrem stinkenden Kielraum, ihrem erratischen, autokratischen Kapitän und ihrer zur Hälfte meuternden Mannschaft« zu einem Hafen am Horizont leiten. Wenn eine Neugestaltung der Welt ohne die Vereinigten Staaten unvorstellbar war, so machte Clinton Jelzin zu einem unersetzlichen Partner auf dem Weg zu diesem Ziel, mochte sein persönliches Verhalten auch unverbesserlich und sein politischer Kurs unvertretbar sein.

Der Admiral der rostigen russischen Fregatte hatte sich auf die Partnerschaft für den Frieden eingelassen und sollte am Ende des Sommers 1994 zu seinem ersten offiziellen Besuch im Weißen Haus eintreffen. Clinton hatte zu seinen Beratern gesagt, er habe es satt, immer nur über die »Ära nach dem Kalten Krieg« zu reden, wo es um das gehe, was hinter einem und nicht um das, was vor einem liege. Er wollte nach vorne schauen, auch wenn er keinen konkreten Plan hatte, wie der Übergang ins 21. Jahrhundert aussehen könnte. Seinem Gefühl nach steuerte seine Regierung mit eingeschaltetem Autopilot einer unsicheren Zukunft entgegen, und die größte Unsicherheit, so sagte er seinem außenpolitischen Beraterstab, sei »das Riesendurcheinander in Russland, das einen befürchten lässt, dass alles auseinanderbricht«.[41] Am 26. September traf Jelzin in Washington ein und verließ schwankend das Flugzeug. Er logierte im Blair House an der Pennsylvania Avenue gegenüber der Executive Mansion, und laut Talbott war er in jener Nacht »stockbesoffen, torkelte in Unterhosen von Zimmer zu Zimmer«, tauchte auf dem Treppenabsatz auf und schrie »Pizza! Pizza!«.[42] Dann, beim Lunch im Weißen Haus, gestand Clinton Jelzin die unangenehme Wahrheit: Die NATO rückte nach Osten vor. »Wir werden das vorantreiben«, sagte er.[43] Im nächsten Atemzug beharrte er darauf, dass die »NATO-Erweiterung nicht antirussisch ist«. Und er stellte in Aussicht, dass eines Tages auch Russland beitreten könne – eine falsche Hoffnung, da der Beitritt ein demokratisches politisches System voraussetzte, was Russland nicht besaß. Jelzin hatte zu dem Thema wenig Substanzielles beizutragen. Doch am Ende des Tages lud er Clinton aus heiterem Himmel ein, im Dezember in Budapest an einem KSZE-Gipfeltreffen mit 52 Ländern teilzunehmen. Dort sollte Clinton seine Antwort bekommen.

Ein paar Tage vor der Konferenz in Budapest fand ein Treffen der NATO-Außenminister in Brüssel statt, wo die Erweiterung, wie von Amerika gewünscht, beschlossen wurde. Jelzin reagierte mit einem frostigen Brief an Clinton mit der Warnung, der Schritt werde »nicht nur in Russland als Beginn einer neuen Teilung Europas interpretiert werden«.[44]

Clinton hatte vor seinem Flug nach Budapest anderes im Kopf. Ihn beschäftigte die historische Niederlage, die die Demokraten bei den Zwischenwahlen im November erlitten hatten. Die Wähler hatten Clinton für seine gescheiterte Gesundheitsreform und seine außenpolitischen Debakel abgestraft. Zum ersten Mal seit 1952 hatten die Republikaner im Repräsentantenhaus eine überwältigende Mehrheit errungen. Damit strebten sie an, ihren konservativen »Vertrag mit Amerika« umzusetzen und außenpolitisch insbesondere mit der Aufnahme ehemaliger Warschauer-Pakt-Staaten in die NATO einen aggressiven Kurs zu fahren. Einer der ersten Tagesordnungspunkte im neuen Kongress war die Verabschiedung des NATO Expansion Act, der ein ausdrückliches Beitrittsangebot an Polen, Ungarn und die Tschechische Republik beinhaltete. Dies verstärkte Russlands Gefühl, dass die Amerikaner den Bären nicht nur in einen Käfig sperren, sondern ihm auch noch die Augen ausstechen wollten.

Clinton hatte zu Jelzin gesagt, »erstmals seit dem Aufstieg der Nationalstaaten« könnten sie jetzt gemeinsam die Bedingungen dafür schaffen, »dass der gesamte europäische Kontinent in Frieden lebt«.[45] Der Kalte Krieg sei vorbei, hatte Clinton bei Dutzenden Gelegenheiten erklärt, und mit dieser glorreichen Errungenschaft würden auch die Kriege des 20. Jahrhunderts in Europa ein Ende finden. Statt um Kriege zu führen, gehe es nun darum, den Frieden zu sichern, und zwar mit Hilfe der Vereinten Nationen, der NATO und vielleicht eines Tages der Partnerschaft für den Frieden.

Bei dieser Vision – und dem ganzen Konzept der künftigen Partnerschaft – blieben ein paar nüchterne, harte Fakten unberücksichtigt.

Die großen Kriege des 20. Jahrhunderts hatten alle in der Mitte Europas ihren Ausgang genommen, und einer hatte den nächsten zur Folge gehabt, der Erste den Zweiten Weltkrieg und dieser wiederum den Kalten Krieg. Und jedes Mal lag die Ursache darin, dass Sieger und Verlierer es versäumten, einen dauerhaften Frieden zu schaffen. Auch der Frieden, der auf den Kalten Krieg folgte, erwies sich als flüchtig. Beim Zerfall Jugoslawiens 1991 kam es zu den blutigsten Kämpfen in Europa seit dem Zweiten Weltkrieg. Der serbische Präsident Slobodan Milošević hatte die überwiegend muslimischen Städte und Dörfer Bosniens so erbarmungslos angegriffen, dass vier Millionen Menschen in die Flucht getrieben, verwundet oder getötet wurden. Jelzins Rückhalt für seinen slawischen Kollegen Milošević war unerschütterlich; Russland blockierte regelmäßig Resolutionen des UN-Sicherheitsrats gegen Serbien.

Amerika und die NATO zauderten, als der Balkan brannte und unschuldige Zivilisten starben. Die Schlagkraft der NATO-Luftstreitkräfte hätte die Serben abgeschreckt und unzählige Leben gerettet. Doch es ist eine bleibende Schande für die Amerikaner und die Europäer, dass weder Bush noch Clinton noch der Staatschef irgendeines anderen NATO-Staates willens waren, einzugreifen. In den Jahren 1993 und 1994 leistete die NATO einen kümmerlichen Beitrag – nicht viel mehr als logistische Unterstützung für eine UN-Mission zur Friedenssicherung, deren robuste militärische Einsatzregeln im UN-Hauptquartier in New York regelmäßig zurückgenommen wurden. Jetzt wiesen Clinton und sein Team für die nationale Sicherheit alle Forderungen nach einem Eingreifen zurück. »Ich wollte, dass wir Luftschläge führen, aber sie lehnten es ab«, sagte Warren Zimmermann, unter Bush amerikanischer Botschafter in Jugoslawien. Unter Clinton trat er aus Protest von seinem Posten als Leiter des Flüchtlingsbüros im Außenministerium zurück.[46] »Sie lehnten es nicht nur ab, sondern griffen zu Täuschung und Ausflüchten, um so zu tun, als würden wir eine harte Politik vertreten, obwohl es gar nicht stimmte.« Seiner Berechnung nach hätte eine Bombardierung der Serben hunderttausend Zivilisten vor dem sicheren Tod bewahren können. »Und so ging es weiter: Woche für Woche gingen die Serben brutal gegen die bosnischen Muslime vor«, schrieb Talbott, »während der Westen Warnungen aussprach und Russland alles tat, um zu verhindern, dass wir aus unseren Drohungen Ernst machten.«[47]

Am 5. Dezember 1994 hielt Clinton seine Rede auf dem KSZE-Gipfel in Budapest, vor Müdigkeit stammelnd, weil er die ganze Nacht im Flugzeug verbracht hatte. »Die NATO-Erweiterung«, sagte er, »wird allen europäischen Staaten mehr Sicherheit bringen, denn sie ist keine aggressive, sondern eine offensive Organisation.«[48] Er meinte wohl »defensiv«. Nach ihm trat Jelzin ans Rednerpult. Er sagte, die Russen würden es nicht dulden, isoliert zu werden. Sie würden sich nicht von einer neuen Weltordnung in Europa ausschließen lassen. Die Erweiterung der NATO habe eine spalterische Kraft und sei befeuert von der Logik des Kalten Krieges. Und dann ging er auf Russlands alte Feinde los: »Europa riskiert, sich einen kalten Frieden aufzubürden, noch ehe es das Erbe des Kalten Krieges abgeschüttelt hat.«[49] Stunden später, auf dem Rückflug mit der Air Force One, schäumte Clinton, man habe ihn überrumpelt, sei ihm in den Rücken gefallen. Er wusste, dass *kalter Frieden* nun das Etikett war, das seiner Ära anhaften würde.

Dennoch hörte er nicht auf, Jelzin zu umwerben, als er im Mai 1995 zum 50. Jahrestag des Endes des Zweiten Weltkriegs nach Moskau flog. Allmählich begann Jelzin sich für Clintons Schmusekurs zu erwärmen. Beide waren geopolitisch voneinander abhängig: Jelzin brauchte die politische und finanzielle Unterstützung der Vereinigten Staaten, um 1996 wiedergewählt zu werden, und Clinton lag viel an Jelzins Sieg, nicht nur weil er die Kommunisten und Neofaschisten vom Kreml fernhalten wollte, sondern um seiner eigenen politischen Zukunft willen. »Wir mussten aufpassen, dass Jelzins Niederlage nicht als Clintons Niederlage wahrgenommen werden würde«, sagte Talbott.[50] Clinton wusste, falls Jelzin scheiterte, würde man ihm im

Wahlkampf vorwerfen, die Sache mit Russland vermasselt zu haben. Sein Kumpel Boris sollte ja zur NATO sagen, auch wenn von ihm und seinen Ministern ein immer entschiedeneres *njet* kam.

»Eine Zustimmung«, erklärte Jelzin unumwunden, »wäre für mich ein Verrat am russischen Volk ... Wenn du so weitermachst, sehe ich für Russland nur Demütigung.« Er schlug einen Ausweg vor: »Du und ich steuern auf Wahlen zu. Die Extremisten und Hardliner auf beiden Seiten nutzen dieses Thema für ihre eigenen Ziele aus. Ich werde deswegen von rechts und von links angegriffen ... Warum verschieben wir also nicht alle Veränderungen bei der NATO bis 1999 oder 2000.«[51]

Clinton versuchte, ihn zu überzeugen: »Die Frage ist, brauchen die Vereinigten Staaten nach dem Ende des Kalten Krieges neben einer politischen und wirtschaftlichen Beziehung auch weiterhin eine Sicherheitsbeziehung zu Europa?«

»Da habe ich meine Zweifel«, antwortete Jelzin.

»Um eins klarzustellen, Boris: Ich feilsche nicht mit dir«, entgegnete Clinton. Dabei tat er das glatte Gegenteil.

Clinton gab Jelzin seine uneingeschränkte und unerschütterliche persönliche und finanzielle Unterstützung und war damit der erste und einzige amerikanische Präsident, der offen für seinen russischen Kollegen Wahlkampf machte. Er stellte Jelzin als Verkörperung der russischen Demokratie dar, was man nicht mehr Diplomatie nennen kann, sondern als pures Wunschdenken bezeichnen muss. Während Russlands Militär in der abtrünnigen Republik Tschetschenien Tausende Zivilisten niedermetzelte, stand Clinton in Moskau an Jelzins Seite und verglich ihn unglaublicherweise mit Abraham Lincoln während des Amerikanischen Bürgerkriegs. Er brachte den Internationalen Währungsfonds dazu, Milliarden Dollar nach Russland zu pumpen. Das Geld diente dazu, Clintons Wunschkandidaten in Moskau zu stützen und die Illusion aufrechtzuerhalten, dass eine freie Marktwirtschaft in Russland funktionierte. Was nicht der Fall war. Die Russen fühlten sich wie Laborratten in einem von politischen Wissenschaftlern erdachten ökonomischen Experiment. Die politische Führung Amerikas predigte, dass Kapitalismus zu Demokratie und freie Märkte zu Freiheit führten; das sei so sicher, wie auf die Nacht der Tag folge. Doch es erwies sich als Hirngespinst. Der amerikanische Traum, eine starke Dosis entfesselter Kapitalismus würde Rechtsstaatlichkeit nach sich ziehen, trug dazu bei, dass im Kampf um das postsowjetische Russland das politische Gangstertum siegte.

Jelzin hatte keinen Hehl daraus gemacht, dass er Geld brauchte, viel Geld. Er bat Clinton, seinen Einfluss beim IWF dahingehend zu nutzen, dass der Kredit »vielleicht ein bisschen erhöht wird – von 9 auf 13 Milliarden Dollar –, um in dieser sehr wichtigen Vorwahlsituation den sozialen Problemen begegnen zu können«.[52] Clinton kam seiner Bitte nach. Im März 1996 sagte der IWF Russland 10,2 Milliarden Dollar zu, verteilt auf drei Jahre, vier Milliarden davon im ersten Jahr; man hatte also in letzter Minute auf die geplanten neun Milliarden noch einmal 1,2 Milliarden Dollar draufgelegt. Und im Mai feilschte Jelzin um noch mehr Geld: »Bill, für meinen Wahlkampf brauche ich dringend einen Kredit über 2,5 Milliarden Dollar für Russland.«[53] Es ist schwer zu sagen, ob Jelzin den Geldsegen noch rechtzeitig erhielt, um seine politische Maschinerie ölen zu können. Wichtiger war die Wahrnehmung in der Bevölkerung, dass er in einer Zeit der Dauerkrisen für Mütterchen Russland sorgen konnte. Dabei half ihm vor allem, dass Clinton wegsah, als Jelzin sein korruptes »Kredite-für-Aktien-Programm« ins Leben rief. Mit diesem Programm erhielten Russlands neue Oligarchen Eigentumsanteile an staatlichen Unternehmen der Energie- und Mineralindustrie und gewährten Jelzin im Gegenzug politische und finanzielle Unterstützung. Einen solchen ungezügelten Marktkapitalismus hatte man in den Vereinigten Staaten nicht mehr erlebt, seit John D. Rockefeller, J. P. Morgan und die anderen Räuberbarone Ende des 19. Jahrhunderts ihre Imperien schufen. Das desaströse Privatisierungsprogramm beschleunigte das Ende der Reformen. Unter Jelzin sank der wirtschaftliche Wohlstand des Landes um über 40 Prozent, ein Kollaps doppelt so schwer wie die Große Depression in den Vereinigten Staaten und von dreimal so langer Dauer.[54] Russland war nicht auf dem Weg zur Demokratie, sondern zu einem Paradies für Diebe, in dem die Lieblingsgangster des Kremls die Bodenschätze des Landes abbauten, das erwirtschaftete Geld wuschen und in Luxusgüter im Ausland steckten.

Als Jelzin sich im Juli 1996 in einer Stichwahl gegen den kommunistischen Kandidaten durchsetzte, teilte Clinton dem stellvertretenden russischen Außenminister mit, dass man im Weißen Haus vor Freude tanze. Die Unterstützung Jelzins um jeden Preis war das Herzstück von Clintons Außenpolitik gewesen. Doch Tage später rang Jelzin mit dem Tod. Bei seiner Amtseinführung im August konnte er sich kaum auf den Beinen halten und nur mit Mühe sprechen. Sein Herz machte nicht mehr mit. Er verschwand von der Bildfläche, ehe er im November in einer siebenstündigen Operation fünf Bypässe erhielt. Danach sah und hörte man monatelang nichts mehr von ihm.

Clinton wurde im November 1996 wiedergewählt. Er war der erste Demokrat seit Roosevelt, der eine zweite Amtszeit errang. Großen Anteil daran hatte die Unterstützung katholischer Bevölkerungsgruppen mit Wurzeln in Mitteleuropa. Vor allem dank der polnischen Diaspora gewann er in Wisconsin und Michigan. In Detroit hatte er zwei Wochen vor der Wahl im Polish Village Café zu Mittag gegessen, wo es nach Kohlrouladen, Pierogi und Sauerkraut roch. Und am selben Tag verkündete er zum ersten Mal öffentlich, dass die NATO anlässlich ihres 50. Geburtstags und zehn Jahre nach dem Fall der Berliner Mauer ihre alten Feinde des Warschauer Pakts willkommen heißen würde.

In Moskau bereitete Jewgeni Primakow, Jelzins Außenminister und späterer Ministerpräsident, Russland auf diese Realität vor. Primakow hatte zwischen 1956 und 1970, getarnt als Radiojournalist und Auslandskorrespondent der *Prawda*, für den KGB spioniert und Spionagemissionen in den Vereinigten Staaten und im Nahen Osten durchgeführt. Unter Jelzin war er fünf Jahre lang Direktor des russischen Auslandsnachrichtendiensts und stand an der Spitze eines Kaders ehemaliger KGB-Offiziere, die nun zunehmend politischen Einfluss gewannen. Am 31. Januar 1997 sagte Primakow dem Sprecher der Duma, des russischen Parlaments, dass »unsere Position im Hinblick auf die NATO-Erweiterung unverändert ablehnend bleibt … insbesondere was eine mögliche Verlagerung der militärischen Infrastruktur der NATO nach Osten betrifft«.[55] Diese Entscheidung, so Primakow, werde »die Gestalt Europas für Jahrzehnte definieren«; die »historische Verantwortung« für die Folgen würden Politiker tragen, die heute an der Macht seien.

Das Verhältnis zwischen Clinton und Jelzin war 1997 geprägt vom amerikanischen Schmusekurs. Clinton verschaffte Jelzin Zugang zu glanzvollen Institutionen westlicher Macht wie der G7, einem Zusammenschluss der führenden Industrienationen der Welt, auf die rund die Hälfte des weltweiten Bruttoinlandsprodukts entfiel. Aus der G7 wurde die G8, und so blieb es, bis Russland nach Putins Annexion der Krim 2014 ausgeschlossen wurde. Russland, dessen Wirtschaftsleistung nur etwa ein Fünftel der Wirtschaftsleistung Kaliforniens betrug, hatte eigentlich kein Recht auf Aufnahme in den Club. Auch wenn Jelzin sich über die Einladung freute, kühlten seine Gefühle bald ab, und das Problem war natürlich die NATO.

Anfang 1998 zog der serbische Machthaber Slobodan Milošević in eine neue Schlacht in dem 600-jährigen Krieg der Serben gegen die Kosovaren. Der Kosovo, bis 1912 Teil des Osmanischen Reichs, gehörte jetzt zu Serbien, und die 1,5 Millionen Kosovaren strebten nach Unabhängigkeit. Sie waren ethnisch Albaner und kulturell Muslime, wenn auch nicht gläubig. Sie tranken Wein, aßen Schweinefleisch und beteten, wenn überhaupt, nicht fünfmal am Tag. Milošević stellte sie dennoch als islamische Terroristen dar, und Jelzin übernahm diese Verunglimpfung. Als die selbsternannte UÇK, die Befreiungsarme des Kosovo, Miloševićs Truppen angriff, reagierte er mit einem Massaker. Mehr als eine Million flohen vor seinen ethnischen Säuberungen, denen über 10 000 Menschen zum Opfer fielen. Die NATO bemühte sich 1998 vergeblich, den Frieden im Kosovo zu sichern. Clinton rief Jelzin am 15. Juni aus dem Oval Office an und versuchte, einen gemeinsamen Nenner zu finden. Es gelang ihm nicht. Das gewaltsame Eingreifen der NATO sei unzulässig, sagte Jelzin. Der bestürzte Clinton erwiderte, vielleicht könne man bei den Vereinten Nationen eine Lösung finden. Eine Hoffnung, die sich nicht erfüllte.

Im Herbst 1998 verließ beide das Glück. Russland befand sich fest im Griff einer lähmenden Finanzkrise, die Jelzin nicht zu lösen imstande war. Sein politisches Ansehen sollte sich nie mehr erholen. Die Russen hatten genug von seiner Schwäche, genug von seinen erfolglosen Flirts mit der freien Marktwirtschaft, genug von den amerikanischen Versuchen, ihnen die Demokratie aufzuzwingen. Clinton hatte sich seine Probleme selbst zuzuschreiben, ihm wurde seine mangelnde Wahrheitsliebe zum Verhängnis. Als er über seine sexuelle Beziehung zu einer Praktikantin im Weißen Haus befragt wurde, leistete er einen Meineid. Das Repräsentantenhaus eröffnete am 8. Oktober die Anhörungen und stimmte schließlich am 19. Dezember mit knapper republikanischer Mehrheit dafür, wegen Justizbehinderung und Meineid ein Amtsenthebungsverfahren gegen Clinton einzuleiten. (Die Scheinheiligkeit der republikanischen Führungsriege war nicht zu überbieten: Newt Gingrich, der Sprecher des Repräsentantenhauses, hatte eine außereheliche Affäre, ebenso sein designierter Nachfolger, der Abgeordnete Robert Livingston; beide traten Anfang 1999 zurück. Der nächste republikanische Sprecher des Repräsentantenhauses, Dennis Hastert, war der ranghöchste amerikanische Politiker der Geschichte, der ins Gefängnis kam. Er wurde später wegen sexueller Belästigung von Jungen im Teenageralter zu einer Haftstrafe verurteilt.) Der Senat votierte am 12. Februar 1999 gegen eine Amtsenthebung, und als der Kongress wieder zum Tagesgeschäft überging, war Clintons Popularität so groß wie nie zuvor.

Einen Monat später, am 12. März, versammelten sich die US-Außenministerin Madeleine Albright und die Außenminister Polens, Ungarns und der Tschechischen Republik in der Truman Presidential Library in Independence, Missouri, wo die Minister die Beitrittsurkunden zur NATO unterzeichneten. Bulgarien, Estland, Lettland, Litauen, Rumänien, die Slowakei und Slowenien, alle ehemals Teil des Sowjetimperiums, waren die nächsten Kandidaten, und die Ukraine machte sich ebenfalls bereit. Albright, die in Prag geboren und nach der kommunistischen Machtübernahme 1948 mit ihren Eltern in die USA geflohen war, erklärte, die Allianz werde nun »für Europas Osten das tun, was die NATO bereits für Europas Westen getan hat: Wir werden weiterhin stetig und systematisch die Grenze ausradieren, die Stalin mit seinem blutigen Stiefel in Europa gezogen hat, ohne sie durch eine andere Grenze zu ersetzen.«[56] *Ausradieren, ohne sie zu ersetzen* war eine diplomatische Formulierung für die neun Jahre währenden Bemühungen der Vereinigten Staaten, ihren Einfluss und ihre Macht in der Welt auszudehnen.

Bereits elf Tage später startete die erste Mission der erweiterten NATO. Es war ein kriegerischer Akt im Namen des Friedens: die Bombardierung einer europäischen Hauptstadt mit dem Ziel, die fortgesetzten Angriffe Miloševićs und der Serben zu stoppen. Dreieinhalb Stunden, bevor die ersten Bomben auf Belgrad fielen, rief Clinton Jelzin an. Tausend NATO-Flugzeuge, die meisten amerikanische

Maschinen, waren gefechtsbereit; die deutsche Luftwaffe rüstete sich für ihren ersten Kampfeinsatz seit dem Zweiten Weltkrieg.

»Wir müssen bald Luftschläge gegen militärische Ziele in Serbien durchführen«, sagte Clinton, ohne zu verraten, wie bald, da man die Russen nicht konsultiert hatte.[57] »Es liegt an dir, ob du zulassen willst, dass dieser Tyrann die Beziehung zerstört, die wir sechseinhalb Jahre lang so mühsam aufgebaut haben ... Mir ist bewusst, dass dir das innenpolitisch Probleme bereitet, und ich werde alles in meiner Macht Stehende tun, um es wieder in Ordnung zu bringen, und bin jederzeit bereit, die diplomatischen Gespräche wiederaufzunehmen. Mir wäre es lieber gewesen, wenn mir dieser Anruf heute erspart geblieben wäre, aber wir haben keine andere Wahl. Ich hoffe, wir beide werden die größeren Probleme, vor denen wir und die ganze Welt stehen, dennoch anpacken.«

Jelzin schäumte vor Wut. »Im Namen unserer Zukunft, in unser beider Namen, im Namen der Zukunft unserer Länder, im Namen der Sicherheit in Europa bitte ich dich, auf diesen Luftschlag zu verzichten«, beschwor er Clinton. »Unser Volk wird von nun an gegenüber Amerika und der NATO ganz bestimmt negativ eingestellt sein ... Ich weiß noch, wie schwierig es für mich war, unser Volk und die Politiker dazu zu bringen, sich dem Westen, den Vereinigten Staaten zuzuwenden, aber es ist mir gelungen, und jetzt soll alles umsonst gewesen sein. Da ich nun also den Präsidenten nicht überzeugen konnte, stehen uns sehr, sehr schwierige Beziehungen bevor, sofern sie überhaupt möglich sind. Leb wohl.« Dann legte er auf, was er bei Clinton noch nie getan hatte.

Bei den elf Wochen dauernden NATO-Bombardements starben über tausend Kämpfer, ehe Milošević die weiße Fahne hisste. Es war zu fatalen Fehlern gekommen. NATO-Kampfjets trafen versehentlich einen Flüchtlingskonvoi, 50 Menschen starben. Ein amerikanischer B-2-Tarnkappenbomber, das teuerste jemals gebaute Kampfflugzeug der Welt, bombardierte bei seinem ersten Einsatz nach zehnjähriger Entwicklungszeit irrtümlich die chinesische Botschaft in Belgrad, gestützt auf Koordinaten, die die CIA geliefert hatte. Sie hatte das Gebäude als Miloševićs militärisches Beschaffungszentrum identifiziert. Drei Unschuldige starben, die Chinesen waren empört. Insgesamt forderten die Angriffe über 500 unbeabsichtigte Todesopfer. Milošеvić überlebte politisch, wenn auch nicht lange; die Vereinigten Staaten arbeiteten offen auf seine Abwahl im nächsten Jahr hin: Das Außenministerium und amerikanische Politikberater unterstützten die Opposition und lieferten Millionen Aufkleber mit einer geballten Faust und dem Slogan *gotov je*, »Er ist am Ende«. Milošević wurde 1999 vom UN-Kriegsverbrechertribunal in Den Haag angeklagt und starb 2006 im Gefängnis.

All dies machte die Russen wütend. Milošević mochte ein mörderischer Hurensohn sein, aber er war *ihr* Hurensohn. Der militärische und politische Vernichtungsfeldzug gegen ihn bestätigte ihre Befürchtungen und befeuerte zahlreiche Verschwörungstheorien darüber, was die NATO-Erweiterung für den Einfluss und die Macht Russlands in der Welt bedeuten würde. Und nun bombardierte Amerika erneut den Irak, Russlands langjährigen Verbündeten im Nahen Osten, diesmal um Saddam Husseins angebliche Massenvernichtungswaffen zu zerstören. In den 1990er Jahren »hatten die russischen Generäle und Duma-Ausschussvorsitzenden manchmal den Eindruck, es gebe jedes Mal, wenn sie CNN einschalteten, eine neue Verlautbarung aus dem Pentagon, dass die Vereinigten Staaten schon wieder ihre Flugzeugträger losgeschickt und ihre Cruise Missiles abgefeuert hatten«, schrieb Strobe Talbott.[58] »Und selbst wenn die Vereinigten Staaten ihre Angriffe nicht gegen Ziele in der Nachbarschaft oder gar im Vorgarten Russlands richteten, verbesserten sie durch die Erweiterung der NATO ihre Fähigkeit dazu … Manche dieser Generäle und Politiker glaubten, es sei nur eine Frage der Zeit, bis Russland selbst ins Fadenkreuz von Amerikas ungezügelter Militärmacht geriet.«

Zu ihnen zählte auch der kommende russische Staatschef. Im August 1999 entließ Jelzin sein gesamtes Kabinett. Es war das vierte Mal in 18 Monaten, dass er seinen Ministerpräsidenten feuerte. Dessen Nachfolger war eine rätselhafte Figur, kaum bekannt in Moskau und noch weniger in Washington. Er wurde im Juli 1998 wie aus dem Nichts Direktor des Inlandsgeheimdiensts FSB, des wichtigsten russischen Geheimdiensts, und im März 1999 Sekretär des Sicherheitsrats der Russischen Föderation. »Ich würde dir gern von ihm erzählen, damit du weißt, was für ein Mensch er ist«, sagte Jelzin beiläufig, als er am 8. September mit Clinton telefonierte.[59] »Ich habe lange darüber nachgedacht, wer 2000 der nächste russische Präsident werden könnte. Leider fiel mir zunächst kein naheliegender Kandidat ein. Schließlich kam ich auf ihn ... Ich sah mir seinen Lebenslauf an, seine Interessen, seine Bekannten und so weiter und so fort, und fand heraus, dass er ein solider Mensch ist ... Ich bin sicher, du wirst ihn als höchst qualifizierten Partner betrachten.« Die Präsidentschaftswahl in Russland war für den kommenden März angesetzt, aber das Ergebnis stand schon fest; die russische Demokratie war inzwischen ein Widerspruch in sich. Jelzin hatte beschlossen, an Silvester zurückzutreten, sechs Monate vor dem Ende seiner Präsidentschaft, und das Amt an einen handverlesenen Nachfolger zu übergeben, der dann als geschäftsführender Präsident antreten würde, mit aller damit verbundenen Macht.

Wladimir Putins erste Amtshandlung als Präsident der Russischen Föderation war, seinem Vorgänger Immunität zu garantieren, den dauerhaften Schutz vor Strafverfolgung. Als Geheimdienstchef hatte Putin Jelzin und seine Familie gegen Korruptionsvorwürfe durch den russischen Generalstaatsanwalt Juri Skuratow geschützt. Jelzins Stabschef hatte Skuratow in den Kreml zitiert und ihm ein Video gezeigt, auf dem angeblich er mit zwei Prostituierten zu sehen war. Skuratow erklärte zwar, das Band sei eine Fälschung, trat aber trotzdem zurück. Das russische Parlament lud ihn zu einer Aussage vor, doch eine Stunde, bevor er erscheinen sollte, wurde das Sexvideo im russischen Fernsehen ausgestrahlt. Putin hatte es offenbar persönlich beim Sender abgeliefert. Später sagte er in einem Fernsehinterview, der Mann auf dem unscharfen Überwachungsvideo sei definitiv Skuratow. Es war ein klassischer Fall von *kompromat*, von kompromittierendem Material, das zur Erpressung eingesetzt wurde. Die in den 1930er Jahren von Stalins Geheimpolizei ersonnene Methode wurde vom KGB perfektioniert und ist heute fester Bestandteil der politischen Kultur Russlands.

Clinton fragte Jelzin bei ihrem letzten Vier-Augen-Gespräch auf einer Sicherheitskonferenz in Istanbul am 19. November 1999, wer die Wahl gewinnen würde. »Selbstverständlich Putin«, lautete die Antwort.[60] »Ich werde tun, was ich kann, damit er gewinnt – legal natürlich. Und er wird gewinnen.« Im Lauf des Gesprächs machte Jelzin eine außergewöhnliche Bemerkung, die zugleich die imperialen Ambitionen der Zaren des 19. Jahrhunderts heraufbeschwor und ahnen ließ, wie ein neuer Zar im 21. Jahrhundert regieren mochte. Im Rückblick könnte man daraus ablesen, dass Putin zum Rasputin seines Förderers geworden war.

»Ich bitte dich um eins. Gib Europa den Russen«, sagte er zu Clinton. »Russland ist halb europäisch und halb asiatisch.«

»Dann wollt ihr Asien auch?«, fragte ein ungläubiger Clinton.

»Sicher, sicher, Bill. Letztendlich werden wir uns auf all das verständigen müssen.«

»Ich glaube nicht, dass das den Europäern besonders gefallen würde.«

»Bill, ich meine es ernst«, beharrte Jelzin, der ausnahmsweise einmal nüchtern war. »Wir haben die Macht ... Russland hat die Macht und den Intellekt, um zu wissen, wie es mit Europa umgehen soll.«

Ihr letztes Gespräch dauerte zehn Minuten. Es fand an Silvester 1999 statt. Die amerikanischen Geheimdienste waren in Alarmbereitschaft, einerseits weil sie einen Terrorangriff befürchteten, andererseits weil sie Angst vor weltweiten Computerabstürzen hatten, sollte die Software beim Jahreswechsel nicht auf 2000, sondern auf 1900 umstellen. Jelzin zählte die Tage bis zum Ende seiner turbulenten Herrschaft. Clinton rief ihn aus dem Oval Office an.

»Boris, ich glaube, die Historiker werden dich als den Vater der russischen Demokratie bezeichnen«, sagte Clinton und lobte ihn für seine Entscheidung, die Macht abzugeben.[61]

»Danke, Bill«, antwortete Jelzin. »Natürlich war das keine einfache Entscheidung für mich, und du verstehst das besser als jeder andere. Aber ich möchte Putin hundertprozentig unterstützen und habe ihm jetzt drei Monate gegeben, drei Monate, in denen er verfassungsgemäß das Amt des Präsidenten ausüben kann, und in diesen drei Monaten werden sich die Leute an ihn gewöhnen. Ich bin mir sicher, dass er bei den kommenden Wahlen gewählt wird, ganz sicher. Und ich bin mir auch sicher, dass er ein Demokrat ist und dass er ein Mensch mit einer großen Seele ist.«

Es war drei Stunden vor Mitternacht und dem Anbruch eines neuen Jahrtausends.

KAPITEL 8

Dieses ungezügelte Feuer

Seit dem Ende des Zweiten Weltkriegs war der Demokratieexport Teil der politischen Kriegsführung Amerikas gewesen. Jetzt wurde er deren Leitprinzip. Alle Präsidenten hatten es befolgt, jeder auf seine Weise, einige mit weniger Überzeugung und Vehemenz als andere, aber stets mit der Hoffnung, Amerika werde seine überlegene Macht projizieren und auf der ganzen Welt obsiegen. Bei der Wahl der Mittel war man manchmal nicht zimperlich. In ihrem Kampf gegen den Kreml hatten die Vereinigten Staaten nicht wenige Diktatoren unterstützt. Aber ihre Menschenrechtsbilanz war in jeder Hinsicht besser als die der Sowjetunion, und die Ideale der amerikanischen Unabhängigkeitserklärung waren stärker als die Ideen des Kommunistischen Manifests, sofern Amerika ihnen gerecht wurde. In den 20 Jahren nach dem Ende einer langen dunklen Ära – dem Rückzug und der Niederlage amerikanischer Streitkräfte in Vietnam, dem Niedergang und Fall Präsident Nixons angesichts des drohenden Amtsenthebungsverfahrens – schien Amerikas Stern aufzugehen, heller und glorreicher als zuvor, und die Welt entwickelte sich ganz nach amerikanischen Vorstellungen.

Zu Beginn des neuen Jahrtausends schien es, als könnte die amerikanische Flagge fast überall aufgepflanzt werden. Grüne Triebe der Freiheit sprossen in den Rissen von Straßen, die einst von Sicherheitskräften in Stahlkappenstiefeln beherrscht und von gnadenlosen Kommissaren kontrolliert worden waren, um die Bevölkerung zu überwachen. Der Druck der Amerikaner hatte dazu beigetragen, dass diese Risse entstehen und diese Pflänzchen wachsen konnten. Im Verlauf des Kalten Krieges war die Zahl der demokratisch verfassten Staaten weltweit langsam, aber stetig und nach dem Fall der Berliner Mauer rapide gewachsen, so dass es im Sommer 2001 etwa ebenso viele Demokratien wie Autokratien gab. Eine in der Weltgeschichte beispiellose Entwicklung. Es schien, als spannte sich der Bogen der Gerechtigkeit stark und hoffnungsvoll und als wäre der Weg in Richtung Freiheit unumkehrbar. Eine falsche Einschätzung.

Fünf Jahre später fiel die Demokratie in eine lange globale Rezession, von der sie sich bis heute nicht erholt hat.[1] Rechtsstaatlichkeit, freie und gleiche Wahlen, Meinungs- und Versammlungsfreiheit und eine freie und unabhängige Medienberichterstattung erlebten überall auf der Welt Stagnation und Verfall. Als in Amerika an die Stelle des politischen Krieges der Krieg gegen den Terror trat, begann das Image der Vereinigten Staaten als eines Garanten für Wahrheit und Gerechtigkeit zu verblassen, und die Polarität der globalen Macht verlagerte sich weg von der amerikanischen Dominanz.

»Viel hängt von der Gesundheit und Kraft unserer eigenen Gesellschaft ab«, hatte George Kennan 1946 in seinem langen Telegramm gekabelt. »Bei der Auseinandersetzung mit dem Problem des sowjetischen Kommunismus liegt die größte Gefahr für uns in der Versuchung, es denen gleichzutun, mit denen wir uns messen müssen.«[2] Die furchtbare Wahrheit lautete, dass die amerikanische Demokratie im neuen Jahrtausend mit dieser Gefahr konfrontiert wurde. Eine umstrittene Präsidentschaftswahl wurde von einem politisch motivierten Urteil des Obersten Gerichtshofs mit einer Mehrheit von fünf zu vier Stimmen entschieden.[3] Bürgerliche Freiheiten und politische Rechte erodierten, und nach dem 11. September 2001 wurde die staatliche Überwachung ausgeweitet. Die wirtschaftliche Ungleichheit wuchs; die reichsten ein Prozent besaßen jetzt mehr als die gesamte Mittelschicht. Nur noch 17 Prozent der Bevölkerung vertrauten der amerikanischen Regierung, ein historisches Tief. Und während Amerika einen militärischen Kreuzzug begann, um der islamischen Welt die Demokratie aufzuzwingen, folterte es seine Feinde in geheimen Kerkern wie im Mittelalter. Die Stimme Amerikas wurde zu einem wütenden Schnarren, einem Kommandoruf mit vorgehaltenem Gewehr. Das Gesicht Amerikas war nicht mehr das eines freundlichen Soldaten, der Süßigkeiten verteilt, sondern das eines anzüglich grinsenden Gefängniswärters von Abu Ghraib. Die Preisgabe der Macht und der Grundprinzipien Amerikas war das bleibende Vermächtnis unseres Generalfeldmarschalls auf diesem Marsch der Torheit des 43. Präsidenten der Vereinigten Staaten George W. Bush.

Im Juni 2001 brach Bush zu seiner ersten Transatlantikreise nach seiner Wahl auf, um der Welt zu zeigen, dass er wenigstens einen Hauch der strategischen Fähigkeiten seines Vaters besaß. In Warschau erklärte er, die NATO solle die baltischen Staaten Litauen, Lettland und Estland so schnell wie möglich aufnehmen. Die Sowjetunion hatte diese Staaten in den dunklen Tagen des Teufelspakts zwischen Stalin und Hitler gewaltsam an sich gerissen. Alle westlichen Staaten betrachteten deren Annexion und Besetzung durch den Kreml als rechtswidrig und hatten darin nie etwas anderes als eine Eroberung mit Waffengewalt gesehen. Bush fuhr fort, die NATO müsse jetzt offen sein für »neue Demokratien von der Ostsee bis zum Schwarzen Meer«, eine mehr als 2200 Kilometer lange Frontlinie des amerikanischen Einflusses entlang der gesamten Westgrenze Russlands. »Das Versprechen der NATO«, erklärte er, »führt jetzt nach Osten und Süden, nach Norden und noch weiter« und umfasse die ehemaligen Sowjetrepubliken von Estland bis hinunter nach Georgien und in die Ukraine.[4]

Am nächsten Tag traf Bush in einem 500 Jahre alten Schloss in Slowenien zum ersten Mal mit dem russischen Präsidenten Putin zusammen. Bekanntlich sagte der Präsident der Vereinigten Staaten: »Ich habe dem Mann in die Augen gesehen. Ich halte ihn für aufrichtig und vertrauenswürdig. Wir haben ein sehr gutes Gespräch geführt. Ich konnte einen Blick in seine Seele werfen.«[5] Putin gab kein Urteil darüber ab, was er in Bush gesehen hatte oder wie er den Führer der freien Welt und Oberbefehlshaber des mächtigsten Landes in der Geschichte der westlichen Zivilisation einschätzte. Ein paar kritische Bemerkungen über die NATO machte er dennoch. »Schauen Sie, dies ist eine militärische Organisation«, sagte er. »Sie bewegt sich auf unsere Grenze zu. Ja, sie bewegt sich auf unsere Grenze zu. Warum?«[6]

Bush verbrachte den Monat August damit, auf seiner Ranch in Texas Gestrüpp zu roden, und schenkte den Berichten seines CIA-Direktors, dass bald etwas Schreckliches passieren könnte, wenig Beachtung, vor allem deshalb, weil niemand auch nur im Entferntesten sagen konnte, wann oder wo mit einem Angriff zu rechnen sei. Der Angriff erfolgte im September wie aus heiterem Himmel. Ein systemisches Versagen der amerikanischen Regierung von der CIA bis zur Zoll-, Einwanderungs- und Luftfahrtbehörde trug zum Erfolg der Anschläge bei. Zu den fatalen Fehlern der amerikanischen Geheimdienste, deren oberste Aufgabe es war, ein zweites Pearl Harbor zu verhindern, kamen Versäumnisse im Nationalen Sicherheitsrat und im Oval Office des Weißen Hauses. All dies führte zu einem katastrophalen Mangel an Klarsicht. Amerika befand sich im Blindflug. Als die Türme des World Trade Center einstürzten und das Pentagon brannte, endete das amerikanische Jahrhundert, das im August 1917 mit dem Kriegseintritt der Vereinigten Staaten begonnen hatte, um die Welt für die Demokratie sicher zu machen. Die Anschläge vom 11. September 2001 waren ein Wendepunkt der Geschichte, und die Welt stand erneut unter Waffen. Seit jenem strahlenden Septembertag vor mittlerweile 20 Jahren hat Amerika mehr als eine Billion Dollar für die Geheimdienste ausgegeben. CIA, FBI und NSA boten für den Kampf gegen die realen und vermeintlichen Bedrohungen durch den Terrorismus all ihre Kräfte auf. Doch während sie diese Kräfte unbeirrbar auf ein Ziel richteten, wurden sie nahezu blind für das, was im Rest der Welt geschah. Die amerikanischen Geheimdienste fokussierten sich so bedingungslos auf den Kampf gegen den Terror, dass das Land seine Fähigkeit zur Spionage, zur Analyse von Informationen und zur Koordination des politischen Krieges weitgehend verlor – Fähigkeiten, die nötig waren, um sich dem Kreml entgegenzustellen und Amerikas Macht in der Welt zu projizieren.

Osama bin Laden hielt sich in einer Höhle in Afghanistan verborgen, sein Versteck wurde im Dezember 2001 von der US-Luftwaffe und von CIA-Kommandos massiv bombardiert. Die Taliban verschwanden. Bush erklärte sich zum Sieger. Und dann entkam bin Laden, die Taliban stiegen von den Bergen herunter, um zu kämpfen, der Krieg ging immer weiter, und am Ende des Tunnels lag ein schwarzes Loch. Die Bilanz in Afghanistan 18 Jahre später waren mehr als 2300 tote und 20000 verwundete Amerikaner. Der Blutzoll afghanischer Zivilisten lag weitaus höher. »Uns fehlte ein grundlegendes Verständnis für Afghanistan – wir wussten nicht, was wir taten«, sagte der Drei-Sterne-General Douglas Lute, der unter Bush und Obama die militärischen Einsätze in Afghanistan koordinierte, 2015 bei einer Manöverkritik im Pentagon.[7] »Wir hatten nicht die leiseste Ahnung, was wir da unternahmen.«

Präsident Bush, Vizepräsident Dick Cheney und Verteidigungsminister Donald Rumsfeld hatten Afghanistan den Rücken gekehrt, um gegen den Irak Krieg zu führen. Ab Januar 2002 kamen ihre Stellvertreter in streng geheimen Treffen zusammen, um den Angriff zu planen, und im Sommer und Herbst 2002 bereiteten der Präsident und seine Berater das Schlachtfeld der öffentlichen Meinung mit apokalyptischen Warnungen über Saddam Husseins Massenvernichtungswaffen: Bagdad, so die Botschaft, verfüge über chemische und biologische Waffen und könne schon in wenigen Jahren eine Atombombe bauen. Es war ein erschreckender und total falscher Alarm. Der Krieg beruhte auf einer Täuschung.

Bush, Cheney und Rumsfeld hatten keinen Plan für die Zeit nach dem Fall Bagdads und keine Strategie für ihren größeren, weltweiten Krieg. Die amerikanischen Geheimdienste wussten wenig über den Irak, und vieles von dem, was sie zu wissen glaubten, war falsch. Die CIA verschwendete keinen Gedanken daran, dass Saddam gestürzt werden und dann aus dem Untergrund heraus operieren könnte, und sie sah weder den irakischen Aufstand noch die Sogwirkung dieser Kämpfe vorher, von denen Dschihadisten im Nahen Osten und in Nordafrika inspiriert wurden. Die Folgen dieser Ignoranz waren enorm. Rund eine halbe Million Menschen verloren im Namen des Krieges gegen den Terror ihr Leben, darunter 15 000 amerikanische Soldaten und Söldner. Die finanziellen Verluste werden auf drei bis sechs Billionen Dollar geschätzt; der Zweite Weltkrieg hatte rund vier Billionen Dollar nach heutigem Wert gekostet. Und die einzigen Gewinner des Krieges im Irak waren der Iran, dessen Militärkommandeure in Bagdad politische Macht und Ansehen errangen, während sie in Zusammenarbeit mit den Dschihadisten amerikanische Soldaten töteten, sowie Russland, das ein regionales Zweckbündnis mit den Iranern schloss.

Im März 2003 bezeichnete Putin den drohenden Krieg als einen politischen Fehler, der die Welt destabilisieren könne. Er warnte vor den Gefahren amerikanischer Kriegstreiberei und rief das russische Militär auf, sich für die Verteidigung des Landes bereitzumachen. Als

Amerika Bagdad bombardierte, reagierten die Russen mit Sorge und Abscheu. Doch bald begannen sie, einen Schlüsselaspekt des Angriffs zu analysieren. Sie erkannten, dass Saddam nicht mit Marschflugkörpern und Panzern allein, sondern auch mit den Mitteln des Informationskriegs bekämpft worden war. Nicht nur hatte das Weiße Haus die Weltöffentlichkeit so lange bearbeitet, bis sie glaubte, es handle sich um einen gerechten Krieg. Amerikanische Flugzeuge und Schiffe hatten auch die militärische und zivile Führung des Irak mit Rundfunkprogrammen, E-Mails, Faxnachrichten und Mobilfunkanrufen bombardiert. Sie hatten Flugblätter abgeworfen, psychologische Operationen durchgeführt, Computernetzwerke überlistet und sich auf diese Weise in die Köpfe ihrer Gegner eingeschlichen. Information konnte zu einem Schlachtfeld im Kampf um das Denken, die Wahrnehmung und die Entscheidungsfindung werden.

Am 1. Mai 2003 stand Bush an Deck des Flugzeugträgers *Abraham Lincoln* unter einem Banner mit der Aufschrift MISSION ACCOMPLISHED, Mission erfüllt, und erklärte, Amerika werde dem Irak und dem Nahen Osten die Segnungen der Demokratie und des Friedens bringen. Dieses Bestreben war seinen Generälen und Geheimdienstchefs neu. Rumsfeld und seine Spitzenberater im Pentagon wandten den Blick kurz CNN zu und widmeten sich dann weiter der Mission, der sie sich verschrieben hatten: dem Aufbau eines militärischen Internets für die Kriege der Zukunft, für das sie Hunderte Milliarden Dollar ausgeben wollten. Ihr World War Web würde Information und Geheimdienstwissen zu einer Waffe machen, von der kaum jemand eine Vorstellung hatte. Es sollte ihnen ein bewegtes Bild all ihrer Gegner im Ausland und aller weltweiten Bedrohungen liefern, einen allumfassenden Blick auf das globale Schlachtfeld. Sie wollten »alles wissen, was für uns interessant sein kann, zu jeder Zeit«, sagte Stephen Cambone, Staatssekretär für Geheimdienstangelegenheiten im Verteidigungsministerium.[8] »Worum es letztlich geht«, meinte Arthur Cebrowski, Leiter des Büros zur Transformation der Streitkräfte im Pentagon, »ist eine neue Theorie des Krieges.« Diese Theorie hat die Idee des Informationskriegs exponentiell erweitert. Ende des 20. Jahrhunderts verstand man unter Informationskrieg einen Angriff auf Computer, die das gegnerische Kommunikations- und Stromnetz steuerten. Anfang des 21. Jahrhunderts jedoch begann sich dieses Konzept zu einer breit definierten Form des politischen Krieges zu entwickeln, der auf die Regierung, das Militär und die Zivilbevölkerung eines feindlichen Staates abzielte: auf den Kampfplatz der Gedanken. Die Gedanken der Menschen zu erobern war der neuen Kriegstheorie zufolge ein Schlüsselelement zur amerikanischen Beherrschung der Welt.

Moskaus Militär- und Geheimdienstoffiziere sahen und hörten zu, notierten mit und dachten angestrengt nach. Juri Balujewski, der spätere Generalstabschef der russischen Streitkräfte, schrieb: »Zum ersten Mal in der Geschichte der Kriegsführung, die sich auf die Nachrichtenbeschaffung als Grundelement in einem bewaffneten Konflikt stützt, gelang es dem Westen, im Bewusstsein der Bevölkerung der meisten Länder dieser Welt die Idee zu verankern, dass die Vereinigten Staaten das alleinige Recht auf die Weltherrschaft besitzen.«[9] Der Militärtheoretiker Wladimir Sliptschenko fasste es noch knapper zusammen: »Information ist zu einer Waffe geworden, die so zerstörerisch ist wie ein Bajonett, eine Kugel oder ein Projektil.«[10] Der Präsident der Russischen Akademie für Militärwissenschaften Mahmut Garejew, ein pensionierter General, der von 1941 bis 1992 in der Roten Armee diente, wusste sehr genau um die Bedeutung der Desinformation als Kriegswaffe: »Die systematische Übermittlung von ... halbwahren und falschen Meldungen«, so erklärte er, könne »Massenpsychosen, Verzweiflung und das Gefühl eines drohenden Untergangs heraufbeschwören, das Vertrauen in die Regierung unterminieren ... und damit einen fruchtbaren Boden für Aktionen des Gegners bereiten.«[11]

Russische politische Analysten, die sich nach der Wiedererrichtung ihres alten Imperiums durch Putin sehnten, beschäftigten sich intensiv mit solchen Überlegungen. Igor Panarin, ein KGB-Veteran und später Dekan für internationale Beziehungen an der Diplomatenakademie des russischen Außenministeriums, war einer der einflussreichsten. Von vielen als Visionär, von einigen als geisteskrank betrachtet, wurde er zum Vater der Doktrin des Informationskriegs in Russland. Er prophezeite einen neuen amerikanischen Angriff auf den Kreml als Fortsetzung des Kalten Krieges und erklärte, Moskau brauche einen neuen KGB. Andropows Instrumente zur Beeinflussung der Meinungsbildung durch Medienmanipulation müssten für die Massenmedien nutzbar gemacht und millionenfach verstärkt werden. Von 2003 an drängte er, »den Apparat der außenpolitischen Propaganda« wiederzubeleben, »der in den 1990er Jahren komplett zerstört worden« sei, und dessen Macht durch Satellitenfernsehen zu vergrößern, um Moskaus Botschaften in die Welt zu schicken.[12] Aus diesen Überlegungen ging 2005 Putins mächtiger Nachrichten- und Propagandasender Russia Today (später RT) hervor. Innerhalb von zehn Jahren erreichte er mit seiner Kombination aus Infotainment und Desinformation Hunderte Millionen Haushalte, gewann auf Facebook Millionen von Followern und erzielte mit einem cleveren Mix aus Clickbaits und Verschwörungstheorien auf seinen Plattformen hohe Zugriffszahlen.

Panarin forderte Putin auf, den »Informations-KGB« zu gründen,[13] eine geheime Regierungsstelle, in der Geheimdienstkadetten und Computercracks in den dunklen Künsten geschult werden sollten: der Manipulation von Fakten, um Falschmeldungen zu generieren; der Umwandlung von Fehlinformation in Desinformation; dem Einsatz fabrizierter Sachverhalte für alles Mögliche, von politischer Lobbyarbeit bis zu Erpressung; der Durchführung geheimer Operationen zur Manipulation der Medien; der öffentlichen Meinungsbildung; der Einflussnahme auf das Verhalten politischer Führer und damit letztlich der Beeinflussung des Laufs der Geschichte. Im amerikanischen Präsidentenwahlkampf 2016 wurden diese Konzepte konkret umgesetzt.

Der Informations-KGB war mehr als nur eine fixe Idee. Er stand für eine ganz bestimmte Sicht von Putins Russland und war ein Schlüssel zum Verständnis von Putins Auffassung von politischer Kriegsführung weit über die Feststellung hinaus, dass die Judo-Praxis des russischen Präsidenten sein geopolitisches Handeln beeinflusste. Der Informations-KGB konnte eine Fabrik für die Herstellung von Fakten erbauen, die keine Fakten waren. Er konnte russische Politiker, Plutokraten, Soldaten, Agenten, Denkfabriken, Journalisten, Richter, Wissenschaftler und Studenten aus allen möglichen sozialen Schichten dazu bringen, zu der Musik zu singen, die von Putins Orchester gespielt wurde. Wenn man Panarins Argumentation folgte, der von der CIA geführte amerikanische Informationskrieg habe den Aufstieg Gorbatschows und den Zerfall der Sowjetunion bewirkt, war die Idee absolut plausibel. Und Panarin legte seine Argumente ausführlich und mit großem Nachdruck dar, als verkündete er einen Glaubensartikel, ganz in der paranoiden Tradition von Verschwörungstheoretikern im Allgemeinen und russischen Geheimdienstoffizieren im Besonderen. Er hatte die sechs maßgeblichen »Regisseure des Informationskriegs gegen die UdSSR identifiziert: »A. Dulles, G. Kennan, D. Rockefeller, H. Kissinger, Z. Brzezinski, R. Reagan«.[14]

W. Putin hegte den starken Verdacht, Russland stehe nach wie vor im Fadenkreuz Amerikas, und er wollte einen Schlachtplan für eine neue Generation der politischen Kriegsführung. Er hielt sein Volk dazu an, sich einem großen patriotischen Kampf anzuschließen. Er übertrug seinem Militär, seinen Nachrichtendiensten und seinen politischen Beratern eine facettenreiche Aufgabe: die Erforschung, Entwicklung und Testung von Waffen für die Schlachten des 21. Jahrhunderts, angefangen mit dem Informationskrieg. Statt großer Strategien hatte er große Ambitionen. Sein Land sollte als eine Weltmacht betrachtet werden, wie auf dem Höhepunkt des Kalten Krieges. Russlands Einfluss sollte in den Staaten der ehemaligen Sowjetunion wiederhergestellt und auf dem ganzen Erdball spürbar werden, gleichzeitig wollte er die Macht der Vereinigten Staaten eindämmen und begrenzen. Er brauchte eine neue Art von Bombe.

Für die russische Doktrin des politischen Krieges im 21. Jahrhundert war die Eindämmung Amerikas und des Westens das oberste Ziel. Und als stärkste Waffe betrachtete Putin den Informationskrieg, den das russische Verteidigungsministerium als die Fähigkeit definierte, »politische, wirtschaftliche und soziale Systeme zu unterminieren; massenpsychologische Operationen gegen die Bevölkerung eines Landes durchzuführen, um die Gesellschaft und die Regierung zu destabilisieren; sowie ein Land zu zwingen, Entscheidungen zu treffen, die den Interessen seiner Gegner dienen«.[15] Putin wollte diese Waffe beherrschen und einsetzen. Er wollte Russland wieder groß machen.

Putin sagte dem russischen Volk, der Zusammenbruch der Sowjetunion sei die größte politische Katastrophe des 20. Jahrhunderts, schlimmer als die beiden Weltkriege, schlimmer als der Tod von Millionen Menschen in Hitlers Konzentrationslagern und Stalins Gulags. Putin glaubte, dass der politische Krieg Amerikas zur Unterminierung der Sowjetunion weitaus umfassender, massiver und organisierter gewesen war als in Wirklichkeit; und er war überzeugt, dass dieser Krieg nach dem Ende des Kalten Krieges nie aufgehört hatte. (Mit regloser Miene erklärte er, das Internet sei ein »CIA-Projekt«, um Russland zu zerrütten.[16]) Die Jelzin-Jahre betrachtete er als eine bittere Demütigung, die »Bill und Boris«-Nummer als Kasperltheater, bei dem Amerika den Kreml permanent verprügelte und Russland permanent kapitulierte, während amerikanische Politikberater die neue russische Verfassung aufsetzten und das Weiße Haus den Gang der Weltgeschichte und den Platz des Kremls darin diktierten. »An allen Ecken und Enden«, schrieb Fiona Hill, die scharfsichtigste Kremlexpertin seit Kennan, »sah Putin amerikanische und europäische Institutionen gezielt Dissens schüren« gegen sich und sein Land:[17] zuerst in Polen, wo der politische Krieg der Amerikaner einzigartig erfolgreich war; dann in Ostdeutschland, wo er es mit eigenen Augen gesehen hatte; danach in ganz Osteuropa, in den baltischen Staaten und schließlich in Russland selbst. Amerika »hatte es ganz klar auf Russland abgesehen«, davon war Putin überzeugt. Die Vereinigten Staaten und ihre Verbündeten hätten »seit den 1990er Jahren offen über ihre Absicht gesprochen, das politische System Russlands umzugestalten«. In Putins Augen hatten sich die CIA, das US-Außenministerium, die NATO, die Europäische Union, die westlichen Medien, internationale Nichtregierungsorganisationen und das von dem ungarisch-amerikanischen Milliardär George Soros finanzierte Open Society Institute verschworen, um seine Pläne zum Wiederaufbau der Macht und des Einflusses Russlands zu durchkreuzen. Putin hatte Schläfer des russischen Geheimdienstes in den Vereinigten Staaten, um amerikanische Thinktanks und NGOs zu infiltrieren, und glaubte natürlich, dieselben Methoden würden auch gegen ihn zum Einsatz gebracht. Die Vereinigten Staaten, so seine Überzeugung, hatten bei den Volksrevolutionen in Georgien und in der Ukraine die Hand im Spiel, um seine Verbündeten zu stürzen und eine neue Führung mit demokratischen Bestrebungen an die Macht zu bringen.

In Georgien hatte Präsident Eduard Schewardnadse, der alternde und zunehmend autokratische Herrscher und ehemalige Außenminister Gorbatschows, im November 2003 die Parlamentswahlen gefälscht. Die Opposition unter Führung des 36-jährigen Reformers

Michail Saakaschwili, Absolvent der Juristischen Fakultät an der Columbia University mit Verbindungen zum US-Außenministerium, rebellierte und verlangte eine ehrliche Wahl. Der unabhängige Fernsehsender Georgiens gab dem Aufstand eine Stimme, und Soros unterstützte prodemokratische Gruppen und junge Aktivisten, die einen politischen Wandel forderten. Als Schewardnadse am 22. November das betrügerisch gewählte Parlament eröffnen wollte, verschafften sich Saakaschwili und seine Anhänger mit Rosen in der Hand Zugang zum Plenarsaal und forderten Schewardnadse zum Rücktritt auf. Schewardnadse wurde von Leibwächtern hinausgebracht und trat am nächsten Tag zurück. Die Präsidentschaftswahlen im Januar 2004 gewann Saakaschwili, und nach den Parlamentswahlen im März errangen seine Anhänger die absolute Mehrheit.

Das war die Rosenrevolution, die von der Weltöffentlichkeit als der Sturz eines mit dem Kreml verbundenen korrupten Regimes durch einen demokratischen Politiker betrachtet wurde. Für Putin hingegen war sie ein politischer Albtraum, eine Wiederholung der Aufstände von 1989 in Polen, Ungarn, der Tschechoslowakei und der DDR. Sein Unmut wuchs, als im März Bulgarien, Estland, Lettland und Litauen, Rumänien, die Slowakei und Slowenien im Rahmen eines offiziellen Festakts im Finanzministerium in Washington der NATO beitraten. Es war die größte Erweiterung des Bündnisses in postsowjetisches Territorium hinein. Im Mai 2004 nahm die Europäische Union 73 Millionen Bürger aus insgesamt zehn Staaten auf, darunter Polen, Ungarn, Tschechien und die baltischen Staaten, in Putins Augen ein weiterer Affront. Der Westen bewegte sich unaufhaltsam in Richtung Osten und auf Russlands Grenzen zu.

Nicht lange danach fand in der Ukraine die Orange Revolution statt. Präsident Leonid Kutschma, ein korrupter ehemaliger kommunistischer Parteichef, hatte sich den aggressiven Wiktor Janukowitsch als Nachfolger ausgesucht, den ehemaligen Leiter des Fuhrparks eines Kohlekombinats, der in seiner Jugend wegen Diebstahl und Körperverletzung zwei Mal im Gefängnis gesessen hatte. Zu ihren Strategien und Taktiken zählten, mit verdeckter Unterstützung durch den Kreml, Propaganda im Staatsrundfunk, raffinierter Wahlbetrug, die Inhaftierung von Oppositionellen und die Ermordung eines investigativen Journalisten, wofür schließlich drei hochrangige Geheimdienstoffiziere verurteilt wurden. Kutschmas und Janukowitschs politischer Widersacher war der populäre ehemalige Ministerpräsident Wiktor Juschtschenko, den Präsident Kutschma gestürzt hatte, um seinen weiteren politischen Aufstieg zu verhindern. Orange war das neue Rosenrot und die Farbe von Juschtschenkos Wahlkampf. Russische Medien, die bis weit in die Ukraine hinein ausstrahlten, zeichneten ein Bild von ihm als Kryptofaschisten, als Geschöpf der Vereinigten Staaten und als Marionette seiner amerikanischen Ehefrau, die einst im Pentagon gearbeitet hatte.

Als Putins Liebling Janukowitsch bei den ukrainischen Präsidentschaftswahlen im ersten Wahlgang nicht genügend Stimmen erhielt, wandten sich er und seine Verbündeten an Washington um Hilfe. Sie heuerten einen berüchtigten amoralischen amerikanischen Politikberater an, auf dessen langer Klientenliste eine stattliche Anzahl pro-amerikanischer Diktatoren stand, darunter auch General Mobutu. Ihr Mann in Washington war Paul Manafort, der spätere Wahlkampfleiter Donald Trumps. Wie die amerikanische Botschaft in Kiew berichtete, bestand seine Aufgabe darin, das Image Janukowitschs und seiner Verbündeten radikal umzugestalten: von einem Mafia-Clan zu einer rechtmäßigen politischen Partei. Das war keine leichte Aufgabe. Einige Monate, bevor Ende Dezember 2004 eine gerichtlich angeordnete zweite Stichwahl durchgeführt werden sollte, erkrankte Juschtschenko schwer. Er bekam heftige Unterleibs- und Rückenschmerzen, sein Gesicht war stark entstellt und teilweise gelähmt. Irgendjemand, wahrscheinlich ein russischer Geheimdienstoffizier, hatte sein Essen mit einer hohen Dosis Dioxin vergiftet, eine Krebs verursachende und schwer nachweisbare chemische Substanz.

Das alte Regime versuchte, die Stichwahl zu stehlen. Juschtschenko rief seine Anhänger auf, sich auf dem Majdan in Kiew zu versammeln (Majdan bedeutet »Platz«, doch der Begriff stand schnell für die Unabhängigkeitsbewegung selbst). Schon bald harrten mehrere Hunderttausend Menschen rund um die Uhr und zitternd vor Kälte auf dem Platz aus, der einer Zeltstadt glich. Zu den Unterstützern der ukrainischen Demokratiebewegung zählten zahlreiche Nichtregierungsgruppen, die amerikanische Botschaft und Außenminister Colin Powell. Auch subtilere politische und finanzielle Unterstützung aus

Amerika und Europa floss den Demonstranten zu. Die vielgelesene Internetzeitung *Ukrajinska Prawda*, die die Korruption des alten Regimes enthüllt hatte, überlebte dank ausländischer Finanzhilfen. Ebenso die Hoffnung auf eine freie und gleiche Wahl. Die Maßnahmen zur Bekämpfung von Wahlbetrug – Nachwahlbefragung, statistische Stimmenauswertung, Wahlbeobachter – wurden von Amerikanern finanziert. Es machte einen – wenn auch nur geringfügigen – Unterschied. Stimmen nachzuzählen war nicht dasselbe wie zu wählen. Am Ende hatte die Bevölkerung das Wort, und sie bescherte dem Kandidaten des Kremls eine Niederlage.

Für den Westen waren die Farbrevolutionen in Georgien und in der Ukraine ein Hoffnungsschimmer. Für Putin waren sie Teil eines Musters der Subversion und Sabotage Russlands durch amerikanische Geheimdienste, getarnt als Unterstützung der Demokratie. Die Vereinigten Staaten, so erklärte er am 4. Dezember 2004, erstrebten eine »Diktatur der internationalen Politik ... verpackt in pseudodemokratische Phrasen«.[18]

Am 20. Januar 2005, wenige Stunden, nachdem das Oberste Gericht der Ukraine Juschtschenkos Wahlsieg und damit den Sieg der Orangen Revolution bestätigt hatte, erklomm Präsident Bush die Stufen des Kapitols, um seine Rede zum Beginn seiner zweiten Amtszeit zu halten. Unter den Zuhörern waren sein betagter Vater, die Präsidenten Carter und Clinton sowie Bürgerinnen und Bürger. Bush formulierte ein neues Ziel der politischen Kriegsführung Amerikas: die Freiheitsagenda. »Es ist die Politik der Vereinigten Staaten, demokratische Bewegungen und Institutionen in jedem Land und jeder Kultur zu suchen und ihre Entwicklung zu unterstützen, um das große Ziel zu erreichen, die Beendigung der Tyrannei in der Welt«, erklärte er.[19] »Weil unser Handeln in der großen Befreiungstradition dieses Landes steht, haben Millionen von Menschen die Freiheit erlangt. Und da Hoffnung neue Hoffnung entfacht, werden weitere Millionen ihre Freiheit erlangen. Mit unseren Anstrengungen haben wir auch ein Feuer entzündet, ein Feuer in den Köpfen der Menschen. Es wärmt diejenigen, die seine Macht spüren. Es verbrennt jene, die seine Verbreitung bekämpfen. Und eines Tages wird dieses ungezügelte Feuer der Freiheit auch die dunkelsten Winkel unserer Welt erreichen.«

Die Rede des Präsidenten hatte einen messianischen Unterton. Er beschwor Gott, »den Schöpfer von Himmel und Erde«, als den wahren Ursprung seiner Politik, Demokratien zu fördern und Tyrannei zu zerstören: »Die Geschichte ist ein Auf und Ab der Gerechtigkeit, aber die Geschichte hat auch eine sichtbare Richtung, die von der Freiheit und dem Schöpfer der Freiheit vorgegeben ist ... Erneuert in unserer Stärke, geprüft, aber nicht ermüdet, sind wir bereit für die größten Leistungen in der Geschichte der Freiheit.«

Damit stellte er die Grundlagen der amerikanischen Außenpolitik seit dem Zweiten Weltkrieg auf den Kopf, um einen Kreuzzug zu beginnen. Amerika werde in einem existenziellen Kampf überall auf der Welt die Freiheit verbreiten. Der Fortbestand der Freiheit in den Vereinigten Staaten, sagte Bush, hänge zum großen Teil von der Ausbreitung von Demokratie in der ganzen Welt ab. Das war eine dumme Idee. Im Jahr 1787 hatte James Madison gewarnt, Demokratien hätten »immer den Schauplatz für Unruhen und Streitigkeiten abgegeben ... und ihre Lebensdauer war im Allgemeinen ebenso kurz wie ihr Ende gewaltsam«.[20]

Vielleicht lief die Geschichte doch nicht wie eine Linie geradewegs auf die Aufklärung zu, sondern drehte sich wie ein Rad zurück zur Gewalt.

Als Bush seine Freiheitsagenda darlegte, nahm die globale Rezession der Demokratie Fahrt auf und verstärkte sich dann immer weiter. Vielleicht fing alles mit Enthüllungen über die Geheimgefängnisse der CIA an, in denen gefoltert wurde, am schlimmsten in Polen. Oder mit der an Orwell erinnernden illegalen Überwachung amerikanischer Staatsbürger durch die NSA. Womöglich verhielt es sich genau anders herum, als Bush dachte, und die Ausbreitung von Demokratie in der Welt hing von der Resilienz der Freiheit in den Vereinigten Staaten ab. Wahrscheinlich lag es daran, dass Bush Amerikas militärische und geheimdienstliche Bündnisse auf Diktatoren in Ländern wie Saudi-Arabien und Pakistan ausdehnte. Oder daran, dass die Vereinigten Staaten sich weigerten, das Ergebnis anzuerkennen, als bei den ersten freien und gleichen Parlamentswahlen des palästinensischen Volkes die militante Hamas gewann. Mit Sicherheit spielte der Verlauf des Krieges im Irak eine Rolle, denn der Kreuzzug zur Verbreitung der Demokratie in der islamischen Welt mit vorgehaltener Waffe geriet völlig außer Kontrolle. Ein authentisches Bild von

Bushs Weltsicht vermittelt weniger seine glänzende Rhetorik als eine Szene, von der Generalleutnant Ricardo Sanchez, ehemals Kommandeur der US-Truppen im Irak, berichtete. Als im Frühjahr 2004 der Krieg ins Chaos abglitt, soll Bush ausgerufen haben: »Tretet ihnen in den Hintern! Wenn jemand versucht, den Vormarsch der Demokratie aufzuhalten, werden wir ihn finden und töten!«[21]

Bush versuchte weiter, seine Vision umzusetzen. Im Juni 2005 schickte er seine neue Außenministerin Condoleezza Rice nach Kairo, wo sie in einer Rede an der Amerikanischen Universität gelobte: »Der Tag wird kommen, an dem das Versprechen einer vollständig freien und demokratischen Welt, die einst unmöglich schien, unausweichlich sein wird.«[22] Über das Außenministerium, die Entwicklungsagentur USAID, die Stiftung National Endowment for Democracy sowie zahllose Berater und Nichtregierungsorganisationen gab die Bush-Regierung Milliarden aus, um die amerikanische Demokratie zu verpacken und in die arabische Welt zu exportieren. Ein mühseliges und ergebnisloses Unterfangen. J. Scott Carpenter, Leiter der Middle East Partnership Initiative im Außenministerium, erklärte Ende 2005 gegenüber David Finkel von der *Washington Post*: »Wir wissen noch nicht, wie wir im arabischen Nahen Osten die Demokratie am besten fördern können. Also, wir wissen es einfach nicht.«[23]

Bush besaß keine Strategie für den Irakkrieg, als aus seiner Befreiungsarmee eine Besatzungsarmee wurde. »Wir wussten überhaupt nichts über den Irak«, sagte Eric Edelman, Bushs Staatssekretär für politische Strategie im Verteidigungsministerium.[24] »Nicht nur funktionierte die Strategie nicht, wir konnten auch niemandem erklären, was wir eigentlich zu tun versuchten«, bestätigte seine Außenministerin Condoleezza Rice.[25] Im März 2006 war Bush, was den Krieg anging, »am Rand der Verzweiflung«, meinte sein Nationaler Geheimdienstdirektor John Negroponte.[26] Aber statt sich der Wirklichkeit zu stellen, vergrub Bush sich immer tiefer im Bunker seiner Ideologie, zunehmend abgekoppelt von den Realitäten der Welt, die er im Begriff war zu schaffen. Er war der Kapitän eines sinkenden Schiffs. Der Irak versank im Bürgerkrieg, seine Städte waren Killing Fields geworden. 1,6 Millionen seiner Bewohner waren Binnenflüchtlinge, weitere 1,8 Millionen waren aus dem Land geflohen, und die Todesschwadronen des irakischen Innenministers zogen mordend durch

Bagdad. Doch im selben Monat pries Bush in einer offiziellen Erklärung zur nationalen Sicherheitsstrategie die Triumphe seiner Freiheitsagenda. Er habe im Irak die Demokratie etabliert, sagte er und lobte die Existenz politischer Freiheiten und Bürgerrechte im gesamten Nahen Osten. Nach dieser Litanei zählte er die Siege der Farbrevolutionen in Georgien und in der Ukraine auf, als hätte er selbst sie errungen. Diese Revolutionen, so behauptete er, hätten die Hoffnung auf Freiheit und Gerechtigkeit nach Eurasien gebracht, einem Kontinent, der vom Atlantischen und Pazifischen Ozean, von der Arktis, dem Mittelmeer und dem Indischen Ozean begrenzt wurde und zum größten Teil russisches Territorium war. Er ermahnte Putin, »auf dem Weg der Freiheit vorwärts, nicht rückwärts zu gehen«.[27]

In der hochfliegenden Sprache der Freiheitsagenda beteuerte er, Amerika führe »eine immer größer werdende Gemeinschaft von Demokratien«[28] – obwohl de facto deren Zahl weltweit schrumpfte. Viele dieser neuen Demokratien waren auf steinigem Boden entstanden, und einige konnten nicht wachsen und gedeihen. Länder, die tausend Jahre lang von Tyrannen beherrscht worden waren, verwandelten sich nicht über Nacht in freie Republiken, nur weil die Vereinigten Staaten es so wollten. Wahlen allein bedeuteten noch keine Demokratie. Wahlen konnten Diktatoren an die Macht bringen und an der Macht halten. Demokratie musste sich entwickeln, sie konnte nicht einfach exportiert werden. Sie war keine Handelsware wie Sojabohnen oder Turnschuhe, sondern ein Ideal, das im Geist der Menschen lebendig war. Bush und Cheney erklärten, die Demokratie sei auf dem Vormarsch und zerschlage Diktaturen, doch ihr eigenes Handeln trug autoritäre Züge. Wenn der Präsident auf die Nationen der Welt blickte und in Fernsehansprachen Plattitüden über die Freiheit von sich gab, hätte man am unteren Bildrand einen Satz aus einem von Larry Devlins Telegrammen aus dem Kongo einblenden können: »Wenn wir realistisch sein wollen, müssen wir uns mit einer demokratischen Fassade begnügen.«

Putin hatte diese Fassade fallen lassen. In seinen Augen versagte Bush in seiner Rolle als Führer der freien Welt. Putin baute die russischen Nachrichtendienste wieder auf, um sich im Innern seine Macht zu sichern und im Ausland gegen Amerika zurückzuschlagen. Einmal hatte er zu seinen ehemaligen Kollegen beim Inlandsgeheimdienst

FSB, der Nachfolgeorganisation des KGB, gesagt: »Eine Gruppe von FSB-Agenten, die verdeckt in der Regierung der Russischen Föderation tätig sind, erfüllen ihre Aufgabe erfolgreich.«[29] Das war kein Witz. Er hatte immer wieder gesagt, es gebe keine »ehemaligen« Tschekisten. Überall im Kreml, in dessen Schlüsselministerien, in den Medien, in der wirtschaftlich wichtigen Öl- und Gasindustrie, in Banken und Finanzgesellschaften, Universitäten und Fernsehsendern hatte er seine Geheimdienstoffiziere platziert. Es waren seine *silowiki* – ein Mittelding zwischen Sicherheitsoffizieren und politischen und wirtschaftlichen Strippenziehern –, die jetzt Russland lenkten. Und im Ausland versuchten sie, die Feinde Russlands zu unterwandern und zu sabotieren. Sie schufen eine Welt der Erpressung und brutalen Ausbeutung im Stil der politischen Philosophie Stalins und der Zaren sowie der Praktiken der Mafia, vor allem aber in der Tradition des KGB.

Die russischen Nachrichten- und Sicherheitsdienste, die Fernsehanstalten, Hacker und Trolle lernten, sich das Internet und die Sprache der sozialen Medien zunutze zu machen, um ausländische Regierungen zu erschüttern und demokratische Institutionen zu diskreditieren. Putin begann, Hunderte Millionen Dollar in den Aufbau und Betrieb staatlich finanzierter Denkfabriken, Stiftungen und kaum getarnter Nichtregierungsorganisationen zu investieren. Er eröffnete überall in Europa Außenstellen für den Informationskrieg, um die öffentliche Meinung zu beeinflussen und westliche Experten, Wissenschaftler und Politiker zu vereinnahmen. Der Kreml begann, Beziehungen zu rechten politischen Aktivisten in Österreich, Ungarn, Italien, Frankreich, Deutschland, Großbritannien und Amerika zu knüpfen.[30] Er unterstützte Rechts- wie Linksextreme, solange sie einander bekämpften oder einen gemeinsamen Feind angriffen. Divide et impera, spalte und herrsche, war ein glorreiches Ziel – aber es genügte zu spalten.

Putin hatte aus den Trümmern der Sowjetunion einen neuen Geheimdienststaat geschaffen und wappnete sich nun für eine Wiederaufnahme des politischen Krieges. Er präsentierte das neue Russland – sein korruptes und autoritäres Land – als Alternative zur liberalen Demokratie und als Bollwerk gegen politisches Chaos und moralischen Verfall. Nach Jahren geduldiger Planung übte er Rache an jenen, die sich der Macht des Kremls entgegengestellt hatten, und führte den ersten einer Reihe von Angriffen gegen die Demokratie in 27 Ländern, die im Verlauf von zehn Jahren immer schärfer wurden.[31] Und bald nahm er auch die Vereinigten Staaten ins Visier.

KAPITEL 9

Die ersten Opfer

Seit dem Aufstieg von Solidarność war die globale Macht des Kremls über eine Generation hinweg erodiert wie eine von der Flut umspülte Sandburg. Im Frühjahr 2007 begann Wladimir Putin, die Flut zurückzudrängen.

In einer geheimen Depesche der amerikanischen Botschaft in Estland vom 4. Juni wurde von einem epochalen Ereignis berichtet. Die aufsehenerregende Überschrift lautete: »WELTWEIT ERSTER VIRTUELLER ANGRIFF AUF NATIONALSTAAT«.[1] »Estland wurde zum Opfer der weltweit ersten koordinierten Cyberattacken auf einen Nationalstaat und seine politische und wirtschaftliche Infrastruktur«, hieß es weiter. »Über einen Monat lang waren die Websites, Server und Router der Regierung, von Banken, Medien und anderen estnischen Institutionen einem Trommelfeuer von Cyberattacken ausgesetzt ... Experten bezeichnen die Art und Weise sowie die Raffinesse der Angriffe als Beweis für eine Verwicklung der russischen Regierung.«

Es war das sechste Mal im Lauf eines Jahrtausends, dass Russland das estnische Volk angegriffen hatte. Die Hauptstadt des Landes, Tallinn, liegt rund 320 Kilometer Luftlinie von Putins Geburtsort Leningrad entfernt, das nun wieder Sankt Petersburg hieß wie bei seiner Gründung im Jahr 1703 durch Peter den Großen.

Die Jahre der sowjetischen Besatzung im Zweiten Weltkrieg (1940/41 und dann erneut nach dem Ende der deutschen Okkupation ab Frühjahr 1944) waren gekennzeichnet von Vergewaltigung, Mord, der Rekrutierung von Männern und Jungen zur Zwangsarbeit bei der Roten

Armee und Massendeportationen nach Sibirien. Ein Drittel der Einwohner wurden getötet oder ins Exil getrieben. Nach dem Krieg siedelte der Kreml Hunderttausende Russen in Estland an und konsolidierte seine Herrschaft. Am Ende des Kalten Krieges machten die Russen etwa ein Drittel der estnischen Bevölkerung aus und bildeten einen Staat im Staat. Sie kontrollierten die Schlüsselindustrien und betrieben organisierte Kriminalität und Geldwäsche. Sie schauten russisches Fernsehen und pflegten Umgang mit anderen Russen. Clinton musste Jelzin unter Druck setzen, damit er seine Soldaten aus Estland abzog. Der Kreml weigerte sich monatelang, bis der US-Kongress 50 Millionen Dollar für den Abzug bewilligte. Die Russen hinterließen im Zentrum von Tallinn ein Kriegerdenkmal. Unter der lebensgroßen Statue eines Bronzesoldaten, wie er genannt wurde, lagen die sterblichen Überreste von zwölf Soldaten der Roten Armee. Das letzte Kontingent der Soldaten zog am 30. August 1994 in Richtung Osten ab.

»Es war ein aufregender Tag«, sagte Keith Smith, Geschäftsträger an der neuen amerikanischen Botschaft. »Ich weiß noch, dass ich durch die Stadt spazierte und Esten fragte, wie sie darüber dachten. Ich hatte euphorische Begeisterung erwartet. Alle sagten: »Sie werden zurückkommen.«[2]

Die Esten fanden einen eigenen Weg, sich nach dem NATO-Beitritt 2004 vom wirtschaftlichen, politischen und gesellschaftlichen Einfluss der Russen zu befreien, nachdem sie – ein Land ohne demokratische Tradition – den Übergang zu einer funktionierenden Demokratie gemeistert hatten. Im Jahr 2006 war das Land digital vernetzt wie kein zweites. Estnische Programmierer hatten nicht nur Skype entwickelt, sie halfen beim Aufbau einer neuen Gesellschaft, in der man nur noch bei Eheschließungen, Scheidungen und Immobilienkäufen persönlich bei der zuständigen Behörde erscheinen und ein Dokument vorlegen musste. Alles andere wurde online abgewickelt – die öffentliche Verwaltung, Bank- und Finanzgeschäfte, der Versicherungs- und der Kommunikationssektor, Rundfunk, Fernsehen und Presse sowie die Wahlen. WLAN war leistungsstark, überall verfügbar und kostenlos. Die Esten nannten ihr Land e-Estonia. Estland war der erste Staat mit einer internetbasierten politischen und gesellschaftlichen Infrastruktur – und damit das vielleicht technologisch fortschrittlichste Land der Welt.

Im April 2007 entschieden die Behörden von Tallinn, den Bronzesoldaten von seinem Standort zu entfernen und auf einem Militärfriedhof aufzustellen. Estnische Patrioten empfanden das Denkmal als Beleidigung, für russische Nationalisten, die nach Estland kamen und sich dort versammelten, war es ein Gedenkort. Die Statue wurde zu einem Ärgernis. Der russische Außenminister Sergei Lawrow nannte das Vorhaben abstoßend und warnte Estland vor schwerwiegenden Konsequenzen. Ein wütender russischer Mob randalierte in der Hauptstadt. In Moskau belagerten junge Schlägertypen die estnische Botschaft und erzwangen ihre Schließung. Und dann setzte Putin einen politischen Krieg in Gang, der Estlands Stärke in eine Schwäche verwandelte.

Die erste Angriffswelle erfolgte am 27. April. Zu ihren Zielen zählten die Websites des estnischen Staatspräsidenten, des Ministerpräsidenten, des Parlaments sowie des Außen- und Justizministeriums. Die Angriffe gingen von einem Online-Mob aus, der estnische Datennetze mit einer Flut von Spam-Mails und Fake News überschwemmte, angezettelt von russischsprachigen Chat-Foren, die zur Ausführung des Vandalismus Software zum Download bereitstellten. Ein Hacker postete auf Regierungs-Websites einen gefälschten Brief des Ministerpräsidenten Andrus Ansip, in dem dieser sich für die Entfernung des Bronzesoldaten entschuldigte. Ein anderer kündigte in einem öffentlichen Forum eine militante Aktion an. Es sei geplant, »das estnische Internet verdammt nochmal lahmzulegen:)«.[3]

Am 30. April wurde aus dem Cyberaufstand ein Cyberkrieg. Estland wurde von einer Reihe koordinierter Distributed-Denial-of-Service-Angriffe getroffen. Die Kapazität der nationalen Webressourcen wurde durch ein Bombardement von Anfragen überlastet – ein DDoS-Blitzkrieg, gestartet von russischen Botnets, Hunderttausenden Computern, gekapert von Hackern unter Aufsicht des Militär- und Geheimdienstsektors des Kremls. Die Angriffe kamen von Providern in 75 Ländern auf der ganzen Welt – darunter den Vereinigten Staaten, Russland, Kanada, Deutschland, Belgien, Ägypten, der Türkei und Vietnam – und erreichten eine Datenübertragungsrate von bis zu 90 Megabit pro Sekunde (fünf Mbit/s reichen für das Streamen hochauflösender Videos auf dem Heimcomputer). Während die landesweiten Computersysteme von der Flut erfasst wurden, ging Estland zu Boden. Die Angriffe brachten nicht nur die Computersysteme der Regierung zum Erliegen, sondern auch den Geschäftsverkehr von Banken, Firmen und Telekommunikationsunternehmen sowie den Medien. Die Esten konnten weder einen Geldautomaten benutzen noch Rechnungen bezahlen oder Nachrichten sehen. Daneben führte Russland einen Wirtschaftskrieg, indem es seine Öllieferungen einstellte und den Warenverkehr zwischen den beiden Ländern erschwerte. Der Cyberkrieg kostete Estland mit seinen 1,3 Millionen Einwohnern schätzungsweise weit über eine halbe Milliarde Dollar. »Sie wurden mit diesem Attacken quasi in die Knie gezwungen«, sagte Howard Schmidt, Berater der US-Regierung für Cybersicherheit und Chief Information Security Officer bei Microsoft.[4]

Am 9. Mai 2007, als Russland das Ende des Zweiten Weltkriegs feierte, erreichte der Erste Internetkrieg seinen Höhepunkt. Nachdem Putin auf dem Roten Platz eine Parade von 7000 russischen Soldaten abgenommen hatte, äußerte er sich zu den Angriffen mehr oder weniger zustimmend: »Diejenigen, die heute versuchen ... Denkmäler unser Kriegshelden zu entweihen«, seien Vandalen, darauf aus, »Zwietracht und neues Misstrauen zwischen Staaten und Völkern zu säen«.[5] Die Vereinigten Staaten und die NATO zogen aus den Angriffen eindeutige Lehren, wenn auch mit Verzögerung. »Es gibt ein noch sehr viel destruktiveres Potenzial«, sagte der damalige stellvertretende Verteidigungsminister William Lynn 2011. »Die Geschichte wird zeigen, dass jemand bis zum Äußersten gehen wird.«[6] Die wichtigste Lehre lautete: »Wir können nicht mit denselben Mitteln zurückschlagen, mit denen wir angegriffen werden«, sagte Toomas Hendrik Ilves, von 2006 bis 2016 estnischer Staatspräsident. »Liberale Demokratien mit einer freien Presse und mit freien und gleichen Wahlen haben einen asymmetrischen Nachteil ... Die Instrumente ihrer demokratischen und freien Rede können gegen sie eingesetzt werden.«[7]

Was Russland aus den Angriffen lernte, knüpfte an Ideen an, die zu Beginn von Putins langer Herrschaft entwickelt worden waren. Vor Estland war die politische Kriegsführung Russlands im 21. Jahrhundert defensiv ausgerichtet, wie es sich für ein Land gehörte, zu dessen einschneidendsten historischen Erinnerungen die Invasionen Napoleons und Hitlers zählten und dessen Staatschef Amerikas Förderung der Demokratie in Russland unter Jelzin als schleichende Subversion betrachtete. Die erste »Doktrin zur Informationssicherheit«,[8] die unter Putin in Russland veröffentlicht wurde, betont die Notwendigkeit, »den propagandistischen Informationen und psychologischen Operationen eines mutmaßlichen Feindes zu begegnen«. Die Bedrohung wurde ganz allgemein als geistige – *duchowny* – Bedrohung definiert, vor allem, wenn sie durch den »Einsatz von Massenmedien durch ausländische Spezialkräfte« erfolgte, um Desinformation zu verbreiten und den russischen Staat zu unterminieren.

Nach Estland schrieb der 85-jährige pensionierte Generalmajor Iwan Worobjew, ein großer russischer Militärtheoretiker, dessen Werk von den politischen Eliten gelesen wurde, es sei nun an der Zeit für eine globale Offensive. Er schlug eine dreiteilige Schockdoktrin vor: den Feind täuschen, in seinen Kopf eindringen, um seine Denkweise zu verändern, und seine Computer angreifen, um seine Führungsfähigkeit zu stören oder zu lähmen. Worobjew bezog sich nicht nur auf das Militär, sondern auf die Außen- und Geopolitik: Russland müsse vor allem die Wahrnehmung ausländischer Staatsführer und der von ihnen regierten Bevölkerungen lenken. Wie sein geistiger Vater Clausewitz betrachtete er die Politik als Krieg und den Krieg als die Fortsetzung der Politik mit anderen Mitteln.

Putin hatte auf der Münchner Sicherheitskonferenz 2007 gesagt, die Vereinigten Staaten wollten »eine Welt [schaffen], in der es nur einen Herrn, einen Souverän gibt«.[9] Sie würden Russland und dem Rest der Welt unaufhörlich die Demokratie predigen – »aber aus irgendeinem Grund wollen diejenigen, die uns belehren, selbst nicht lernen«. Er fuhr fort: »Heute erleben wir eine nahezu unkontrollierte und übermäßige Anwendung von Gewalt – militärischer Gewalt – in den internationalen Beziehungen, einer Gewalt, die die Welt in einen Abgrund permanenter Konflikte stürzt ... Die Vereinigten Staaten haben ihre nationalen Grenzen in jeder Hinsicht überschritten. Dies zeigt sich daran, dass sie anderen Ländern ihre Wirtschaftsform, ihre Politik, ihre Kultur und ihr Bildungssystem überstülpen. Wem gefällt das schon? Wer freut sich darüber?«

Im April 2008 fand in Bukarest ein NATO-Gipfel statt, auf dem verkündet wurde, das Bündnis sei offen für den künftigen Beitritt Georgiens und der Ukraine, was Bush voll und ganz unterstützte. Putin tobte. Diese Länder waren wichtige Sowjetrepubliken gewesen und hatten für Millionen von Russen eine strategische und ideelle Bedeutung. Georgien war Stalins Geburtsland, die Badeorte am Schwarzen Meer waren ein Tummelplatz der Reichen; südlich davon lagen die Türkei, Syrien und der Irak. In der Ukraine reichten die Wurzeln des Russischen Reichs noch weiter zurück, mehr als tausend Jahre. Solange Russland das Land beherrscht hatte, war es eine Supermacht gewesen, ohne die Ukraine hingegen war es nur ein Staat wie jeder andere. Die Ukraine war der Brotkorb der Sowjetunion gewesen, Odessa ihr größter Handelshafen. Jetzt war die Ukraine das größte Land Europas, wenn auch eines der ärmsten.

»Der Versuch, Georgien und die Ukraine in die NATO zu integrieren, ging wirklich zu weit«, schrieb Bushs neuer Verteidigungsminister Robert Gates sechs Jahre später.[10] »Waren die Europäer, geschweige denn die Amerikaner bereit, ihre Söhne und Töchter zur Verteidigung der Ukraine oder Georgiens in die Schlacht zu schicken? Eher nicht. Die NATO-Erweiterung war also ein politischer Akt, keine wohlüberlegte militärische Verpflichtung, und untergrub somit nicht nur den Zweck des Bündnisses, sondern ging rücksichtslos über das hinweg, was die Russen als ihre vitalen nationalen Interessen betrachteten.« Gates konnte sich gut vorstellen, wie Putin reagieren würde. Auch er hatte ihm in die Augen geblickt. Er sagte, er habe einen eiskalten Killer gesehen – einen Mann, der einem verlorenen Weltreich, verlorenem Ruhm und verlorener Macht nachtrauerte.

Putin würde keinesfalls zulassen, dass sich diese beiden Länder dem Westen anschlossen. Er würde die Farbe ihrer Revolutionen ändern. »Die NATO wurde zu einer Zeit gegründet, in der sich zwei Blöcke gegenüberstanden«, sagte Putin bei einer Pressekonferenz in Bukarest anlässlich des NATO-Gipfels, an dem Russland als Beobachter teilnehmen durfte.[11] »Lassen wir die Frage außer Acht, wer damals die Guten waren. Es ist jedenfalls offensichtlich, dass es heute keine Sowjetunion, keinen Ostblock und keinen Warschauer Pakt mehr gibt.«

Putin weiter:

> Wir haben unsere in Osteuropa stationierten Truppen und nahezu alle großen und schweren Waffen aus dem europäischen Teil Russlands abgezogen. Und was ist passiert? Ein Stützpunkt in Rumänien, wo wir uns jetzt befinden, einer in Bulgarien, ein amerikanisches Raketenabwehrsystem in

> Polen und in der Tschechischen Republik. All dies bedeutet, dass militärische Infrastruktur an unsere Grenzen herangerückt wurde. Sprechen wir offen und ehrlich darüber, legen wir doch die Karten auf den Tisch.

Er fing an, seine Karten auf den Tisch zu legen.

Wenige Tage, nachdem er aus Bukarest abgereist war, setzte er Pläne für einen Angriff auf Georgien in Gang. Dabei verfolgte er von Anfang an zwei Ziele: die russischen Kapazitäten für einen Informationskrieg zu testen und in Georgien eine Gegenrevolution anzuzetteln, die die NATO-Expansion ein für alle Male beenden würde. In jenem Frühjahr und bis in den Sommer hinein stellten der russische Auslandsfernsehsender RT und andere russische Medien den georgischen Präsidenten Saakaschwili als einen durchgeknallten Kriegstreiber und Strohmann Amerikas dar. Putin schickte Speznas, eine Spezialeinheit russischer Soldaten als »Friedensstifter« in die seit langem umkämpften georgischen Enklaven Abchasien und Südossetien, wo es enge Bindungen an Russland und einen starken Widerstand gegen Saakaschwili gab. Putin unterzeichnete Dekrete zur Anknüpfung politischer und wirtschaftlicher Beziehungen mit diesen separatistischen Regionen, als wären es unabhängige Staaten, und der Kreml stellte ihren Bewohnern russische Pässe aus.

Seine Fernsehkommentatoren und Internettrolle schlugen die Kriegstrommeln, indem sie behaupteten, Moskau habe intervenieren müssen, um ein drohendes Blutbad zu verhindern. Ihr Dauerthema war, dass die NATO unter Führung der Vereinigten Staaten der wahre Aggressor in Georgien sei und Saakaschwilis Soldaten bewaffne und ausbilde. Russland sei daher gezwungen, unschuldigen Menschen gegen einen mächtigen, vom imperialistischen Westen unterstützten Feind beizustehen. Putin führte militärische Manöver auf angrenzendem russischem Territorium durch. Er schickte Kampfflugzeuge los, die 1600 Kilometer südlich von Moskau in den georgischen Luftraum eindrangen, um die Nerven der georgischen Regierung zu strapazieren. Und bevor er dann in Aktion trat, flog er 50 handverlesene russische Journalisten ein, deren Kremltreue außer Frage stand.

Am 29. Juli 2008 begannen paramilitärische Einheiten in Südossetien, georgische Dörfer anzugreifen. In der Nacht zum 7. August verlor die georgische Regierung die Nerven. Das georgische Militär nahm die Provinzhauptstadt der Enklave unter Artilleriebeschuss. Nach Mitternacht schlug das russische Militär zurück. Putins Panzer rollten Richtung Süden, die erste russische Militärintervention in einem souveränen Staat seit fast 30 Jahren, nach Afghanistan 1979, der Tschechoslowakei 1968 und Ungarn 1956. Das Ereignis war bald wieder von den Titelseiten verschwunden, es war nur eine von vielen nicht weiter wichtigen Tragödien an einem Ort, den kaum ein Amerikaner auf der Landkarte fand. Doch es war ein Wendepunkt in der Geschichte der Kriegsführung.

In den ersten Minuten des Krieges wurde Georgien von einer massiven koordinierten Cyberattacke getroffen. Sie richtete sich gleichzeitig gegen 54 Websites in der Hauptstadt Tiflis und löschte Nachrichten und Informationen. Binnen weniger Stunden fielen ein Drittel der georgischen Computernetzwerke aus, darunter die offizielle Website von Saakaschwili, seiner Regierung und seinem Verteidigungs- und Außenministerium. Die Russen füllten dieses Informationsvakuum mit Schreckensberichten von Kriegsverbrechen, die georgische Soldaten in Südossetien begangen haben sollen – die Tötung von schwangeren Frauen und Kindern, das Erstechen von Verwundeten mit Bajonetten, das Abschlachten Unschuldiger. Im russischen Fernsehen wurde die tatsächliche Zahl der getöteten Zivilisten und Flüchtlinge in Südossetien mit tausend multipliziert.

»Putin beschuldigt Georgien des Genozids«, lautete die Schlagzeile bei RT am zweiten Tag des Krieges.[12] Putin war von den Olympischen Spielen in Peking an den Rand des Kriegsgebiets geflogen, um ein inszeniertes Fernsehinterview zu geben, bei dem zwei Frauen die Rolle terrorisierter Flüchtlinge spielten.

ERSTE FRAU: Sie haben die Mädchen bei lebendigem Leib verbrannt!
PUTIN: *Bei lebendigem Leib?*
ERSTE FRAU: Ja, junge Mädchen! Sie haben sie wie Vieh in ein Haus getrieben und es in Brand gesteckt …
ZWEITE FRAU: Sie haben ein Baby erstochen, der Junge war erst eineinhalb Jahre alt. Sie haben es im Keller erstochen …
PUTIN: Ich kann mir das kaum anhören.
ZWEITE FRAU: Eine alte Frau mit zwei kleinen Kindern – als sie davonliefen, wurden sie von einem Panzer überfahren.
PUTIN: Sie müssen verrückt sein. Das ist Genozid.[13]

Regierungen weltweit empfanden diese Berichte als so verstörend, dass sie von einer diplomatischen Unterstützung Georgiens absahen. Menschenrechtsgruppen gaben Untersuchungen der russischen Berichte über die Gräueltaten in Auftrag. Es handelte sich um Fake News, aber dies zu beweisen erforderte Zeit, und während die Faktenchecker noch dabei waren, eine Geschichte zu widerlegen, veröffentlichte der Kreml bereits zwei neue. Russland stellte seine Fähigkeit unter Beweis, Fernsehen und Internet als Waffen für ein Trommelfeuer aus Desinformation und Dämonisierung einzusetzen, das in den Worten eines politischen Analysten darauf abzielte, »Kritiker abzutun, Fakten zu verzerren, vom eigentlichen Problem abzulenken und das Publikum in Schrecken zu versetzen«.[14] Russlands Krieg in Georgien ließ unter Moskauer Bloggern einen alten Witz wiederaufleben: Hitler ist von den Toten auferstanden und nimmt die alljährliche Maiparade russischer Panzer und Raketen ab. Er schmunzelt in sich hinein. Ein russischer General beugt sich zu ihm und sagt: »Sie denken bestimmt, mit solchen Waffen hätten Sie den Krieg nicht verloren.« Hitler antwortet: »Nein, ich dachte gerade, mit einer Zeitung wie Ihrer *Prawda* hätte nie jemand davon erfahren!«[15]

Im 20. Jahrhundert hatte der Westen mit Entsetzen und Empörung reagiert, wenn der Kreml ein souveränes Land besetzte. Jetzt brachte man seine Sorge zum Ausdruck und schwieg. Der militärische Feldzug war nach fünf Tagen beendet. Die russische Armee tat sich zwar im Kampf nicht besonders hervor, doch durch die Einnahme der Ost-West-Fernstraße wurde Georgien quasi in zwei Hälften geteilt. Noch heute halten russische Truppen ein Fünftel des Landes besetzt, und 200 000 Menschen, die aus ihren Häusern vertrieben wurden, sind nicht zurückgekehrt. Georgien ist nach wie vor ein verwundetes Land, gelähmt in einem Konflikt, entzweit und isoliert. Putins Ziel war nicht gewesen, es zu erobern. Er wollte der Welt zeigen, dass er eine Gegenkraft gegen den Westen aufbieten konnte, dass er dessen Machtexpansion aufhalten und dessen Denken steuern konnte.

Dabei war der Informationskrieg wichtiger als der eigentliche Krieg. Putin hatte dem alten Sprichwort, dass das erste Opfer des Krieges die Wahrheit ist, eine neue Bedeutung gegeben. Die Wahrheit war nun der Hauptfeind.

Laut einer umfassenden Analyse des Modern War Institute der

Militärakademie West Point von 2018 hatte Putin eine »neue Form der Kriegsführung« begonnen, bei der der menschliche Geist das Hauptangriffsziel war.[16] Mit Hilfe von Desinformation und Täuschung »verschaffte sich Russland Zeit und Spielraum, um das internationale Narrativ in den entscheidenden ersten Tagen des Konflikts zu prägen«. Der Studie zufolge besaß der russische Informationskrieg gegen Georgien und in der Zeit danach vier grundlegende Elemente: »Erstens betreibt er in den normalen Nachrichten Meinungsmache, was noch am harmlosesten ist; zweitens hetzt er die Bevölkerung mit Falschinformationen auf, um das Schlachtfeld vorzubereiten; drittens versucht er die Menschen während der Schlacht mit Desinformationen und Unklarheit zu verwirren; und viertens setzt er ganz unverhohlene Lügen ein.« Die übergeordnete russische Strategie sei es, »das Vertrauen in Institutionen auf der ganzen Welt zu zerstören«. Michail Sygar, der ehemalige Chefredakteur des einzigen unabhängigen russischen Fernsehsenders Doschd, schrieb: »Das russische Fernsehen behauptet nicht, dass russische Politiker besser oder weniger korrupt oder ehrlicher und gerechter sind als die westlichen. Nein, es sagt, dass es überall gleich ist. Die Politiker auf der ganzen Welt sind korrupt ... Alle Wahlen sind gefälscht. Es gibt nirgendwo Demokratie, also kann man es gleich bleiben lassen.«[17]

Die Amerikaner schenkten einem kleinen Krieg in einem weit entfernten Land, der in jenem Sommer über ihre Bildschirme flackerte, kaum Aufmerksamkeit. Die Vereinigten Staaten standen am Rand einer desaströsen Rezession, verursacht durch Gier und Betrug, und die Senatoren Barack Hussein Obama und John McCain kandidierten bei einer Präsidentschaftswahl, bei der die übrige Welt unwichtig zu sein schien, ging es doch darum, die amerikanische Wirtschaft vor der Katastrophe zu bewahren. Doch Obama blickte auf eine Art und Weise über die Grenzen der Vereinigten Staaten hinaus, die die Aufmerksamkeit der Weltöffentlichkeit fesselte. Der 47-jährige Demokrat mit dem ungewöhnlichen Vornamen, der 2005 erstmals in den US-Senat gewählt worden war, hatte sich im Juni die Nominierung gesichert und Hillary Clinton bei den Vorwahlen deutlich geschlagen. Im Juli 2008, vor dem Nominierungsparteitag der Demokraten, besuchte er Afghanistan, Kuwait, den Irak, Israel, das Westjordanland, Großbritannien, Frankreich und Deutschland. An der Siegessäule im

Berliner Tiergarten hielt er als voraussichtlicher Kandidat für den Posten als Führer der freien Welt vor 200000 Menschen eine Rede.

Er rief die Berliner Luftbrücke von 1948/49 in Erinnerung, als amerikanische Rosinenbomber die sowjetische Blockade der geteilten, verzweifelten Stadt brachen:

> In den dunkelsten Stunden hielten die Menschen in Berlin die Flamme der Hoffnung lebendig ... Hunderttausende Berliner kamen hierher in den Tiergarten und hörten, wie der Bürgermeister der Stadt die Welt beschwor ...: »Völker der Welt, schaut auf Berlin!«
> Völker der Welt – schaut auf Berlin!
> Schaut auf Berlin, wo Deutsche und Amerikaner lernten, zusammenzuarbeiten und einander zu vertrauen, nicht einmal drei Jahre, nachdem sie sich auf dem Schlachtfeld gegenübergestanden hatten.
> Schaut auf Berlin, wo die Entschlossenheit eines Volkes auf die Großzügigkeit des Marshallplans traf und ein deutsches Wirtschaftswunder hervorbrachte; wo der Sieg über die Tyrannei die NATO entstehen ließ, die großartigste Allianz, die je zur Verteidigung unserer gemeinsamen Sicherheit geschaffen wurde ...
> Als Sie, das deutsche Volk, diese Mauer niederrissen – eine Mauer, die Ost und West, Freiheit und Tyrannei, Angst und Hoffnung trennte –, stürzten auf der ganzen Welt Mauern ein ...
> Volk von Berlin – Völker der Welt –, dies ist unser Moment. Dies ist unsere Zeit ... Wir sind die Erben eines Freiheitskampfes. Wir sind ein Volk mit einer ungeheuren Hoffnung. Den Blick in die Zukunft gerichtet, Entschlossenheit im Herzen, sollten wir uns an die Geschichte erinnern, unsere Bestimmung annehmen und die Welt abermals neu erschaffen.

Die Welt zu heilen war nicht ganz so einfach wie Hoffnungen zu wecken. Kein Präsident hatte je ein schwierigeres Vermächtnis von seinem Vorgänger übernommen. Das ungezügelte Feuer hatte im In- und Ausland verbrannte Erde hinterlassen. Obama erbte eine schwere Rezession, die Millionen Amerikaner um ihren Job und ihre Ersparnisse brachte; zwei Kriege mit 161000 im Irak und 38000 in Afghanistan stationierten amerikanischen Soldaten, einige von ihnen bei ihrem dritten oder vierten Einsatz und mit Befehlshabern, die weder ein klares Ziel vor Augen hatten noch ein Licht am Ende des Tunnels sahen; und einen Apparat der politischen Kriegsführung, der inzwischen einem rostenden, auf Ziegelsteinen aufgebockten Cadillac Baujahr 1948 glich. Bush war mit diesem Cadillac von der Straße abgekommen.

Obama, der von sehr viel weiter links kam als alle anderen Präsidenten vor ihm, steuerte in puncto nationale Sicherheit scharf auf die Mitte zu. Er bat den ehemaligen kalten Krieger Robert Gates, das Amt des Verteidigungsministers weiterzuführen, ernannte den Vier-Sterne-General James L. Jones zu seinem Nationalen Sicherheitsberater und überredete Hillary Clinton, seine Außenministerin zu werden. Clinton hatte sich in ihren sechs Jahren im Militärausschuss des Senats – sie versäumte keine einzige Sitzung – zu einem Falken entwickelt. Im Gegensatz zu Obama hatte sie Bushs Entscheidung für ein militärisches Engagement im Irak begrüßt, die inzwischen als die schlechteste je von einem Präsidenten getroffene außenpolitische Entscheidung galt. Im Wahlkampf hatte sie Obamas erklärte Bereitschaft, mit Amerikas lautstärksten Feinden zu sprechen, als »unverantwortlich und schlicht naiv« gebrandmarkt.[18] Bei ihrer Bestätigungsanhörung vor dem Senat sagte sie, sie werde »alle Elemente unserer Macht einsetzen, Diplomatie, Entwicklung und Verteidigung«. Das vierte Element, die Demokratie, erwähnte sie nur am Rand: »Obwohl unsere Demokratie weiterhin die Menschen auf der ganzen Welt inspiriert«, sagte sie, »wissen wir, dass ihr Einfluss am größten ist, wenn wir ihre Lehren selbst befolgen.«[19]

Das hatte Amerika nicht getan. Unter Bush war Amerikas Einfluss auf den niedrigsten Stand seit 70 Jahren gefallen, daran konnte auch Obamas begeisternde Rhetorik nichts ändern. Die Förderung der Demokratie und das Zurückdrängen Putins zählten nicht zu den obersten Prioritäten des neuen Präsidenten. Er hatte nun die Kontrolle über die Kriegsmaschinerie des Pentagons und der CIA, die tödlichen Waffen der Aufstandsbekämpfung und Terrorabwehr, und während Obama mehr Soldaten nach Afghanistan schickte und Amerikas Feinde im Ausland mit Predator-Drohnen und Spezialkommandos jagte und tötete, wurde die amerikanische Außenpolitik zum überwiegenden Teil nicht von Diplomaten und Verfechtern der Demokratie betrieben, sondern von Soldaten und Geheimagenten. »Es hieß zu oft aufstocken, aufstocken, aufstocken, Drohnen, Drohnen, Drohnen«, sagte Harold Hongju Koh, Dekan der Yale Law School, der als Rechtsberater in Clintons Außenministerium diente.[20]

Der politische Krieg lebte, aber er führte ein kümmerliches Dasein und war oft bestenfalls unabgestimmt. Obamas großspuriger Gesandter Richard Holbrooke versuchte, die Präsidentschaftswahl in Afghanistan zu manipulieren und ging dabei so unverfroren vor, dass er kläglich scheiterte. Robert Gates sprach später von »unserem unbeholfenen und fehlgeschlagenen Putsch«.[21] Bei einem Treffen der NATO-Verteidigungsminister beugte sich Kai Eide, der UN-Sonderbeauftragte für Afghanistan, zu Gates und flüsterte ihm zu: »Ich werde den Ministern mitteilen, dass es bei den afghanischen Wahlen eine eklatante ausländische Einmischung gegeben hat. Was ich nicht sagen werde, ist, dass es die Vereinigten Staaten und Richard Holbrooke waren.«[22]

Obamas Machtstrukturen im Weißen Haus waren stark zentralisiert, aber das Russlandressort übertrug er Clinton. Auch sie hatte über Bushs Behauptung gespottet, er habe eine innere Verbindung zu Russlands Staatschef gespürt. »Das ist der Präsident, der in Putins Seele geblickt hat«, hatte Clinton während der Vorwahlen gesagt. »Er war KGB-Agent. Er hat per definitionem keine Seele ... Das ist Unsinn, aber dies ist die Welt, in der wir leben.«[23] Oberflächlich betrachtet hatte sich die Welt verändert. Laut der russischen Verfassung konnte Putin nicht zum dritten Mal in Folge Präsident werden, daher wurde er Ministerpräsident und übergab das Präsidentenamt auf dem Papier Dmitri Medwedew, einem gut aussehenden jungen Petersburger Politiker, der als Samthandschuh für Putins eiserne Faust diente. Während Putin weiterhin das Heft in der Hand hielt, kümmerten sich Medwedew und Außenminister Sergei Lawrow um die Diplomatie mit den Vereinigten Staaten. Clinton wollte einen »Reset«, einen Neustart der amerikanischen Beziehungen zu Russland, und unterbreitete Lawrow den Vorschlag, bei START, einem neuen Abrüstungsvertrag zur Reduzierung strategischer Waffen, aber auch in Afghanistan, im Iran und im Nahen Osten zusammenzuarbeiten. Ihr erstes Treffen begann mit einem Patzer. Im März 2009 überreichte Clinton Lawrow bei einer Pressekonferenz in Genf strahlend lächelnd ein gelbes Kästchen mit einem roten Knopf, auf dem auf Englisch *reset* und auf Russisch *peregruzka* stand. »Wir haben uns sehr bemüht, das richtige russische Wort zu finden«, sagte sie zu ihm. »Stimmt es so?«[24]

»Nein«, antwortete Lawrow. Jemand im Außenministerium hatte es vermasselt: *peregruzka* bedeutet »Überlastung«. Trotz des holprigen Starts arbeiteten die Amerikaner und Russen, wie von Clinton vorgeschlagen, über ein Jahr lang zusammen. Sie stimmten im UN-Sicherheitsrat für harte Wirtschaftssanktionen gegen den Iran, um ihn zu Verhandlungen über eine Beschränkung seines Atomprogramms zu zwingen. Sie arbeiteten an einer Reduzierung ihres riesigen Atomwaffenarsenals. Die Russen erlaubten es amerikanischen Militärflugzeugen, ihren Luftraum zu nutzen, um die Soldaten in Afghanistan zu versorgen. Obama lud Medwedew ins Weiße Haus ein, und sie vereinbarten dafür den 18. Juni 2010. Am Tag, bevor Medwedew landete, fand im Lagezentrum des Weißen Hauses eine Dringlichkeitssitzung statt, geleitet von Obama, Vizepräsident Joe Biden, Robert Gates, FBI-Direktor Robert Mueller und CIA-Direktor Leon Panetta, einem Geheimdienstneuling, der 16 Jahre Kongressabgeordneter und vier Jahre Präsident Clintons Stabschef gewesen war.

Mueller teilte dem Präsidenten mit, die Vereinigten Staaten müssten dringend eine wertvolle Geheimdienstquelle aus Russland herausholen. Die Quelle hatte einen Ring von zehn »Illegalen« identifiziert, ein Untergrundnetzwerk von Schläfern, die für den russischen Auslandsgeheimdienst arbeiteten. Sie lebten seit zehn Jahren in den Vereinigten Staaten, seit Beginn der Ära Putin, waren mit gefälschten Pässen und erfundenen Identitäten eingereist und arbeiteten als Lehrer, Immobilienmakler und Reisevermittler. Es waren verheiratete Paare mit kleinen Kindern darunter, die den richtigen Namen ihrer Eltern gar nicht kannten. Und man konnte ihnen keine Spionage vorwerfen – soweit das FBI es beurteilen konnte, hatten sie ja noch nicht spioniert. Ein Schläfer wartet ab, bis er seine Befehle erhält, erst dann tritt er in Aktion. Einer von ihnen flog nach Moskau zurück, ein Zeichen dafür, dass etwas Großes in Vorbereitung war. Daher wollte das FBI jetzt den ganzen Ring hochnehmen, wodurch wiederum die Quelle auffliegen konnte. Medwedew wusste wahrscheinlich nicht einmal, dass es diesen russischen Untergrund gab. Putin wusste es mit Sicherheit.

Obama explodierte. »Ausgerechnet jetzt, wo wir mit den Russen auf so einem guten Weg sind? Das ist eine Rückkehr zum Kalten Krieg. Das ist wie aus einem Thriller von John le Carré. Wegen so etwas gefährden wir START, den Iran, unsere ganze Beziehung zu Russland?«[25] Der Geheimdienstveteran Gates empfahl dem Präsidenten, aggressiv aufzutreten: Medwedew zur Rede zu stellen, es ihm unter die Nase zu reiben – Ist das Ihre Vorstellung von Reset, Dmitri? –, und einen Keil zwischen ihn und Putin zu treiben. Der Politprofi Panetta riet dem Präsidenten, nach dem Geheimdiensthandbuch aus dem Kalten Krieg zu verfahren: die Schläfer auszuweisen und gegen vier Russen auszutauschen, die Putin wegen Spionage für die USA und Großbritannien eingesperrt hatte. Obama folgte seinem Rat. Putin empfing die Schläfer bei ihrer Rückkehr wie Helden. Ihre Geschichte wurde zu einer populären Fernsehserie verarbeitet, *The Americans*, und das Weiße Haus ging zur nächsten Krise über, die nicht lange auf sich warten ließ.

An jenem Tag saßen die Männer im Lagezentrum zusammen mit Hillary Clinton, dem Nationalen Geheimdienstdirektor James Clapper und Obamas Terrorabwehrchef John Brennan »am Grund des riesigen Trichters, durch den sich aus der globalen Büchse der Pandora Probleme auf Washington ergossen ... Sie hatten es täglich mit einer Vielzahl von Problemen zu tun, wechselten in Sekundenschnelle von einem Thema zum nächsten ... und trafen dann Entscheidungen, immer mit zu wenig Zeit und zu vielen uneindeutigen Informationen«, schrieb Gates, »und das ist an sich schon ein Problem: Erschöpfte Menschen treffen nicht die besten Entscheidungen.«[26] Dieser menschliche Faktor trug dazu bei, dass Obama eine schreckliche Entscheidung traf, als die Aufstände des Arabischen Frühlings 2011 immer mehr Kraft entfalteten.

Im Februar hatten Massendemonstrationen den alternden Diktator Hosni Mubarak nach 30 Jahren Herrschaft in Ägypten zum Rücktritt gezwungen, was Obama öffentlich guthieß. Vier Tage später demonstrierten Anwälte und Studenten gegen den halb verrückten Diktator Muammar al-Gaddafi, der Libyen seit 1969 regierte. Gaddafi ging hart gegen die Demonstranten vor und löste so eine bewaffnete Rebellion aus, bei der sich ein Teil seiner eigenen Sicherheitskräfte auf die Seite der Bevölkerung stellte. Die Opposition brachte die weitläufige Stadt Bengasi unter ihre Kontrolle, und Gaddafi entsandte Soldaten, um sie zurückzuerobern. Es drohte ein Blutbad mit Tausenden Toten. Obama sagte, Gaddafi müsse weg. Die Frage war nur, wie. Clinton forderte den Einsatz militärischer Gewalt, um das Abschlachten von Zivilisten zu stoppen und die Bombardierung von Gaddafis

Armeestützpunkten und seiner Kommandozentrale einschließlich seiner Residenzen. Biden, Gates und Brennan waren strikt dagegen, einen neuen Krieg im Nahen Osten zu beginnen. Im Wahlkampf hatte Obama argumentiert, ein Präsident könne nur im Fall einer tatsächlichen oder unmittelbar bevorstehenden Bedrohung für die Vereinigten Staaten einen militärischen Angriff durchführen. Als er dann selbst Präsident war, entschied er sich für ein gewaltsames Vorgehen, mit Unterstützung des republikanisch geführten Kongresses, einer NATO-Koalition und einer Resolution des UN-Sicherheitsrats, die mit der Enthaltung Russlands verabschiedet wurde, ein letztes Ergebnis der Reset-Politik. Putin verurteilte die Resolution. Er zitierte Gaddafi, als er sagte, die Resolution erinnere an einen mittelalterlichen Aufruf zum Kreuzzug.

Durch den Militärschlag der NATO – unter Beteiligung amerikanischer Kampfflugzeuge, Bomben, Lenkraketen, Drohnen, geheimdienstlicher Informationen und Aufklärung – wurde das Regime gestürzt. Danach versank Libyen schnell in einem Krieg aller gegen alle, rivalisierende, von Saudi-Arabien und der Türkei unterstützte Milizen töteten sich gegenseitig, eine Million Menschen versuchten, dem Chaos zu entfliehen, ein Abstieg zur Hölle auf einem Weg, der mit den besten humanitären Absichten gepflastert war. Obama nannte dieses Debakel später die schlechteste Entscheidung seiner Präsidentschaft. Es war das Ende von Amerikas militantem Drang, den Nahen Osten im Namen der Demokratie umzugestalten.

Am 20. Oktober 2011 eroberten die Rebellen Gaddafis letzte Hochburg und entdeckten den Diktator in einem Abwasserrohr, wo er sich versteckt hatte. Sie penetrierten ihn im Analbereich mit einem Bajonett, töteten ihn und hielten seine letzten Momente auf Video fest. Putin sah sich die Aufnahme wieder und wieder an, wobei ihm wahrscheinlich durch den Kopf ging, dass dies passierte, wenn Amerika ein Regime absetzen wollte – Milošević tot in einer Gefängniszelle, Saddam aufgehängt, Gaddafi aufgespießt.[27]

Vier Wochen zuvor hatte die Partei Einiges Russland, die Putin zum Erhalt seiner Macht gegründet hatte, in einem Stadion außerhalb Moskaus einen Parteitag abgehalten. Die russischstämmige amerikanische Journalistin Julia Ioffe war dort und machte sich Notizen. »Medwedew betritt die Bühne und sagt: ›Ich habe viel nachgedacht‹«, berichtete sie. »Und die Leute merken sofort, dass etwas nicht stimmt. Er wirkt, als hätte er die ganze Nacht nicht geschlafen, als hätte er getrunken oder geweint. Er sieht nicht gut aus. Und da fangen die Leute an, ihm zuzuhören. Normalerweise hört ihm keiner zu ... Und er sagt: ›Ich bin zu dem Entschluss gekommen, dass Wladimir Putin 2012 für die Präsidentschaft kandidieren sollte.‹ Und den Leuten fällt die Kinnlade herunter.«[28]

Einiges Russland behielt im Dezember 2011 die Kontrolle über das russische Parlament. Die Wahl war eine Farce: Putins Apparatschiks drangsalierten die Opposition, es gab mehrfache Stimmabgaben, Wahlbeobachter wurden verprügelt und Cyberangriffe auf ihre Websites durchgeführt. »Die russischen Wähler verdienen eine vollständige Untersuchung des Wahlbetrugs und der Wahlmanipulation«, sagte Außenministerin Clinton in einer Rede in Litauen wenige Tage danach.[29] »Die Menschen in Russland haben wie die Menschen überall einen Anspruch darauf, dass man ihre Stimmen hört und zählt. Und das bedeutet, sie haben Anspruch auf faire, freie und transparente Wahlen und auf Staatsführer, die ihnen Rechenschaft schuldig sind.« Daraufhin gingen Tausende russische Bürger auf die Straße. Putin warf Clinton vor, sie angestachelt zu haben. Die Demonstrationen weiteten sich aus, es waren die größten Proteste seit dem Ende der Sowjetunion. »Putin ist ein Dieb!«, skandierten die Demonstranten. »Russland ohne Putin!« Das Schreckgespenst der Proteste des Arabischen Frühlings suchte den Kreml heim. Putin sagte nun lauter, die russische Politik werde mit Hunderten Millionen Dollar aus dem Ausland beeinflusst und Clinton sei die Strippenzieherin der Opposition und wolle seine Stellung insgeheim untergraben. »Sie hat für bestimmte Akteure im Land den Ton gesetzt; sie hat das Signal gegeben«, behauptete er am 8. Dezember.[30] »Sie haben das Signal gehört und sich mit Unterstützung des US-Außenministeriums an die Arbeit gemacht.« Er sprach eine ominöse Warnung gegen jeden aus, der es wagen sollte, im Namen der Vereinigten Staaten auf die russische Politik Einfluss zu nehmen.

Nach seiner vorher abgemachten Wiederwahl zum Präsidenten im März 2012 ging Putin hart gegen Nachrichtenmedien vor, die nicht nach seiner Pfeife tanzten. »Der Kreml untergräbt erfolgreich die Integrität des investigativen und politischen Journalismus und zerstört das Vertrauen in die traditionellen Medien«, schrieb der in der Sowjetunion geborene Autor Peter Pomerantsev angesichts der zunehmenden Unterdrückung dessen, was von der freien Presse in Russland noch übrig war.[31] Er sah das Entstehen einer »neuen Propaganda«, deren Ziel es sei, »den Empfänger nicht zu überreden oder zu überzeugen, sondern ihn süchtig zu machen und abzulenken, passiv und paranoid zu machen«. Der vom Kreml mit über einer Milliarde US-Dollar jährlich finanzierte Sender RT begann sein englischsprachiges Programm speziell auf den rechten und linken Rand des amerikanischen politischen Spektrums abzustimmen. Nach der BBC war er jetzt die beliebteste ausländische Nachrichtenquelle in den Vereinigten Staaten und erreichte dort Millionen von Zuschauern. Seine Mission war es, wie Putin in einem Interview für RT sagte, »das Monopol der angelsächsischen globalen Informationsströme zu brechen«.[32]

Putin ergriff Repressalien gegen eine Reihe internationaler Menschenrechtsgruppen oder wies sie aus. Vom Kreml massiv unter Druck gesetzt schloss die amerikanische Entwicklungsagentur USAID ihre Pforten, nachdem sie zwei Jahrzehnte lang versucht hatte, Demokratie und Rechtsstaatlichkeit in Russland zu fördern. Putin verwies Dutzende Nichtregierungsorganisationen des Landes und schuf an ihrer Stelle staatlich finanzierte NGOs, die als Propagandaplattformen fungierten. Sie wurden zu »einer realen Entsprechung der Internettrollarmeen, die unsichere, autoritäre, repressive Regime auf Twitter losgelassen haben«, so beschrieb es ein amerikanischer Botschafter bei der OSZE.[33] »Sie verfolgen im Grunde dieselbe Taktik wie ihre virtuellen Pendants – Lärm machen und Verwirrung stiften, alles überfluten, eine vulgäre Sprache verwenden, Menschen mit abweichenden Ansichten einschüchtern und legitime Stimmen verdrängen.«

Kurz nachdem Putin seine dritte Amtszeit angetreten hatte, begann eine dubiose, von einem kremlnahen Oligarchen finanzierte Trollfabrik in Sankt Petersburg, die sich Agentur für Internet-Forschung nannte, amerikanische Wähler ins Visier zu nehmen. Sie wandte Methoden der Desinformation und Täuschung an, die sie bereits an russischen Bürgern und ihren osteuropäischen Nachbarn erprobt hatte.[34] Zur selben Zeit entdeckten die CIA, die NSA und private Sicherheitsfirmen eine wachsende Welle von Cyberspionageangriffen durch den russischen Militärnachrichtendienst GRU und den Auslandsgeheimdienst SWR, die Informationen stahlen, um dem Kreml einen strategischen Vorteil zu verschaffen. Oft benutzten sie auf ihre Zielobjekte zugeschnittene Spear-Phishing-Mails mit einer bösartigen Datei als Anhang. Sie griffen Regierungen, Botschaften, das Militär, politische Parteien, Denkfabriken, internationale und regionale Verteidigungsunternehmen und Medien in Ländern von den USA bis zur Ukraine an. Die Informationen, die sie stahlen, waren Munition für ihr virtuelles Arsenal.

Am 26. Februar 2013 publizierte eine zu Recht unbekannte russische Zeitung namens *Militärisch-Industrieller Kurier* eine Rede, die General Waleri Gerassimow, Generalstabschef der Streitkräfte der Russischen Föderation, Ende Januar gehalten hatte. Sie wäre im Westen wohl unbemerkt geblieben, hätte Robert Coalson, ein versierter Journalist bei Radio Free Europe/Radio Liberty, sie nicht übersetzt und gepostet. Monate später wurde sie von dem ausgewiesenen Kremlexperten Mark Galeotti aufgegriffen, der sie unter dem prägnanten Titel »Gerassimow-Doktrin« im Internet veröffentlichte.[35] Nachdem die Gerassimow-Doktrin weltweit Aufmerksamkeit erregt und beträchtliche Besorgnis ausgelöst hatte, räumte Galeotti zerknirscht ein, dass sie weder eine Doktrin noch eine Kriegserklärung an den Westen war. Sie bot allerdings einen profunden Einblick in die Ansicht des russischen Militärs, dass die Farbrevolutionen und der Arabische Frühling anarchische Schöpfungen des amerikanischen Geheimdiensts seien, und gab einen Vorgeschmack darauf, dass Moskau sich ohne Panzer und Lenkraketen gegen die Macht und den Einfluss der NATO und der Vereinigten Staaten zur Wehr setzen könnte.

»Im 21. Jahrhundert beobachten wir die Tendenz, dass die Grenzen zwischen Krieg und Frieden verschwimmen«, begann Gerassimow. »Kriege werden nicht mehr erklärt und verlaufen, wenn sie begonnen haben, nach einem ungewohnten Muster ... Ein blühendes Land kann innerhalb von Monaten oder sogar Tagen zu einer Arena erbitterter bewaffneter Konflikte werden, zum Opfer ausländischer Intervention, und in einem Gemisch aus Chaos, humanitärer Katastrophe und Bürgerkrieg versinken.« Er fuhr fort:

> Die »Regeln der Kriegsführung« haben sich verändert. Für die Erreichung politischer und strategischer Ziele spielen nichtmilitärische Mittel eine größere Rolle und sind vielfach effektiver als Waffengewalt ... All dies wird ergänzt durch militärische Mittel verdeckter Art, darunter Aktionen für Konflikte im informationellen Bereich und Aktionen von Spezialkommandos. Der offene Einsatz von Streitkräften – oft unter dem Deckmantel der Friedenssicherung und Krisenintervention – geschieht erst in einer bestimmten Phase, hauptsächlich um sich den endgültigen Erfolg in dem Konflikt zu sichern.

Nach Ansicht des Kremls hing heute jeder Krieg von der politischen Kriegsführung ab.

Putin nahm sein nächstes Ziel ins Visier: die Ukraine. Sie grenzte im Osten an Russland, im Süden an das angenehm warme Schwarze Meer mit seinen Ölvorkommen und im Westen an vier NATO-Staaten. 70 Jahre als Sowjetrepublik hatten in der Ukraine sichtbare Spuren hinterlassen. In der Hauptstadt Kiew stand noch immer ein Lenin-Denkmal am Taras-Schewtschenko-Boulevard, und eine Statue von Felix Dserschinski, dem Vater der sowjetischen Spione, zierte die nach ihm benannte Stadt Dserschinsk.[36] Niemand hatte gewagt, sie zu stürzen. Die Macht des Kremls war noch immer spürbar.

Nach dem Zerfall der Sowjetunion waren 2000 strategische atomare Sprengköpfe und 2500 taktische Atomwaffen in der Ukraine verblieben; das instabile, unsichere Land besaß das drittgrößte Atomwaffenarsenal der Welt. Die Bedrohung, die von unkontrollierten Atomwaffen ausging, ließ Washington nicht los. Bill Clinton und Boris Jelzin hatten im Dezember 1994 eine Vereinbarung mit der Ukraine geschlossen, wonach die Waffen in Russland mit amerikanischem Knowhow zerstört werden sollten. Zum Ausgleich für den Verzicht auf diese Macht erhielt die Ukraine Zusicherungen: Russland würde die Souveränität und die Grenzen des Landes anerkennen und »der Androhung oder dem Einsatz von Gewalt« gegen seine Unabhängigkeit abschwören; die Vereinigten Staaten würden das Land im Rahmen der Vereinten Nationen vor russischer Aggression schützen.[37] Das ukrainische Volk sollte bald erkennen, dass diese Vereinbarungen nicht in Stein gemeißelt waren.

Der korrupte Wiktor Janukowitsch war bei der letzten Wahl erneut an die Macht gekommen. Das verdankte er den Bemühungen des nicht minder korrupten Politikberaters Paul Manafort, dessen Büroleiter in Kiew, Konstantin Kilimnik, enge Verbindungen zum russischen Geheimdienst unterhielt. Zu ihren Zahlmeistern gehörten Wirtschaftsmagnaten, die sowohl mit der organisierten Kriminalität als auch mit dem Kreml im Bunde waren. Manafort erhielt von Janukowitsch viele Millionen an Honoraren, die er mittels Offshore-Konten wusch, und geriet ins Visier des FBI, das ihn im Zuge von Auslandsermittlungen abzuhören begann. Manafort machte auch Geschäfte mit den reichsten und verhasstesten Oligarchen des Landes, darunter Dmytro Firtasch, einem Putin-Freund und prominenten Komplizen der russischen organisierten Kriminalität, der im Oktober 2013 in Chicago vor einem Bundesgericht wegen Bestechung angeklagt wurde. Firtasch war der ukrainische Mittelsmann für den staatlichen russischen Gaskonzern Gazprom. Putin benutzte das Unternehmen als Instrument der Staatsführung und als Korruptionsmotor. Firtasch kaufte billig Gas bei Gazprom, verlangte beim Weiterverkauf an die Ukraine den dreifachen Preis und kassierte drei Milliarden Dollar, mit denen er prorussische Politiker, allen voran Janukowitsch, dafür bezahlte, dass sie nach der Pfeife des Kremls tanzten. Von den großzügigen Zuwendungen des Oligarchen bezahlte der ukrainische Präsident seine Millionen an Manafort.

Nicht nur Manafort hatte einen sündhaft teuren Geschmack, sondern auch Janukowitsch. Er ließ sich nördlich von Kiew eine 250 Millionen Dollar teure palastartige Villa bauen mit Marmortreppen und goldenen Toiletten und einem Zoo mit Pfauen und Wildschweinen, finanziert mit Geld, das er aus der Staatskasse gestohlen hatte. Diese beiden Männer verkörperten die Korruption und Gier, die das politische und ökonomische System des Landes durchdrang.

Im Herbst 2013 drängte Manafort seinen Klienten, ein Assoziierungs- und Freihandelsabkommen mit der Europäischen Union zu schließen, um die Ukraine an den Westen und die amerikanischen Konzerne zu binden. Janukowitsch begrüßte das Abkommen. Auch die Öffentlichkeit befürwortete es mit überwältigender Mehrheit. Nicht so Putin. Er würde weder einen Anschluss der Ukraine an die EU noch deren NATO-Beitritt zulassen. Die Ukraine gehörte ihm, sie war russisches Kernland. (Er hatte am Rande des NATO-Gipfels 2008 versucht, dies Bush mit einfachen Worten klarzumachen: »Sie verstehen das nicht, George. Die Ukraine ist gar kein richtiger Staat. Was ist die Ukraine? Ein Teil ihres Territoriums ist Osteuropa, aber der größere Teil ist ein Geschenk von uns.«)[38] Mit dem Geschenk meinte er die Halbinsel Krim, Heimat der russischen Schwarzmeerflotte, ein Gebiet, das seit dem 18. Jahrhundert unter russischer Herrschaft gestanden hatte, bis Chruschtschow es 1954 als Wiedergutmachung für Stalins Genozid an der ukrainischen Bevölkerung der Ukraine übertrug.

Putin traf sich zwei Mal mit Janukowitsch, Ende Oktober und noch einmal Anfang November 2013, und drohte ihm unmissverständlich; er knöpfte ihn sich vor wie ein KGB-Führungsoffizier einen angeworbenen ausländischen Agenten, der aufgeflogen war. Er hatte zwei Druckmittel, um ihn zum Einlenken zu bewegen. Russland konnte – und würde – der Ukraine wirtschaftlich schweren Schaden zufügen, konnte ihr aber auch ein Milliardendarlehen gewähren. Und der russische Geheimdienst hatte eine ganze Enzyklopädie von *kompromat* über Janukowitsch zusammengetragen, die er jederzeit aus dem Ärmel ziehen konnte. Beim EU-Gipfel in Litauen am 28. November erwarteten alle, dass Janukowitsch das Abkommen unterzeichnen würde. Aber er machte einen Rückzieher. Tausend Demonstranten marschierten in Kiew an jenem Abend zum Majdan. Drei Tage später waren es hunderttausend. Und schon bald mehrere Hunderttausend. Sie schwenkten keine orangefarbenen Fahnen, sondern die blaue Europaflagge. Die russischen Medien stellten sie als Neonazi-Mob dar. Janukowitsch drückte im Parlament ein Gesetz zur Verschärfung des Demonstrationsrechts durch und strebte eine Verfassungsänderung nach dem Vorbild Putins an. Die Demonstranten wollten zweierlei: den EU-Beitritt ihres Landes und die Absetzung ihres Präsidenten.

Die Vereinigten Staaten drängten die EU, im Machtkampf zwischen dem ukrainischen Präsidenten und seinen politischen Gegnern zu vermitteln, doch die EU-Minister zögerten aus Angst, sich mit Putin anzulegen. Am 27. Januar 2014 telefonierte Victoria Nuland, Leiterin der Abteilung für europäische und eurasische Angelegenheiten im US-Außenministerium, mit dem amerikanischen Botschafter in der Ukraine, Geoffrey Pyatt. Nuland hatte als Career Ambassador den höchsten diplomatischen Rang im Auswärtigen Dienst inne, und die Beziehungen zu Russland gehörten zu ihrem Aufgabenbereich; sie hatte seit 30 Jahren auf die eine oder andere Art mit Russland zu tun.

Ihrer Ansicht nach war es höchste Zeit, die Vereinten Nationen dafür einzuspannen, in der Ukraine einen Regierungswechsel herbeizuführen.

»Das wäre eine große Hilfe«, sagte Nuland, »um die Sache zu besiegeln, und wenn die UN mithelfen würden und wir, Sie wissen schon, auf die EU scheißen könnten.«

»Genau«, antwortete Pyatt. »Ich denke, wir müssen etwas unternehmen, um es festzuklopfen, weil wir sicher sein können, dass die Russen, wenn das Ganze Fahrt aufnimmt, hinter den Kulissen versuchen werden, es zu torpedieren.«[39]

Russische Agenten schnitten das Gespräch mit, in dem zwei amerikanische Diplomaten darüber diskutierten, wer von Janukowitschs Gegnern unterstützt werden sollte. Ein paar Tage danach posteten die Lauscher das Telefonat auf YouTube, so dass die ganze Welt mithören konnte. »Sie hatten seit 25 Jahren keine Telefongespräche mehr veröffentlicht«, sagte Nuland später. »Putin wusste genau, was wir taten ... Es war später sehr nützlich für ihn, mich und uns als Paradebeispiel für die Einmischung in die Angelegenheiten eines anderen Landes hinzustellen.«[40]

Dieser Diebstahl strategischer Informationen war Teil einer größeren russischen Kampagne in der Ukraine, die seit Monaten lief. Die »Operation Armageddon«, ein langfristiges Programm zur Cyberspionage, das darauf abzielte, die Bemühungen einer Annäherung an Europa zunichtezumachen, nahm die ukrainische Regierung, die Strafverfolgungsbehörden und militärische Funktionsträger ins Visier.[41] Während Putin 2014 in Sotschi, tausend Kilometer südöstlich von Kiew, stolz die Olympischen Winterspiele präsentierte – bei der russische Sportler mindestens 15 Medaillen mit Hilfe staatlich finanzierter Dopingprogramme unter Aufsicht von Geheimdienstoffizieren gewannen –, bombardierten seine Trolle ukrainische Fernsehsender, Nachrichtenkanäle und Politiker mit wiederholten Distributed-Denial-of-Service-Attacken.

Am 18. Februar begannen Janukowitschs Soldaten und Heckenschützen, scharfe Munition einzusetzen, um die demonstrierenden Zivilisten abzuschlachten; sie töteten in drei Tagen 100 Menschen.

Seine politischen Verbündeten distanzierten sich von ihm. Fünf Tage später floh er mit Putins Hilfe nach Russland. Die russischen Medien gingen in die Vollen: Eine faschistische Junta habe bei einem von den USA und der EU angeordneten Putsch in Kiew die Macht übernommen, ein demokratisch gewählter Präsident sei gewaltsam seines Amts enthoben worden. Während Janukowitsch abtauchte, leitete Putin die Abschlusszeremonie in Sotschi und befahl russischen Spezialkräften und Soldaten, die im Hauptquartier der Schwarzmeerflotte stationiert waren, die Flughäfen und das Regionalparlament der Krim zu besetzen. Tausende russische Soldaten, deren Uniformen keine Hoheitszeichen trugen, übernahmen die Kontrolle über die Halbinsel. Putin behauptete, es handle sich um lokale Milizen. Verteidigungsminister Sergei Schoigu leugnete die Präsenz russischer Soldaten auf der Krim selbst dann noch, als ukrainische Soldaten sich ihnen ergaben. Die Ukrainer begannen die Invasoren »grüne Männchen« zu nennen, die offensichtlich aus dem Weltall gekommen waren.

Die Russen durchtrennten in der Ukraine Glasfaserkabel und attackierten die staatliche ukrainische Telefongesellschaft, die ihre Verbindung zwischen der Halbinsel und dem Rest der Ukraine verlor. Mobilfunk, Festnetz und Internetzugang waren betroffen.[42] Die wichtigsten ukrainischen Regierungs- und Medien-Websites wurden von DDoS-Angriffen lahmgelegt und die Handys ukrainischer Politiker gehackt. Putin zitierte Janukowitsch zu sich nach Hause und zwang ihn, einen rückdatierten Brief zu unterschreiben, in dem er Russland bat, in der Ukraine einzumarschieren. Am 18. März verkündete er unter donnerndem Applaus im Kreml, dass die Krim wieder zu Russland gehöre.

Putin hatte die Regeln, Verträge und Übereinkünfte hinsichtlich der Souveränität von Nationen und der Unverletzlichkeit von Grenzen gebrochen, die seit dem Zweiten Weltkrieg den Frieden in Europa gesichert hatten. Seit Saddam Husseins Überfall auf Kuwait 1990 hatte kein Land der Welt ein anderes Land auf diese Weise eingenommen. Dabei hatten die Russen keinen einzigen Schuss abgefeuert. Cyberkrieg, Medienmanipulation und psychologische Operationen hatten genügt. Es war die effizienteste politische Kriegsführung des 21. Jahrhunderts.

Und Putin war noch nicht fertig. Im Südosten der Ukraine lebten viele Tausende Menschen, die Russisch sprachen und sich mit der Sowjetunion identifizierten. Am 17. April bezeichnete Putin dieses Gebiet als *Noworossija* – Neurussland –, wie es schon unter Katharina der Großen im 18. Jahrhundert geheißen hatte. Es waren bereits offizielle Websites unter diesem Namen registriert. Innerhalb von Tagen besetzten neue Bataillone grüner Männchen kommunale und regionale Regierungsgebäude und riefen die Gründung der Volkrepubliken Donezk und Luhansk aus. Die waffenmäßig unterlegene ukrainische Armee hatte Putin wenig entgegenzusetzen, als er im Frühjahr und Sommer Zehntausende Soldaten ohne Uniformen und mit tonnenweise Waffen und Munition in die Region schickte und so tat, als wären sie gar nicht da. In den folgenden fünf Jahren starben in dem Konflikt mehr als 4000 ukrainische Soldaten, dazu 5500 bewaffnete Separatisten und etwa 3300 Zivilisten; der Krieg machte Millionen Menschen zu Flüchtlingen, vier Millionen saßen in den separatistischen Republiken fest. Bei dem Konflikt stand viel auf dem Spiel. »Wenn es der Ukraine gelingt, sich vom russischen Einfluss zu befreien, ist ein freies, ganzes, demokratisches und friedliches Europa möglich«, sagte William B. Taylor, von 2006 bis 2009 amerikanischer Botschafter in der Ukraine.[43] »Wenn die Ukraine hingegen von Russland dominiert wird, wird Russland erneut zu einem Imperium, das seine Bevölkerung unterdrückt und seine Nachbarn und den Rest der Welt bedroht.«

Am 25. Mai 2014 wurde in der Ukraine eine Präsidentschaftswahl abgehalten, die der russische Militärnachrichtendienst mit seiner stärksten Schadsoftware attackierte. Die amerikanischen Sicherheitsfirmen CrowdStrike und FireEye hatten die Cyberspionagewaffe, die hinter der Operation steckte, bereits identifiziert. CrowdStrike gab den Schöpfern der Schadsoftware den Spitznamen Fancy Bear. FireEye berichtete einige Monate später, die Operation werde »durch eine Regierung unterstützt – genauer gesagt, eine Regierung mit Sitz in Moskau«, und Regierung, Militäreinrichtungen und Sicherheitsorganisationen seien seit mindestens 2007 mit ähnlichen Cyberwaffen angegriffen worden.[44] Mit Hilfe von Fancy Bear drangen russische Hacker in Computer der ukrainischen Wahlkommission ein, infizierten sie, löschten das Auszählungsergebnis und veröffentlichten auf der Website der Kommission Wahlergebnisse, denen zufolge ein rechtsgerichteter russlandfreundlicher Außenseiterkandidat die Präsidentschaft gewonnen hatte. Russische Fernsehsender verbreiteten diese Falschnachricht. Erst nach 40 Minuten bemerkte die Wahlkommission den Angriff und korrigierte die Angaben. Nicht lange danach machten sich Fancy Bear und sein Cousin Cozy Bear daran, in die Regierung der Vereinigten Staaten einzudringen.

Am 17. Juli schossen Putins Soldaten über der südöstlichen Ukraine den Malaysia-Airlines-Flug MH-17 ab, eine Passagiermaschine auf dem Weg von Amsterdam nach Kuala Lumpur. Alle 298 Personen an Bord starben. Putin behauptete, Russland habe nichts damit zu tun. »Natürlich nicht!«, sagte er indigniert. Um die harten Fakten zu widerlegen, verbreitete der Kreml im Internet eine Verschwörungstheorie. »Ich habe Menschen gesehen, die behaupteten, die CIA habe Leichen in ein Flugzeug gesetzt und es absichtlich abgeschossen, um Propaganda gegen die russische Regierung zu machen«, sagte Sri Preston Kulkarni, Kampagnenleiter der Ukraine Communications Task Force im Außenministerium.[45] »Diese Geschichte wurde ständig wiederholt ... Und mir wurde klar, dass wir an diesem Punkt [wie Alice im Wunderland] hinter dem Spiegel gelandet waren, und wenn die Leute das glauben konnten, konnten sie so ziemlich alles glauben.« Erst nach über drei Jahren veröffentlichten die niederländische und die australische Regierung einen offiziellen Bericht, in dem Russland für den Abschuss der Maschine verantwortlich gemacht wurde.

Der Nebel des Krieges war nun ein Pesthauch der Desinformation, der vom russischen Fernsehen und von den russischen sozialen Medien ausging. Russische Fernsehkommentatoren und Internettrolle verbreiteten alle möglichen Verschwörungstheorien und schamlos erfundenen Geschichten. Die tapferen Separatisten Neurusslands würden abgeschlachtet. Ukrainische Soldaten hätten auf einem öffentlichen Platz einen dreijährigen Jungen gefoltert und gekreuzigt. Die Regierung in Kiew baue Konzentrationslager, finanziert durch die EU. Sie beherberge in ihren Wäldern mörderische Neonazis. Sie habe die regionale Wasserversorgung vergiftet. Und die Vereinigten Staaten und die NATO leisteten all dem Vorschub. Am 4. September sagte General Philip Breedlove, NATO-Oberbefehlshaber in Europa, diese Flut von Lügen sei ein Aspekt »des erstaunlichsten Informations-Blitzkriegs, den wir je erlebt haben«.[46] Der Kreml sandte die Botschaft aus, dass er die Realität nach eigenem Gutdünken zurechtbiegen konnte, weil eine objektive Wahrheit nicht existierte, und so konnten Unwahrheiten über Fakten triumphieren. Bereits 1946 hatte Kennan im Langen Telegramm geschrieben: »Ihre Verachtung der objektiven Wahrheit – ja ihre Weigerung, an deren Existenz zu glauben – verführt die Russen dazu, alle Tatsachenbehauptungen als Instrumente zur Durchsetzung dieses oder jenes verborgenen Ziels zu werten.« Jetzt konnte das Internet ihre heimlichen Ambitionen millionenfach verstärken.

Die Vereinigten Staaten unternahmen wenig, um auf Putins Krieg gegen die Wahrheit unmittelbar zu reagieren. »Wir hatten eine massive Informationslücke«, sagte Victoria Nuland.[47] »Uns fehlten die nachrichtendienstlichen Mittel, um zu beweisen, dass er hinsichtlich der russischen Beteiligung log. Wir wussten es intern, wir wussten es in der politischen Debatte, aber was die öffentliche Meinung angeht, waren wir nicht gut.«

Die Angriffe des russischen Informationskriegs zielten nun mitten ins Herz der amerikanischen Regierung. Im August 2014 trieb sich Cozy Bear im Pentagon herum; das unverschlüsselte E-Mail-Netzwerk des Vereinigten Generalstabs wurde gehackt. Im Oktober entdeckte das Weiße Haus, dass die Spione des Kremls Obamas unverschlüsselte Mails lasen und die Adressen seiner Mailpartner abgriffen. Im November merkte die NSA, dass die Russen in den Computerarchiven des Außenministeriums herumwühlten, wahrscheinlich auf der Suche nach Schmutz über Hillary Clinton, damals bereits die inoffizielle Spitzenkandidatin für die nächste Präsidentschaftswahl. Richard Ledgett, stellvertretender Direktor der NSA, schilderte später ein Wochenende, in dem sein Cyberkommando »Mann gegen Mann« eine Attacke von Cozy Bear auf die Netzwerke des Außenministeriums abwehrte.[48] Anstatt zu verschwinden, als sie entdeckt wurden, schlugen die Hacker zurück. »Wir unternahmen etwas; sie konterten«, sagte er. »Es war 24 Stunden lang Abwehr-Gegenangriff, Abwehr-Gegenangriff, Maßnahme, Gegenmaßnahme. Das war neu. Das ist eine neue Ebene der Interaktion zwischen einem Cyberangreifer und einem Verteidiger.« Es war, als sollten der Präsident der Vereinigten Staaten und seine vermutliche Nachfolgerin wissen, dass die Russen im Schatten lauerten und ihnen schweigend über die Schulter schauten.

Während Putin die Ukraine besetzte und im Namen eines wiedererstarkenden Russland die Krim annektierte, besuchte Obama im März 2014 den Atomgipfel in Den Haag, wo er seinen Rivalen verächtlich als den bedrängten Führer einer zweitrangigen Nation verunglimpfte. »Russland ist eine Regionalmacht, die einige ihrer unmittelbaren Nachbarn bedroht – nicht aus Stärke, sondern aus Schwäche«, sagte Obama.[49] »Es stellt nicht die größte Bedrohung für die Sicherheit der Vereinigten Staaten dar. Meine größere Sorge ist nach wie vor, dass in Manhattan eine Atombombe explodieren könnte.«

Aber Putin hatte eine andere Art von Waffe gefechtsbereit, und er würde die lange Lunte bald anzünden. Er wollte die Demokratie in Amerika untergraben, und wie konnte er dieses Ziel besser erreichen als durch die Wahl eines gefährlichen Demagogen zum Präsidenten?

KAPITEL 10

Demokratie in Amerika

Im Frühjahr 2014 machte sich die Agentur für Internet-Forschung oder Internet Research Agency (IRA) ans Werk, in die Köpfe der Amerikaner einzudringen und deren Denken zu verändern. Sie operierte unter der Regie des Kremls und in enger Abstimmung mit dem russischen Geheimdienst und wurde so zum Informations-KGB.

Mit finanzieller Unterstützung durch den Oligarchen Jewgeni Prigoschin, einem rechtskräftig verurteilten Zuhälter und engen Vertrauten Putins, baute die IRA eine Mannschaft von 400 Trollen auf, die in einem dreistöckigen Gebäude in Sankt Petersburg in Zwölf-Stunden-Schichten arbeiteten. Viele von ihnen waren Hipster zwischen 20 und 40, mit stylishem Outfit und coolem Haarschnitt. Marat Mindijarow, ein arbeitsloser Lehrer, der vier Monate dabei war, sagte, seine Aufgabe sei es gewesen, »zu schreiben, dass weiß schwarz und schwarz weiß ist. Der erste Eindruck war, in einer Art Fabrik zu sein, in der Lügen und Unwahrheiten wie am Fließband produziert werden«.[1]

Die IRA schuf eine neue Abteilung: die amerikanische Redaktion, auch bekannt als Übersetzungsdienst. Ihre Rekruten wurden danach ausgewählt, ob sie fließend amerikanisches Englisch sprachen (das oft nicht ganz makellos war) und ein Gespür für die Nuancen des politischen Diskurses in Amerika besaßen (das in der Regel beachtlich war). Die digital versierten jungen Mitarbeiter wurden geschult zu erkennen, welche Themen die Amerikaner spalteten: das Waffenrecht, Rechte für Schwulen und Lesben, Einwanderung, die Konföderiertenflagge mit ihren rassistischen Konnotationen. Sie lernten, online so zu argumentieren, dass sich die Bruchlinien im politischen System Amerikas vertieften. Aleksandra Krylowa, die dritthöchste Mitarbeiterin der IRA, und Anna Bogatschowa, frisch rekrutiert und zuständig für die Datenanalyse der IRA, führten im Sommer 2014 eine Aufklärungsmission quer durch die Vereinigten Staaten durch mit Stationen in Kalifornien, Nevada, New Mexico, Colorado, Illinois, Michigan, Louisiana, Texas und New York, um Erkenntnisse und Informationen zu sammeln. Eine andere Agentin, die sich als Amerikanerin ausgab und mit dem Mitglied einer Graswurzelorganisation in Texas chattete, gewann die Erkenntnis, dass man sich auf politisch umkämpfte »Purple States« wie Florida fokussieren müsse,[2] wo die Präsidentschaftswahl 2000 nur mit ein paar hundert umstrittenen Wählerstimmen entschieden worden war.

Die IRA studierte die Amerikaner, um zu verstehen, was sie wütend machte, um zu lernen, wie sie denken, sprechen und schreiben, und zu gegebener Zeit die Speerspitze einer neuen Form des politischen Krieges gegen die Vereinigten Staaten zu bilden. »Wir hatten die Aufgabe«, sagte einer der Sankt Petersburger Trolle später gegenüber einem russischen Reporter, »die Amerikaner gegen ihre eigene Regierung aufzuhetzen: Unruhe und Unzufriedenheit zu provozieren.«[3] Ihre Mission bestand von Anfang an darin, im politischen Gemeinwesen Amerikas einen Bürgerkrieg zu entfachen. Laut einem vom republikanisch geführten Geheimdienstausschuss des Senats veröffentlichten Bericht versuchten die Russen, »die Grenzen zwischen Realität und Fiktion zu verwischen, unser Vertrauen in die Medien und den Informationsraum, in die Regierung, in unsere Mitbürger und in die Demokratie an sich zu untergraben«.[4] Es dauerte Jahre, bis die Amerikaner dies begriffen. Weder der Präsident der Vereinigten Staaten noch irgendjemand aus dem Militär oder den Geheimdiensten hatte auch nur den kleinsten Warnhinweis auf den Angriff, der Anfang 2015 bevorstand. Zu diesem Zeitpunkt hatten sich die Vereinigten Staaten aus dem politischen Krieg, der von den Russen mit aller Vehemenz geführt wurde, fast vollständig zurückgezogen.

Die amerikanische Demokratie hatte bereits Probleme, sie war geschwächt durch Wunden, die sie sich selbst zugefügt hatte. Mit der Folge, dass die amerikanische Regierung aufgehört hatte, für demokratische Ideale einzutreten. »Die vielleicht besorgniserregendste

Dimension der demokratischen Rezession ist der Niedergang von demokratischer Effizienz, Kraft und Selbstvertrauen im Westen, einschließlich der Vereinigten Staaten«, schrieb der amerikanische politische Soziologe Larry Diamond im Januar 2015.[5] »Im In- und im Ausland wächst das Gefühl, dass die Demokratie in den Vereinigten Staaten nicht wirklich funktioniert.« Die Wahlbeteiligung sank. Die Kosten für den Wahlkampf waren gigantisch. Die Bedeutung von geheimen Wahlkampfspenden in der Politik nahm zu. Das Vertrauen der Öffentlichkeit in die Regierung schwand. Respekt, Höflichkeit und die Akzeptanz anderer Meinungen gingen immer mehr verloren. Verschwörungstheorien hatten Hochkonjunktur. In politischen Talkrunden wurde geschrien. Jeder stritt mit jedem. Der politische Diskurs im Kongress, in den Nachrichtenkanälen, auf Facebook und Twitter wurde von Stunde zu Stunde vulgärer. Putin und seine staatlich gelenkten Medien frohlockten. Sie verhöhnten die Demokratie und propagierten Autokratie. »Die Welt registriert dies alles«, warnte Diamond. Die demokratische Rezession lasse »Autokraten glauben, es gebe keinen Druck mehr und sie könnten nach Belieben schalten und walten: die Medien zensieren, die Opposition zerschlagen und ihre Herrschaft zementieren.«

Am 16. Juni 2015 kündigte eine der vulgärsten öffentlichen Personen Amerikas an, als Präsident der Vereinigten Staaten kandidieren zu wollen. Nur jemand, der »wirklich reich« sei, jemand wie er selbst, könne »die Marke USA wieder groß machen«.[6] Hinsichtlich der Bedrohung durch den Dschihad würde Geld alles ändern: »Der islamische Terrorismus verleibt sich große Teile des Nahen Ostens ein. Sie sind reich geworden. Sie sind meine Konkurrenten.« Hinsichtlich der Bedrohung durch innere Feinde werde seine Expertise aus der Immobilienbranche das Land retten: »Wenn Mexiko seine Menschen zu uns schickt, schicken sie nicht ihre besten. Sie schicken nicht solche wie euch. Sie schicken Menschen, die jede Menge Probleme haben und diese Probleme zu uns bringen. Sie bringen Rauschgift, sie bringen Kriminalität, sie sind Vergewaltiger.« Und er fuhr fort: »Ich würde eine große Mauer bauen. Und niemand baut Mauern besser als ich, glaubt mir. Noch dazu wird sie nicht viel kosten. Ich werde an unserer südlichen Grenze eine richtig große Mauer bauen und Mexiko dafür bezahlen lassen.«

Romanautoren hatten den Aufstieg eines solchen Mannes vorhergesehen. Sinclair Lewis' Bestsellerroman *It Can't Happen Here* (*Das ist bei uns nicht möglich*) von 1935 erzählt von dem Hass schürenden Senator Buzz Windrip – »vulgär, beinahe Analphabet, ein einfach zu überführender öffentlicher Lügner« –, der 1936 die Präsidentschaftswahl gewinnt, indem er Angst vor Einwanderern sät und plant, in Mexiko einzufallen. Stephen Kings Thriller *The Dead Zone* (*Dead Zone – Das Attentat*) von 1979 beschreibt einen »zynischen Marktschreier«, der krumme Immobiliengeschäfte macht und auf einer Welle des Populismus zu politischer Macht aufsteigt und ins Weiße Haus strebt. Doch das waren Fiktionen.

Anfangs wurde Donald Trump nur von wenigen sonderlich ernst genommen. Die Vorstellung, er könne Präsident werden, war beängstigend. Er war ein Hochstapler und ein Ganove. Trump hatte sich das Image eines Finanzgenies gegeben, obwohl er sein Vermögen geerbt und den Reichtum, den er nicht durch Dummheit verschleudert hatte, nur durch Betrug hatte bewahren können. Sein goldverbrämtes öffentliches Image hatte er im Fernsehen und in den Boulevardblättern blankpoliert. Er sagte oft, er sei es gewesen, der den Begriff Fake News erfunden habe, »einer der besten Ausdrücke, die mir je eingefallen sind«. Und er hatte ihn geprägt, um seit den 1970er Jahren für sich selbst zu werben und seine Rivalen zu schmähen.

2009 entdeckte Trump Twitter. 2011 und 2012 verunglimpfte er den Präsidenten der Vereinigten Staaten durch provokative Äußerungen in den sozialen Medien und verbreitete die Verschwörungstheorie, Obama sei in Afrika geboren und gar kein richtiger Amerikaner. Er sei ein unrechtmäßiger Präsident, ein Betrüger. Im Juni 2013 äußerte Trump über Twitter den Wunsch nach einem politischen Rendezvous mit einem gewissen KGB-Veteranen: »Glaubt ihr, dass Putin im November zum Miss-Universe-Wettbewerb in Moskau kommen wird – und wenn ja, wird er mein neuer bester Freund werden?«[7] Merkwürdigerweise sagte er mehrfach öffentlich, er stehe bereits mit ihm in Verbindung. Das war allem Anschein nach unwahr. Bei dem Schönheitswettbewerb in Moskau, den Trump veranstaltete, war er wie eine Braut, die man am Altar hatte stehen lassen, und fragte immer wieder, ob Putin komme oder nicht. Er erhielt einen Trostpreis. Auf der Conservative Political Action Conference im März 2014 jubelte er, Putin habe ihm ein wunderbares Geschenk mit einem wunderbaren Brief geschickt. Das stimmte. Es war ein schwarzes Lackkästchen mit einem verschlossenen Brief darin.[8] Was in dem Brief stand, ist ein ungelüftetes Geheimnis. Ein paar Tage später twitterte er: »Ich glaube, Putin wird das Russische Reich weiter aufbauen.«[9] Im Mai fügte er dem Geheimnis dieses Liebeswerbens eine weitere Nuance hinzu: »Ich habe indirekt – und direkt – mit Präsident Putin gesprochen, der nicht netter hätte sein können.«[10] Die beiden waren einander nie begegnet. Wenn es zwischen ihnen eine Annäherung gegeben hatte, dann war es das, was Winston Churchill über Stalins Russland gesagt hatte: ein Rätsel, verpackt in einem Mysterium, das in einem Buch mit sieben Siegeln steckt.

In Sankt Petersburg und Moskau beschäftigten sich die Organisatoren des russischen Angriffs auf die amerikanische Demokratie intensiv mit Trump und entwarfen eine Strategie des politischen Krieges, die ganz auf seine Kandidatur zugeschnitten war. Am 11. Juli 2015, 25 Tage nach Beginn seines Präsidentschaftswahlkampfs, sprach Trump beim FreedomFest, einem libertären Kongress in Las Vegas. Mit dabei war Marija Butina, eine rothaarige russische Geheimagentin, die die National Rifle Association infiltrieren und rechte Aktivisten beeinflussen sollte. Sie stellte Trump eine Frage, die ihr ihre Vorgesetzten in Moskau übermittelt hatten: ob Trump als Präsident die wirtschaftlichen und politischen Strafsanktionen beibehalten wolle, die Obama nach der Invasion der Ukraine über Russland verhängt hatte? »Ich kenne Putin«, antwortete Trump. Eine weitere leicht zu entlarvende Lüge. »Ich würde mit Putin sehr gut auskommen ... Ich glaube nicht, dass die Sanktionen nötig sind.«[11] Das war eine äußerst wichtige Information für den Kreml. Die Sanktionen hatten zum Verfall des Rubels geführt und damit russischen Energieunternehmen, dem einzig vitalen Wirtschaftssektor des Landes, die Möglichkeit genommen, ihre Schulden zu refinanzieren. Schätzungen zufolge war die russische Wirtschaft binnen eines Jahres um ein Viertel bis ein Drittel eingebrochen. Die Löhne und Gehälter sanken, die Armut wuchs und ebenso die politische Opposition gegen Putins brutale Repression.

Ein paar Wochen nach Las Vegas begann einer von Putins wichtigsten Propagandisten, sich für Trump einzusetzen. Konstantin Rykow hatte als Internetunternehmer Millionen verdient und war ins russische Parlament gewählt worden. Und er war der maßgebliche außenpolitische Troll des Kremls auf Twitter. Die von ihm erstellte Website Trump2016.ru produzierte einen stetigen Strom von Beiträgen zur Unterstützung von Donald Trumps gerade anlaufendem Wahlkampf. Das war dem Kandidaten nicht entgangen. »Russland und die Welt haben bereits angefangen, uns wieder zu respektieren!«, twitterte er.[12] Bald schaltete sich Putin höchstpersönlich ein und nannte Trump »schillernd und talentiert«, er sei im Präsidentschaftsrennen »absolut in Führung«. Trump griff solche Äußerungen gern auf. »Wenn die Leute dich ›brillant‹ nennen, ist es immer gut«, sagte er, »besonders wenn es der Mann an der Spitze Russlands tut.«[13]

Er hob sich aus dem Feld der republikanischen Kandidaten hervor, indem er Putin lobte und erklärte, die NATO sei »obsolet«. Er nannte das Bündnis einen Haufen Versager. Staaten von England bis Estland würden »die Vereinigten Staaten übers Ohr hauen«, weil sie nicht ihren gerechten Beitrag zur Verteidigung der freien Welt leisteten. »Entweder sie zahlen, was sie müssen ... oder sie treten aus. Und wenn die NATO daran zerbricht, dann zerbricht sie eben.«[14] Über all dies freuten sich die Russen, die wussten, dass der von ihnen favorisierte Kandidat mit Putins Kumpanen geheime Verhandlungen über den Bau eines Trump Tower in Moskau führte, ein Projekt, das ihm 50 Millionen Dollar oder mehr einbringen würde und bei dem ein luxuriöses Penthouse für Putin herausspringen sollte.

Nach Trumps Äußerung in Las Vegas stiegen Putins Agenten und die IRA-Trolle voll in den Präsidentschaftswahlkampf ein. Ihre Kampagne war »ein Angriff auf die Vereinigten Staaten, der sehr viel komplexer und strategisch sehr viel besser geplant war als zunächst angenommen«, hieß es im Oktober 2019 in einem Bericht des Geheimdienstausschusses des Senats.[15] Die IRA erreichte zig Millionen Wähler.[16] Sie erreichte mindestens 126 Millionen Amerikaner auf Facebook, 20 Millionen auf Instagram und 1,4 Millionen auf Twitter. Daraus ergaben sich 76 Millionen Interaktionen auf Facebook und 187 Millionen Engagements auf Instagram. Die Twitter-Botschaften der Trollfabrik wurden von Trump, seinen Söhnen und seinen engsten Beratern sowie von zahllosen anderen Nutzern retweetet, darunter von rund 40 amerikanischen Journalisten. Die Zahl der Posts und

Reposts zur Unterstützung Trumps – 2563 auf Facebook, 13 106 auf Instagram, 430 185 auf Twitter – übertraf bei weitem die Zahl der Beiträge, die die IRA gegen Trumps Rivalen postete. Sie lud mehr als tausend Videos auf YouTube hoch. Sie investierte insgesamt rund 15 Millionen Dollar und bezahlte rund 100 Amerikaner, die in den Vereinigten Staaten 40 verschiedene politische Proteste organisierten. Im Hochsommer 2015 führten die Stoßtrupps der IRA, eine unsichtbare Division Tausender fingierter amerikanischer Identitäten, Krieg für »ihren« Kandidaten. Zu den häufigsten Begriffen in ihren Twitter-Profilen zählten *Gott*, *christlich* und *Trump*.

Die Armee der Agentur für Internet-Forschung kämpfte an drei Fronten: der Front der Rechten, der Linken und der Schwarzen.

Die rechte Front befürwortete Trump uneingeschränkt, attackierte dessen republikanische Gegner schonungslos und machte sich jedes politisch kontroverse Thema zunutze, von der Einwanderung über den islamischen Dschihad bis zum rassistischen Hass auf einen schwarzen Präsidenten. Sie befeuerte Feindseligkeiten und rief konservative und rechte Wähler auf, sich hinter Trump und seinen Tross zu stellen. Im Juli lancierte die IRA ein Narrativ des Kremls und prophezeite, Trumps Russland-Politik werde sehr vernünftig sein. Schon bald folgte eine starke Botschaft in gebrochenem Englisch: »@stop_refugees: Trump sagt, er fühlt sich geehrt, dass Putin ihn einen absoluten Führer genannt hat, und drückt seine Unterstützung für den russischen Präsidenten aus … Wenn wir nicht mit Russland zusammenarbeiten können, ist das keine gute Sache, sagte Trump. Also, meiner Ansicht nach brauchen wir Russland an unserer Seite, nicht auf der Gegenseite, was sonst? #usdaily #news #hotnews #newspaper #coffee #reading #local #cnn #foxnews #nbc #nytimes #morning #politics #usa #america #americannews #followme #trump #russia #putin.«[17] Dieser Post war das Werk der »Hashtag Gamers« der IRA,[18] die Kommentare zu Aufregerthemen schrieben und verbreiteten. Zu ihren erfolgreichsten Tags zählten »#Trump2016« und »#MAGA«.

Die linke Front hatte von ganz oben die Anweisung, an der Niederlage Hillary Clintons mitzuarbeiten, die dem russischen Präsidenten seit Jahren verhasst war. Im April 2015 gab Clinton mit einem YouTube-Video ihre Kandidatur für das Weiße Haus offiziell bekannt. Ihr

Erfolg hing von der Loyalität sowohl der Mainstream-Demokraten als auch des linken Flügels ihrer Partei ab – Obama-Wählern, jungen Wählern und vor allem schwarzen Wählern, von denen viele ihr übel nahmen, dass sie sich von der Finanzbranche und von Großkonzernen die Wahlkampfkasse füllen ließ. Die IRA hatte dafür einen Plan. Ihre Mitarbeiter machten Überstunden, nicht nur um Clinton zu attackieren, sondern um Wählerinnen und Wähler vom Urnengang abzuhalten, einen Wahlboykott zu propagieren und mit Jill Stein von der Grünen Partei eine Außenseiterkandidatin zu unterstützen.

Die Harvard-Absolventin und Kinderärztin Stein war anders als alle anderen Präsidentschaftsbewerber vor ihr. Sie trat praktisch für die Partei Einiges Russland an. Sie gab ihre Kandidatur im englischsprachigen Programm von RT bekannt, und Putins Team gefiel natürlich ihre Kritik an der amerikanischen Demokratie und Außenpolitik. Im Juli 2015 erklärte sie: »Wir haben mitgeholfen, einen Putsch gegen eine demokratisch gewählte Regierung [in der Ukraine] zu befeuern, bei dem Ultranationalisten und ehemalige Nazis an die Macht gekommen sind.« Das spiegelte exakt die Position des Kremls wider.[19] Stein war Putins Ehrengast bei einem im Fernsehen übertragenen Galadiner anlässlich des zehnten Geburtstags von RT. Am Prominententisch saß, in die Kameras lächelnd, ein bemerkenswerter Trupp: Putin, Stein, ein ehemaliger hoher KGB-Mann, Putins Top-Propagandist und der pensionierte Generalleutnant Michael Flynn, der sich sechs Wochen nach der Gala Trumps Wahlkampfteam anschloss. Flynn war ein Hitzkopf und als Direktor des militärischen Geheimdiensts Defense Intelligence Agency wegen Unbotmäßigkeit entlassen worden. Er hatte einen Hang zu Verschwörungstheorien, auf die er seine Analysten ansetzte. RT zahlte ihm für seinen Auftritt 45 000 Dollar. Seine Kollegen hatten ihn gewarnt, die Annahme von Geld aus dem Kreml werde ihn schwer kompromittieren, sie wussten aber, dass ihm das egal war. (Flynns Zeit als Trumps Nationaler Sicherheitsberater im Weißen Haus endete schon nach 27 Tagen, nachdem er das FBI über seine Gespräche mit den Russen belogen hatte.)

Stein sagte, ihr Wahlkampf habe durch ihre Moskaureise gelitten, aber RT machte es wieder gut. Der russische Fernsehsender brachte in seinem amerikanischen Programm mehr als hundert Beiträge, um ihre Bewerbung um das Weiße Haus zu unterstützen und ihre Positionen zu verbreiten – »Hillary Clinton wählen heißt Krieg wählen«[20] –, die exakt der Parteilinie der Agentur für Internet-Forschung entsprachen. »Sie ist eine russische Agentin, und zwar durch und durch«, sagte Clinton drei Jahre nach der Wahl, ein interessanter und brisanter Vorwurf.[21] Dass Steins Ansichten den außenpolitischen Positionen des Kremls entsprachen, fiel damals kaum jemandem auf, ebenso wenig erwog man die Möglichkeit, dass sie eine größere Rolle spielen könnte als die meisten anderen Außenseiterkandidaten in der politischen Geschichte Amerikas. Am Wahltag holte sie 1 457 216 Stimmen. Die IRA hatte den Amerikanern eingeschärft: »Eine Stimme für Jill Stein ist keine verlorene Stimme«, und wie sich herausstellte, traf das zu: In Michigan, Pennsylvania und Wisconsin, den drei Staaten, die im Wahlleute-Kollegium das Zünglein an der Waage waren, lag die Zahl der Stimmen, die Stein erhielt, höher als die Zahl der Stimmen, mit denen Trump vor Clinton gewann.[22]

Die schwarze Front der IRA war bei weitem die stärkste. »Keine einzelne Gruppe von Amerikanern wurde von den Mitarbeitern der IRA mehr ins Visier genommen als die Afroamerikaner«, befand der Geheimdienstausschuss des Senats im Jahr 2019.[23] »Themen im Zusammenhang mit Race waren das bevorzugte Ziel des Informationskriegs, der das Land spalten sollte.« Mit ihren Botschaften an die schwarze Bevölkerung machte die IRA zwar bisweilen auch Propaganda für Stein, sehr viel öfter aber empfahl sie einen kompletten Wahlboykott. Die Kampagne, mit der die Wähler von den Urnen ferngehalten werden sollte, zielte auf Dutzende Städte und besonders auf Communitys, in denen nach der Ermordung schwarzer Bürger durch weiße Polizisten Brennpunkte der Black-Lives-Matter-Bewegung entstanden waren. Mit Botschaften wie »Unsere Stimmen zählen nicht«, »Wählt nicht Hillary Clinton« und »Geht nicht zur Wahl« unternahm die schwarze Front enorme Anstrengungen, um den Urnengang von Afroamerikanern zu verhindern. Auf dem Instagram-Account »Woke Blacks« wurde behauptet: »Ein besonderer Hype und Hass auf Trump führt die Menschen in die Irre und zwingt Schwarze, Killary zu wählen. Wir können nicht das kleinere von zwei Übeln wählen.«[24]

Die von der IRA betriebene Facebook-Seite »Blacktivist« generierte 11,2 Millionen Nutzer-Engagements. 96 Prozent ihrer YouTube-Inhalte drehten sich um das Thema Race. Das Video, das die schlimmste Hetze verbreitete, erinnerte an die gefälschten Briefe des Ku Klux Klan an afrikanische und asiatische Sportler, die 1984 an den Olympischen Spielen in Los Angeles teilnahmen. Der YouTube-Link trug den Titel »HILLARY ERHIELT VOM KKK FÜR IHREN WAHLKAMPF EINE SPENDE VON 20000 DOLLAR«.[25] Die IRA rekrutierte in der schwarzen Community Agenten mit Hilfe von Posts, um Kontakt zu afroamerikanischen Predigern der Black Baptist Church aufzunehmen und Teilnehmer an politischen Kundgebungen und Fotografen zu finden, die die Proteste dokumentierten. Über die Facebook-Seite einer gefakten »Black Matters«-Gruppe wandte sie sich an Schriftsteller, Aktivisten und Anwälte – amerikanische Staatsbürger, die der russischen Kampagne der politischen Kriegsführung als Tarnung dienten.[26]

Mit dem Facebook-Account »Heart of Texas« traf die rechte Front mitten ins Zentrum der amerikanischen Seele. Auf der mit Fotos von Longhorn-Rindern bebilderten Seite wurden vehement Waffenrechte propagiert und einwandererfeindliche Memes gepostet. Sie hatte mehr als eine Viertelmillion Follower, wurde 4,9 Millionen Mal geteilt und 5,4 Millionen Mal gelikt.[27] Mit ihrer Hilfe gossen die Russen Öl ins Feuer der Angst bei jenen Texanern, die für Verschwörungstheorien anfällig waren. Diese Angst hatte das Pentagon entfacht. Es hatte ein Militärmanöver der Green Berets und Navy Seals mit dem Codenamen Jade Helm 15 angekündigt, bei dem zwischen dem 15. Juli und dem 15. September 2015 in sieben Bundesstaaten zwischen Texas und Kalifornien die unkonventionelle Kriegsführung geübt werden sollte. Kurz danach behaupteten »Heart of Texas« und die Instagram-, Twitter- und YouTube-Konten der IRA, Jade Helm sei – wahlweise – Teil eines Plans der psychologischen Kriegsführung, um die chinesische Besetzung von Texas zu ermöglichen; eine Machenschaft der Vereinten Nationen, um den Leuten ihre Gewehre wegzunehmen; ein Kommandoangriff, um im Vorfeld von Obamas drohender Verhängung des Kriegsrechts konservative Republikaner zu mobilisieren; oder »ein militärischer Plan, um nach einem apokalyptischen Meteoriteneinschlag, der für den Tag vorausgesagt wurde, an dem Jade Helm 15 zu Ende ging, das Kriegsrecht zu verhängen und die Bürger zu entwaffnen«, wie eine Analystin der Defense Intelligence Agency schrieb.[28] Der Idee, Jade Helm sei ein infames Komplott Präsident Obamas, um die Waffen rechtsgerichteter Texaner zu beschlagnahmen oder sogar in Texas die Macht zu ergreifen, gab der republikanische Gouverneur von Texas Auftrieb, als er die Staatsgarde von Texas mobilisierte, um die Militärübung zu überwachen. Und der republikanische Präsidentschaftskandidat Senator Ted Cruz aus Texas erklärte, er werde im Pentagon nachfragen, weil man der Obama-Administration nicht trauen könne. Die IRA war in die Köpfe einiger mächtiger Politiker eingedrungen – und in die Köpfe von Millionen Wählern.

»Ich vermute, an diesem Punkt haben sich die Russen gesagt: ›Wir können das ganz große Ding drehen‹«, meinte Luftwaffengeneral Michael Hayden, ehemaliger Direktor der CIA und der NSA später.[29] »Und ich glaube, an diesem Punkt haben sie entschieden: ›Wir spielen bei den Wahlen mit.‹«

Bis zu den ersten Vorwahlen waren es noch vier Monate, als im September 2015 die NSA erneut Cozy Bear am Werk sah. Das Cyberkommando in Fort Meade, Maryland, übermittelte Special Agent Adrian Hawkins von der FBI-Zentrale in Washington einen Bericht mit der Warnung, die Russen schickten zahlreichen amerikanischen Regierungsbehörden, externen Dienstleistern und Thinktanks Spear-Phishing-Mails. Wer eine solche Phishing-Nachricht anklicke, gewähre den Russen Zugriff auf die Dateien und Dokumente in seinem Netz. Jetzt hätten sie in dem Büro zugeschlagen, das im Jahr 1972 Ziel der Watergate-Einbrecher gewesen war. Hawkins las den Bericht, griff zum Telefon und rief beim Demokratischen Nationalkomitee an.

Er wollte mit dem Leiter des Teams für Computersicherheit sprechen. Es gab keinen Leiter und kein Team, und so wurde er an das Help Desk verwiesen und landete bei Yared Tamene, dem Mitarbeiter eines externen IT-Dienstleisters, der nicht kapierte, was Hawkins ihm da erzählte, und nicht so recht glauben konnte, dass er mit dem FBI sprach. »Ich war nicht sicher, ob sich nicht jemand einen Telefonscherz erlaubte«, schrieb Tamene in einer internen Notiz.[30] Hawkins rief noch mehrmals an und hinterließ Nachrichten. Den ganzen Oktober meldete Tamene sich nicht zurück. »Ich reagierte nicht auf seine Anrufe«, erklärte er, »weil ich nichts zu berichten hatte.« Im

November gelang es Hawkins endlich, Tamene zu erreichen. Er sagte ihm unmissverständlich, dass ein Computer des Demokratischen Nationalkomitees DNC mit Moskau verbunden sei und Informationen übermittle. Jetzt verstand der IT-Mitarbeiter. Er schickte seinen Vorgesetzten eine neue Notiz, das FBI glaube, »diese Leitung nach Moskau könnte die Folge eines staatlich unterstützten Angriffs sein«. Aber die Führung des Demokratischen Nationalkomitees sah keinen Handlungsbedarf. Vier lange Monate vergingen, bevor sie sich der Realität stellte und Spezialisten für Cybersicherheit zu Hilfe holte.

Im Februar 2016 konzentrierten die russischen Geheimdienste ihre kollektiven Energien auf den amerikanischen Präsidentschaftswahlkampf. Im selben Monat bot sich Paul Manafort als Trumps Wahlkampfleiter an. Die beiden hatten sich 1982 kennengelernt, als Trump Manafort als Lobbyist engagierte und damit auf eine Klientenliste kam, auf der bereits General Mobutu, Rupert Murdoch und die National Rifle Association standen. Im März besuchte Manafort Trump in seiner Residenz Mar-a-Lago in Florida und bot ihm seine Dienste gratis an, was dem Kandidaten gefiel. Es gab weder eine Sicherheitsüberprüfung noch eine Untersuchung von Manaforts steuerlichen, wirtschaftlichen und finanziellen Verhältnissen; mit derlei Details gab Trump sich nicht ab. Als die Nachricht bekanntwurde, zuckte Victoria Nuland, die Russland-Spezialistin im US-Außenministerium, zusammen. »Manafort!«, dachte sie angewidert. »Er ist seit 15 Jahren ein russischer Strohmann.«[31]

Der Kreml besaß über Manafort hochwertiges *kompromat*. Der in Geldwäsche verwickelte Lobbyist russischer Interessen war dem Aluminiummilliardär Oleg Deripaska, der über gute Kontakte nicht nur zur Führung der russischen Mafia, sondern auch zur Führung Russlands verfügte, viele Millionen schuldig. (In amerikanischen Diplomaten-Telegrammen wurde Deripaska als einer »der 2–3 Oligarchen« bezeichnet, »an die Putin sich regelmäßig wendet«.[32]) Manaforts Schulden stammten aus dem gescheiterten Plan, in der Ukraine einen Kabelfernsehsender zu kaufen, und Deripaska verklagte ihn auf 19 Millionen Dollar. Nachdem er 2005 mit Deripaska einen lukrativen politischen Beratervertrag unterzeichnet hatte, erwarb Manafort im New Yorker Trump Tower eine luxuriöse Eigentumswohnung. Von seinem politischen Geschick, schrieb Manafort, würde »die

Regierung Putin sehr profitieren«. Er brüstete sich damals, er mache bereits »auf den höchsten Ebenen der US-Regierung – im Weißen Haus, im Kapitol und im Außenministerium« Politik für den ehemaligen und künftigen ukrainischen Präsidenten Wiktor Janukowitsch.[33] Alles in allem hatte Manafort von Janukowitsch mehr als 17 Millionen Dollar erhalten, 12,7 Millionen davon schwarz, und das Geld über Jahre hinweg gewaschen. Das FBI hatte im Zusammenhang mit diesen Deals fast zwei Jahre lang gegen ihn ermittelt, aber noch keine Anklage erhoben. Über seinen Aufstieg zu Trumps Wahlkampfleiter muss sich Moskau gefreut haben, besonders als Manafort mithalf, aus dem politischen Programm der Republikanischen Partei eine Planke herauszureißen: das Versprechen, die Ukraine in ihrem Kampf gegen die russische Besatzung militärisch zu unterstützen. Dazu war er von seinem langjährigen Geschäftspartner Konstantin Kilimnik gedrängt worden, einem operativen Agenten des russischen Geheimdiensts. Manafort versorgte ihn zudem mit Insiderinformationen aus Trumps Hauptquartier, ein Tauschhandel, mit dem er seine Schulden bei Deripaska loswerden wollte.

Putins Spione waren über Manaforts Bestechlichkeit besser im Bild als das FBI. »Über seine Feinde *kompromat* zu besitzen, ist angenehm«, hatte die russische Schriftstellerin und Journalistin Julia Latynina geschrieben, als Putin an die Macht kam. »Über seine Freunde *kompromat* zu besitzen, ist unabdingbar.«[34]

Die Russen wollten einen *polesni durak*, einen nützlichen Idioten, in Trumps Wahlkampflager, jemanden, der ihre Arbeit erledigte, ohne dass er es wusste. Und in der für Außenpolitik zuständigen Gruppe in Trumps Team, die aus Spinnern und politischen Wirrköpfen bestand, hatten sie mehrere Kandidaten zur Auswahl. Am 26. April traf sich ein frischgebackenes Mitglied dieses Teams, der 28-jährige Energielobbyist George Papadopoulos, in einem Londoner Hotel zum Frühstück mit seinem neuen Bekannten, einer rätselhaften Figur namens Joseph Mifsud. Der ehemalige hohe Beamte im maltesischen Außenministerium war regelmäßiger Teilnehmer des alljährlich unter Putins Leitung stattfindenden Internationalen Diskussionsklubs Waldai, einer sehr russischen Spielart der elitären Konferenzen von Davos und Aspen. Als Mifsud erfuhr, dass Papadopoulos für Trump arbeitete, heftete er sich an ihn wie eine Klette. Das war, so heißt es in Russland, kein Zufall. Mifsud war als russischer Agent rekrutiert worden, und er war auf Talentsuche, wie man es im Spionagejargon nennt. Er pflegte die Beziehung zu Papadopoulos, machte ihn mit einer Frau bekannt, die er »Putins Nichte« nannte (Putin hat keine Nichte), und brachte ihn in E-Mail-Kontakt zu einem Mann, den er als einen hohen Beamten im russischen Außenministerium vorstellte, der aber wahrscheinlich Geheimdienstoffizier war. So köderte Mifsud Papadopoulos und zog den Fisch an Land. Er vertraute ihm ein großes Geheimnis an: Die Russen hätten »Schmutz« über Clinton. Sie hätten ihre E-Mails. Tausende E-Mails. Papadopoulos war elektrisiert, und er setzte alles daran, ein Treffen zwischen Trump und Putin zu arrangieren, ein Vorhaben, das seine Möglichkeiten weit überstieg. Dann, am 10. Mai 2016, während er die rutschige Leiter der internationalen politischen Intrigen zu erklimmen versuchte, saß Papadopoulos in einer schicken Londoner Bar, trank zu viel und plauderte sein Geheimnis gegenüber einem Diplomaten aus, den er soeben erst kennengelernt hatte: Alexander Downer, australischer Hochkommissar im Vereinigten Königreich. Downer wusste zuerst nicht, was er mit all dem anfangen sollte. Ein paar Monate später erfuhren die CIA und das FBI von der Geschichte.

Am 26. Mai sicherte sich Trump die Nominierung durch die Republikaner. Am nächsten Tag nannte er Putin einen starken Führer. Es war das achtundzwanzigste Mal, dass er ihn lobte oder prophezeite, er würde sich wunderbar mit ihm verstehen. Am 3. Juni teilten zwei Russen, die sich bei dem Miss-Universe-Wettbewerb in Moskau mit Trump angefreundet hatten, dessen Sohn Donald Trump jr. mit, Abgesandte der russischen Regierung hätten schädigende Informationen über Clinton, die sie ihm gern zukommen lassen würden. »Wenn es das ist, was Sie sagen, wäre es großartig«, antwortete Trump junior, »besonders im Spätsommer.«[35] Für den 7. Juni vereinbarte er ein Treffen im New Yorker Trump Tower, wo Manafort und Trumps Schwiegersohn Jared Kushner mit der russischen Delegation zusammenkamen. Das FBI dokumentierte 38 Treffen und 272 Kontakte zwischen dem Trump-Team und dem Putin-Team. 33 hochrangige Wahlkampfmitarbeiter und Berater wussten von diesen Kontakten. Sie alle, Trump eingeschlossen, vertuschten diese Verbindungen bei ihrer Befragung durch Ermittler, Journalisten und Kongressabgeordnete mit Lügen und Verschleierungen. Es gibt keine harmlose Erklärung für diese Heimlichtuerei. Das FBI hat die Frage, warum sie alle logen, nie geklärt.

Am 8. Juni begann eine Website des russischen Militärgeheimdienstes mit dem Tarnnamen DCLeaks.com, die von der fingierten Onlineidentität Guccifer 2.0 betrieben wurde, gestohlene Dokumente des Demokratischen Nationalkomitees in die politische Arena zu streuen wie Konfetti. Die IRA legte sich mächtig ins Zeug und verbreitete die Botschaft: »Trump ist unsere einzige Hoffnung auf eine bessere Zukunft!« Der russische Angriff wurde nun zu einem hydraköpfigen Krieg, denn die immer massivere Propagandakampagne der IRA – »#Trump4President, #Hillary4Prison« – war aufgeladen mit Gigabytes an Informationen, die Moskaus Spione gestohlen hatten. Clintons Wahlkampfleiter John Podesta hatte eine Spear-Phishing-Nachricht angeklickt, und Moskaus Hacker hatten seinen Account gestohlen: mehr als 50000 E-Mails. Ein Mitarbeiter des Wahlkampfkomitees der Demokraten im Kongress hatte den Link zu einer gefakten Login-Seite geöffnet und damit den Russen den Zugang zu den Rechnern des Komitees ermöglicht. Jetzt konnten sie Schadsoftware installieren, die Dateien durchforsten und nach Schlüsselbegriffen wie *Clinton* und *Trump* suchen. Die Russen machten aus den gestohlenen Informationen Waffen des politischen Krieges. Sie legten an und zielten. Am 12. Juni gab Julian Assange, der Warlock von WikiLeaks, dem britischen Sender ITV ein Interview. »WikiLeaks hat ein wirklich großes Jahr vor sich«, sagte er. »Wir haben Hillary Clinton betreffende E-Mails, die zur Veröffentlichung anstehen.«[36]

Das Demokratische Nationalkomitee engagierte die IT-Sicherheitsfirma CrowdStrike, um herauszufinden, wer hinter dem Datendiebstahl steckte. Die Antwort lautete: Cozy Bear und Fancy Bear. Aber niemand wusste, dass die Bären die IRA und Assange versorgten. WikiLeaks hatte 2006 als radikale Enthüllungsplattform im Kampf gegen die Geheimniskrämerei der Regierung angefangen: gefürchtet und gehasst von denen, die diese Geheimnisse hüteten, aber nicht von denen, die sie veröffentlichten. Irgendwann – mit Sicherheit, nachdem er auf Kaution freigelassen worden war und 2012 in der ecuadorianischen Botschaft in London Asyl beantragt hatte – wurde Assange zu einem Werkzeug des russischen Geheimdiensts. Kurz nach seiner Androhung im britischen Fernsehen erhielt er in der Botschaft Besuch vom Londoner Bürochef von RT, der ihm einen USB-Stick übergab. Am 14. Juli schickten ihm russische Hacker unter Benutzung der Onlineidentität Guccifer 2.0 verschlüsselte Dateien mit dem Namen »Big Archive«.[37] Am 15. Juli sprach derselbe Guccifer eine öffentliche Drohung aus: »Ich habe den Großteil der Unterlagen, Tausende von Dateien und Mails, an WikiLeaks gegeben. Sie werden sie bald veröffentlichen.« Und am 22. Juli twitterte Assange: »Seid ihr bereit für Hillary? Heute beginnen wir unsere Serie mit 20000 E-Mails von der Führungsspitze des DNC.« Bald schickten russische Geheimdienstoffiziere, die sich als Whistleblower ausgaben, Nachrichten direkt an amerikanische Journalisten, dazu Passwörter zu geschützten Websites mit den gehackten Dokumenten des Demokratischen Nationalkomitees.

Die Führung des DNC hatte einige böse Dinge über Clintons stärksten Rivalen, Senator Bernie Sanders, geschrieben, was bei der Eröffnung des Parteikonvents der Demokraten in Philadelphia vier Tage später unter Sanders' glühenden Anhängern einen Sturm der Entrüstung auslöste. Dank CrowdStrike wusste Clintons Wahlkampfteam inzwischen, dass es insgeheim und äußerst professionell aus dem Ausland angegriffen worden war. Clintons Wahlkampfmanager Robby Mook erklärte gegenüber CNN: »Experten haben uns gesagt, dass Akteure des russischen Staats in den DNC eingedrungen sind und diese E-Mails gestohlen haben. Andere Experten sagen jetzt, dass die Russen diese E-Mails veröffentlichen, um tatsächlich Donald Trump zu helfen.«[38] Trump machte sich in einem Tweet über diese Vorstellung lustig: »Der neueste Witz ist, dass Russland die fatalen E-Mails des DNC, die niemals hätten geschrieben werden dürfen (dämlich), geleakt hat, weil Putin mich mag.«[39] Und viele Mainstream-Medien meinten, Mook habe sich die äußerst merkwürdige Geschichte nur ausgedacht. Die Presseabteilung des Wahlkampfbüros, dieser millionenfüßige Tausendfüßler, fand die Tatsache, dass solche Mails von Clinton existierten, faszinierender als die Tatsache, dass die Russen sie gestohlen und veröffentlicht hatten.

Am 24. Juli druckte die *New York Times* einen weitblickenden Artikel der scharfsinnigen Journalisten David Sanger und Nicole

Perlroth, der mit den Worten begann: »Eine ungewöhnliche Frage beschäftigt derzeit Cyberspezialisten, Russlandexperten und die Führung der Demokratischen Partei in Philadelphia: Versucht Wladimir W. Putin, sich in die amerikanische Präsidentschaftswahl einzumischen?«[40] Trump war bemüht, die Sache herunterzuspielen. Auf einer Pressekonferenz erklärte er, »diese ganze Russland-Geschichte« sei »lächerlich«. »Ich habe nichts mit Russland zu tun«, versicherte er und wiederholte es fünf Mal. Im nächsten Satz rief er dem Kreml zu: »Russland, falls ihr zuhört. Ich hoffe, ihr könnt die fehlenden 30000 E-Mails finden.« Russland hörte zu: Fünf Stunden später griffen seine Hacker einen Server an, der von Clintons persönlichem Büro benutzt wurde.

In London verfolgte der australische Hochkommissar Alexander Downer die politische Aufregung jenseits des Atlantiks. Und jetzt erinnerte er sich an den prahlerischen Trump-Mitarbeiter Papadopoulos und wie er aufgeregt erzählt hatte, dass die Russen Schmutz über Clinton besäßen. Seine Geschichte erreichte die US-Botschaft in England. Gina Haspel, die CIA-Stationschefin in London, informierte die Zentrale in Langley, Virginia. Ihr Chef, CIA-Direktor John Brennan, gewann die Überzeugung, dass die Antwort auf die von den *New-York-Times*-Journalisten gestellte Frage »ja« lautete. Sein Kollege, FBI-Direktor James Comey, analysierte und bewertete die nunmehr aufgetauchten Beweise, nachdem er zwei Agenten zu Downer geschickt hatte, um ihn zu befragen. Bei der Cybersicherheit war man sich einig: Die Bären waren über Clinton hergefallen. Der britische und der niederländische Geheimdienst hatten Informationen übermittelt, die zweifelsfrei belegten, dass die Bären zur Musik russischer Bärenführer tanzten. Und inzwischen hatte das FBI auch einen spannenden Bericht des erfahrenen britischen Exagenten Christopher Steele gelesen. Steele arbeitete für eine Washingtoner Detektei, die von Clintons Wahlkampfbüro angeheuert worden war. Das FBI hatte schon zuvor mit Steele zusammengearbeitet und kannte ihn als äußerst zuverlässigen Berichterstatter über Russland, seinem Spezialgebiet. Steele hatte seinen Bericht einem engen Vertrauten, dem Rechtsattaché des FBI in Rom, weitergegeben, der das Dossier an die FBI-Zentrale übermittelte. Es begann:

> Das russische Regime unterhält seit mindestens 5 Jahren Kontakte zu TRUMP und unterstützt und fördert ihn. Das von PUTIN abgesegnete Ziel ist die Begünstigung von Zerwürfnissen und Spaltungen des westlichen Bündnisses …
> Ein ehemaliger hochrangiger Mitarbeiter des russischen Geheimdiensts, der immer noch im Kreml aktiv ist … versicherte, die TRUMP-Operation werde vom russischen Präsidenten Wladimir PUTIN unterstützt und gesteuert. Ziel sei es, Zwietracht und Uneinigkeit in den Vereinigten Staaten selbst, vor allem aber im transatlantischen Bündnis zu säen, das als nachteilig für Russlands Interessen betrachtet werde …
> Ein hoher russischer Finanzbeamter sagte, die Trump-Operation müsse im Zusammenhang mit PUTINs Wunsch gesehen werden, zur »Großmacht«-Politik des 19. Jahrhunderts zurückzukehren, die auf den Interessen der einzelnen Länder und nicht auf den Idealen einer nach dem Zweiten Weltkrieg etablierten Weltordnung basiere.

Am 30. Juli leitete Comey eine Untersuchung der Hackerangriffe durch die Spionageabwehr des FBI ein. Sie trug den Decknamen Crossfire Hurricane, eine Reverenz an die Rolling Stones. Die ermittelnden Agenten beschäftigten sich mit Fragen, die in der Geschichte ohne Beispiel waren. War der Republikaner, der für das Amt des Präsidenten der Vereinigten Staaten kandidierte, ein *polesnik durak*, ein nützlicher Idiot, der unwissentlich Putins Sache propagierte? (Ja, ohne Zweifel, sagte Michael Morell, zwischen 2010 und 2013 kommissarischer beziehungsweise stellvertretender CIA-Direktor, eine Woche später in der *New York Times*: »Aus geheimdienstlicher Sicht würden wir sagen, dass Mr Putin Mr Trump als unwissentlichen Agenten der Russischen Föderation rekrutiert hat.«[41]) Aber Dummheit und Unwissenheit waren keine Verstöße gegen Bundesgesetze, für die das FBI zuständig war. Die Agenten mussten über das Undenkbare nachdenken. Dazu mussten sie ihre Phantasie zu Hilfe nehmen. Wurde Trump von den Russen geführt? Hatten sie *kompromat* über ihn? War er ein Einflussagent? Der Begriff war vom KGB selbst geprägt worden und wird in einem Handbuch der amerikanischen Spionageabwehr von 2011 definiert als »Agent oder Agentin von einem gewissen Rang, der oder die seine oder ihre Position dazu benutzt, die öffentliche Meinung oder Entscheidungsfindung zu beeinflussen, um Ergebnisse zu erzielen, die für das Land, dessen Geheimdienst den Agenten führt, vorteilhaft sind«.[42]

Einer, der Einblick in diese Angelegenheiten gehabt haben könnte, redete nicht. Paul Manafort wurde Mitte August 2016 als Trumps Wahlkampfleiter gefeuert, nachdem die *New York Times* seine korrupten Geschäfte in der Ukraine und seine geheime Zusammenarbeit mit dem Kreml-Oligarchen Deripaska enthüllt hatte. Nachdem er wegen Verschwörung und Betrug angeklagt worden war, belog er das FBI über seine politischen Kontakte zu seinem Kumpan Kilimnik, der bekanntermaßen ein russischer Geheimagent war. Die Richterin, die Manafort zu insgesamt siebeneinhalb Jahren Haft verurteilte, fragte sich laut, ob er bezüglich dieser Kontakte nur gelogen hatte, um sich selbst oder auch um seine Vorgesetzten zu schützen. Ihre Antwort lautete: Wir wissen es nicht. Das Mauern von Leuten mit Kontakten zu Putins engstem Kreis – Leute wie Manafort und Trumps in Schande zurückgetretener Nationaler Sicherheitsberater Michael Flynn – machte es unmöglich, Antworten auf in dieser Sache entscheidende Fragen zu finden. Sonderermittler Robert Mueller bemerkte abschließend: »Diese Lügen haben die Ermittlungen zur russischen Einflussnahme auf die Wahlen substanziell behindert.« Sie haben aber auch die Antwort auf die Frage verhindert, ob Amerikaner einen Angriff auf die amerikanische Demokratie unterstützt und begünstigt haben.[43]

Manaforts Nachfolger als Wahlkampfmanager wurde Trumps Chefideologe Steve Bannon, Gründer einer bekannten ultrarechten Nachrichtenwebsite. Auf einer Cocktailparty hatte er sich einmal im Gespräch mit einem neokonservativen Historiker als einen Bomben werfenden Bolschewiken bezeichnet: »Ich bin ein Leninist«, sagte Bannon. »Lenin wollte den Staat zerstören, und das ist auch mein Ziel. Ich will alles zum Einsturz bringen.«[44] Bannon sollte seinen anarchischen Einfluss auf Trump ins Weiße Haus tragen, doch vorerst feilte er an seiner plakativen Theorie der amerikanischen Wahlpolitik: »Es geht nicht um die Demokraten. Der eigentliche Gegner sind die Medien. Und die richtige Art, mit ihnen umzugehen, ist, sie mit Scheiße zu überfluten.«[45]

Als der Kampf um die Präsidentschaft voll entbrannte, gossen die Russen eine Flut von Unwahrheiten aus. Doch die amerikanischen Nachrichtendienste, die nach 15 langen Jahren immer noch mit der Terrorbekämpfung beschäftigt waren, beobachteten den Neustart der russischen aktiven Maßnahmen, ohne recht zu wissen, was sie da sahen. Dieser Mangel an Phantasie war nicht allein ihre Schuld. Das gesamte politische Establishment Amerikas in und außerhalb der Regierung war in Schockstarre und verfolgte das Geschehen mit großen Augen, verständnislos wie eine Kuh, die einen Zug vorbeifahren sieht.

Niemand an der Spitze der Obama-Regierung unternahm etwas, um den Angriff auf die Wahl zu stoppen, nachdem er entdeckt worden war. Niemand war dafür gerüstet zu verhindern, dass sich die Desinformation mit Lichtgeschwindigkeit ausbreitete. Niemand begriff, wie sehr sich die politische Kriegsführung der Russen die Macht der sozialen Medien zunutze gemacht hatte, um die Politik der Vereinigten Staaten umzugestalten. Es kam niemandem in den Sinn, die Active Measures Working Group zu reaktivieren. Ein technisch versiertes Mitglied dieses Dream-Teams hätte die Dinge vielleicht klar gesehen: Zwei Drittel der Amerikaner bezogen inzwischen ihre Nachrichten aus dem Internet, und eine Mehrheit der Wählerschaft tappte halbblind in eine Kampfzone, in der aus allen Rohren mit Unwahrheiten geschossen wurde. Im Herbst 2016 wurden auf Facebook die Top-Falschnachrichten sehr viel öfter gelesen, geteilt und kommentiert als die Topnachrichten der 19 größten Nachrichtenportale.[46] Die beiden von der Agentur für Internet-Forschung besonders massiv gepushten Topberichte waren, dass Papst Franziskus die Präsidentschaft Donald Trumps unterstütze und dass WikiLeaks bestätigt habe, Hillary Clinton würde Waffen an den IS verkaufen. Diese Lügen erreichten neun Millionen Menschen. Niemand in Amerika begriff das Ausmaß und die Wirkung dieser von der IRA produzierten Falschmeldungen.

Nachdem Trump in die Schlacht ums Weiße Haus eingetreten war, wurden seine Verlautbarungen zu einem Palimpsest der Propaganda. Er wiederholte und retweetete Themen und Verschwörungstheorien, die von den Trollen der IRA ersonnen worden waren und im Internet eine maximale Reichweite hatten. Als der Iran einen Atomwissenschaftler wegen Spionage hinrichten ließ, erklärte Trump seinen 10,8 Millionen Followern auf Twitter: »Viele Leute sagen, die Iraner hätten den Wissenschaftler, der den Vereinigten Staaten geholfen hat, wegen Hillary Clintons gehackten E-Mails getötet.«[47] Bei einer krawalligen Wahlkampfveranstaltung in Florida behauptete er, Obama, der afrikanische Muslim, der sich als Amerikaner ausgebe, sei »der Gründer des IS. Er ist der Gründer. Er hat den IS gegründet.« Und mit einer schwungvollen Geste fügte er hinzu: »Ich würde sagen, die Co-Gründerin ist die korrupte Hillary Clinton.«[48]

Trump war in der Vergangenheit ein Experte der Propaganda alter Schule gewesen, einer Propaganda, die die Konstruktion einer alternativen Wirklichkeit verlangte. Jetzt praktizierte er eine Propaganda nach Art Putins, die die Zerstörung der Wirklichkeit selbst erforderte. Der Philosoph Jason Stanley, Autor von *How Propaganda Works*, fasste die Lehren dieser neuen Schule folgendermaßen zusammen: »Es ist wichtig, das zu verstehen: Politik in einen postfaktischen Wettstreit zwischen Stammesidentitäten zu verwandeln ist ein explizites Ziel moderner Propaganda.«[49] Und dieser Wettstreit glich nun einem Gewaltvideospiel, einem virtuellen blutigen Sport, bei dem die eine Seite gewonnen hatte, wenn die andere tot war.

Trump, die IRA und WikiLeaks, sie alle erhoben Anfang August den ungeheuerlichen Vorwurf, Clinton sei im Begriff, die Präsidentschaft zu stehlen. Dieses Thema und die Memes, die Clinton einen gigantischen Betrug vorwarfen, verbreiteten sich explosionsartig in den sozialen Medien und im gesamten Internet, als russische Trolle die Amerikaner mit der Idee und den Bildern eines manipulierten Stimmzettels bombardierten. Die Facebook-Gruppe »Being Patriotic« und der Twitter-Account @March_for_Trump, hinter denen die IRA steckte, organisierten gemeinsam mit Trump-Unterstützern Kundgebungen in Florida, Pennsylvania und New York. Die Russen bezahlten Amerikaner dafür, dass sie einen Käfig mit einer Clinton-Puppe in gestreifter Häftlingskleidung bauten und auf einen Pritschenwagen stellten. Trump schürte bei seinen Wahlkampfauftritten die Angst vor einer manipulierten Wahl, und die wild gewordenen Massen skandierten »Sperrt sie ein!«, sobald Trump anfing, über die »korrupte Hillary« herzuziehen. Trump sagte, falls Clinton gewänne (was zu diesem Zeitpunkt sehr wahrscheinlich war), wäre es das Ergebnis eines Komplotts, »die Wahl in den Wahlkabinen zu fälschen, wo so viele Städte korrupt sind und Wahlbetrug gang und gäbe ist«.[50] Wie

Obama wäre auch Clinton eine unrechtmäßige Präsidentin, an die Macht gebracht von einer so gewaltigen Verschwörung, dass es alle Vorstellungen übersteige.

Den Leuten an der Spitze der Obama-Regierung dämmerte es allmählich, dass die Wahl womöglich tatsächlich auf unzulässige Weise beeinflusst wurde – und zwar von den Russen. Alle Zuständigen wussten, dass die Russen 2014 in der Ukraine die Wahlen gehackt und falsche Ergebnisse gepostet hatten. Alle sorgten sich, dass sie dasselbe in den Vereinigten Staaten tun könnten, indem sie die veralteten elektronischen Wahlmaschinen des Landes manipulierten, Registrierungsdaten verfälschten, Wähler von den Wahllisten strichen und Trojaner in die Computer einschleusten, die die Stimmen auszählten. Theoretisch hatten sie die Fähigkeit, all dies und noch mehr zu tun.

Anfang August begannen die Hüter der nationalen Sicherheit Amerikas, unter ihnen der Verteidigungsminister, der Außenminister und die Chefs von CIA, FBI und Heimatschutzministerium, sich – reichlich spät – zu angespannten Sitzungen im Lagezentrum des Weißen Hauses zu treffen. Der Nationale Geheimdienstdirektor James Clapper, ein pensionierter Luftwaffengeneral, war bei diesen Konklaven der Erste unter Gleichen. Er arbeitete seit 55 Jahren im Militär und in den Nachrichtendiensten Amerikas, war unter den Präsidenten Bush senior und Clinton Direktor der Defense Intelligence Agency und unter den Präsidenten Bush junior und Obama Staatssekretär für Geheimdienstangelegenheiten im Verteidigungsministerium gewesen. Seit 2010 hatte er als Nationaler Geheimdienstdirektor die Oberaufsicht über die CIA, das FBI und die NSA. Er war 75 Jahre alt, kahlköpfig, irritierend brillant und hart wie altes Brot.

»Auf meinem Armaturenbrett brannten alle Warnlichter«, schrieb Clapper zwei Jahre später.[51]

Das Heimatschutzministerium berichtete, die Datenbank zur Wählerregistrierung in Illinois stehe seit Wochen unter Beschuss durch Cyberangriffe, und es seien Informationen zu 200 000 Wählern gestohlen worden. Dann war Arizona betroffen. Dann Florida. Das Wahlsystem von mindestens 21 Bundesstaaten war zur Zielscheibe geworden. Es schien nur eine entfernte Möglichkeit zu sein, aber die Angst war real: Die Wahlnacht konnte im Chaos enden. Niemand würde wissen, wer gewonnen hatte. Clapper erinnerte seine Kollegen daran, dass sich die Russen gar nicht so viel Mühe machen mussten. Sie hatten an wichtigen Schnittstellen der amerikanischen Energieversorgung Schadsoftware installiert – amerikanische Cyberkrieger sprachen von einer Bedrohung durch Energetic Bear. Erst acht Monate zuvor, mitten im Winter, hatten sie mit dieser Form des Angriffs bereits Hunderttausende Menschen in der Ukraine von der Stromversorgung abgeschnitten. Sie konnten amerikanischen Städten nach Belieben das Licht ausdrehen, wenn die Bürger zur Wahl gingen oder wenn die Wahllokale schlossen. Dann würde das Land im Dunkeln sitzen und auf Ergebnisse warten, die nicht kamen. Wie groß war die Wahrscheinlichkeit, dass sie das tun würden? Niemand wusste es.

Aber die Russen waren nicht nur in das amerikanische Stromnetz eingedrungen, sie hatten auch Kobolde in Trumps Wahlkampfmaschinerie. Anfang August, so Clapper, war klar, dass »sowohl die Russen als auch die Trump-Wahlkampagne Verschwörungstheorien mit drei identischen Inhalten gegen Außenministerin Clinton verbreitete: sie sei korrupt, sie sei physisch und psychisch nicht gesund, und sie pflege Verbindungen zum islamischen Extremismus«.[52] Die Crossfire-Hurricane-Ermittler des FBI hatten begonnen, einige, aber bei weitem nicht alle der zahlreichen Treffen zwischen Mitgliedern des Trump-Teams und des Putin-Teams nachzuverfolgen. Das Treffen im Trump-Tower im Juni – die russische Delegation wurde von einem ehemaligen KGB-Offizier geleitet, der Manafort, Kushner und Donald Trump jr. Schmutz über Clinton versprochen hatte – war noch ein Geheimnis. WikiLeaks, von der unermüdlichen Cyberspionage des russischen Geheimdiensts befeuert, hatte direkte Kontakte zu Trumps Wahlkampfteam, und auch das war noch geheim, wenngleich nicht mehr lange.

Schlimmer war, dass die Russen in die Köpfe der Amerikaner eingedrungen waren. Doch niemand begriff, wie tief. Die NSA und das Crossfire-Hurricane-Team hatten der IRA, die im Jahr 2015 Gegenstand eines detaillierten Enthüllungsberichts in der *New York Times* gewesen war, kaum Beachtung geschenkt und besaßen nach wie vor nur eine vage Vorstellung von dem, was diese Agentur tat. Aber langsam begannen die Geheimdienste immerhin so viel zu verstehen: Der Kreml war auf Wahlkampftour.

Nach dem zweiten Treffen im Lagezentrum am 11. August begann, mit Obamas Einverständnis, CIA-Direktor John Brennan, die Achterbande zu unterrichten: die republikanischen Führer von Senat und Repräsentantenhaus Mitch McConnell und Paul Ryan, ihre Kollegen von der Demokratischen Partei Harry Reid und Nancy Pelosi sowie die Vorsitzenden der Geheimdienstausschüsse der beiden Kongresskammern, die alle ein Recht hatten, einige tiefe Staatsgeheimnisse zu erfahren. Brennan teilte sie ihnen unumwunden mit: Die Russen versuchten, den demokratischen Prozess zu untergraben, Clinton zu verunglimpfen, ihrer Wählbarkeit und potenziellen Präsidentschaft zu schaden und Trump ins Weiße Haus zu katapultieren. Bis zur Wahl waren es noch 75 Tage, als Brennan am 25. August Senator Reid zu Hause in Las Vegas anrief und ihn bat, sich zum nächsten abhörsicheren Telefon in der Außenstelle des FBI in Las Vegas zu begeben. Reid erkannte die Tragweite dessen, was der CIA-Direktor ihm darlegte, überschlief es und schrieb dann einen Brief an FBI-Direktor James Comey. »Die Aussicht, eine feindliche Regierung könne aktiv versuchen, unsere freien und gleichen Wahlen zu untergraben, stellt eine der größten Gefahren für unsere Demokratie seit dem Kalten Krieg dar«, hieß es darin.[53] »Die amerikanische Bevölkerung verdient es, nach einer vollständigen Untersuchung umfassend Kenntnis von den Fakten zu erhalten, bevor sie im November wählt.« Diese Fakten wurden den Amerikanern vorenthalten.

Ein paar Tage später, Anfang September, trafen sich die Chefs von Amerikas nationaler Sicherheit erneut. Allmählich wurde das Bild klarer. Gestützt auf eine extrem seltene Quelle, einen angeworbenen russischen Agenten, der an hoher Stelle im Kreml arbeitete, war die CIA zu dem Schluss gekommen, dass der Angriff auf die amerikanische Demokratie von Putin gesteuert wurde. »Wir waren uns alle einig, dass eine derartige Aktion nur von höchster Ebene gebilligt worden sein konnte«, schrieb Clapper. »Wir wussten, dass Putin persönlich involviert war.«[54] Diese Erkenntnis brachte ihre Welt aus den Fugen. Was sollten sie damit machen? Wer sollte es den Amerikanern sagen?

Die Entscheidung lag bei Obama. Der stellvertretende Nationale Sicherheitsberater Ben Rhodes war zwar von dem Ringen im Lagezentrum ausgeschlossen gewesen, hatte aber erfahren, was vor sich ging, und sprach mit dem Präsidenten darüber. Ihm zufolge sagte Obama. »Ja, sie haben den Schwachpunkt in unserer Demokratie gefunden.«[55]

Bei einem G20-Gipfel im chinesischen Hangzhou am 5. September 2016 stellte der US-Präsident Putin zur Rede. Er starrte wütend auf ihn hinunter und sagte, er solle damit aufhören, sonst. Was *sonst* bedeutete, darüber konnte man damals nur spekulieren, aber Obama hatte viele Optionen. Er konnte die russischen Konsulate in Amerika schließen; sie waren Agentennester. Er konnte so harte Sanktionen verhängen, dass die russische Wirtschaft aufschrie. Er verfügte aber auch über geheime Waffen. Die CIA konnte die Details über Putins Privatvermögen durchsickern lassen, das konservativen Schätzungen zufolge 40 Milliarden Dollar betrug. Die NSA war aufgrund ihres Cyberkommandos imstande, große Teile dieses Vermögens einzufrieren und in Luft aufzulösen. Vorerst tat Obama nach seiner Rückkehr nach Washington nicht mehr, als die vier führenden Kongressabgeordneten ins Weiße Haus zu laden. Basierend auf Brennans Briefing wollte er eine Erklärung beider Parteien veröffentlichen, um dem Land wenigstens einen Teil dessen zu sagen, was sie wussten.

Mitch McConnell stellte sich quer. Der Senator stand an der Spitze einer modernen konservativen Bewegung in Amerika, die 1955 mit dem politischen Intellektuellen William F. Buckley ihren Anfang genommen hatte. Buckley hatte in den 1950er Jahren eine makellose Karriere absolviert – Studium an der Yale-Universität, Mitglied der exklusiven Studentenverbindung Skull Bones, Dienst in der CIA – und repräsentierte eine politische Koalition rechts von Präsident Eisenhower. Buckley hatte erklärt, es sei die Pflicht der Konservativen, sich quer zur Geschichte zu stellen und *Halt* zu rufen. Das war auch McConnells Credo. McConnell war der Totengräber der Regierung. Er hatte Gesetzesvorlagen blockiert, die nach parteiübergreifender Zusammenarbeit rochen, er hatte die erforderliche Anhörung von Obamas Supreme-Court-Kandidaten im Senat verhindert, und jetzt verhinderte er, dass die amerikanischen Staatsbürgerinnen und Staatsbürger von dem russischen Angriff auf ihre Demokratie erfuhren. McConnell war es egal, was Trump für ein Mensch war, wie er gewählt wurde oder ob die Russen hinter ihm standen, solange er nur gewann.

Zu diesem Zeitpunkt wurde Amerika nicht mehr von zwei politischen Parteien regiert, sondern von zwei einander bekämpfenden Stämmen, und damit waren die Russen auf ihrem Weg zum Ruhm.

Während der September in den Oktober überging, bemühte sich die Obama-Regierung einen Monat lang, eine Erklärung zu formulieren, um das Wahlvolk wissen zu lassen, was vor sich ging. Es war ein schwieriges Unterfangen. Sollten sie Putins Namen nennen und ihn an den Pranger stellen? Das wollten sie nicht. Brennan und Comey waren nicht bereit, den Russen die Quellen und Methoden des amerikanischen Geheimdiensts offenzulegen. Sollten sie sagen, dass die Russen versuchten, Trump zum Präsidenten zu küren? Das konnten sie nicht. Obama war darauf bedacht, nicht den Anschein zu erwecken, er würde Einfluss auf die Wahlen nehmen, und aus übermäßiger Vorsicht setzte er seinen Namen nicht unter die Verlautbarung. Niemand schien imstande, die richtigen Worte zu finden. Die Diskussion drehte sich im Kreis, als Kabinettsmitglieder und hohe Geheimdienstoffiziere im Lagezentrum um Kommas und Nebensätze stritten. Schließlich wandte sich Clapper an seinen Kollegen, den Heimatschutzminister Jeh Johnson. Sie beide müssten den Knoten durchschlagen, sagte er zu ihm. »Jeh und ich«, schrieb er, »hatten das Gefühl, dass es nicht nur richtig sei, *überhaupt* etwas zu sagen, sondern dass es im Nachhinein auch großen Ärger geben würde, wenn wir die Informationen, die wir hatten, nicht preisgaben.«[56]

Sie versuchten, die Wahrheit zu sagen, aber sie sagten nicht die ganze Wahrheit. Sie nahmen sich einen Entwurf der Verlautbarung vor und schliffen, dem Instinkt des Präsidenten und dem Konsens ihrer Kollegen folgend, die schärfsten Ecken und Kanten ab. Sie hielten Putins Namen heraus, und sie hielten auch Trumps Namen heraus. Die Begriffe *Desinformation* und *russischer Geheimdienst* tauchten nicht auf. Aber alle waren sich einig, dass die Botschaft klar war, und sie glaubten, die Wirkung würde elektrisierend sein:

> Die US-Geheimdienste sind überzeugt, dass die jüngste Kompromittierung der E-Mails von Personen und Institutionen der Vereinigten Staaten, darunter auch politischen Organisationen, von der russischen Regierung gesteuert ist. Die jüngsten Offenlegungen mutmaßlich gehackter E-Mails auf Websites wie DCLeaks.com und WikiLeaks sowie durch die Onlineidentität Guccifer 2.0 stehen im Einklang mit den Methoden und

> Motiven russisch gelenkter Bestrebungen. Diese Diebstähle und Enthüllungen sind darauf gerichtet, in den amerikanischen Wahlprozess einzugreifen ... Aufgrund des Umfangs und der Sensibilität dieser Bestrebungen glauben wir, dass nur Russlands höchste Amtsträger diese Aktivitäten genehmigt haben können.[57]

Am Freitagnachmittag, dem 7. Oktober 2016, wurde die Erklärung veröffentlicht.

Doch vorher schossen die Trolle der IRA eine geballte Ladung ab: einen Tweet alle fünf Sekunden, am 6. Oktober insgesamt fast 18 000, mit einer potenziellen Reichweite von 20 Millionen Menschen. Die allermeisten Botschaften kamen von der linken Front der IRA. Sie wollten Wählerstimmen gegen Trump verhindern, indem sie die Anhänger von Bernie Sanders mit dem Vorwurf aufbrachten, Clinton und die Demokratische Partei hätten ihren Kandidaten betrogen und Clinton habe sich ihre Nominierung mit List und Tücke erschlichen. Das war politisches Dynamit, eine Bombe voller E-Mails, die von den »Bären« gestohlen und von der IRA und von WikiLeaks gehortet worden waren – und die Tweets waren nur ein Vorgeschmack. Der große Knall erfolgte am Freitag.

Die Sensationsmeldung der amerikanischen Geheimdienste über den russischen Angriff wurde an jenem Tag um 15 Uhr veröffentlicht. Sie war für gerade mal eine Stunde die Topstory. Um 16.03 Uhr wurde sie auf den amerikanischen Nachrichtentickern durch die *Washington Post* verdrängt, die der Welt das *Access-Hollywood*-Video präsentierte, auf dem Trump mit sexuellen Übergriffen auf Frauen prahlte: »Wenn du ein Star bist, lassen sie es dich machen ... ihnen an die Muschi fassen. Du kannst alles machen.« (Ein paar der wenigen verbliebenen alteingesessenen Republikaner verurteilten ihn. Trump reagierte darauf, indem er zum nächsten TV-Duell mit drei Frauen vor der Presse erschien, die Jahrzehnte zuvor Bill Clinton des sexuellen Fehlverhaltens bezichtigt hatten.) Und eine halbe Stunde später, um 16.32 Uhr, twitterte WikiLeaks: »RELEASE: Die Podesta-E-Mails.« Die Russen hatten sie im März von Clintons Wahlkampfleiter gestohlen und sechs Monate lang durchforstet und ausgewertet und lancierten sie strategisch gezielt an diesem Tag und den ganzen Oktober lang in immer neuen Lieferungen. Die erste dieser

Dateien enthüllte, dass die Clintons große Geldsummen an Spenden und Redehonoraren von der Finanzbranche kassierten, was die Kandidatin bei Bernie Sanders' Truppe nicht gerade beliebt machte. Ein Schlag, von dem sie sich nicht so schnell wieder erholte.

Die Russen hatten Millionen Menschen manipuliert. Es erschien unfasslich, dass sie in die Köpfe der Amerikaner eingedrungen waren. Dies war der Moment, in dem ihr politischer Krieg triumphierte. Am folgenden Tag, in der folgenden Woche und im folgenden Monat waren ihre Angriffe auf die amerikanische Demokratie kein Thema in der landesweiten Diskussion. Und drei Wochen vor der Wahl kam der politische Diskurs endgültig zum Erliegen, als im dritten und letzten Fernsehduell der beiden Präsidentschaftskandidaten in Las Vegas am 19. Oktober Trump prahlte, Putin habe nette Dinge über ihn gesagt.

»Nun, eine Marionette als Präsident der Vereinigten Staaten wäre ihm eben lieber«, sagte Clinton.

»Keine Marionette«, geiferte Trump. »Keine Marionette. Die Marionette sind Sie.«

Die Russen führten die beiden an Fäden und ließen sie tanzen.

Viel zu spät, lange nachdem die Wahlen vorbei waren, begannen die amerikanischen Geheimdienste zu verstehen, wie der politische Krieg des Kremls die Wahl des von Putin favorisierten Kandidaten zum Präsidenten der Vereinigten Staaten beeinflusst hatte. Das Unvermögen, die Angriffe kommen zu sehen, das Unvermögen, die Amerikaner in Echtzeit zu warnen, und ein Mangel an Vorstellungskraft, die den Erfolg dieser Sabotage ermöglicht hatten, waren ein Spiegelbild der Ereignisse des 11. September und ihrer fürchterlichen Konsequenzen. Der massive Feldzug aktiver Maßnahmen des Jahres 2016 forderte keine Menschenleben. Aber er war ein glorreicher Triumph für Russland und eine schmerzliche Wunde für die amerikanische Demokratie. Wir waren dumm zuzulassen, dass dies geschah.

Zehn Monate, nachdem Trump die Wahl gewonnen hatte und ins Weiße Haus eingezogen war, ließ das Crossfire-Hurricane-Team des FBI die Agentur für Internet-Forschung endlich auffliegen. Es drang in ihre Server und Dateien ein und fand dort die Nachricht eines russischen Soldaten an der Frontlinie des politischen Krieges. Eine Art Flaschenpost.

Am 9. November 2016 lag eine schlaflose Nacht vor uns. Und als gegen 8 Uhr morgens das wichtigste Ergebnis unserer Arbeit eintraf, entkorkten wir ein Fläschchen Champagner ... jeder nahm einen Schluck, und wir schauten einander in die Augen ... Fast gleichzeitig sagten wir: »Wir haben Amerika groß gemacht.«

NACHWORT

Der Einflussagent

In den hundert Jahren seit Stalins Machtantritt führten russische Agenten massive Schläge gegen Amerika. In und nach dem Kalten Krieg verfolgten sie stets nur ein Ziel: die Vereinigten Staaten zu unterwandern, Amerikas Macht auszuhöhlen und den politischen Diskurs zu vergiften. Nun setzte Putin die dreisteste Operation des politischen Krieges ins Werk seit der List mit dem Trojanischen Pferd bei den alten Griechen. Für den Krieg der Russen gegen Demokratie und Rechtsstaatlichkeit sollte sich Trump als eine Person von unschätzbarem Wert erweisen. Mit seiner Amtsübernahme als Präsident verfügten sie über einen Einflussagenten im Weißen Haus, der Putins geopolitische Interessen unterstützte, seine Propaganda nachbetete und versuchte, die Beweise für Putins Kriegsakt gegen Amerika zu vertuschen.

Vier Monate nach seinem Amtsantritt entließ Trump FBI-Direktor James Comey, um die Crossfire-Hurricane-Ermittlungen zum russischen Angriff zu vereiteln. Dann lud er den Außenminister und den Botschafter Russlands ins Oval Office ein und prahlte: »Ich habe gerade den FBI-Chef gefeuert. Er war verrückt ... Ich stand wegen Russland unter großem Druck. Der ist jetzt weg.«[1] Nach diesem unverfrorenen Akt der Justizbehinderung ernannte das Justizministerium Robert Mueller, zwischen 2001 und 2013 FBI-Direktor, zum Sonderermittler einer Untersuchung zur möglichen Beeinflussung des Wahlkampfs und der Regierung, Ermittlungen, die auf strafrechtliche und für die Spionageabwehr relevante Sachverhalte abzielten. Als Trump erfuhr, dass Mueller ihm auf der Spur war, sackte er auf seinem Stuhl im Oval Office zusammen und stöhnte: »O mein Gott. Das ist schrecklich. Das ist das Ende meiner Präsidentschaft. Ich bin erledigt.« Wie Mueller es später ausdrückte, wusste Trump, dass »eine gründliche Untersuchung durch das FBI Tatsachen über den Wahlkampf und über den Präsidenten selbst aufdecken würde, von deren Strafbarkeit er gewusst haben könnte«.[2]

Die Ermittler von der Spionageabwehr sahen sich einem sicherheitspolitischen Albtraum gegenüber: Wurde Trump von den Russen kontrolliert?

Soweit bekannt, existieren keine Belege dafür, dass er mit Bargeld bestochen oder mit *kompromat* erpresst wurde. Aber Trump hatte sich in den vorausgehenden 30 Jahren zu einer für die Russen attraktiven Zielperson gemacht. 1987 war er erstmals in Moskau gewesen, ein gieriger, aufgeblasener Geschäftsmann, der in Zusammenarbeit mit der sowjetischen Regierung auf dem Roten Platz gegenüber dem Kreml ein Luxushotel bauen wollte. Er hatte eine tschechische Ehefrau, die er betrog. Er hatte angedeutet, als Präsident kandidieren zu wollen. Eine Generation später kandidierte Trump immer noch als Präsident, er versuchte immer noch, dieses Hotel zu bauen, und er betrog immer noch seine Frau, wenn auch nicht dieselbe wie zuvor. In seinen Immobiliengeschäften in New York, Miami, Toronto, Panama und anderswo steckte russisches Geld, das ihn auch vor dem Bankrott bewahrte. Ob die Russen Trump genauer unter die Lupe nahmen, bleibt ein Geheimnis. Aber er war mit Sicherheit eine Zielperson. Er hatte Schwächen, die die russischen Geheimdienstoffiziere ausnutzen konnten: seine Vorstellung von Sex als Tauschgeschäft, seine Gier, seine Bestechlichkeit und vor allem sein Ego, so der CIA-Veteran Rolf Mowatt-Larssen, der vier Jahre in Moskau gearbeitet hatte, zuletzt als Stationschef. Nach seiner Einschätzung war Trumps Verhalten im Amt der »erdrückende Beweis« dafür, dass der Präsident »ein russischer Agent« war.[3]

In Anbetracht von Trumps maßloser Eitelkeit musste Putin ihm keinen geheimen Marschbefehl übermitteln, es genügte, wenn er ihn mit Lob überschüttete und politisch unterstützte. Er musste ihn lediglich beeinflussen, um selbst Einfluss zu gewinnen. Seine Jahre im KGB hatten Putin zu einem Experten gemacht, der es verstand, »Leute zu manipulieren, Leute zu erpressen, Leute unter Druck zu setzen«, sagte die Kremlexpertin und Putin-Biographin Fiona Hill, die unter Trump zweieinhalb Jahre als Leiterin der Russland- und Europa-Abteilung im Nationalen Sicherheitsrat tätig war. »Genau das ist es, was ein Führungsoffizier tut. Er findet eine Schwäche und erpresst seine Zielperson. Und Putin pflegt politische Führer weltweit ins Visier zu nehmen ... Ich bin fest überzeugt, dass er auch Präsident Trump im Visier hatte.«[4] Das vorrangige Ziel von Putins politischem Krieg gegen die Vereinigten Staaten, so Hill, sei es, Chaos zu stiften: »uns zu entzweien, unsere Institutionen herabzuwürdigen und das Vertrauen des amerikanischen Volkes in unsere Demokratie zu zerstören«.[5] Unter Trump vertieften sich die Spaltungen und verstärkte sich die Herabwürdigung des politischen Lebens Amerikas mit jedem Tag seiner turbulenten Präsidentschaft.

Die beiden Männer begegneten sich erstmals am 7. Juli 2017 beim G20-Gipfel in Hamburg. Trump konfiszierte die Aufzeichnungen seines Dolmetschers von diesem Treffen, und die Vertuschung ging weiter: Es existieren keine offiziellen Aufzeichnungen von seinen fünf persönlichen Unterredungen mit Putin. Aber schon bald begann Trump, Desinformation zu wiederholen, die Putin in Umlauf gebracht hatte: Die Ukrainer, nicht die Russen hätten die Wahlen manipuliert und eine verdeckte Operation zur Unterstützung Hillary Clintons durchgeführt. »Sie haben versucht, mich fertigzumachen«, sagte Trump.[6] Er war von dieser Verschwörungstheorie besessen, sie war sein weißer Wal. Woher wusste er, dass die Geschichte stimmte? »Putin hat es mir gesagt«, vertraute er einem Spitzenberater im Weißen Haus an.[7]

Am 16. Juli 2018 standen sie bei einem Gipfeltreffen in Helsinki nebeneinander, und ein Reporter fragte, wer den Angriff auf die Präsidentschaftswahl verübt hatte. Putin sagte: »Was die Frage angeht, wem man glauben oder nicht glauben kann und ob man überhaupt irgendjemandem glauben kann: Man kann niemandem glauben.«[8] *Es gibt keine Wahrheit.* Trump betete das nach. Seine Geheimdienstchefs, so erklärte er, hätten ihm gesagt, »dass sie glauben, es war Russland. Ich habe Präsident Putin gefragt; er hat gesagt, Russland war es nicht. Dazu möchte ich sagen: Ich sehe keinen Grund, warum es Russland gewesen sein sollte.«[9] *Es gibt keine Fakten.*

Bei den für die nationale Sicherheit zuständigen Behörden war man außer sich vor Wut. Senator John McCain, der für das stand, was vom Gewissen der Republikanischen Partei unter Präsident Trump noch übrig war, nannte diese Vasallentreue »eine der schändlichsten Aufführungen eines amerikanischen Präsidenten seit Menschengedenken. Der Schaden, der durch Präsident Trumps Naivität, Egoismus, falsche Vergleiche und Sympathie für Autokraten entstanden ist, lässt sich schwer abschätzen.«[10] John Brennan, CIA-Direktor unter Obama, sagte, Putin habe Trump »vollständig in der Tasche«.[11] Der Abgeordnete Will Hurd, ein Republikaner aus Texas und ehemaliger CIA-Mitarbeiter, schrieb: »Ich habe im Lauf meines Berufslebens oft erlebt, dass der russische Geheimdienst Leute manipuliert hat, und ich hätte nie gedacht, dass der US-Präsident einer derjenigen werden würde, die von ehemaligen KGB-Leuten über den Tisch gezogen werden.«[12] James Clapper, ehemals Chef der nationalen Geheimdienste, meinte, Putin wisse, »wie man mit einem Agenten umgeht, und genau das macht er mit dem Präsidenten«.[13]

Die Wachhunde bellten, aber Trumps Karawane zog weiter. In seinem dritten Jahr an der Macht hatte er vollendet, was 75 Jahre aktiver Maßnahmen Russlands nicht geschafft hatten. Er hatte die amerikanische Demokratie beschädigt.

Er untergrub die Architektur der nationalen Sicherheit Amerikas. Er entzog dem Außenministerium Gesandte in großen und kleinen Ländern, er verschloss die Augen vor CIA-Berichten, wenn sie seiner unerschütterlichen Ignoranz in die Quere kamen, und er verhöhnte die Führung des Pentagons in Angelegenheiten von Leben und Tod. Er diffamierte einen herausragenden amerikanischen Botschafter als »menschlichen Abschaum«,[14] machte FBI-Agenten als subversive Verräter nieder und verunglimpfte CIA-Offiziere als SA-Männer. Er attackierte Vier-Sterne-Generäle und Flaggoffiziere und sagte ihnen ins Gesicht, sie seien »ein Haufen Trottel und Babys«.[15] Trump sah in ihnen die finsteren Kräfte eines »Tiefen Staates« – einer Kryptokratie, die seine Macht zu zersetzen, und einer Verschwörung, die ihn zu vernichten trachtete.

Er beendete Amerikas Eintreten für Freiheit und Gerechtigkeit im Innern und im Ausland. Er setzte Amerikas Verbündete herab. Diktatoren wie den saudischen Kronprinzen Mohammed bin Salman und den nordkoreanischen Machthaber Kim Jong-un, die wie Putin ihre

Gegner einsperrten und ermordeten, empfing er mit offenen Armen; sie mussten nicht befürchten, dass Trump sie verurteilte. Autokratischen Herrschern in scheiternden Demokratien von Indien bis Brasilien begegnete er wohlwollend. Als in Hongkong und Prag Hunderttausende auf die Straße gingen und ihr Recht auf Freiheit einforderten, kam vom Weißen Haus nur dröhnendes Schweigen. Im Jahr 2020 lag die Zahl der Demokratien weltweit auf dem niedrigsten Stand seit Beginn des Kalten Krieges, und wie der Soziologe Larry Diamond schrieb, starben sie nicht durch einen plötzlichen Putsch, sondern schleichend, »Schritt für Schritt, durch den stetigen Verfall des politischen Pluralismus, der bürgerlichen Freiheiten und der Rechtsstaatlichkeit, bis der Rubikon wie im Nebel überschritten ist, ohne dass wir genau sagen könnten, wann es passierte«.[16]

Während Trump am transatlantischen Bündnis sägte, ließen die ersten drei Länder, die von den Vereinigten Staaten in die NATO geholt worden waren, die demokratische Fassade fallen. Die ungarische Regierung wurde zu einem Hort des Hasses und der Intoleranz, und ihre Führung sonnte sich in Trumps Lob. An der Spitze der Tschechischen Republik stand ein Rassist und Fremdenhasser. Polens Führung untergrub die bürgerlichen Freiheiten, für die das polnische Volk gelitten hatte und gestorben war. »Wir haben nicht wirklich etwas Neues in der Welt aufgebaut«, klagte Lech Wałęsa, das lebendige Symbol der Solidarność. »Und wir haben einen Verlust erlitten. Den Verlust der Führungsrolle der Vereinigten Staaten. Und das ist eine sehr schlechte Situation für die Welt.«[17]

Wie Putin führte auch Trump einen politischen Krieg gegen die amerikanische Regierung. Er attackierte die Rechtsstaatlichkeit, die Religionsfreiheit, die Pressefreiheit und die Rechtmäßigkeit von Wahlen, er brachte Propaganda und Hass in den politischen Diskurs. Er duldete, dass Rassisten und Faschisten im Namen des weißen Nationalismus marschierten. Er nutzte die Macht seines Amts zur persönlichen Bereicherung. Er verunglimpfte seine politischen Gegner als Kriminelle und drohte ihnen mit Gefängnis. Und als Mueller die Anklage und Verurteilung russischer Spione und enger Mitarbeiter des Präsidenten erreichte, verhielt sich Trump wie ein Mafiaboss und machte kooperationsbereite Zeugen verächtlich, während er jene lobte, die den Schweigecodex einhielten.

Muellers Bericht, der am 18. April 2019 veröffentlicht wurde, zeigte detailliert, wie die Russen in die Präsidentschaftswahl eingegriffen hatten. Er legte dar, wie Trump bezüglich seines Handelns und dann bezüglich seiner Lügen gelogen hatte, wie er die Ermittlungen sabotiert und abgeblockt hatte. Mueller listete 77 Fälle auf, in denen Trump und sein innerer Zirkel dem FBI, dem Kongress und dem amerikanischen Volk die Unwahrheit hinsichtlich ihrer Kontakte zu Russen gesagt hatten. Er belastete Trump schwer, indem er zehn Beispiele für dessen Behinderung der Justiz lieferte. Als Mueller in jenem Sommer vor dem Kongress aussagte, wurde er gefragt, ob er Trump von kriminellem Fehlverhalten freispreche. »Nein«, sagte Mueller. Doch der Präsident jubelte, er sei entlastet.

Zwei Wochen später, am 3. Mai, führte Trump ein außerplanmäßiges 90-minütiges Telefonat mit Putin. Sie sprachen wieder einmal über die Ukraine. Putin erzählte Trump, dass die Ukraine kein »richtiges Land« sei, sondern ein Teil Russlands.[18] (Dasselbe hatte er zehn Jahre zuvor zu Präsident Bush gesagt.) Er und seine Geheimdienste machten Trump glauben, dass korrupte ukrainische Strippenzieher Geheimabsprachen mit Hillary Clinton getroffen hätten und ihn weiter untergraben wollten. Derart von Putin beeinflusst, beschritt der Präsident den Weg, der zu seinem ersten Amtsenthebungsverfahren führte. Ein paar Tage danach wies er seinen Nationalen Sicherheitsberater John Bolton und seinen persönlichen Anwalt Rudy Giuliani an, ihm dabei behilflich zu sein, in einem sagenhaften Eldorado in der Ukraine nach Schmutz über seine demokratischen Rivalen zu graben. Sie lieferten nicht.

Am 25. Juli, dem Tag nach Muellers Aussage vor dem Kongress, rief er den neugewählten ukrainischen Präsidenten Wolodimir Selenski an, der kein Berufspolitiker war, sondern ein Schauspieler, der im Fernsehen einen Präsidenten gespielt hatte. Fiona Hill zufolge übernahm Trump nun die Hauptrolle in »einem fiktionalen Narrativ, das von den russischen Sicherheitsbehörden ersonnen und verbreitet wurde«.[19] Trump bat Selenski um einen Gefallen. Er wollte, dass Selenski die Verschwörungstheorie bekräftigte, der zufolge die ukrainische Vorgängerregierung die US-Wahl gehackt habe, um Hillary Clinton zum Sieg zu verhelfen. Und er wollte, dass die neue Regierung eine schamlose Lüge über den ehemaligen Vizepräsidenten Joe

Biden verbreitete, nämlich dass er in Kiew eine Korruptionsklage gegen seinen eigenen Sohn verhindert habe. Trumps Abgesandte verdeutlichten den Ukrainern, wie der Quid-pro-quo-Deal aussehen sollte. Lasst euren Präsidenten auf CNN erklären, man ermittle wegen Korruptionsvorwürfen gegen Trumps Rivalen. Dann wird Trump euch geben, was ihr braucht.

Um vier weitere Jahre im Amt zu bleiben, hatte Trump die Regierung der Vereinigten Staaten in eine geheimdienstliche Operation des Kremls verwickelt, die mit russischer Desinformation betrieben wurde. Er setzte einen ausländischen Staatspräsidenten unter Druck, Unwahrheiten über Trumps Gegner zu fabrizieren, damit er, Trump, politisches Kapital daraus schlagen konnte. Er hatte die vom Kongress genehmigte Militärhilfe in Höhe von 391,5 Millionen Dollar blockiert, die dazu bestimmt war, die Ukraine bei der Verteidigung gegen die russische Besetzung zu unterstützen. Er fror die Hilfszahlungen ein, um sich *kompromat* gegen Joe Biden zu beschaffen. Das Pentagon, das Außenministerium und der Nationale Sicherheitsrat befürworteten die Hilfe für die Ukraine. Trump hielt die Gelder unrechtmäßig zurück.

Der Gefallen, um den es Trump ging, hatte nichts mit dem Kampf gegen Korruption zu tun. Er wollte die öffentliche Meinung manipulieren. Er wollte sich klammheimlich Propaganda für die kommende Wahl beschaffen. Auch das war unrechtmäßig. Amerikanischen Regierungsbeamten ist es gesetzlich verboten, heimlich zu versuchen, »politische Prozesse, die öffentliche Meinung, politische Entscheidungen oder die Medien in den Vereinigten Staaten zu beeinflussen«,[20] aber genau das hatte der Präsident im Sinn. Und es funktionierte. Prominente Republikaner, Fox News und rechtskonservative Talkradio-Sender erzählten unisono die Geschichte, dass Biden korrupt war und die Ukraine sich gegen den US-Präsidenten verschworen hatte.

»Gott sei Dank«, sagte Putin am 20. November, »beschuldigt uns niemand mehr, wir würden uns in die US-Wahlen einmischen. Jetzt beschuldigen sie die Ukraine.«[21] Zu diesem Zeitpunkt arbeiteten seine Cyberspione erneut für Trump. Der GRU nahm Biden ins Visier; die ersten Angriffe wurden vor Jahresende von Area 1, einer amerikanischen Firma für Cybersicherheit, aufgedeckt. »Der zeitliche Zusammenhang zwischen der GRU-Kampagne und den US-Wahlen 2020 lässt vermuten, dass dies eine Kostprobe dessen ist, was wir seit den erfolgreichen Cyberattacken während der US-Wahlen 2016 erwartet haben«, heißt es in einem Bericht des Unternehmens.[22] Die Amerikaner waren vorgewarnt, sie mussten nur zuhören: Die Russen waren in der Lage, das Land mit Desinformation zu überfluten, Cyberattacken auf die Stimmenauszählung bei der Präsidentschaftswahl auszuführen oder am Wahltag das Stromnetz einer Stadt lahmzulegen – alles, um zugunsten ihres bevorzugten Kandidaten Chaos zu verbreiten. Doch Trump weigerte sich, seine Regierung gegen eine neue Welle russischer Beeinflussungsoperationen und Internetkriminalität zu mobilisieren, die ihm nutzten.

Als das Amtsenthebungsverfahren gegen ihn lief, gab es keinen Zweifel mehr, dass Trump zu allem bereit war, um an der Macht zu bleiben. Bei der vorherigen Wahl hatte er den Schmutz über seine Rivalen, der von einer ausländischen Macht verbreitet worden war, bereitwillig aufgegriffen. Er hatte klargemacht, dass er es wieder tun würde, und jetzt sah er, dass niemand ihn aufhalten würde. Er hatte bei den Crossfire-Hurricane-Ermittlungen die Justiz behindert und war ungeschoren davongekommen. Er hatte bei seinem Amtsenthebungsverfahren ungestraft die Zwangsvorladung und Anhörung von Zeugen verhindert. Der Angeklagte bestimmte, was die Geschworenenjury hören sollte. Trump hatte sich laut Senator Mitt Romney, dem republikanischen Präsidentschaftskandidaten von 2012, eines »erschreckenden Missbrauchs des öffentlichen Vertrauens« sowie »eines schamlosen Angriffs auf unser Wahlrecht« schuldig gemacht. Romney sagte: »In einer demokratischen Republik eine Wahl zu korrumpieren ist die vielleicht schwerste und empörendste Verletzung der Verfassung – und des Amtseids –, die ich mir vorstellen kann. So verhalten sich Autokraten.«[23]

Mit Trumps Freispruch nach einem Prozess, der nur eine Farce war, bekräftigte der US-Senat, dass Trump zu seinem eigenen Vorteil lügen und betrügen durfte. Bei der milliardenschweren Kampagne zu seiner Wiederwahl wandte Trump bereits Strategien der digitalen Desinformation nach dem Vorbild der russischen Agentur für Internet-Forschung an. Als der Wahlkampf begann, ließ sich nicht absehen, wozu Trump fähig sein würde, um an der Macht zu bleiben, wie er reagieren würde, wenn das Volk ihn abwählte, und ob er das Weiße Haus im Fall seiner Niederlage friedlich übergeben oder im Fall eines Sieges autokratisch regieren würde. Trump hatte der Doktrin des amerikanischen Exzeptionalismus den Todesstoß versetzt, der Überzeugung, dass das Land die Bedrohungen durch politischen Tribalismus und autoritäre Herrschaft, von denen Großmächte seit jeher geplagt sind, überwinden kann.

Am 29. Januar 1981 hatte Ronald Reagan in seiner ersten Pressekonferenz als Präsident erklärt, dass die Russen nach anderen Regeln spielten als die Amerikaner: »Die einzige Moral, die sie anerkennen, ist die, die ihrer Sache dient, das heißt, sie beanspruchen für sich das Recht, jedes Verbrechen zu begehen, zu lügen und zu betrügen, um dies zu erreichen«, sagte er. »Wir operieren nach anderen Standards.«[24] Das stimmte jetzt nicht mehr. Trump hatte Amerika Russland ähnlicher gemacht. Er verstieß gegen seinen Amtseid und gefährdete damit den Fortbestand des amerikanischen Experiments der Demokratie. Ein freies Volk kann nicht lange überleben, wenn es mit Lügen zwangsernährt wird. Der Dramatiker Václav Havel, der vom Kreml und der kommunistischen Regierung in der Tschechoslowakei als Staatsfeind betrachtet wurde und jahrelang als politischer Gefangener in Haft saß, schrieb 1978: »Die Macht muss fälschen, weil sie in eigenen Lügen gefangen ist. Sie fälscht die Vergangenheit, die Gegenwart und die Zukunft ... Sie täuscht vor, dass sie niemanden verfolgt, sie täuscht vor, dass sie keine Angst hat, sie täuscht vor, dass sie nichts vortäuscht. Der Mensch muss nicht an alle diese Mystifikationen glauben. Er muss sich aber so benehmen, als ob er an sie glaubt, muss sie zumindest schweigend tolerieren. ... Schon deshalb muss er aber in Lüge leben.«[25] Dank seiner leidenschaftlichen Liebe zu den Fakten wurde Havel der Präsident einer freien Nation. Er starb 2011, in dem Jahr, in dem Donald Trump einen politischen Krieg gegen die amerikanische Regierung begann.

Unsere Demokratie hängt von Wahrheiten ab, die sie lange für selbstverständlich gehalten hat. Man bringt uns bei, dass wir eine Regierung der Gesetze, nicht der Menschen haben. Dass unsere Wahlen frei und fair sind. Dass niemand über dem Gesetz steht. Dass der Präsident kein König ist. Trump droht diese Ideale zu widerlegen. Und wenn sich die amerikanische Politik auf Unwahrheiten gründet und

Fakten für die Mehrheit der Bevölkerung bedeutungslos sind, ist unsere Demokratie in ernster Gefahr. Nur ein freies Volk und eine freie Presse können ihren Untergang verhindern. Wenn sie versagen, wenn die Waffen des politischen Krieges die Oberhand gewinnen, wird über die letzte große Hoffnung der einstmals als frei bekannten Welt die Dunkelheit hereinbrechen.

7. Februar 2020

Wenn ein Mann, der im Privatleben keine Prinzipien kennt, verzweifelt in seinen Vermögensverhältnissen, von vorlautem Temperament, begabt mit großen Talenten ... despotisch in seinem normalen Verhalten [und] bekannt dafür, dass er privat die Prinzipien der Freiheit verspottet – wenn ein solcher Mann das Steckenpferd der Popularität besteigt, um in den Ruf einzustimmen, die Freiheit sei in Gefahr, um jede Gelegenheit zu nutzen, die Regierung zu kompromittieren und in Verdacht zu bringen, der sich einschmeichelt und auf allen Unsinn der Eiferer seiner Zeit hereinfällt – so weckt dies den gerechten Argwohn, dass es sein Ziel ist, Verwirrung zu schaffen, um »auf dem Sturm zu reiten und den Wirbelwind zu lenken«.

Alexander Hamilton, 18. August 1792

ANHANG

Dank

Im Jahr 1956, in dem ich geboren wurde, ging ein frischgebackener Reporter beim *Goldsboro News-Argus* mit einem Artikel zu seinem Chef. Der *News-Argus* mit einer Auflage von 8000 Exemplaren war die führende Tageszeitung im östlichen North Carolina. Goldsboro, der Verwaltungssitz von Wayne County, war eine Kleinstadt, umgeben von Tabak- und Baumwollfeldern, ein Ort, an dem, abgesehen von den Protesten der Bürgerrechtsbewegung und einem Unfall, bei dem ein paar Kilometer entfernt ein B-52-Bomber mitten im Flug auseinanderbrach und zwei Wasserstoffbomben abwarf, nichts Bedeutsames passierte. Der Reporter Gene Roberts war zwar erst 24, hatte aber die wichtige Aufgabe, die meistgelesene Rubrik der Zeitung zu schreiben, die den Titel trug: »Ein Streifzug durch das ländliche Wayne County«. Sie konnte von einem rührseligen Familientreffen handeln oder von einer Süßkartoffel, die aussah wie Charles de Gaulle. »Und auch wenn gerade die Welt in die Luft flog, der ›Streifzug durch das ländliche Wayne County‹ musste erscheinen«, erinnerte sich Roberts 50 Jahre später.

Roberts schrieb auch Geschichten mit mehr Tiefgang über das Leben der Menschen, Geschichten, an die man sich erinnerte, und an dem Tag, an dem er seinen Chef Henry Belk aufsuchte, hatte er seinen neuesten Artikel dabei. Belk war seit 1929 Chefredakteur der Zeitung. Er war zwei Meter groß, ging am Stock und trug einen verbeulten grauen Fedora. Die Federn quietschten, als er sich in seinem mächtigen Eichenlehnstuhl zurücklehnte, und vom Marktplatz her wehte eine warme Brise durchs Fenster, während Roberts die Story vorlas. Die Reporter des *News-Argus* mussten ihrem betagten Chefredakteur vorlesen, weil er erblindet war. Und wenn eine Geschichte arg löchrig oder langweilig geschrieben war, schlug der alte Knabe mit der Faust auf den Schreibtisch und rief: *Ich kann es nicht sehen. Sorg dafür, dass ich es sehe!*

25 Jahre später war Gene Roberts mein Chefredakteur beim *Philadelphia Inquirer*. Sein besonderes Genie inspirierte eine ganze Generation von Journalisten. Er brachte uns bei, jeden Baum genau anzusehen, damit unsere Leser den Wald erkennen konnten. Im Jahr 1987 sollte ich in seinem Auftrag untersuchen, wie die milliardenschwere Waffen-Pipeline der CIA zu den islamischen Rebellen funktionierte, die in Afghanistan gegen die sowjetische Besatzung kämpften. Das ging nicht vom Schreibtisch in Washington aus. Das musste man sich vor Ort ansehen. Der Auftrag veränderte mein Leben auf unvorhergesehene Weise. Vor meiner Abreise rief ich den für Presse und Öffentlichkeitsarbeit zuständigen CIA-Beamten an und bat ihn um ein landeskundliches Briefing zu Afghanistan. Er legte schnaubend auf. Drei Monate später war ich zurück in Washington und erst einen Tag wieder an meinem Schreibtisch, als mein Telefon klingelte. »Tim! Wie geht es Ihnen? Wie war Ihre Reise? Möchten Sie jetzt wegen des Briefings vorbeikommen?«

Ich tat es. Als ich die großartige Eingangshalle der CIA-Zentrale betrat, blickte ich hinauf zu der goldenen Inschrift aus dem Johannes-Evangelium: *Und ihr werdet die Wahrheit erkennen, und die Wahrheit wird euch frei machen.* Da wusste ich, dass ich über die CIA berichten wollte wie andere Reporter über die Polizei oder das Gericht.

Joe Lelyveld engagierte mich bei der *New York Times* für diesen Job. Gene und Joe hatten in den 1960er Jahren im tiefsten Süden für die *Times* über die Bürgerrechtsbewegung berichtet. Joes Vater war ein Rabbiner, der an diesem Kampf teilnahm und dabei blutig geschlagen wurde. Genes Vater war ein Pfarrer, der ein kleines Provinzblatt in North Carolina herausgab. Ohne den moralischen Zeigefinger zu erheben, wussten beide instinktiv, dass Journalismus eine Berufung war. Gene ging nach Vietnam und leitete danach die Inlandsredaktion der *Times* während der ersten Nixon-Regierung. Joe wurde einer der größten Auslandskorrespondenten seiner Generation. Er berichtete über den Kampf gegen die Apartheid in Südafrika, und sein Buch *Move Your Shadow* ist nach wie vor die beste Chronik dieser denkwürdigen Ereignisse.

1994 war Joe Chefredakteur und Gene Chef vom Dienst bei der *Times*. Ich war ihr Mann für die nationale Sicherheit, sprang gelegentlich mit dem Fallschirm über Ländern wie Afghanistan und dem Sudan ab und war rundum glücklich, wenn ich zu Hause morgens aufwachte, die Zeitung hereinholte und mich fragte, was der Tag wohl bringen mochte.

Ich schulde diesen beiden Männern großen Dank für so ziemlich jedes Wort, das ich jemals geschrieben habe, und mit einem Tippen an den alten Fedora gedenke ich auch Henry Belks.

Ebenso großer Dank gebührt Kathy Robbins, die 1994 meine Literaturagentin wurde. Sie hat mich immer ermuntert, unausgegorene Ideen in der Versenkung verschwinden lassen, und gute energisch gefördert; sie hat jeden Entwurf von mir gelesen und dafür gesorgt, dass meine Arbeit nicht nur in Amerika, sondern auf der ganzen Welt veröffentlicht werden konnte. Bevor ich Kathy kennenlernte, wusste ich nicht, wie man ein Buch schreibt, obwohl ich bereits eines geschrieben hatte. Fünf Bücher später habe ich das Gefühl, dass ich allmählich den Dreh raushabe, und daran hat sie großen Anteil. Danke an alle beim Robbins Office: an David Halpern, Janet Oshiro und Alexandra Sugarman. Bei der Creative Artists Agency ist Matthew Snyder immer für mich da. Rick Pappas kümmert sich um die rechtlichen Belange.

Vier dieser Bücher wurden zum Teil in der Künstlerkolonie Yaddo in Saratoga Springs, New York, geschrieben, wo auch dieses begonnen wurde. Yaddo ist eine Quelle, deren Wasser niemals versiegt, und seine geniale Präsidentin ist die unvergleichliche Elaina Richardson, ohne die mir als Autor nur ein kurzes Leben beschieden gewesen wäre.

Macht und Wahn verdankt seine Existenz den Mitarbeitern bei Henry Holt Co., die an seiner Entstehung mitgewirkt haben. Durch den Sachverstand des Verlagsleiters Steve Rubin und der Cheflektorin Serena Jones wurde aus dem Konzept ein Buch. Mein Dank gilt allen bei Holt, insbesondere Amy Einhorn, Pat Eisemann, Maggie Richards, Madeline Jones, Chris Sergio und Caitlin O'Shaughnessy. Das Manuskript hatte noch einen weiteren Leser, einen, dem ich mein Leben anvertrauen würde: meinen Bruder Richard.

1994 ist mir noch etwas unglaublich Wunderbares passiert. Ich hatte das unendliche Glück, Kate Doyle zu heiraten. Zu ihren vielen Vorzügen zählt ihre berufliche Tätigkeit: Sie ist leitende Analystin beim National Security Archive und arbeitet seit fast 30 Jahren mit Menschenrechtsgruppen, Wahrheitskommissionen, Staatsanwälten und Richtern zusammen, um Akten aus geheimen Regierungsarchiven zu erhalten, die über staatlich sanktionierte Verbrechen gegen die Menschlichkeit in Lateinamerika Aufschluss geben. Kate hat mich in meiner Aufrichtigkeit bestärkt, sie hat mich aufgefangen, wenn ich gestolpert bin, und mir Kraft und Hoffnung und Freude gegeben. Die größte Freude sind unsere Töchter Emma Doyle und Ruby Doyle, die mich immer bedingungslos geliebt haben, auch wenn ich es nicht verdient habe. Emma hat mich bei den Recherchen zu diesem Buch unterstützt, meine Thesen in Frage gestellt und mir dabei geholfen, die Dinge gründlich zu durchdenken. Ruby holt mich von meinem hohen Ross herunter und bringt mich auf Trab. Dieses Buch ist in erster Linie diesen drei starken Frauen gewidmet, dem Licht meines Lebens.

Anmerkungen

1 Die Saat künftiger Kämpfe

1 Im Manhattan-Projekt wurden ab 1942 unter Führung von Robert Oppenheimer alle Forschungsarbeiten zur Entwicklung und zum Bau einer Atombombe gebündelt (Anmerkung der Übersetzerinnen).
2 Dov H. Levin, »When the Great Power Gets a Vote: The Effects of Great Power Electoral Interventions on Election Results«, International Studies Quarterly 60, Nr. 2 (Juni 2016), S. 189–202, https://doi.org/10.1093/isq/sqv016; und Levin, »Partisan Electoral Interventions by the Great Powers«, Conflict Management and Peace Science, online unter https://journals.sagepub.com/doi/abs/10.1177/0738894216661190.
3 Interview mit Gorbatschow, PBS, 23. April 2001, https://www.pbs.org/wgbh/commandingheights/shared/minitext/int_mikhailgorbachev.html.
4 Zeitzeugeninterview mit Baker, Miller Center, https://millercenter.org/the-presidency/presidential-oral-histories/james-baker-iii-oral-history-2000-white-house-chief.
5 Zeitzeugeninterview mit Powell, Miller Center, https://millercenter.org/the-presidency/presidential-oral-histories/colin-powell-oral-history-chairman-joint-chiefs-staff.
6 Robert M. Gates, *Duty: Memoirs of a Secretary at War* (New York: Alfred A. Knopf, 2014), S. 149–150. Je näher das neue Jahrtausend rückte, so Gates weiter, desto stärker »wurde der allgemeine Unmut, weil wir allein Erfolg hatten und in den 1990er Jahren und später als die einzig verbliebene Supermacht eine große Arroganz an den Tag legten. Und als am 11. September 2001 das World Trade Center einstürzte, freuten sich viele Regierungen und Völker – manche offen, andere insgeheim – über das Unglück, das über die Vereinigten Staaten gekommen war. In ihren Augen war ein arroganter, übermächtiger Riese verdientermaßen gedemütigt worden.«

7 Interview mit Michael Morell, *Politico*, 11. Dezember 2017, https://www.politico.com/magazine/story/2017/12/11/the-full-transcript-michael-morell-216061.

8 Andrej Krutskich beim Infoforum 2016, https://infoforum.ru/conference/2016. Fast ein Jahr lang, bis wenige Tage vor Präsident Trumps Amtseinführung, scheint in der amerikanischen Presse diese Rede niemand zur Kenntnis genommen zu haben. Siehe David Ignatius, »Russia's Radical New Strategy for Information Warfare«, *Washington Post*, 18. Januar 2017, www.washingtonpost.com/blogs/post-partisan/wp/2017/01/18/russias-radical-new-strategy-for-information-warfare/?utm_term=.492f34e18be9.

2 Der immer gleiche Rhythmus

1 George F. Kennan, *Russia and the West Under Lenin and Stalin* (Boston: Little, Brown, 1960), S. 254–255. Deutsch unter dem Titel *Sowjetische Außenpolitik unter Lenin und Stalin*, übersetzt von Pierre Mathis und Hans Dieter Müller (Stuttgart: Steingrüben Verlag, 1961), S. 345.

2 John Lewis Gaddis, *George F. Kennan: An American Life* (New York: Penguin, 2012), S. 212.

3 Hier zitiert nach George F. Kennan, *Memoiren eines Diplomaten*, übersetzt von Heidi von Alten (Stuttgart: Henry Goverts Verlag, 1968), S. 543.

4 Memorandum des Botschaftsrats in der Sowjetunion (Kennan), »Russia's International Position at the Close of the War with Germany«, Foreign Relations of the United States (im Folgenden *FRUS*), Diplomatic Papers, 1945, Europe, Bd. V, Dokument 643, https://history.state.gov/historicaldocuments/frus1945v05/d643.

5 David McCullough, *Truman* (New York: Simon and Schuster, 1992), S. 353.

6 Trumans Tagebuch, 16. Juli 1945, in *Off the Record: The Private Papers of Harry S. Truman* (Columbia: University of Missouri Press, 1997), S. 52.

7 Walter Isaacson und Evan Thomas, »The Reluctant Prophet«, *Washington Post*, 31. August 1986.

8 Der Geschäftsträger in der Sowjetunion (Kennan) an den Außenminister, 22. Februar 1946, *FRUS*, 1946, Eastern Europe, The Soviet Union, Bd. VI, Dokument 475, https://history.state.gov/historicaldocuments/frus1946v06/d475.

9 »Die Sowjets hatten in der Regierung der Vereinigten Staaten mehr als 200 Agenten und Quellen platziert«, lautet die erschreckende Feststellung eines offiziellen CIA-Historikers. David Robarge, »Moles, Defectors, and Deceptions: James Angleton and CIA Counterintelligence«, *Journal of Intelligence History* 3, Nr. 2 (Winter 2003).

10 Gaddis, *George F. Kennan: An American Life*, S. 239–240.
11 *Foreign Affairs*, Juli 1947, in Auszügen online unter https://www.foreign-affairs.com/articles/russian-federation/2016-10-31/sources-soviet-conduct-excerpt.
12 Dean Acheson, *Present at the Creation: My Years at the State Department* (New York: W.W. Norton, 1970), S. 212.
13 Kennan an Forrestal, 27. September 1947, Record Group 165, ABC files, 352:1, National Archives and Records Administration.
14 Politischer Planungsstab 13, »Résumé of World Situation«, *FRUS*, 1947, Bd. 1, S. 770–777.
15 Souers an Hillkoetter, NSC 4/A, Subject: Psychological Operations, 17. Dezember 1947, *FRUS*, 1945–1950, Emergence of the Intelligence Establishment, Dokument 257, https://history.state.gov/historicaldocuments/frus1945–50Intel/d27.
16 Willems an Chamberlin, 30. März 1948, abgedruckt in Thomas Boghardt, »By All Feasible Means«, https://www.wilsoncenter.org/blog-post/all-feasible-means#_ ftn1; Truman an Forrestal, 10. März 1948, *FRUS*, 1948, Western Europe, Bd. III, Dokument 477, https://history.state.gov/historicaldocuments/frus1948v03/d477.
17 NSC 1/3, *FRUS*, 1948, Western Europe, Bd. III, Dokument 475, https://history.state.gov/historicaldocuments/frus1948v03/d475.
18 Memorandum des Politischen Planungsstabs, 4. Mai 1948, *FRUS*, 1945–1950, Emergence of the Intelligence Establishment, Dokument 269, https://history.state.gov/historicaldocuments/frus1945–50Intel/d269.
19 Kennan, »U.S. Objectives Towards Russia«, 20. August 1948, Sitzungsprotokolle des Nationalen Sicherheitsrats, Box 204, Harry S. Truman Library.
20 Bericht des Nationalen Sicherheitsrats an den Präsidenten, »U.S. Objectives with Respect to the USSR to Counter Soviet Threats to U.S. Security«, 23. November 1948, *FRUS*, 1948, General; the United Nations, Bd. I, Teil 2, Dokument 60, https:// history.state.gov/historicaldocuments/frus1948v01p2/d60.
21 Kennan an Wisner, 6. Januar 1949, *FRUS*, 1945–1950, Emergence of the Intelligence Establishment, Dokument 308, https://history.state.gov/historicaldocuments/frus1945–50Intel/d308.
22 Wisner-Memorandum, 1. Juni 1949, *FRUS*, 1945–1950, Emergence of the Intelligence Establishment, Dokument 310, https://history.state.gov/historicaldocuments/frus1945–50Intel/d310.
23 Papier des Politischen Planungsstabs, »U.S. Policy Toward the Soviet Satellite States in Eastern Europe«, 25. August 1949, *FRUS*, 1949, Eastern Europe; The Soviet Union, Bd. V, Dokument 10, https://history.state.gov/historicaldocuments/frus1949v05/d10.
24 Simon Sebag Montefiore, *Stalin: The Court of the Red Tsar* (New York: Alfred A. Knopf, 2004), S. 601; hier zitiert nach *Stalin. Am Hof des roten*

Zaren, übersetzt von Hans G. Holl (Frankfurt/Main: S. Fischer, 2005), S. 686.

25 John Lewis Gaddis, *The Long Peace: Inquiries into the History of the Cold War* (New York: Oxford University Press, 1987), S. 113.

3 Die Wahrheit ist nicht genug

1 Eisenhower zitiert in der *New York Times*, 15. August 1945, S. 3.

2 »Notes on a Meeting at the White House«, 31. Januar 1951, *FRUS*, 1951, European Security and the German Question, Bd. III, Teil 1, S. 456, https://history.state.gov/historicaldocuments/frus1951v03p1/pg_456.

3 Brief Eisenhowers an Truman, 16. Dezember 1950, Dwight D. Eisenhower Presidential Library.

4 Jean Edward Smith, *Eisenhower in War and Peace* (New York: Random House, 2013), S. 499.

5 Truman an Eisenhower, in McCullough, *Truman*, S. 888.

6 Memorandum von Bohlen, 7. März 1953, Box 23, Record Group 59, Policy Planning Staff file »USSR 1953«, State Department.

7 »The Chance for Peace«, Rede Eisenhowers vor der American Society of Newspaper Editors, 16. April 1953, https://www.presidency.ucsb.edu/documents/address-the-chance-for-peace-delivered-before-the-american-society-newspaper-editors.

8 NSC 136/1, 20. November 1952, *FRUS*, 1952–1954, Iran, 1951–1954, zweite Auflage (im Folgenden *FRUS* Iran), Dokument 147, https://history.state.gov/historicaldocuments/frus1951-54IranEd2/d147. Dieses Dokument und die weitere Dokumentation des Putschs im Iran in diesem Kapitel wurden 2018 freigegeben und liefern ergiebige neue Details über die CIA-Operation zur Wiedereinsetzung des Schahs.

9 Arbeitsbericht für den Nationalen Sicherheitsrat, 20. März 1953, *FRUS* Iran, Dokument 180, https://history.state.gov/historicaldocuments/frus1951-54IranEd2/d180.

10 Memorandum der Planungsabteilung der Central Intelligence Agency, »Capabilities of CIA Clandestine Services in Iran«, 3. März 1953, *FRUS* Iran, Dokument 170, https://history.state.gov/historicaldocuments/frus1951-54IranEd2/d170.

11 Waller an Roosevelt, »Factors Involved in the Overthrow of Mossadeq«, 16. April 1953, *FRUS* Iran, Dokument 192, https://history.state.gov/historicaldocuments/frus1951-54IranEd2/d192.

12 Memorandum der Diskussion bei der 135. Sitzung des Nationalen Sicherheitsrats, 4. März 1953, *FRUS* Iran, Dokument 171, https://history.state.gov/historicaldocuments/frus1951-54IranEd2/d171.

13 Die Angabe von 5,33 Millionen Dollar taucht in einem 2018 freigegebenen Einsatzbericht der CIA vom 8. März 1954 auf, »Campaign to Install

Pro-Western Government in Iran«, *FRUS* Iran, Dokument 363, https://history.state.gov/historicaldocuments/frus1951–54IranEd2/d363.

14 Telefongespräch zwischen Allen Dulles und John Foster Dulles, 24. Juli 1953, *FRUS*, 1952–1954, Iran, 1951–1954, Bd. X, Dokument 335, https://history.state.gov/historicaldocuments/frus1952–54v10/d335.

15 CIA-Memorandum, »Campaign to Install Pro-Western Government in Iran«, 8. März 1954, *FRUS* Iran, Dokument 363, https://history.state.gov/historicaldocuments/frus1951–54IranEd2/d363.

16 Roosevelt an die CIA-Zentrale, 20. August 1953, *FRUS* Iran, Dokument 289, https://history.state.gov/historicaldocuments/frus1951–54IranEd2/d289.

17 Henderson an das Außenministerium, 20. August 1953, *FRUS* Iran, Dokument 283, https://history.state.gov/historicaldocuments/frus1951–54IranEd2/d283.

18 Protokoll einer Sitzung in der CIA-Zentrale, 28. August 1953, *FRUS* Iran, Dokument 307, https://history.state.gov/historicaldocuments/frus1951–54IranEd2/d307.

19 Eisenhowers Tagebuch, 8. Oktober 1953, *FRUS* Iran, Dokument 328, https://history.state.gov/historicaldocuments/frus1951–54IranEd2/d328.

20 Projektentwurf, erstellt von der Central Intelligence Agency, »Objective: To establish an effective political action/psychological warfare program in Iran«, 15. Juni 1954, *FRUS* Iran, Dokument 368, https://history.state.gov/historicaldocuments/frus1951–54IranEd2/d368.

21 Einschätzung der nationalen Nachrichtendienste, »Probable Developments in Iran Through 1955«, 7. Dezember 1954, *FRUS* Iran, Dokument 375, https://history.state.gov/historicaldocuments/frus1951–54IranEd2/d375.

22 Protokoll einer Sitzung in der CIA-Zentrale, 28. August 1953, *FRUS* Iran, Dokument 307, https://history.state.gov/historicaldocuments/frus1951–54IranEd2/d307.

23 Dieses und die folgenden Zitate stammen aus dem streng geheimen »Report to the President by the President's Committee on International Information Activities«, 30. Juni 1953, *FRUS*, 1952–1954, National Security Affairs, Bd. II, Teil 2, Dokument 370, https://history.state.gov/historicaldocuments/frus1952-54v02p2/d370.

24 Memorandum des Präsidenten an den Außenminister, 24. Oktober 1953, *FRUS*, 1952–1954, Western Europe and Canada, Bd. VI, Teil 1, Dokument 307, https://history.state.gov/historicaldocuments/frus1952–54v06p1/d307.

25 Ronald D. Landa, »Almost Successful Recipe: The United States and East European Unrest Prior to the 1956 Hungarian Revolution«, Entwurf einer historischen Studie, Office of the Secretary of Defense, 2012 (freigegeben 2017), https://nsarchive.gwu.edu/dc.html?doc=3473778-Document-01-Almost-Successful-Recipe-The-United.

26 NSC 158, 29. Juni 1953, https://nsarchive2.gwu.edu/NSAEBB/NSAEBB50/doc74.pdf.
27 Memorandum von Helms an Wisner, CIA, 6. August 1953, zitiert in Landa, »Almost Successful Recipe«, https://nsarchive.gwu.edu/dc.html?-doc=3473778-Document-01-Almost-Successful-Recipe-The-United.
28 Memorandum von Bross an Dulles, CIA, 13. Januar 1954, zitiert in Landa, »Almost Successful Recipe«, https://nsarchive.gwu.edu/dc.html?doc=347 3778-Document-01-Almost-Successful-Recipe-The-United.
29 Memorandum der Diskussion bei der 163. Sitzung des Nationalen Sicherheitsrats, 24. September 1953, *FRUS*, 1952–1954, National Security Affairs, Bd. II, Teil 1, Dokument 91, https://history.state.gov/historical documents/frus1952–54v02p1/d91.
30 Bericht über die verdeckten Aktivitäten der Central Intelligence Agency, 30. September 1954, *FRUS*, 1950–1955, The Intelligence Community, 1950–1955, Dokument 192, https://history.state.gov/historicaldocuments/f rus1950–55Intel/d192.
31 Direktive des Nationalen Sicherheitsrats, NSC 5412/2, 28. Dezember 1955, *FRUS*, 1950–1955, The Intelligence Community, 1950–1955, Dokument 250, https://history.state.gov/historicaldocuments/frus1950–55Intel/d250.
32 John Rettie, »The Day Khrushchev Denounced Stalin«, BBC World Service, 18. Februar 2006, http://news.bbc.co.uk/2/hi/programmes/from_our_own_correspondent/4723942.stm.
33 Memorandum der Diskussion bei der 280. Sitzung des Nationalen Sicherheitsrats, Washington, 22. März 1956, *FRUS*, 1955–1957, Soviet Union, Eastern Mediterranean, Bd. XXIV, Dokument 34, https://history.state.gov/historicaldocuments/frus1955–57v24/d34.
34 Manor erzählte 50 Jahre später dem israelischen Journalisten Yossi Melman, wie er an Chruschtschows »Geheimrede« gekommen war. Melman, »Trade Secrets«, *Haaretz*, 3. September 2006, https://www.haaretz.com/1.4896497.
35 *New York Times*, 4. Juni 1956, S. 1.
36 Telegramm der Gesandtschaft in Ungarn an das Außenministerium, Budapest, 24. Oktober 1956, *FRUS*, 1955–1957, Eastern Europe, Bd. XXV (im Folgenden *FRUS* Eastern Europe), Dokument 103, https://history.state.gov/historicaldocuments/frus1955–57v25/d103.
37 Memorandum der Diskussion bei der 301. Sitzung des Nationalen Sicherheitsrats, Washington, 26. Oktober 1956, *FRUS* Eastern Europe, Dokument 116, https://history.state.gov/historicaldocuments/frus1955–57v25/d116.
38 Memorandum eines Telefongesprächs zwischen dem Präsidenten und dem Außenminister, 26. Oktober 1956, *FRUS* Eastern Europe, Dokument 121, https://history.state.gov/historicaldocuments/frus1955–57v25/d121.
39 Rede des Außenministers vor dem Council on World Affairs in Dallas,

27. Oktober 1956, *FRUS* Eastern Europe, Dokument 128, https://history.state.gov/historicaldocuments/frus1955–57v25/d128.

40 Telegramm der Botschaft in Österreich an das Außenministerium, Wien, 28. Oktober 1956, *FRUS* Eastern Europe, Dokument 129, https://history.state.gov/historicaldocuments/frus1955–57v25/d129.

41 Transkripte von Radio Free Europe, 28. Oktober 1956, in Csaba Békés, Malcolm Byrne und János M. Rainer (Hg.), *The 1956 Hungarian Revolution: A History in Documents* (Budapest: Central European University Press, 2002).

42 Telegramm der Gesandtschaft in Ungarn an das Außenministerium, Budapest, 31. Oktober 1956, *FRUS* Eastern Europe, Dokument 148, https://history.state.gov/historicaldocuments/frus1955–57v25/d148.

43 Dwight D. Eisenhower, Radio- und Fernsehbericht an das amerikanische Volk über die Entwicklungen in Osteuropa und im Nahen Osten, 31. Oktober 1956, https://www.presidency.ucsb.edu/documents/radio-and-television-report-the-american-people-the-developments-eastern-europe-and-the.

44 Memorandum der Diskussion bei der 302. Sitzung des Nationalen Sicherheitsrats, Washington, 1. November 1956, *FRUS* Eastern Europe, Dokument 152, https://history.state.gov/historicaldocuments/frus1955–57v25/d152.

Aufgrund des eklatanten Unvermögens der CIA, die Ereignisse in Ungarn klar zu erkennen, nachdem diese Ereignisse den Befreiungsträumen der Regierung Eisenhower den Todesstoß versetzt hatten, sah sich der Präsident gezwungen, Botschafter David Bruce und den ehemaligen Verteidigungsminister Robert Lovett um eine Untersuchung dessen zu bitten, was wirklich in der CIA vorging. Beide hatten bei der Verabschiedung des Programms der politischen Kriegsführung 1948 zum engsten Expertenkreis gehört. Bruce war mit Dulles und Wisner eng befreundet; seinen privaten Tagebüchern ist zu entnehmen, dass er sich im Lauf der Jahre Dutzende Male auf einen Drink oder zum Abendessen mit ihnen getroffen hatte. Lovett gehörte zum neu geschaffenen geheimdienstlichen Beraterausschuss des Präsidenten. »Bruce war sehr beunruhigt«, erinnerte sich Lovett. »Sein Standpunkt war: ›Welches Recht haben wir, uns in anderen Ländern einzumischen, Zeitungen zu kaufen, Oppositionsparteien Geld zu geben oder einen Kandidaten für dieses oder jenes Amt zu unterstützen?‹« Beide wussten ganz genau, wie sehr die CIA bei ihrer vorrangigen Aufgabe, nachrichtendienstliche Informationen gegen den Hauptfeind der Vereinigten Staaten zu sammeln, versagt hatte.

Ihr Bericht an Eisenhower vom 20. Dezember 1956 war vernichtend. Sie listeten fünf Hauptpunkte auf. Die von Dulles und Wisner veranlassten verdeckten Operationen, die 80 Prozent des 800 Millionen Dollar umfassenden Jahresbudgets der CIA verschlangen, wurden oft ohne Prüfung und Kontrolle durch den Nationalen Sicherheitsrat durchgeführt. Die

CIA-Stationschefs im Ausland ließen die amerikanischen Botschafter oft im Unklaren darüber, was sie taten oder getan hatten. Dulles machte es gegenüber dem Präsidenten und dem Nationalen Sicherheitsrat genauso; manchmal wussten die Sowjets über die Aktivitäten der CIA besser Bescheid als das Weiße Haus. Die verdeckten Operationen konnten den erklärten Zielen der US-Außenpolitik zuwiderlaufen. Und das konnte sich irgendwann fatal auswirken:

»Der umtriebigen, finanzstarken und privilegierten CIA gefällt es, den ›Königsmacher‹ spielen zu dürfen (Intrigen sind faszinierend – Erfolge werden mit enormer Selbstzufriedenheit und manchmal mit Beifall belohnt – für ›Fehlschläge‹ wird man nicht zur Rechenschaft gezogen – und das Ganze ist sehr viel einfacher, als mit den üblichen CIA-Methoden verdeckte nachrichtendienstliche Informationen über die UdSSR zu gewinnen!) ... In den Akten stehen natürlich immer die beiden altbekannten Ziele, ›den Sowjets Schwierigkeiten zu machen‹ und dafür zu sorgen, dass andere ›prowestlich‹ orientiert bleiben. Unter dieser Voraussetzung lässt sich so ziemlich jeder Einsatz psychologischer Kriegsführung und jede paramilitärische Aktion rechtfertigen, was ja geschieht ...

Die Unterstützung durch die CIA und ihre Beeinflussung lokaler Nachrichtenkanäle, Arbeitnehmervereinigungen, politischer Figuren und Parteien sowie ihre sonstigen Aktivitäten sind [den amerikanischen Botschaftern] manchmal vollkommen unbekannt oder nur vage bekannt ... Eine offensichtliche, unvermeidliche Folge ist, dass die Ressourcen der US-amerikanischen Außenpolitik aufgesplittet und Ausländer, oftmals die ehemalige ›Opposition‹, die nun an der Macht ist (und genau *weiß*, mit wem sie es zu tun hat), dazu veranlasst werden, eine US-Behörde gegen die andere auszuspielen ...

Sollte nicht jemand, der langfristig einen einflussreichen Posten in unserer Regierung bekleidet, eine Bilanz dessen ziehen, was uns die Fehlschläge (Jordanien, Syrien, Ägypten etc.) unmittelbar kosten, und überlegen, wie sinnvoll auf lange Sicht Aktivitäten sind, die dazu geführt haben, dass wir uns kaum noch an die internationale ›goldene Regel‹ halten und die, wenn sie so erfolgreich sind wie behauptet, in hohem Maß dafür verantwortlich sind, dass Unruhe gestiftet und Zweifel an uns geschürt wurden, wie es heute in vielen Ländern der Welt der Fall ist? Wie wirken sie sich auf unsere gegenwärtigen Allianzen aus? Wo werden wir morgen stehen?

Wir sind sicher, dass die Befürworter der Entscheidung von 1948, dieser Regierung psychologische Kriegsführung und ein paramilitärisches Programm nahezulegen, die Folgen der sich daraus ergebenden Operationen nicht vorhersehen konnten. Abgesehen von jenen in der CIA, die mit dem Tagesgeschäft unmittelbar betraut sind, weiß niemand genau, was eigentlich vorgeht.«

Der Bericht verschwand in der Versenkung; offenbar hat kein Exemplar des vollständigen Textes überlebt. Diese Passagen wurden den Akten des geheimdienstlichen Beraterausschusses des Präsidenten entnommen, aber es gibt keine Belege dafür, dass die Empfehlungen beherzigt wurden. Die darin aufgeworfenen Fragen wurden 20 Jahre lang nicht behandelt.

45 Memorandum der Diskussion bei der 303. Sitzung des Nationalen Sicherheitsrats, Washington, 8. November 1956, *FRUS* Eastern Europe, Dokument 175, https://history.state.gov/historicaldocuments/frus1955–57v25/d175.

46 Sonderansprache vor dem Kongress über die Situation im Nahen Osten, 5. Januar 1957, https://www.presidency.ucsb.edu/documents/special-message-the-congress-the-situation-the-middle-east.

47 Memorandum der Diskussion bei der 410. Sitzung des Nationalen Sicherheitsrats, Washington, 18. Juni 1959, *FRUS*, 1958–1960, East Asia-Pacific Region; Cambodia; Laos, Bd. XVI, Dokument 36, https://history.state.gov/historicaldocuments/frus1958–60v16/d36.

48 Die Operation wird in meinem Buch *CIA. Die ganze Geschichte* (Frankfurt / Main: S. Fischer, 2008) ausführlich geschildert.

49 Richard M. Nixon, »The Emergence of Africa: Report to President Eisenhower«, *State Department Bulletin*, 22. April 1957.

50 Alma Fryxell, »Psywar by Forgery«, CIA, undatiert, https://www.cia.gov/readingroom/docs/DOC_0000608985.pdf.

51 CIA, »The Soviet and Communist Bloc Defamation Campaign«, September 1965, https://www.cia.gov/readingroom/docs/CIA-RDP80B01676R000100020004–7.pdf.

52 Carl Bernstein, »The CIA and the Media«, *Rolling Stone*, 20. Oktober 1977, http://www.carlbernstein.com/magazine_cia_and_media.php. Siehe auch John M. Crewdson u. a., »C. I. A.: Secret Shaper of Public Opinion«, *New York Times*, 25.–27. Dezember 1977.

53 Gesprächsmemorandum, Camp David, 26. und 27. September 1959, *FRUS*, 1958–1960, Bd. X, Teil 1, Eastern Europa Region; Soviet Union; Cyprus; Dokument 133, https://history.state.gov/historicaldocuments/frus1958–60v10p1/d133.

54 Gesprächsmemorandum, Camp David, 27. September 1959, *FRUS*, 1958–1960, Berlin Crisis, 1959–1960; Germany; Austria, Bd. IX, Dokument 14, https://history.state.gov/historicaldocuments/frus1958–60v09/d14.

55 Michael R. Beschloss, *Mayday: Eisenhower, Khrushchev, and the U-2 Affair* (New York: Harper and Row, 1986), S. 372.

56 George B. Kistiakowsky, *A Scientist at the White House* (Cambridge, MA: Harvard University Press, 1976), S. 358.

4 Die letzte Hoffnung für den Westen

1 Präsident John F. Kennedy, Address Before the American Newspaper Publishers Association, 27. April 1961, https://www.jfklibrary.org/archives/other-resources/john-f-kennedy-speeches/american-newspaper-publishers-association-19610427.

2 Auf Geheiß des Weißen Hauses schmiedete die CIA Pläne zur Ermordung Fidel Castros. Am 10. August 1962 traf sich der neue Direktor des zentralen Nachrichtendiensts John McCone, ein von John F. Kennedy ausgewählter Gefolgsmann Eisenhowers, in Außenminister Dean Rusks Konferenzraum mit Justizminister Robert Kennedy und Verteidigungsminister Robert McNamara. McCone erinnerte sich, dass sie über einen Vorschlag diskutierten, »führende Leute des Castro-Regimes zu töten«, allen voran Fidel und seinen Bruder Raúl, den kubanischen Verteidigungsminister. McCone war aus moralischen und ethischen Gründen dagegen, die Kennedys hatten offenbar keine Bedenken. *FRUS*, 1961–1963, Bd. X, Cuba, Januar 1961 – September 1962, S. 923, https://history.state.gov/historicaldocuments/frus1961-63v10/pg_923.

3 Christopher Andrew und Vasili Mitrokhin, *The Sword and the Shield: The Mitrokhin Archive and the Secret History of the KGB* (New York: Basic Books, 2000), S. 180–181. Hier zitiert nach Christopher Andrew und Wassili Mitrochin, *Das Schwarzbuch des KGB. Moskaus Kampf gegen den Westen*, aus dem Englischen von Klaus-Dieter Schmidt und Kurt Baudisch (Berlin: Propyläen Verlag, 1999), S. 259.

4 Zeitzeugeninterview mit Carlucci, Foreign Affairs Oral History (FAOH).

5 Zeitzeugeninterview mit Roberts, FAOH.

6 Zeitzeugeninterview mit McIlvaine, FAOH.

7 Die belgische Finanzgesellschaft Société Générale de Belgique war größter Teilhaber der Union Minière du Haut Katanga UMHK, einem Bergbaukonsortium, in das sich in den 1950er Jahren auch US-Unternehmen einkauften; eine Reihe amerikanischer Banken und Rohstoffkonzerne verfügten zu Beginn der 1960er Jahre über Investitionen im Kongo, u. a. der Morgan Guaranty Trust (A.d.Ü).

8 Stephen R. Weissman, *American Foreign Policy in the Congo, 1960–1964* (Ithaca, NY: Cornell University Press, 1974), S. 55.

9 Gespräch zwischen dem Außenminister und Ministerpräsident Lumumba, 27. Juli 1960, *FRUS*, 1958–1960, Africa, Bd. XIV, Dokument 152, https://history.state.gov/historicaldocuments/frus1958-60v14/d152.

10 Ebd.

11 Memorandum der Diskussion bei der 454. Sitzung des Nationalen Sicherheitsrats, 1. August 1960, *FRUS*, 1958–1960, Africa, Bd. XIV, Dokument 156, https://history.state.gov/historicaldocuments/frus1958-60v14/d156.

12 Memorandum der Konferenz mit Präsident Eisenhower, 1. August 1960,

FRUS, 1958–1960, Africa, Bd. XIV, Dokument 157, https://history.state.gov/historicaldocuments/frus1958-60v14/d157.

13 Interview des Autors mit Larry Devlin, März 2008.

14 Telegramm von der Station im Kongo an die Central Intelligence Agency, Léopoldville, 11. August 1960, *FRUS*, 1964–1968, Bd. XXIII, Congo, 1960–1968 (im Folgenden *FRUS* Congo), Dokument 8, https://history.state.gov/historicaldocuments/frus1964-68v23/d8.

15 Editorische Zusammenfassung von Telegramm 0772 an die Central Intelligence Agency, Léopoldville, 18. August 1960, *FRUS* Congo, Dokument 10, https://history.state.gov/historicaldocuments/frus1964-68v23/d10.

16 Editorische Zusammenfassung der Sitzung des Nationalen Sicherheitsrats vom 18. August 1960, *FRUS* Congo, Dokument 11, https://history.state.gov/historicaldocuments/frus1964-68v23/d11.

17 Telegramm der Central Intelligence Agency an die Station im Kongo, 27. August 1960, *FRUS* Congo, Dokument 14, https://history.state.gov/historicaldocuments/frus1964-68v23/d14.

18 Telegramm der Station im Kongo an die Central Intelligence Agency, Léopoldville, 8. September 1960, *FRUS* Congo, Dokument 17, https://history.state.gov/historicaldocuments/frus1964-68v23/d17.

19 Editorische Zusammenfassung von Telegramm 0927 der Station in Léopoldville an die Central Intelligence Agency, 13. September 1960, *FRUS* Congo, Dokument 19, https://history.state.gov/historicaldocuments/frus1964-68v23/d19.

20 Editorische Zusammenfassung von Telegramm 0963 der Station in Léopoldville, 18. September 1960, *FRUS* Congo, Dokument 23, https://history.state.gov/historicaldocuments/frus1964-68v23/d23.

21 »An Analytical Chronology of the Congo Crisis«, 25. Januar 1961, Papers of John F. Kennedy, President's Office Files, Kennedy Library, https://www.jfklibrary.org/asset-viewer/archives/JFKPOF/114/JFKPOF-114-015.

22 Zusammenfassung der 460. Sitzung des Nationalen Sicherheitsrats am 21. September 1960, *FRUS*, 1958–1960, Africa, Bd. XIV, Dokument 223, https://history.state.gov/historicaldocuments/frus1958-60v14/d223.

23 Interview des Autors mit Larry Devlin, März 2008.

24 Zum Plan und zur Rollenverteilung bei dem geplanten Attentat siehe *Alleged Assassination Plots Against Foreign Leaders: An Interim Report of the Select Committee to Study Governmental Operations with Respect to Intelligence Activities, United States Senate* (New York: W. W. Norton, 1976), S. 64.

25 Telegramm der Botschaft in der Sowjetunion an das Außenministerium, Moskau, 1. April 1961, *FRUS*, 1961–1963, Bd. V, Soviet Union, Dokument 51, https://history.state.gov/historicaldocuments/frus1961-63v05/d51.

Der Kreml hatte ein völlig falsches Bild von den Geschehnissen im Kongo. Chruschtschow machte die UN und Dag Hammarskjöld für Mobutus

Putsch und die Ausweisung sowjetischer »Berater« verantwortlich. Er gab ihnen auch die Schuld an Lumumbas Tod. In einer sowjetischen Regierungserklärung vom 14. Februar 1961 hieß es: »Die Ermordung Patrice Lumumbas und seiner Kampfgenossen im Kerker von Katanga ist der Gipfel von Hammarskjölds verbrecherischen Aktivitäten. Jedem anständigen Menschen auf der Welt ist klar, dass das Blut Patrice Lumumbas an den Händen dieses Handlangers der Kolonialisten klebt und nicht abgewaschen werden kann.«

26 Telegramm der Station im Kongo an die Central Intelligence Agency, Léopoldville, 3. November 1960, *FRUS* Congo, Dokument 40, https://history.state.gov/historicaldocuments/frus1964–68v23/d40.

27 Editorische Zusammenfassung eines Memorandums für Präsident Kennedy vom Sonderberater für nationale Sicherheitsfragen McGeorge Bundy, 10. Juni 1961, *FRUS*, 1961–1963, Bd. XX, Congo Crisis, Dokument 71, https://history.state.gov/historicaldocuments/frus1961–63v20/d71.

28 Natalia Telepneva, »Cold War on the Cheap: Soviet and Czechoslovak Intelligence in the Congo, 1960–1963«, in Philip Muehlenbeck und Natalia Telepneva (Hg.), *Warsaw Pact Intervention in the Third World: Aid and Influence in the Cold War, International Library of Twentieth Century History* (London: I. B. Tauris, 2018), S. 123–148.

29 Memorandum für die Special Group, Thema: Verdeckte Aktion im Kongo, 16. November 1961, *FRUS* Congo, Dokument 100, https://history.state.gov/historicaldocuments/frus1964–68v23/d100.
Dieses Memorandum mit Seltenheitswert dokumentiert die Zustimmung des Präsidenten zur verdeckten finanziellen Unterstützung ausländischer Führer durch die CIA. John F. Kennedy und Bundy betrachteten diese Zahlungen offenkundig als eine zwar unerfreuliche, aber unabdingbare Notwendigkeit und als den Preis, der dafür zu zahlen war, um im Ausland Geschäfte zu machen. 1964, als das Weiße Haus über eine neuerliche Bitte der CIA um 3,3 Millionen Dollar zur politischen Unterstützung Mobutus und seiner politischen Kumpane zu entscheiden hatte, fragte Außenminister Rusk, ob es, um Geschäfte zu machen, nicht einen besseren Weg als illegale Geldzuwendungen gebe. Devlin fand einen: eine Geschäftstransaktion, eingefädelt von einem Lobbyisten in Washington. Die CIA-Führung meinte, die Idee habe den Vorteil, dass alle eine saubere Weste behielten. Bundy segnete die Transaktion ab. Das Außergewöhnliche an dieser Geschichte – die Tatsache, dass der Außenminister und der Nationale Sicherheitsberater den Details einer Wahlbestechung mit Bargeld im Ausland so viel Aufmerksamkeit schenkten – war, dass es im Kontext der politischen Kriegsführung Amerikas ganz und gar nicht außergewöhnlich war.

30 Editorische Zusammenfassung von Telegramm 6298 aus Léopoldville an die Central Intelligence Agency, 14. März 1963, *FRUS* Congo, Dokument 137, https://history.state.gov/historicaldocuments/frus1964–68v23/

d137. Die Zusammenfassung vermittelt einen Eindruck von Devlins täglichen Kämpfen:

»Der Stationschef berichtete, mangels politischer Organisation und Knowhow befinde sich die Regierung des Kongos in ernsten politischen Schwierigkeiten [*Text nicht freigegeben*], und der Kongo leide seit seiner Unabhängigkeit unter einer Vielzahl nahezu unlösbarer Probleme. Als er warnte, [*Text nicht freigegeben*] die US-Regierung werde kein Geld in eine aussichtslose Sache stecken wollen [*Text nicht freigegeben*] sagte, es werde wahrscheinlich mindestens ein Jahr dauern, [*Text nicht freigegeben*] um eine politische Organisation aufzubauen, die nötig sei, um den ständigen Kauf von Wählerstimmen zu unterbinden oder zu reduzieren. Der Stationschef erklärte, die Vereinigten Staaten hätten die Wahl, entweder die Gemäßigten nicht weiter zu unterstützen, was wahrscheinlich deren Sturz zur Folge hätte, oder im kommenden Jahr weitere Unterstützung bereitzustellen [*Text nicht freigegeben*]. Er wies darauf hin, dass, so frustrierend es auch sei, die [*Text nicht freigegeben*] Operation eine Regierung an der Macht gehalten habe, so proamerikanisch, wie es in Afrika zu jener Zeit überhaupt vorstellbar sei.«

31 Zeitzeugeninterview mit Hoffacker, FAOH.

32 Memorandum einer Unterredung [Präsident Kennedys mit General Mobutu], Washington, 31. Mai 1963, *FRUS*, 1961–1963, Bd. XX, Congo Crisis, Dokument 423, https://history.state.gov/historicaldocuments/frus1961-63v20/d423.

Am Schluss des Memorandums heißt es: »Als der Präsident sich von General Mobutu verabschiedete, sagte er, dass niemand auf der Welt mehr als der General getan habe, um die Freiheit gegen den Kommunismus zu verteidigen, und dass bei jeder Krise im Kongo Mobutus Name genannt werde.«

33 Unter dem Titel »Die Jahre der Kongo-Krise 1960–1963. Die Erinnerungen eines Geheimdienstmannes« legte Oleg Nazhestkin, Woronins KGB-Kollege im Kongo, eine persönliche Geschichte der Tätigkeit des Spionagedienstes vor. Seine Schilderung von Verhaftung, Gefangenschaft und Ausweisung findet sich in Sergey Mazov, *A Distant Front in the Cold War: The USSR in West Africa and the Congo, 1956–1964* (Palo Alto, CA: Stanford University Press, 2010), S. 178–181.

34 CIA-Direktor John McCone, Memorandum für die Akten, Diskussion mit Außenminister Dean Rusk, Washington, 8. Januar 1965, *FRUS* Congo, Dokument 383, https://history.state.gov/historicaldocuments/frus1964-68v23/d383.

35 Kirsten Lundberg und Charles Cogan, »Containing the Chaos: the US-UN Intervention in the Congo 1960–1965«, Harvard Kennedy School, Fallstudie, 1999.

36 Ebd.

37 Zeitzeugeninterview mit Hoyt, FAOH.

Die Geiseln von Stanleyville wurden drei Monate lang festgehalten, während die CIA und der Vereinigte Generalstab Pläne zu deren Befreiung aus der Luft, über den Land- oder Wasserweg vorgelegt bekamen und ablehnten. Ein Vorschlag lautete, 17 Kubaner flussaufwärts von Stanleyville auf Flößen abzusetzen. Das Team war bereits im Land, und es wurde von William »Rip« Robertson geführt, der im Koreakrieg und 1954 beim Putsch in Guatemala größere paramilitärische Operationen durchgeführt und die gescheiterte Landung in der Schweinebucht nur knapp überlebt hatte. Dann erinnerte sich jemand daran, dass die Stadt flussabwärts der Stanley-Fälle lag – sieben Stromschnellen mit einem Gefälle von insgesamt 60 Metern. »Es wäre die Floßfahrt des Jahrhunderts geworden«, sagte Konsul Michael Hoyt.

38 Memorandum von William H. Brubeck, Mitarbeiter im Nationalen Sicherheitsrat, an Präsident Johnson, 6. August 1964, *FRUS* Congo, Dokument 199, https://history.state.gov/historicaldocuments/frus1964-68v23/d199.

39 Telegramm der Station im Kongo an die Central Intelligence Agency, Léopoldville, 10. August 1964, *FRUS* Congo, Dokument 208, https://history.state.gov/historicaldocuments/frus1964-68v23/d208.82.

40 Papier erstellt in der Central Intelligence Agency, 13. August 1964, *FRUS* Congo, Dokument 219, https://history.state.gov/historicaldocuments/frus1964-68v23/d219.

41 Telegramm der Botschaft im Kongo an das Außenministerium, Léopoldville, 19. August 1964, *FRUS* Congo, Dokument 227, https://history.state.gov/historicaldocuments/frus1964-68v23/d227.

42 Che Guevara hatte die kubanische Revolution in das Herz Afrikas tragen wollen. Am 11. Dezember 1964, nach dem Kampf um Stanleyville, hielt er vor der UN-Generalversammlung eine Rede. »Jene, die im Namen der Vereinten Nationen Lumumba getötet haben, ermorden heute im Namen der Verteidigung der weißen Rasse Tausende Kongolesen«, erklärte er. »Alle freien Menschen dieser Welt müssen bereit sein, das Verbrechen zu rächen.« Er bereiste zehn afrikanische Staaten, traf sich in Daressalam mit dem Rebellenführer Laurent Kabila aus Katanga und fuhr nach Peking, um Zhou Enlais Unterstützung für eine Revolution zu gewinnen. Bald führte er zusammen mit Kabila einen großen Guerillaangriff. Che Guevaras Armee aus Kubanern und Kongolesen kämpfte in einem riesigen Gebiet aus Dschungeln und Bergen am Ufer des Tanganjikasees, dem längsten Süßwassersee der Welt, der sich 673 Kilometer entlang der östlichen Grenze des Kongos von Norden nach Süden erstreckt. Devlin, dessen Luftwaffe weiterhin regelmäßig Mobutus Gegner bombardierte, brauchte jetzt eine Seestreitmacht. In der CIA-Zentrale besorgten Thomas Clines, stellvertretender Leiter der Marineabteilung der paramilitärischen Spezialeinheit der CIA, und Edwin Wilson, Leiter der CIA-Tarnfirma Maritime Consultants, mit Mörsern und schweren Maschinengewehren bewaffnete

Patrouillenschnellboote. Sie zerlegten sie, flogen sie ins Land und bauten sie für den Kampfeinsatz wieder zusammen. (Clines und Wilson wurden später internationale Waffenhändler und arbeiteten dabei oft mit der CIA zusammen; beide kamen ins Gefängnis, Wilson für 22 Jahre.) Devlin erbat und erhielt vom Weißen Haus die Genehmigung, die Schnellboote unter dem Kommando des Söldners »Mad Mike« Hoare zu bemannen. In einer für den Kalten Krieg typischen Schlacht lieferten sich die Kubaner der CIA mit Che Guevaras Kubanern einen Kampf auf Leben und Tod. Sie zwangen Che Guevara in die Knie und zerschlugen seine glorreichen Träume. Zwei Jahre später brachte ihn die CIA in Bolivien zur Strecke und beendete seine Kämpfe für immer.

43 Telegramm der Station im Kongo an die Central Intelligence Agency, Léopoldville, 19. November 1965, *FRUS* Congo, Dokument 446, https://history.state.gov/historicaldocuments/frus1964–68v23/d446.

44 Telegramm der Station im Kongo an die Central Intelligence Agency, Léopoldville, 22. November 1965, *FRUS* Congo, Dokument 448, https://history.state.gov/historicaldocuments/frus1964–68v23/d448.

45 Memorandum von Robert W. Komer vom Nationalen Sicherheitsrat an den Sonderberater des Präsidenten für nationale Sicherheitsfragen (Bundy), 22. November 1965, *FRUS* Congo, Dokument 447, https://history.state.gov/historicaldocuments/frus1964–68v23/d447.

46 Memorandum von Harold H. Saunders vom Nationalen Sicherheitsrat an Robert W. Komer vom Nationalen Sicherheitsrat, Washington, 23. November 1965, *FRUS* Congo, Dokument 449, https://history.state.gov/historicaldocuments/frus1964–68v23/d449.

47 Telegramm der Station im Kongo an die Central Intelligence Agency, Léopoldville, 25. November 1965, *FRUS* Congo, Dokument 454, https://history.state.gov/historicaldocuments/frus1964–68v23/d454.

48 Interview des Autors mit Larry Devlin, März 2008.

49 Zeitzeugeninterview mit Oakley, FAOH.

50 CIA, National Intelligence Estimate, »Zaire: Prospects for the Mobutu Regime«, 7. November 1986, https://www.cia.gov/readingroom/docs/CIA-RDP90T00155R001200100001-9.pdf.

51 Zeitzeugeninterview mit Grove, FAOH.

52 Zeitzeugeninterview mit Harrop, FAOH.

5 Die Stimme Amerikas

1 Steven Casey, *Cautious Crusade: Franklin D. Roosevelt, American Public Opinion, and the War Against Nazi Germany* (Oxford und New York: Oxford University Press, 2001), S. 114.

2 Stanisław Mikołajczyk, *The Pattern of Soviet Domination* (London: Sampson Low, Marston, 1949), S. 112.

3 Interview des Autors mit John McMahon, Oktober 2004.

4 Memorandum von Robert P. Joyce vom Politischen Planungsstab an den Staatsekretär im Außenministerium (Matthews), Washington, 31. Dezember 1952, *FRUS*, 1950–1955, The Intelligence Community, 1950–1955, Dokument 142, https://history.state.gov/historicaldocuments/frus1950–55 Intel/d142.

5 Laudatio Brzezinskis auf Henze, 17. Juli 2011, https://pressroom.rferl.org/a/in-memoriam-henze-eulogy-brzezinski/27770941.html.

6 A. Ross Johnson, *Radio Free Europe and Radio Liberty: The CIA Years and Beyond* (Washington, DC: Woodrow Wilson Center Press, 2010), S. 47–54.

7 Ebd.

8 Cummings zitiert in Roland Eliot Brown, »From Propaganda to Journalism: How Radio Free Europe Pierced the Iron Curtain«, gepostet auf der Website »Journalism Is Not a Crime«, 26. Juni 2017, https://journalismisnotacrime.com/en/features/1898/.

9 A. Ross Johnson, *Radio Free Europe and Radio Liberty*, S. 47–54.

10 Ebd.

11 Światłos Geschichte wird ausführlich dargestellt in L. W. Gluchowski, »The Defection of Jozef Swiatlo and the Search for Jewish Scapegoats in the Polish United Workers' Party, 1953–1954«, Columbia University Electronic Journal of Modern Central European History, https://ece.columbia.edu/files/ece/images/gluchowski-1.pdf.

12 Ted Shackley, *Spymaster: My Life in the CIA* (Dulles, VA: Potomac Books, 2005), S. 79–85.

13 A. Ross Johnson, »Origins of the Swiatlo Broadcasts on RFE«, erweiterter Text seiner Ausführungen auf der Konferenz »Radio Wolna Europa w walce z komunizmem«, Warschau, 6.–7. November 2009.

14 Zeitzeugeninterview mit Johnson, FAOH.

15 Protokoll der 290. Sitzung des Nationalen Sicherheitsrats, 12. Juli 1956, wie freigegeben, https://nsarchive2.gwu.edu/NSAEBB/NSAEBB76/doc2.pdf.

16 Telegramm der Botschaft in Polen an das Außenministerium, Warschau, 21. September 1956, *FRUS* Eastern Europe, Dokument 89, https://history.state.gov/historicaldocuments/frus1955–57v25/d89.

17 Redaktioneller Teil, *FRUS* Eastern Europe, Dokument 95, https://history.state.gov/historicaldocuments/frus1955–57v25/d95.

18 Redaktioneller Teil, *FRUS* Eastern Europe, Dokument 99, https://history.state.gov/historicaldocuments/frus1955–57v25/d99.

19 Memorandum eines Telefongesprächs zwischen dem Präsidenten und dem Außenminister, 26. Oktober 1956, 17.50 Uhr, *FRUS* Eastern Europe, Dokument 120, https://history.state.gov/historicaldocuments/frus1955–57 v25/d120.

20 Memorandum des Direktors des Zentralen Nachrichtendiensts (Dulles)

an den Außenminister, 15. April 1957, *FRUS* Eastern Europe, Dokument 246, https://history.state.gov/historicaldocuments/frus1955-57v25/d246.

21 Memorandum von George F. Kennan, »Impressions of Poland, July, 1958«, *FRUS* 1958–1960, Eastern Europe; Finland; Greece; Turkey, Bd. X, Teil 2, Dokument 50, https://history.state.gov/historicaldocuments/frus1958-60v10p2/d50.

22 Zeitzeugeninterview mit Fischer, FAOH.

23 Terence M. Ripmaster, *Willis Conover: Broadcasting Jazz to the World* (Lincoln, NE: iUniverse, 2007), S. 23.

24 Ebd., S. 27.

25 Zeitzeugeninterview mit Conover, FAOH.

26 John S. Wilson, »Who Is Conover? Only We Ask«, *New York Times*, 13. September 1959.

27 Gespräch zwischen Gomułka und Vizepräsident Nixon, Warschau, 3. August 1959, *FRUS* 1958–1960, Eastern Europe; Finland; Greece; Turkey, Bd. X, Teil 2, Dokument 74, https://history.state.gov/historicaldocuments/frus1958-60v10p2/d74.

28 Memorandum der Diskussion bei der 362. Sitzung des Nationalen Sicherheitsrats, Washington, 14. April 1958, *FRUS* 1958–1960, Eastern Europe; Finland; Greece; Turkey, Bd. X, Teil 2, Dokument 45, https://history.state.gov/historicaldocuments/frus1958-60v10p2/d45.

29 Aufzeichnungen des Legislative Leadership Meeting, 16. August 1960, *FRUS* 1958–1960, Foreign Economic Policy, Bd. IV, Dokument 264, https://history.state.gov/historicaldocuments/frus1958-60v04/d264.

30 Paweł Machcewicz, *Poland's War on Radio Free Europe, 1950–1989* (Palo Alto, CA: Stanford University Press, 2015), S. 118–119.

31 Gespräch zwischen Präsident Nixon und seinem Stabschef (Haldeman), 22. März 1972, *FRUS*, 1969–1976, Bd. XXIX, Eastern Europe; Eastern Mediterranean, 1969–1972, Dokument 156, https://history.state.gov/historicaldocuments/frus1969-76v29/d156.

32 Protokoll einer Sitzung des Nationalen Sicherheitsrats, Washington, 13. Januar 1977, *FRUS*, 1969–1976, Bd. XXXVIII, Teil 2, Organization and Management of Foreign Policy; Public Diplomacy, 1973–1976, Dokument 83, https://history.state.gov/historicaldocuments/frus1969-76v38p2/d83.

33 Papier, erarbeitet von der Central Intelligence Agency für die Special Activities Working Group, Washington, 4. Februar 1977, *FRUS* 1977–1980, Bd. XX, Eastern Europe, 1977–1980, Dokument 3, https://history.state.gov/historicaldocuments/frus1977-80v20/d3.

34 Geheimdienstliches Memorandum, erarbeitet von der Central Intelligence Agency, »Dissident Activity in East Europe: An Overview«, 1. April 1977, *FRUS* 1977–1980, Bd. XX, Eastern Europe, 1977–1980, Dokument 5, https://history.state.gov/historicaldocuments/frus1977-80v20/d5.

35 Braden zitiert in Frances Stonor Saunders, *The Cultural Cold War: The CIA and the World of Arts and Letters* (New York: New Press, 2013), S. 87; hier zitiert nach *Wer die Zeche zahlt … Der CIA und die Kultur im Kalten Krieg*, übersetzt von Markus Schupfner (Berlin: Siedler, 2001), S. 89.

36 Geheimdienstliches Memorandum, erarbeitet von der Central Intelligence Agency, »Dissident Activity in East Europe: An Overview«.

37 Memorandum von Paul Henze vom Stab des Nationalen Sicherheitsrats an den Berater des Präsidenten in Fragen der nationalen Sicherheit (Brzezinski), »CIA's Soviet and East European Book and Publications Program«, Washington, 23. Januar 1979, *FRUS* 1977–1980, Bd. XX, Eastern Europe, 1977–1980, Dokument 29, https://history.state.gov/historicaldocuments/frus1977–80v20/d29.

38 Zeitzeugeninterview mit Virden, FAOH.

39 Protokoll der Sitzung des polnischen Politbüros vom 23. August 1980, in Machcewicz, *Poland's War on Radio Free Europe*, S. 233.

40 Machcewicz, *Poland's War on Radio Free Europe*, S. 232.

41 Redaktioneller Teil, *FRUS* 1977–1980, Bd. XX, Eastern Europe, 1977–1980, Dokument 38, https://history.state.gov/historicaldocuments/frus1977–80v20/d38.

42 Douglas J. MacEachin, *U. S. Intelligence and the Polish Crisis*, 1980–1981 (Washington, DC: CIA Center for the Study of Intelligence, 2000), S. 14, https:www.cia.gov/readingroom/docs/2000–01–01.pdf; Robert M. Gates, *From the Shadows* (New York: Simon and Schuster, 1996), S. 163; »Recent Military Activities in and Around Poland«, MacEachin, *U. S. Intelligence and the Polish Crisis*, S. 34.

43 Die Rolle des Obersts wird detailliert geschildert in Mark Kramer, »Colonel Kuklinski and the Polish Crisis, 1980–81«, *Cold War International History Project (CWIHP) Bulletin* 11, S. 48–59, https://www.wilsoncenter.org/sites/default/files/media/documents/publication/WP59_Kramer_webfinal1.pdf.

44 MacEachin, *U. S. Intelligence and the Polish Crisis*, S. 32; Gates, *From the Shadows*, S. 166.

45 MacEachin, *U. S. Intelligence and the Polish Crisis*, S. 36–38.

46 Gates, *From the Shadows*, S. 231.

47 Benjamin Weiser, *A Secret Life: The Polish Officer, His Covert Mission, and the Price He Paid to Save His Country* (New York: PublicAffairs, 2004), S. 239.

48 Gates, *From the Shadows*, S. 233.

49 MacEachin, *U. S. Intelligence and the Polish Crisis*, S. 193. Siehe auch Tina Rosenberg, *The Haunted Land: Facing Europe's Ghosts After Communism* (New York: Vintage, 1996), S. 205–208; hier zitiert nach *Die Rache der Geschichte. Erkundungen im neuen Europa*, übersetzt von Udo Rennert (München, Wien: Hanser, 1997), S. 247–252.

50 Mitteilung Präsident Reagans an den sowjetischen Generalsekretär Breschnew, Washington, undatiert, *FRUS*, 1981–1988, Bd. III, Soviet Union, Januar 1981 – Januar 1983, Dokument 122, https://history.state.gov/historicaldocuments/frus1981-88v03/d122.

51 Zeitzeugeninterview mit Simons, FAOH.

52 Zeitzeugeninterview mit Kirkland, FAOH.

53 Die Zahl wurde von einem der amerikanischen Teilnehmer, Eric Chenoweth, zitiert in »AFL-CIO Support for Solidarity: Moral, Political, Financial«, Vortrag bei der Tagung der AFL-CIO zur Außenpolitik, Gent, 6.–8. Oktober 2011, https://www.idee.org/Chenoweth_AFLCIO%20Support%20for%20Solidarity_111513.pdf.

54 Kulerski zitiert in Arch Puddington, *Lane Kirkland: Champion of American Labor* (Hoboken, NJ: John Wiley and Sons, 2005), S. 185.

55 Najders Arbeit ist dokumentiert in Gregory F. Domber, *Empowering Revolution: America, Poland, and the End of the Cold War* (Chapel Hill: University of North Carolina Press, 2014), S. 110–112.

56 Zeitzeugeninterview mit Melady, FAOH.

57 NSDD 32, »U. S. National Security Strategy«, 20. Mai 1982, https://fas.org/irp/offdocs/nsdd/nsdd-32.pdf.

58 NSDD 54, »United States Policy Toward Eastern Europe«, 2. September 1982, https://fas.org/irp/offdocs/nsdd/nsdd-54.pdf.

59 Das Kryptonym QR/HELPFUL sowie Details der CIA-Operation zur Unterstützung von Solidarność wurden erstmals im September 2011 veröffentlicht in Seth G. Jones, *A Covert Action: Reagan, the CIA, and the Cold War Struggle in Poland* (New York: W. W. Norton, 2018). Einzelheiten sind auch enthalten in Gates, *From the Shadows,* und in Domber, *Empowering Revolution.* Das Gesamtbild lässt sich erst nach der Freigabe von Akten des Weißen Hauses, des Außenministeriums und der CIA darstellen. Die glaubwürdigste Schilderung der Ereignisse wurde 2012 von einem langjährigen offiziellen CIA-Historiker veröffentlicht: Benjamin B. Fischer, »Solidarity, the CIA, and Western Technology«, *International Journal of Intelligence and CounterIntelligence* 25, Nr. 3 (2012), S. 427–469. Meine Darstellung stützt sich auf diese Quellen und auf Hintergrundgespräche, die ich mit ehemaligen hochrangigen CIA-Beamten geführt habe.

60 Zeitzeugeninterview mit Shultz, Miller Center, https://millercenter.org/the-presidency/presidential-oral-histories/george-p-shultz-oral-history-secretary-state.

61 Fischer, »Solidarity, the CIA, and Western Technology«; »Marshall Plan for the Mind«, John P. C. Matthews, »The West's Secret Marshall Plan for the Mind«, *International Journal of Intelligence and CounterIntelligence* 16, Nr. 3 (Herbst 2003), S. 409–427, http://cryptome.org/cia-minden.htm#matthews.

62 Gregory Wolk, »To Limit, To Eradicate, or To Control? The SB and the ›Second Circulation‹, 1981–1989/90«, in Gwido Zlatkes, Pawel Sowinski

und Ann M. Frenkel (Hg.), *Duplicator Underground: The Independent Publishing Industry in Communist Poland, 1976–1990* (Bloomington, IN: Slavica Publishers, 2016), S. 265.

63 Robert Gates schrieb 1996, die CIA habe »dafür ziemlich viel Geld und Ausrüstung an den polnischen Untergrund geliefert – tatsächlich um kurzzeitig die Funkwellen zu kapern«. Gates, *From the Shadows*, S. 451.

64 Michael T. Kaufman, *Mad Dreams, Saving Graces: Poland: A Nation in Conspiracy* (New York: Random House, 1989), S. 85.

65 Rosenberg, *The Haunted Land*, S. 235; hier zitiert nach *Die Rache der Geschichte*, S. 281.

66 Zitiert in Kramer, »The Collapse (Part 2)«.

67 Natalija Geworkjan, Andrei Kolesnikow und Natalja Timakowa, *Aus erster Hand. Gespräche mit Wladimir Putin*, aus dem Russischen von Eva Henkensiefken (München: Heyne Verlag, 2000), S. 93–94.

6 Ein sehr schmutziges Spiel

1 Zeitzeugeninterview mit Merry, FAOH.

2 Thomas Boghardt, »Soviet Bloc Intelligence and Its AIDS Disinformation Campaign«, *Studies in Intelligence* 53, Nr. 4 (Dezember 2009), https://www.cia.gov/resources/csi/studies-in-intelligence/volume-53-no-4/soviet-bloc-intelligence-and-its-aids-disinformation-campaign/.

3 Oleg Kalugin, »Inside the KGB: An interview with retired KGB Maj. Gen. Oleg Kalugin«, CNN, Januar 1998.

4 »Soviet Active Measures in the Era of Glasnost: A Report to Congress by the United States Information Agency«, März 1988, http://insidethecoldwar.org/sites/default/files/documents/Soviet%20Active%20Measures%20in%20the%20Era%20of%20Glasnot%20March%201988.pdf.

5 David Robarge, »Moles, Defectors, and Deceptions: James Angleton and CIA Counterintelligence«, *Journal of Intelligence History* 3, Nr. 2 (Winter 2003).

6 Memorandum von Vizepräsident Rockefeller an Präsident Ford, Washington, undatiert, »SUBJECT: Report by James J. Angleton, former chief of counterintelligence for the CIA«.

7 Zeugenaussage von McMahon, Anhörung zu verdeckten Aktionen der Sowjetunion, 6. Februar 1980, Repräsentantenhaus, Ständiger Sonderausschuss für die Geheimdienste, Unterausschuss für Aufsicht.

8 Zur Active Measures Working Group siehe Fletcher Schoen und Christopher J. Lamb, »Deception, Disinformation, and Strategic Communications: How One Interagency Group Made a Major Difference«, *Institute for National Strategic Studies, Strategic Perspectives*, Nr. 11 (Washington, DC: National Defense University Press, Juni 2012), https://inss.ndu.edu/Portals/68/Documents/stratperspective/inss/Strategic-Perspectives-11.pdf.

9 Zeitzeugeninterview mit Kux, FAOH.

10 »Soviet Active Measures: Forgery, Disinformation, Political Operations« (State Department Special Report Nr. 88, Oktober 1981), http://insidethecoldwar.org/sites/default/files/documents/Soviet%20Active%20Measures%20Forgery,%20Disinformation,%20Political%20Operations%20October%201981.pdf.
In den ersten zwei Jahren veröffentlichte die Gruppe außerdem »Soviet Active Measures: An Update« (Juli 1982); »Moscow's Radio Peace and Progress« (August 1982); »Communist Clandestine Broadcasting« (Dezember 1982); »Soviet Active Measures: Focus on Forgeries« (April 1983); »The World Peace Council's Peace Assemblies« (Mai 1983) und »World Federation of Trade Unions: Soviet Foreign Policy Tool« (August 1983). Ab 1986 gab die CIA einen eigenen vierteljährlichen Bericht heraus, den *Worldwide Active Measures and Propaganda Alert*, der für eine handverlesene Leserschaft gedacht war: den Präsidenten, den Vizepräsidenten, den Außen- und den Verteidigungsminister, den Nationalen Sicherheitsrat und die Führung von Pentagon, Außenministerium, FBI und Nationaler Sicherheitsbehörde. Er war keine substanzielle Verbesserung gegenüber den Berichten der Active Measures Working Group.

11 DEFCON (Defense Condition) bezeichnet die Skala der amerikanischen Verteidigungsbereitschaft von DEFCON 5, der niedrigsten Stufe in Friedenszeiten, bis DEFCON 1, Atomkrieg (A.d.Ü).

12 Memorandum von John Lenczowski an John M. Poindexter, »SUBJECT: Statement on Soviet Intervention in the U.S. Electoral Process«, 16. August 1984, NSC Executive Secretariat Records, Ronald Reagan Library.

13 Soviet Active Measures: Focus on Forgeries, Foreign Affairs Note, Department of State Washington, DC, April 1983, http://insidethecoldwar.org/sites/default/files/documents/Department%20of%20State%20Note%20Soviet%20Active%20Measures%20Focus%20on%20Forgeries%20April%201983.pdf.

14 Active Measures: A Report on the Substance and Process of Anti-U.S. Disinformation and Propaganda Campaigns, State Department, August 1986, http://insidethecoldwar.org/sites/default/files/documents/Soviet%20Active%20Measures%20Substance%20and%20Process%20of%20Anti-US%20Disinformation%20August%201986.pdf.

15 Tim Weiner, »C.I.A. Official Tells of Botching Ames Case«, *New York Times*, 30. September 1994, https://www.nytimes.com/1994/09/30/us/cia-official-tells-of-botching-of-ames-case.html?searchResultPosition=1.

16 »SUBJECT: Soviet Political Action Working Group: December 15 Meeting«, Nationaler Sicherheitsrat, 30. Dezember 1983.

17 »Launching the Private Network«, Berichtsentwurf, Ausschuss des Repräsentantenhauses für Auswärtige Angelegenheiten, undatiert, aber wahrscheinlich Mitte 1988, https://consortiumnews.com/wp-content/uploads/2014/12/lostchapter.pdf.

18 »State Department and Intelligence Community Involvement in Domestic Activities Related to the Iran/Contra Affair«, Bericht des Ausschusses des Repräsentantenhauses für Auswärtige Angelegenheiten, 7. September 1988, https://nsarchive2.gwu.edu/NSAEBB/NSAEBB40/04302.pdf.

19 Die ostdeutschen und bulgarischen Memoranden wurden in englischer Übersetzung erstmals am 22. Juli 2019 vom Wilson Center veröffentlicht, zusammen mit einem Artikel, der der weitverbreiteten Auffassung widersprach, die Operation habe den Codenamen INFEKTION getragen. Siehe Douglas Selvage und Christopher Nehring, »Operation ›Denver‹: KGB and Stasi Disinformation Regarding AIDS«, Wilson Center, https://www.wilsoncenter.org/blog-post/operation-denver-kgb-and-stasi-disinformation-regarding-aids. Im original deutschen Wortlaut hier zitiert nach Douglas Selvage und Christopher Nehring, »Die AIDS-Verschwörung. Das Ministerium für Staatssicherheit und die AIDS-Desinformationskampagne des KGB« (BF informiert, 33/2014), S. 36; https://www.bstu.de/assets/bstu/de/Publikationen/BFi33_Selvage_AIDS.pdf.

20 Interview des Autors mit Bailey.

21 Gesprächsmemorandum, Moskau, 23. Oktober 1987, FRUS, 1981–1988, Bd. VI, Soviet Union, Oktober 1986 – Januar 1989, Dokument 84, https://history.state.gov/historicaldocuments/frus1981–88v06/d84.

22 Gesprächsmemorandum, Arbeitsessen mit Generalsekretär Michail Gorbatschow, Washington, 10. Dezember 1987, FRUS, 1981–1988, Bd. VI, Soviet Union, Oktober 1986 – Januar 1989, Dokument 115, https://history.state.gov/historicaldocuments/frus1981–88v06/d115.

23 Papier erstellt von der Central Intelligence Agency, Washington, 13. November 1987, FRUS, 1981–1988, Bd. VI, Soviet Union, Oktober 1986 – Januar 1989, Dokument 93, https://history.state.gov/historicaldocuments/frus1981–88v06/d93.

24 Protokoll einer Sitzung der Planungsgruppe des Nationalen Sicherheitsrats, »SUBJECT: Review of Covert Action Programs«, 11. Juli 1988, FRUS, 1981–1988, Bd. VI, Soviet Union, Oktober 1986 – Januar 1989, Dokument 166, https://history.state.gov/historicaldocuments/frus1981–88v06/d166.

7 Der trügerische Traum vom goldenen Zeitalter

1 Zeitzeugeninterview mit Gates, Miller Center, https://millercenter.org/the-presidency/presidential-oral-histories/robert-m-gates-deputy-director-central.

2 George F. Kennan, »A Fateful Error«, *New York Times*, 5. Februar 1997, https://www.nytimes.com/1997/02/05/opinion/a-fateful-error.html.

3 Elaine Sciolino, »Yeltsin Says NATO Is Trying to Split Continent Again«, *New York Times*, 6. Dezember 1994, https://www.nytimes.com/1994/12/06/

world/yeltsin-says-nato-is-trying-to-split-continent-again.html?searchResultPosition=1.

4 Medwedew zitiert in Uwe Klußmann, Matthias Schepp und Klaus Wiegrefe, »NATO's Eastward Expansion: Did the West Break Its Promise to Moscow?«, *Spiegel International*, 26. November 2009, http://www.spiegel.de/international/world/nato-s-eastward-expansion-did-the-west-break-itspromise-to-moscow-a-663315.html.

5 Putin-Interview zitiert in einem Beitrag von Radio Free Europe/Radio Liberty, 11. Januar 2016, https://www.rferl.org/a/russia-putin-eu-sanctions-absurd/27481012.html.

6 Putins Rede bei der 43. Münchner Sicherheitskonferenz, 10. Februar 2007, http://www.washingtonpost.com/wp-dyn/content/article/2007/02/12/AR2007021200555_pf.html.

7 »Bush-Kohl Telephone Conversation on the Situation in Eastern Europe«, 23. Oktober 1989, George H. W. Bush Presidential Library, https://digitalarchive.wilsoncenter.org/document/116230.

8 Brent Scowcroft zum Präsidenten, »The Soviets and the German Question«, 29. November 1989, Folder »German Unification«, Box 91116, Scowcroft Files, GBPL. Wichtige Dokumente aus der George Bush Presidential Library, die in diesem Kapitel zitiert werden, aber bei Drucklegung dieses Buchs noch nicht online verfügbar waren, wurden veröffentlicht in Joshua R. Itzkowitz Shifrinson, »Deal or No Deal? The End of the Cold War and the U. S. Offer to Limit NATO Expansion«, *International Security* 40, Nr. 4 (Frühjahr 2016), S. 7–44. Siehe auch Mary Elise Sarotte, »Perpetuating U. S. Preeminence: The 1990 Deals to ›Bribe the Soviets Out‹ and Move NATO In«, *International Security* 35, Nr. 1 (Sommer 2010), S. 110–137.

9 Carsten Volkery, »Die Deutschen sind wieder da!«, *Der Spiegel*, 10. September 2009, https://www.spiegel.de/geschichte/maggie-thatcher-und-die-wiedervereinigung-a-948498.html.

10 Zeitzeugeninterview mit Gates, Miller Center.

11 Gorbatschows Rede vor den Vereinten Nationen, 8. Dezember 1988, https://apnews.com/1abea48aacda1a9dd520c380a8bc6be6.

12 »Record of Conversation Between Mikhail Gorbachev and George H. W. Bush at Malta Summit«, 2. Dezember 1989, Aufzeichnungen von A. S. Tschernjajew, Archiv der Gorbatschow-Stiftung, Moskau. Veröffentlicht in Gorbatschow, *Gody trudnych reschenij [Jahre schwieriger Entscheidungen]* (Moskau: Alfa-print, 1993), https://digitalarchive.wilsoncenter.org/document/117223.

13 Mary Elise Sarotte, »Not One Inch Eastward? Bush, Baker, Kohl, Genscher, Gorbachev, and the Origin of Russian Resentment Toward NATO Enlargement in February 1990«, *Diplomatic History* 34, Nr. 1 (Januar 2010), S. 119–140.
Sarotte kämpfte erfolgreich für die Freigabe wichtiger Dokumente, die in

diesem Kapitel zitiert werden; sie ist die führende Wissenschaftlerin zum Thema NATO-Erweiterung. Entscheidende Gespräche zwischen der Regierung Bush und Gorbatschow sind in der Dokumentensammlung »NATO Expansion: What Gorbachev Heard« des National Security Archive von 2017 enthalten, https://nsarchive2.gwu.edu//dc.html?doc=4325680-Document-06-Record-of-conversation-between.

14 Philip Zelikow, »NATO Expansion Wasn't Ruled Out«, *New York Times*, 10. August 1995, https://www.nytimes.com/1995/08/10/opinion/IHT-nato-expansion-wasnt-ruled-out.html.

15 Gesprächsmemorandum, George H. W. Bush Presidential Library, 24. Februar 1990, https://bush41library.tamu.edu/files/memcons-telcons/1990–02–24–Kohl.pdf.

16 Rede Bakers vor dem World Affairs Council in Dallas, 30. März 1990.

17 Baker zu Gorbatschow, 18. Mai 1990, National Security Archive, https://nsarchive2.gwu.edu//dc.html?doc=4325695-Document-18-Record-of-conversation-between.

18 Bush zu Gorbatschow, 31. Mai 1990, National Security Archive, https://nsarchive2.gwu.edu//dc.html?doc=4325698-Document-21-Record-of-conversation-between.

19 Sarotte, »Not One Inch Eastward?«

20 Zeitzeugeninterview mit Scowcroft, Miller Center, https://millercenter.org/the-presidency/presidential-oral-histories/brent-scowcroft-oral-history.

21 Zeitzeugeninterview mit Merry, FAOH.

22 Zeitzeugeninterview mit Merrill, FAOH.

23 Zeitzeugeninterview mit Merry, FAOH.

24 Ebd.

25 Lake zitiert in Jason DeParle, »The Man Inside Clinton's Foreign Policy«, *New York Times*, 20. August 1995, https://www.nytimes.com/1995/08/20/magazine/the-man-inside-bill-clinton-s-foreign-policy.html.

26 Ebd.

27 Anthony Lake (Rede an der Johns Hopkins School of Advanced International Studies, Washington, DC, 21. September 1993), https://www.mtholyoke.edu/acad/intrel/lakedoc.html.

28 Außenstaatssekretär Lynn Davis, »Strategy for NATO's Expansion and Transformation«, State Department, 7. September 1993, https://nsarchive2.gwu.edu//dc.html?doc=4390816-Document-02-Strategy-for-NATO-s-Expansion-and.

29 Strobe Talbott, *The Russia Hand: A Memoir of Presidential Diplomacy* (New York: Random House, 2002), S. 64.

30 Brief Jelzins zur NATO-Erweiterung, 15. September 1993, https://nsarchive2.gwu.edu//dc.html?doc=4390818-Document-04-Retranslation-of-Yeltsin-letter-on.

31 Zeitzeugeninterview mit Lake 2004, Miller Center, https://millercenter.

org/the-presidency/presidential-oral-histories/anthony-lake-oral-history-2004-national-security-advisor.

32 Talbott, *The Russia Hand*, S. 91.

33 James Collins an Warren Christopher, 20. Oktober 1993, https://nsarchive2.gwu.edu//dc.html?doc=4390820-Document-06-Your-October-21–23-visit-to-Moscow.

34 Treffen Christophers mit Jelzin, 22. Oktober 1993, https://nsarchive.gwu.edu/briefing-book/russia-programs/2018–03–16/nato-expansion-what-yeltsin-heard.

35 Pressekonferenz des Präsidenten mit Führern der Visegrád-Staaten in Prag, 12. Januar 1994, https://www.presidency.ucsb.edu/documents/the-presidents-news-conference-with-visegrad-leaders-prague.
»Russland ist kurzfristig keine Bedrohung«, hatte Clinton dem tschechischen Staatspräsidenten Václav Havel tags zuvor persönlich versichert. »Aber wenn sich die historischen Tendenzen erneut durchsetzen, werden wir uns so organisiert haben, dass wir nicht nur rasch zur NATO-Mitgliedschaft übergehen, sondern auch andere der Abschreckung dienende Sicherheitsbeziehungen aufnehmen könnten.«

36 Zeitzeugeninterview mit Merry, FAOH.

37 Talbott an Christopher, 12. September 1994.

38 Talbott an Christopher, 9. Dezember 1994.

39 Talbott an Christopher, 24. März 1995, zitiert in M. E. Sarotte, »How to Enlarge NATO: The Debate Inside the Clinton Administration, 1993–95«, *International Security* 44, Nr. 1 (Sommer 2019), https://doi.org/10.1162/ISEC_a_00353.

40 Alexander Hamilton, Federalist No. 6, 14. November 1787, https://avalon.law.yale.edu/18th_century/fed06.asp, hier zitiert nach: Alexander Hamilton, James Madison, John Jay, *Die Federalist Papers*, Vollständige Ausgabe, übersetzt, eingeleitet und mit Anmerkungen versehen von Barbara Zehnpfennig (München: C.H.Beck, 2007), S. 77.

41 Talbott, *The Russia Hand*, S. 133–136.

42 Ebd.

43 Ebd.

44 Brief Jelzins an Clinton, 29. November 1994, https://nsarchive2.gwu.edu//dc.html?doc=4390827-Document-13-Official-informal-No-248-Boris-Bill.

45 »President's Dinner with President Yeltsin«, Telegramm des Außenministeriums, 1994-Moscow-01457, 14. Januar 1994, zitiert in Sarotte, »How to Enlarge NATO«, S. 7–41.

46 Zeitzeugeninterview mit Zimmermann, FAOH.

47 Talbott, *The Russia Hand*, S. 77.

48 Dean E. Murphy, »Broader NATO May Bring ›Cold Peace‹, Yeltsin Warns«, *Los Angeles Times*, 6. Dezember 1994, https://www.latimes.com/archives/la-xpm-1994-12-06-mn-5629-story.html.
Zu selben Zeit, als Jelzin sprach, griffen russische Kampfflugzeuge die ab-

trünnige russische Republik Tschetschenien im Nordkaukasus an, und eine Woche später begann eine großangelegte Invasion mit Bodentruppen. Jelzin hatte die Invasion autorisiert, nachdem ein von Russland organisierter Putschversuch gegen den aufständischen tschetschenischen Präsidenten gescheitert war. Der russische Verteidigungsminister Pawel Gratschow hatte Jelzin versichert, dass das Militär den tschetschenischen Widerstand in ein bis zwei Tagen brechen könne. Die Dreistigkeit dieser Lüge hätte sogar Stalin beeindruckt. Gratschows Stellvertreter trat aus Protest gegen den dummen und brutalen Angriff zurück, ebenso wie der stellvertretende Kommandeur der russischen Bodentruppen, der Jelzins Einsatz der Armee gegen sein eigenes Volk als Verbrechen bezeichnete. Als sich Russland 19 Monate später um Frieden bemühte, hatte die Operation mindestens 50000 Tote gefordert, nach manchen Schätzungen sogar doppelt so viele, zumeist Zivilisten.

49 James M. Goldgeier, »Promises Made, Promises Broken? What Yeltsin was Told About NATO in 1993 and Why It Matters«, *War on the Rocks*, 12. Juli 2016, https://warontherocks.com/2016/07/promises-made-promises-broken-what-yeltsin-was-told-about-nato-in-1993-and-why-it-matters/.

50 Talbott zitiert in James M. Goldgeier und Michael McFaul, *Power and Purpose: U.S. Policy Toward Russia After the Cold War* (Washington, DC: Brookings Institution Press, 2003), S. 148.

51 Zusammenfassender Bericht zu dem Vier-Augen-Gespräch zwischen den Präsidenten Clinton und Jelzin, Katharinensaal, Kreml, 10. Mai 1995, https://nsarchive2.gwu.edu//dc.html?doc=4390833-Document-19-Summary-report-on-One-on-One-meeting.

52 Memorandum eines Telefongesprächs: »The President's Discussion with President Yeltsin on the Russian Election, Bilateral Relations, START II Ratifcation and NATO«, 21. Februar 1996, William J. Clinton Presidential Library, enthalten in der Dokumentensammlung »The Clinton-Yeltsin Relationship in Their Own Words« des National Security Archive, veröffentlicht am 2. Oktober 2018, https://nsarchive.gwu.edu/briefing-book/russia-programs/2018–10–02/clinton-yeltsin-relationship-their-own-words.

53 Memorandum eines Telefongesprächs mit dem russischen Präsidenten Jelzin über CTBT, Tschetschenien, Wirtschaft, CFE und die Wahl in Russland, 7. Mai 1996, ebd.

54 Robert English, »Russia, Trump, and a New Detente«, *Foreign Affairs*, 10. März 2017.

55 Jewgeni Primakow, »Materials on the Subject of NATO for Use in Conversations and Public Statements«, 31. Januar 1997, https://nsarchive2.gwu.edu//dc.html?doc=4390839-Document-25-Excerpts-from-Evgeny-Primakov-Memo.

56 Jane Perlez, »Poland, Hungary and the Czechs Join NATO«, *New York*

Times, 13. März 1999, https://www.nytimes.com/1999/03/13/world/expanding-alliance-the-overview-poland-hungary-and-the-czechs-join-nato.html.

57 Memorandum eines Telefongesprächs mit Präsident Jelzin, National Security Archive, 24. März 1998, https://nsarchive2.gwu.edu//dc.html?doc=4950575-Document-16-Memorandum-of-Telephone-Conversation.

58 Talbott, *The Russia Hand*, S. 411–412.

59 Memorandum eines Telefongesprächs mit Präsident Jelzin, National Security Archive, 8. September 1999, https://nsarchive2.gwu.edu//dc.html?doc=4950576-Document-17-Memorandum-of-Telephone-Conversation.

60 Gesprächsmemorandum, »Meeting with Russian President Yeltsin«, Istanbul, 19. November 1999, S. 565–566, https://clinton.presidentiallibraries.us/items/show/57569.

61 Telefongespräch mit dem russischen Präsidenten Boris Jelzin, National Security Archive, 31. Dezember 1999, https://nsarchive2.gwu.edu//dc.html?doc=4950577-Document-18-Memorandum-of-Telephone-Conversation.

8 Dieses ungezügelte Feuer

1 Der Demokratieforscher Larry Diamond schrieb 2015: »Die Welt befindet sich seit etwa 2006 in einer leichten, aber stetigen demokratischen Rezession. Abgesehen davon, dass auf der globalen Ebene von Demokratie und Freiheit nicht nur keine Verbesserung, sondern sogar eine leichte Erosion feststellbar ist, gibt es weiteren Anlass zur Sorge. Erstens lässt sich ein beträchtlicher, ja sich beschleunigender demokratischer Zerfall beobachten. Zweitens verschlechtert sich der Zustand oder die Stabilität der Demokratie in einer Reihe von großen und strategisch wichtigen Schwellenländern, die ich ›Swing States‹ nenne. Drittens verstärkt sich der Autoritarismus auch in großen und strategisch wichtigen Ländern. Und viertens scheint die Bilanz der etablierten Demokratien, angefangen mit den Vereinigten Staaten, zunehmend schlechter auszufallen, und es scheint ihnen der Wille und das Selbstvertrauen zu fehlen, die Demokratie in anderen Ländern wirksam zu fördern.« Larry Diamond, »Facing Up to the Democratic Recession«, *Journal of Democracy* 26, Nr. 1 (Januar 2015), https://www.journalofdemocracy.org/wp-content/uploads/2015/01/Diamond-26-1_0.pdf. Für eine umfassende und überzeugende Datenerhebung, die dieses Fazit stützt, siehe Michael A. Weber, »Global Trends in Democracy: Background, U. S. Policy, and Issues for Congress«, Congressional Research Service, United States Congress, 17. Oktober 2018, https://fas.org/sgp/crs/row/R45344.pdf.

2 Hier zitiert nach Kennan, *Memoiren eines Diplomaten*, S. 570.

3 Bush v. Gore: Bei der Präsidentschaftswahl vom 7. November 2000 zwischen dem Republikaner George W. Bush und dem Demokraten Al Gore

war es im wahlentscheidenden Bundesstaat Florida zu einem äußerst knappen und umstrittenen Ergebnis gekommen. Der Supreme Court entschied am 12. Dezember gegen weitere Handauszählungen und damit zugunsten von Bush (A.d.Ü).

4 Bushs Rede an der Universität Warschau, 15. Juni 2001, https://www.presidency.ucsb.edu/documents/address-warsaw-university.

5 Bushs Pressekonferenz mit Putin, Ljubljana, 16. Juni 2001, https://www.presidency.ucsb.edu/documents/the-presidents-news-conference-with-president-vladimir-putin-russia-kranj.

6 Ebd.

7 Douglas Lute, Lessons Learned Record of Interview, in Craig Whitlock, Leslie Shapiro und Armand Emamdjomeh, »The Afghanistan Papers: A Secret History of the War«, *Washington Post*, 6. Dezember 2019, https://www.washingtonpost.com/graphics/2019/investigations/afghanistan-papers/documents-database/?document=lute_doug_ll_01_d5_02202015.

8 Tim Weiner, »Pentagon Envisioning a Costly Internet for War«, *New York Times*, 13. November 2004, https://www.nytimes.com/2004/11/13/technology/pentagon-envisioning-a-costly-internet-for-war.html?searchResultPosition=1.

9 General Juri Balujewski, zitiert in Linda Robinson, Todd C. Helmus, Raphael S. Cohen, Alireza Nader, Andrew Radin, Madeline Magnuson und Katya Migacheva, *Modern Political Warfare: Current Practices and Possible Responses* (Santa Monica, CA: RAND Corporation, 2018), S. 49, https://www.rand.org/pubs/research_reports/RR1772.html.

10 Makhmut Akhmetovich Gareev und Vladimir Slipchenko, *Future War* (Fort Leavenworth, KS: Foreign Military Studies Office, 2007), zitiert in T. S. Allen und A. J. Moore, »Victory Without Casualties: Russia's Information Operations«, *Parameters* 48, Nr. 1 (Frühjahr 2018), https://www.hsdl.org/?view&did=812849.
»Victory Without Casualties« (Sieg ohne Todesopfer) ist ein bahnbrechender Artikel. Zum Zeitpunkt seiner Veröffentlichung war Captain Allen Geheimdienstoffizier der Able Squadron, Asymmetric Warfare Group, die mit EUCOM und AFRICOM zusammenarbeitete. Master Sergeant Moore war Troop Sergeant Major der 2 Troop, Able Squadron, Asymmetric Warfare Group. Er war seit Oktober 2001 im 75th Ranger Regiment und in der 173rd Airborne Brigade in Afghanistan und im Irak permanent im Einsatz gewesen.

11 Makhmut Akhmetovich Gareev, *If War Comes Tomorrow? The Contours of Future Armed Conflict*, hg. von Jacob W. Kipp (London: Frank Cass, 1998), S. 51–52, zitiert in Allen und Moore, »Victory Without Casualties«.

12 Panarin zitiert in Paul A. Goble, »Defining Victory and Defeat: The Information War Between Russia and Georgia«, in Svante E. Cornell und S. Frederick Starr (Hg.), *The Guns of August 2008: Russia's War in Georgia* (London und New York: Routledge, 2015), S. 194.

Panarin ist bekannt für seine These, durch einen wirtschaftlichen und sozialen Flächenbrand werde es in den Vereinigten Staaten eines Tages zu einem Bürgerkrieg kommen und das Land in sechs Rumpfstaaten zerfallen: Kalifornien und der übrige Westen würden an China gehen, Texas und der Süden an Mexiko, der Mittlere Westen an Kanada, die Staaten entlang des Atlantiks an die Europäische Union, Hawaii an China oder Japan und Alaska an Russland, in dessen Besitz es einst gewesen war. Das mag verrückt klingen, ist aber nur ein Beispiel für spiegelbildliche Wahrnehmung und bekundet, wie stark das russische Denken von den Kräften bestimmt war, die zum Zerfall der Sowjetunion und ihrer globalen Einflusssphären geführt hatten.

13 Jolanta Darczewska, »The Anatomy of Russian Information Warfare« (Warschau: Ośrodek Studiów Wschodnich/Centre for Eastern Studies, 2014), https://www.osw.waw.pl/sites/default/files/the_anatomy_of_russian_information_warfare.pdf.
Diese wichtige Analyse vermittelt einen tieferen Einblick in Panarins Werk: »In seinem Buch ›Der Zweite Informations-Weltkrieg – Krieg gegen Russland‹ schrieb Panarin, die sogenannten ›Farbrevolutionen‹ in den GUS-Staaten und der ›Arabische Frühling‹ seien das Ergebnis von Technologien zur sozialen Kontrolle und von Informationsangriffen der Vereinigten Staaten. Seiner Ansicht nach war auch die Protestbewegung auf dem Bolotnaja-Platz in Moskau nach den jüngsten Parlaments- und Präsidentschaftswahlen [2012] Ausdruck dieser Aggression: de facto eine Folge der vom westlichen Ausland gesteuerten Operation mit dem Codenamen ›Anti-Putin‹. Im Zusammenhang mit den ›Samtenen Revolutionen‹ benennt Panarin die für russische Zwecke angewandten grundlegenden Methoden des Informationskriegs. In der Praxis sind dies Beeinflussungsoperationen wie soziale Kontrolle, d.h. Einflussnahme auf die Gesellschaft; soziale Manöver, d.h. gezielte Kontrolle der Öffentlichkeit, um sich bestimmte Vorteile zu verschaffen; Informationsmanipulation, d.h. die Nutzung wahrer Information zum Zweck der Verbreitung falscher Schlussfolgerungen; Desinformation, d.h. die Verbreitung manipulierter oder fabrizierter Information oder eine Kombination aus beidem; die Fabrikation von Information, d.h. die Erstellung von Falschinformation; sowie Lobbyarbeit, Erpressung und Erzwingung gewünschter Informationen.«

14 Marcel H. Van Herpen, *Putin's Propaganda Machine: Soft Power and Russian Foreign Policy* (Lanham, MD: Rowman and Littlefield, 2015), S. 8.

15 *Konzeptionelle Überlegungen bezüglich der Aktivitäten der Streitkräfte der Russischen Föderation im Informationsraum* (Moskau: Russisches Verteidigungsministerium, 2011), zitiert in Timothy L. Thomas, »Russia's 21st Century Information War: Working to Undermine and Destabilize Populations«, *Defence Strategic Communications* 1, Nr. 1 (Winter 2015), S. 12.

16 Masha Lipman, »Putin's Fear of the Internet«, *New Yorker*, 25. April 2014, https://www.newyorker.com/news/news-desk/putins-fear-of-the-internet.

17 Fiona Hill und Clifford Gaddy, *Mr. Putin: Operative in the Kremlin* (Washington, DC: Brookings Institution Press, 2015), S. 343.

18 »Putin Accuses U. S. of Double Standard«, *Washington Post*, 4. Dezember 2004, https://www.washingtonpost.com/archive/politics/2004/12/04/world-in-brief/90debod9-6bed-4edc-82f4-6c40075c8f34/.

19 Präsident George W. Bush, Antrittsrede zum Beginn seiner zweiten Amtszeit, 20. Januar 2005, https://www.presidency.ucsb.edu/documents/inaugural-address-13.
Den Vorschlag, die Formulierung von der »Beendigung der Tyrannei« in die Rede aufzunehmen, machte interessanterweise John Lewis Gaddis, der Historiker des Kalten Kriegs und Biograph George Kennans, bei einem Treffen mit Bushs Redenschreibern zehn Tage vor der Amtseinführung des Präsidenten.

20 James Madison, Federalist Nr. 10, 23. November 1787, https://avalon.law.yale.edu/18th_century/fed10.asp. Hier zitiert nach Alexander Hamilton, James Madison und John Jay, *Die Federalist Papers*, vollständige Ausgabe, übersetzt, eingeleitet und mit Anmerkungen versehen von Barbara Zehnpfennig (München: C.H.Beck, 2007), S. 97.

21 Jean Edward Smith, *Bush* (New York: Simon and Schuster, 2016), S. 398.

22 Außenministerin Condoleezza Rice, Rede an der Amerikanischen Universität Kairo, 20. Juni 2005, https://2001–2009.state.gov/secretary/rm/2005/48328.htm.

23 David Finkel, »U. S. Ideals Meet Reality in Yemen«, *Washington Post*, 18. Dezember 2005, https://www.washingtonpost.com/archive/politics/2005/12/18/us-ideals-meet-reality-in-yemen/c507277c-ef84–41a1–9171–0d1ec2604a63/.

24 Zeitzeugeninterview mit Edelman, Miller Center, https://millercenter.org/the-presidency/presidential-oral-histories/eric-edelman-oral-history.

25 Zeitzeugeninterview mit Rice, SMU Center for Presidential History, https://www.smu.edu/Dedman/Research/Institutes-and-Centers/Center-for-Presidential-History/CMP/The-Surge-in-Iraq/Condoleezza-Rice.

26 Zeitzeugeninterview mit Negroponte, Miller Center, https://millercenter.org/the-presidency/presidential-oral-histories/john-negroponte-oral-history.

27 Nationale Sicherheitsstrategie der Vereinigten Staaten, März 2006, https://www.comw.org/qdr/fulltext/nss2006.pdf.

28 Bushs Erklärung zur nationalen Sicherheitsstrategie, 16. März 2006, https://georgewbush-whitehouse.archives.gov/nsc/nss/2006/intro.html.

29 *Economist*, 23. August 2007, https://www.economist.com/briefing/2007/08/23/the-making-of-a-neo-kgb-state.

30 Siehe »Putin's Asymmetric Assault on Democracy in Russia and Europe: Implications for U. S. National Security«, Minderheitsbericht für den Aus-

wärtigen Ausschuss des Senats, 10. Januar 2018, https://www.foreign.senate.gov/imo/media/doc/FinalRR.pdf.

Laut diesem Bericht zog Putins politischer Krieg alle möglichen Leute von beiden Rändern des politischen Spektrums an. Russland unterstützte verdeckt auch kleinere politische Parteien ehemaliger Kommunisten sowie eine Handvoll Umweltgruppen und zog vor und während der Trump-Regierung auch amerikanische Evangelikale und Neonazis in seinen Bann. Es lohnt sich, ausführlicher daraus zu zitieren:

»Der Kreml hat neuerdings auch damit begonnen, Beziehungen zu ein paar fester etablierten rechtsextremen Parteien in Europa zu pflegen und ›Kooperationsvereinbarungen‹ zwischen der Regierungspartei Einiges Russland und Parteien in Österreich (Freiheitliche Partei), Ungarn (Jobbik), Italien (Lega Nord), Frankreich (Front National) und Deutschland (AfD) zu schließen. Zu diesen Kooperationsvereinbarungen zählen Pläne für regelmäßige Treffen und eine ›Zusammenarbeit bei geeigneten wirtschaftlichen, unternehmerischen und politischen Projekten‹. Kreml-nahe Banken, Fonds und Oligarchen liehen im Jahr 2014 dem rechtsextremen französischen Front National sogar fast 13 Millionen Dollar zur Wahlkampffinanzierung. Und die *Bild*-Zeitung berichtete, die russische Regierung habe vor der Bundestagswahl 2017 insgeheim die AfD unterstützt – möglicherweise ohne deren Wissen –, indem sie über Mittelsmänner Gold der Partei ankaufte oder russisches Gold günstig an die Partei verkaufte. Mit den Erlösen konnte die AfD dann ihre Parteikasse füllen [vgl. Peter Tiede, ›Putin greift nach der AfD‹, *Bild*, 24. 11. 2014]. Neben finanziellen Ressourcen soll der Kreml rechtsextremen europäischen Parteien auch organisatorisches, politisches und mediales Knowhow zur Verfügung gestellt haben.

Unterschiedliche Narrative des Kremls sind für unterschiedliche linke und rechte Gruppen attraktiv. Die Wissenschaftler Peter Pomerantsev und Michael Weiss beschreiben, wie ›sich europäische Rechtsnationalisten von den EU-feindlichen Botschaften [des Kremls] verführen lassen, Angehörige der extremen Linken mit Geschichten über die Bekämpfung der US-Hegemonie gewonnen werden, [und] religiös Konservative in den Vereinigten Staaten durch die ablehnende Haltung des Kremls gegenüber der Homosexualität überzeugt werden‹. Laut dem Forschungsdienst des Kongresses sind viele mit dem Kreml verbundene rechtsextreme europäische Parteien ›gegen das politische Establishment und gegen die EU‹ und teilen ›oft eine Kombination aus extremem Nationalismus, dem Eintreten für ‚Recht und Ordnung' und für traditionelle Familienwerte sowie eine migrationsfeindliche, antisemitische und antiislamische Haltung‹. Zu ihnen zählen ›Vertreter der deutschen Neonazi-Partei NPD, der rechtsextremen bulgarischen Ataka-Partei, der linksextremen griechischen KKE-Partei und der kremlfreundlichen lettischen Russischen Union‹.

[Im März 2015] trafen sich die Führer einiger der umstrittensten politischen Organisationen vom rechten Rand – sowie Vertreter ähnlicher Gruppen aus den Vereinigten Staaten – zum ersten Internationalen Russischen Konservativen Forum in Sankt Petersburg. Das Treffen wurde von der russischen nationalistischen Partei Rodina (›Heimat‹) organisiert und verfolgte ein klares Ziel: die Bündelung europäischer und russischer konservativer Kräfte ›im Kontext europäischer Sanktionen gegen Russland und des Drucks der Vereinigten Staaten auf europäische Länder und auf Russland‹. Bei diesem Treffen sollen Redner weiße Christen aufgerufen haben, sich fortzupflanzen, Schwule als pervers bezeichnet und gesagt haben, ermordete russische Oppositionelle würden in der Hölle schmoren. Sie verteufelten auch die gleichgeschlechtliche Ehe, die Globalisierung, den radikalen Islam, die Einwanderung sowie New Yorker Finanzinvestoren, während sie den russischen Präsidenten Wladimir Putin für die Verteidigung und den Schutz von Werten wie Konservatismus und Männlichkeit lobten. Ein britischer nationalistischer Redner zeigte ein Bild Putins mit nacktem Oberkörper, auf einem Bären reitend, und erklärte: ›Obama und Amerika, die sind wie Weiber! Das sind feminisierte Männer. Ihr seid mit einem echten Mann gesegnet, und wir beneiden euch um ihn.‹ Auch der Amerikaner James Taylor, der eine weiße nationalistische Website betreibt, trat bei diesem Treffen auf und nannte die Vereinigten Staaten ›den größten Feind der Tradition überhaupt‹.

In den Vereinigten Staaten sehen viele rechtsextreme Gruppen, darunter auch weiße Nationalisten, zu Putin auf, dem selbsternannten Hüter der Tradition und der konservativen Werte. Bei Protesten in Charlottesville, Virginia, gegen die Entfernung einer Statue von Robert E. Lee, einem General der Konföderierten im amerikanischen Bürgerkrieg, skandierten weiße Nationalisten: ›Russland ist unser Freund.‹ Andrew Anglin, Herausgeber des Daily Stormer, der weltweit größten neonazistischen Website, soll seine Internetseite in den Jahren 2015 und 2016 von Russland aus betrieben haben; deren Inhalte wurden von einem mutmaßlich russischen Botnet verbreitet. Darüber hinaus hat der Kreml Verbindungen zu Organisationen aufgebaut, die das Recht auf Waffenbesitz verteidigen und gegen die gleichgeschlechtliche Ehe zu Felde ziehen. So pflegen mit dem Kreml verbundene Funktionsträger Kontakte zu US-amerikanischen Gruppen wie dem Verband der Waffenlobby NRA, der National Rifle Association. Alexander Torschin, der für Putins Partei Einiges Russland im Föderationsrat saß und russischen Mafiosi bei der Geldwäsche in Spanien behilflich gewesen sein soll, knüpfte Beziehungen zu David Keene, als dieser Präsident der NRA war [2011 bis 2013]. 2015 schickte die NRA eine Delegation zu einem Treffen mit Dmitri Rogosin nach Moskau. Rogosin, ein Verbündeter Putins und [von 2011 bis 2018] stellvertretender Ministerpräsident der Russischen Föderation, wurde 2014 wegen seiner Rolle in der Ukraine-Krise von den Vereinigten Staaten auf die Sanktionsliste gesetzt. Auch US-amerikanische Evangelikale, unter ihnen Franklin Graham, unterstützten Putins rechtliche Diskriminierung von LGBT-Personen in Russland und erklärten, Putin setze ›sich für den Schutz der Kinder seines Landes gegen die schädlichen Auswirkungen der Agenda von Schwulen und Lesben‹ ein.«

31 Ein Bericht des German Marshall Fund 2017 nannte Belarus, Bulgarien, Dänemark, Deutschland, Estland, Finnland, Frankreich, Georgien, Italien, Kanada, Lettland, Litauen, Mazedonien, die Republik Moldau, Montenegro, Norwegen, Polen, Portugal, Schweden, Spanien, die Tschechische Republik, die Türkei, die Ukraine, Ungarn, das Vereinigte Königreich, die Vereinigten Staaten und Zypern als Angriffsziele russischer Kriegsführung seit 2004. Oren Dorell, »Alleged Russian Political Meddling Documented in 27 Countries Since 2004«, *USA Today*, 7. September 2017, https://www.usatoday.com/story/news/world/2017/09/07/alleged-russian-political-meddling-documented-27-coutries-since-2004/619056001/.

9 Die ersten Opfer

1 US-Botschaft in Tallinn, 4. Juni 2007, https://wikileaks.org/plusd/cables/07TALLINN366_a.html.

2 Zeitzeugeninterview mit Smith, FAOH.

3 Joshua Davis, »Hackers Take Down the Most Wired Country in Europe«, *Wired*, 21. August 2007, https://www.wired.com/2007/08/ff-estonia/.

4 Schmidt zitiert in Larry Greenemeier, »Estonian Attacks Raise Concern over Cyber ›Nuclear Winter‹«, *InformationWeek*, 24. Mai 2007.

5 »Putin Warns Against ›Belittling‹ War Effort«, Radio Free Europe/Radio Liberty Online-Bericht, 9. Mai 2007, https://www.rferl.org/a/1076356.html.

6 Lynn zitiert in Jim Garamone, »Lynn: NATO Must Get Ahead of Cyber Treat«, American Forces Press Service, 25. Januar 2011, und zitiert in Stephen Herzog, »Revisiting the Estonian Cyber Attacks: Digital Threats and Multinational Responses«, *Journal of Strategic Security* 4, Nr. 2 (Sommer 2011), https://scholarcommons.usf.edu/cgi/viewcontent.cgi?article=1105&context=jss.

7 Ilves zitiert in Sheera Frenkel, »The New Handbook for Cyberwar Is Being Written by Russia«, BuzzFeed News, 19. März 2017.

8 Russlands »Doktrin zur Informationssicherheit« und General Worobjews Schockdoktrin werden erläutert in Ulrik Franke, *War by Non-Military Means: Understanding Russian Information Warfare* (Stockholm: Swedish Defense Research Agency, 2015), https://dataspace.princeton.edu/bitstream/88435/dsp019c67wq22q/1/foir_4065.pdf, S. 16–23.

9 Rede Putins bei der Münchner Sicherheitskonferenz, 10. Februar 2007, http://en.kremlin.ru/events/president/transcripts/24034.

10 Gates, *Duty*, S. 157–158.
11 Putins Presseerklärung und Beantwortung von Journalistenfragen, Bukarest, 4. April 2008, http://en.kremlin.ru/events/president/transcripts/24903.
12 RT, 9. August 2008, https://www.rt.com/news/putin-accuses-georgia-of-genocide.
Nach der Schlacht wurde im Rahmen von Putins Informationskrieg auch der Vorwurf verbreitet, das Lugar Center, ein nach dem US-Senator Richard Lugar benanntes hochmodernes Forschungslabor zur Gesundheitsvorsorge in Tiflis, sei insgeheim eine Biowaffenfabrik des Pentagons, das teuflische Experimente an der georgischen Bevölkerung durchführe.
13 Arkady Ostrovsky, *The Invention of Russia: From Gorbachev's Freedom to Putin's War* (New York: Viking, 2015), S. 296.
14 Edward Lucas und Ben Nimmo, »Information Warfare: What Is It and How to Win It?«, Center for European Policy Analysis, November 2015.
15 Goble, »Defining Victory and Defeat«, S. 181.
16 Modern War Institute, »Analyzing the Russian Way of War: Evidence from the 2008 Conflict with Georgia«, 20. März 2018, https://mwi.usma.edu/wp-content/uploads/2018/03/Analyzing-the-Russian-Way-of-War.pdf.
17 Mikhail Zygar, »Why Putin Prefers Trump«, *Politico*, 27. Juli 2016, https://www.politico.com/magazine/story/2016/07/donald-trump-vladimir-putin-2016-214110.
18 Ben Rhodes, *The World as It Is: A Memoir of the Obama White House* (New York: Random House, 2018), S. 12, hier zitiert nach *Im Weißen Haus. Die Jahre mit Barack Obama*, aus dem Englischen von Enrico Heinemann, Thomas Pfeiffer, Jörn Pinnow und Martin Richter (München: C.H.Beck, 2019), S. 36.
19 »Senate Confirmation Hearing: Hillary Clinton«, *New York Times*, 13. Januar 2009, https://www.nytimes.com/2009/01/13/us/politics/13text-clinton.html.
20 Koh zitiert in James Traub, »The Hillary Clinton Doctrine«, *Foreign Policy*, 6. November 2015, https://foreignpolicy.com/2015/11/06/hillary-clinton-doctrine-obama-interventionist-tough-minded-president/.
21 Gates, *Duty*, S. 359.
22 Zeitzeugeninterview mit Gates, Miller Center.
23 Ellen Wulfhorst, »Hillary Clinton, Campaigning, Ponders Putin's Soul«, 6. Januar 2008, https://www.reuters.com/article/us-usa-politics-putin/hillaryclinton-campaigning-ponders-putins-soul-idUSN0633656720080107.
24 Reuters, »Clinton, Lavrov Push Wrong Reset Button on Ties«, 6. März 2009, https://www.reuters.com/article/idUSN06402140.
25 Gates, *Duty*, S. 410–413.
26 Ebd.
27 Interview mit Ioffe für *Frontline*, »The Putin Files«, https://www.pbs.org/wgbh/frontline/interview/julia-ioffe/#highlight-2289-2302.
28 Ebd.

29 David J. Kramer, »Now Hear This, Moscow«, *Foreign Policy*, 8. Dezember 2011, https://foreignpolicy.com/2011/12/08/now-hear-this-moscow/.

30 David M. Herszenhorn und Ellen Barry, »Putin Contends Clinton Incited Unrest over Vote«, *New York Times*, 8. Dezember 2011, https://www.nytimes.com/2011/12/09/world/europe/putin-accuses-clinton-of-instigating-russian-protests.html.

31 Peter Pomerantsev und Michael Weiss, »The Menace of Unreality: How the Kremlin Weaponizes Information, Culture and Money«, Institute of Modern Russia, 2014.

32 Putin im Interview mit Margarita Simonjan, RT, 12. Juni 2013.

33 Botschafter Daniel B. Baer, ständiger Vertreter der Vereinigten Staaten bei der OSZE, »Mind the GONGOs: How Government Organized NGOs Troll Europe's Largest Human Rights Conference«, Ständige Vertretung der Vereinigten Staaten bei der Organisation für Sicherheit und Zusammenarbeit in Europa, 30. September 2016.

34 Phil Howard, Bharath Ganesh, Dimitra Liotsiou, John Kelly und Camille François, »The IRA, Social Media and Political Polarization in the United States, 2012–2018« (Arbeitspapier 2018.2, Computational Propaganda Research Project, Oxford Internet Institute, Dezember 2018), https://comprop.oii.ox.ac.uk/wp-content/uploads/sites/93/2018/12/The-IRA-Social-Media-and-Political-Polarization.pdf.

35 Mark Galeotti, »In Moscow's Shadows«, Blogbeitrag, 6. Juli 2014, https://inmoscowsshadows.wordpress.com/2014/07/06/the-gerasimov-doctrine-and-russian-non-linear-war/.

36 Anfang 2016 in Torezk umbenannt (A.d.Ü).

37 Steven Pifer, *The Eagle and the Trident: U.S.–Ukraine Relations in Turbulent Times* (Washington, DC: Brookings Institution, 2017), S. 70.

38 Angela Stent, *The Limits of Partnership: U.S.–Russian Relations in the Twenty-First Century* (Princeton, NJ: Princeton University Press, 2014), S. 168.
Putin rief dem russischen Parlament in einer Rede vom März 2014 in Erinnerung: »1954 wurde der Beschluss gefasst, die Oblast Krim der Ukraine zu übertragen ... Dies ging auf eine persönliche Initiative des Ersten Sekretärs der KPdSU Nikita Chruschtschow zurück. Was ihn dazu bewogen hat – sein Wunsch, die Unterstützung der politischen Nomenklatura der Ukraine zu gewinnen oder die Massenrepressionen der 1930er Jahre in der Ukraine wiedergutzumachen –, damit sollen sich die Historiker auseinandersetzen.«

39 BBC, »Ukraine Crisis: Transcript of Leaked Nuland-Pyatt Call«, 7. Februar 2014, https://www.bbc.com/news/world-europe-26079957.

40 Nuland-Interview für *Frontline*, »The Putin Files«, https://www.pbs.org/wgbh/frontline/interview/victoria-nuland/#highlight-3137-3166.

41 Brian Prince, »›Operation Armageddon‹ Cyber Espionage Campaign Aimed at Ukraine: Lookingglass«, *Security Week*, 28. April 2015, https://

www.securityweek.com/operation-armageddon-cyber-espionage-campaign-aimed-ukraine-lookingglass.

42 Jen Weedon, »Beyond ›Cyber War‹: Russia's Use of Strategic Cyber Espionage and Information Operations in Ukraine«, in Kenneth Geers (Hg.), *Cyber War in Perspective: Russian Aggression Against Ukraine* (Tallinn: NATO CCD COE Publications, 2015), https://ccdcoe.org/uploads/2018/10/Ch08_CyberWarinPerspective_Weedon.pdf.

43 Eröffnungsstatement von Botschafter William B. Taylor bei der Impeachment-Anhörung im Kongress, 22. Oktober 2019, https://www.nytimes.com/interactive/2019/10/22/us/politics/william-taylor-ukraine-testimony.html?module=inline.

44 FireEye, »APT28: A Window into Russia's Cyber Espionage Operations?«, 27. Oktober 2014, https://www.fireeye.com/content/dam/fireeye-www/global/en/current-threats/pdfs/rpt-apt28.pdf.

45 Kulkarni zitiert in Molly Schwartz, »The Man Who Taught the Kremlin How to Win the Internet«, Public Radio International, 7. Mai 2018, https://www.pri.org/stories/2018–05–07/man-who-taught-kremlin-how-win-internet.

46 John Vandiver, »SACEUR: Allies Must Prepare for Russia ›Hybrid War‹«, *Stars and Stripes*, 4. September 2014, https://www.stripes.com/news/saceur-allies-must-prepare-for-russia-hybrid-war-1.301464.

47 Nuland-Interview, »The Putin Files«.

48 Joseph Marks, »NSA Engaged in Massive Battle with Russian Hackers in 2014«, Nextgov, 3. April 2017, https://www.nextgov.com/cybersecurity/2017/04/nsa-engaged-massive-battle-russian-hackers-2014/136683/.

49 Scott Wilson, »Obama Dismisses Russia as ›Regional Power‹ Acting out of Weakness«, *Washington Post*, 25. März 2014, https://www.washingtonpost.com/world/national-security/obama-dismisses-russia-as-regional-power-acting-out-of-weakness/2014/03/25/1e5a678e-b439–11e3-b899–20667de76985_story.html.

10 Demokratie in Amerika

1 Anton Troianovski, »A Former Russian Troll Speaks: ›It Was Like Being in Orwell's World‹«, *Washington Post*, 17. Februar 2018, https://www.washingtonpost.com/news/worldviews/wp/2018/02/17/a-former-russian-troll-speaks-it-was-like-being-in-orwells-world/.

2 Anklageschrift, *United States v. Internet Research Agency et al.*, 16. Februar 2018, https://www.justice.gov/file/1035477/download.

3 *Doschd*, 15. Oktober 2017, zitiert in *Report of the Select Committee on Intelligence United States Senate on Russian Active Measures Campaigns and Interference in the 2016 U.S. Election, Volume 2: Russia's Use of Social Media*, 9. Oktober 2019, https://www.intelligence.senate.gov/sites/

default/files/documents/Report_Volume2.pdf. (2014 wurde der oppositionelle Sender Doschd [Regen] von Kabelfernsehanbietern nicht mehr bedient und musste sein Studio in Moskau räumen.)

4 Renee DiResta, Dr. Kris Shaffer, Becky Ruppel, David Sullivan, Robert Matney, Ryan Fox, Dr. Jonathan Albright und Ben Johnson, »The Tactics and Tropes of the Internet Research Agency«, New Knowledge, 17. Dezember 2018, https://www.newknowledge.com/articles/the-disinformation-report/.

5 Diamond, »Facing Up to the Democratic Recession«.

6 Adam B. Lerner, »The 10 best lines from Donald Trump's announcement speech«, *Politico*, 16. Juni 2015, https://www.politico.com/story/2015/06/donald-trump-2016-announcement-10-best-lines-119066.

7 Trump-Tweet, 18. Juni 2013.

8 Michael Isikoff und David Corn, *Russian Roulette: The Inside Story of Putin's War on America and the Election of Donald Trump* (New York: Twelve, 2018), S. 14–18. Deutsch unter dem Titel *Russisch Roulette. Ein Insiderbericht über Putins Angriff auf die USA und die Wahl von Donald Trump*, übersetzt von Silvia Kinkel (München: riva Verlag, 2019), S. 27–28.

9 Trump-Tweet, 22. März 2014, https://www.lawfareblog.com/donald-trumps-statements-putinrussiafake-news-media.

10 Trump im National Press Club, 27. Mai 2014, via C-Span/ über C-SPAN, https://www.c-span.org/video/?c4616416/trump-i-spoke-indirectly-directly-president-putin-nicer.

11 Philip Bump, »The Subtle Evolution of Trump's Views on Putin and Russia«, *Washington Post*, 17. Juli 2018, https://www.washingtonpost.com/news/politics/wp/2018/07/17/the-subtle-evolution-of-trumps-views-on-putin-and-russia/.

12 Ebd.

13 Ebd.

14 Ashley Parker, »Donald Trump Calls NATO ›Obsolete‹«, *New York Times*, 2. April 2016, https://www.nytimes.com/politics/first-draft/2016/04/02/donald-trump-tells-crowd-hed-be-fine-if-nato-broke-up/.

15 *Report of the Select Committee on Intelligence United States Senate on Russian Active Measures Campaigns and Interference in the 2016 U.S. Election, Volume 2: Russia's Use of Social Media.*

16 Howard u.a., »The IRA, Social Media and Political Polarization in the United States«.

17 DiResta u.a., »The Tactics and Tropes of the Internet Research Agency«.

18 Darren L. Linvill und Patrick L. Warren, »Touched by the Trolls: How and Why a Coordinated Information Operation Interacts with Outsiders« (Clemson University, 6. Oktober 2019), http://pwarren.people.clemson.edu/Touched_Linvill_Warren_ Oct6_2019.pdf.

19 Stein in einem Interview zum Präsidentschaftswahlkampf 2016 bei On

TheIssues.org, 6. Juli 2015, https://www.ontheissues.org/Archive/OnTheIssues_Presidential_Jill_Stein.htm.

20 Jill Stein, Twitter-Post, 12. Oktober 2016, https://twitter.com/drjillstein/status/786366228378050561?lang=en.

21 Aaron Blake, »Hillary Clinton Suggests Putin Has Kompromat on Trump, Russia Will Back Tulsi Gabbard Third-Party Bid«, *Washington Post*, 18. Oktober 2019, https://www.washingtonpost.com/politics/2019/10/18/hillary-clinton-suggests-putin-has-kompromat-trump-russians-will-back-tulsi-gabbard-third-party-bid/.

22 In Pennsylvania z. B. gewann Trump mit einem Vorsprung von nur 0,72 Prozent der Stimmen gegenüber Clinton; Stein gewann 0,8 Prozent der Stimmen; in Wisconsin bekam Stein 31 000 Stimmen, Trumps Vorsprung gegenüber Clinton betrug nur 22 000 Stimmen (https://www.fec.gov/resources/cms-content/documents/federalelections2016.pdf) (AdÜ).

23 *Report of the Select Committee on Intelligence United States Senate on Russian Active Measures Campaigns and Interference in the 2016 U.S. Election, Volume 2: Russia's Use of Social Media.*

24 Anklageschrift, *United States v. Internet Research Agency et al.*

25 DiResta u. a., »The Tactics and Tropes of the Internet Research Agency«.

26 Ebd.

27 Howard u. a., »The IRA, Social Media and Political Polarization in the United States«.
Im Mai 2016 organisierte die Facebook-Seite »Heart of Texas« vor dem Islamic Da'wah Center in Houston einen antimuslimischen Protest. Daraufhin rief die IRA über ihre Facebook-Seite »United Muslims for America« mit mehr als 325 000 Followern zu einer Gegenkundgebung zur selben Zeit am selben Ort auf. Beide Lager trafen in wütendem Hass aufeinander. Diese Konfrontation zu organisieren kostete 200 Dollar. Die IRA bezahlte ihre Facebook-Propaganda mittels gefakter PayPal-Konten unter Benutzung von gestohlenen Sozialversicherungsnummern und Geburtsdaten von Amerikanern. Die Daten wurden von russischen Cyberkriminellen bereitgestellt, die von den Geheimdiensten des Kremls geschützt wurden.

28 Glenda Jakubowski, »What's Not to Like? Social Media as Information Operations Force Multiplier«, *Joint Force Quarterly* 94 (3. Quartal, Juli 2019), https://ndupress.ndu.edu/Media/News/News-Article-View/Article/1914738/whats-not-to-like-social-media-as-information-operations-force-multiplier/.

29 R. G. Ratcliffe, »Russians Sowed Divisions in Texas Politics, Says U.S. Senate Report«, *Texas Monthly*, 20. Dezember 2018, https://www.texasmonthly.com/news/russians-sowed-divisions-texas-politics-says-u-s-senate-report/.

30 Eric Lipton, David E. Sanger und Scott Shane, »The Perfect Weapon: How Russian Cyberpower Invaded the U.S.«, *New York Times*, 13. De-

zember 2016, https://www.nytimes.com/2016/12/13/us/politics/russia-hack-election-dnc.html.

31 Nuland zitiert in Isikoff und Corn, *Russian Roulette*, S. 94; hier zitiert nach *Russisches Roulette*, S. 106.

32 Jeff Horwitz und Chad Day, »Before Trump Job, Manafort Worked to Aid Putin«, 22. März 2017, https://apnews.com/122aeob5848345faa88108a03de40c5a.

33 Ebd.

34 Julia Latynina, *Ochota na Izubria* (Moskau: Olma Press, 1999).

35 Jo Becker, Adam Goldman und Matt Apuzzo, »Russian Dirt on Clinton? ›I Love it‹, Donald Trump Jr. Said«, *New York Times*, 11. Juli 2017, https://www.nytimes.com/2017/07/11/us/politics/trump-russia-email-clinton.html.

36 »Julian Assange: Wikileaks plans to release more private emails sent by Hillary Clinton«, ITV 12. Juni 2016, https://www.itv.com/news/2016–06–12/julian-assange-wikileaks-plans-to-release-more-private-emails-sent-by-hillary-clinton.

37 Marshall Cohen, Kay Guerrero und Arturo Torres, »Security Reports Reveal How Assange Turned an Embassy into a Command Post for Election Meddling«, CNN, 15. Juli 2019, https://www.cnn.com/2019/07/15/politics/assange-embassy-exclusive-documents/index.html.

38 Mook im Interview mit Jake Tapper, CNN, 24. Juli 2016, https://www.youtube.com/watch?v=uDpdOifwVJE.

39 Trump-Tweet, 25. Juli 2016, https://www.lawfareblog.com/donald-trumps-statements-putinrussiafake-news-media.

40 David E. Sanger und Nicole Perlroth, »As Democrats Gather, a Russian Subplot Raises Intrigue«, *New York Times*, 24. Juli 2016, https://www.nytimes.com/2016/07/25/us/politics/donald-trump-russia-emails.html.

41 Michael J. Morell, »I Ran the C. I. A. Now I'm Endorsing Hillary Clinton«, *New York Times*, 5. August 2016, https://www.nytimes.com/2016/08/05/opinion/campaign-stops/i-ran-the-cia-now-im-endorsing-hillary-clinton.html.

42 *Terms Definitions of Interest for DoD Counterintelligence Professionals*, Office of Counterintelligence, Defense CI and Humint Center, Defense Intelligence Agency, 2. Mai 2011, https://web.archive.org/web/20120417211409/http://www.ncix.gov/publications/ci_references/CI_Glossary.pdf.

43 *Report on the Investigation into Russian Interference in the 2016 Presidential Election*, Bd. 1, S. 9.

44 Ronald Radosh, »Steve Bannon, Trump's Top Guy, Told Me He Was ›a Leninist‹«, *Daily Beast*, 13. April 2017, https://www.thedailybeast.com/steve-bannon-trumps-top-guy-told-me-he-was-a-leninist.

45 David Remnick, »Trump vs. The Times: Inside an Off-the-Record Meeting«, *New Yorker*, 30. Juli 2018, https://www.newyorker.com/news/news-desk/trump-vs-the-times-inside-an-off-the-record-meeting.

Remnick zeigte, wie sehr Trumps Diffamierung von Journalisten als »Volksfeinde« und Lieferanten von »Fake News« sich in der Sprache von Autokraten überall auf der Welt niederschlug:
»Im vergangenen Jahr widersprach die staatliche chinesische Nachrichten agentur einem Bericht, die Polizei habe den Menschenrechtsaktivisten Xie Yang gefoltert, und bezeichnete die Nachricht als ›im Grunde genommen Fake News‹. Der syrische Präsident Baschar al-Assad bestritt einen Bericht von Amnesty International, dem zufolge zwischen 2011 und 2015 in einem Militärgefängnis Tausende starben, und erklärte gegenüber Yahoo News: ›Heutzutage kann man alles fälschen. Wir leben in einer Zeit der Fake News.‹ U Kyaw San Hla, ein hoher Sicherheitsbeamter im Bundesstaat Rakhine, Myanmar, leugnete ethnische Säuberungen in seinem Land und erklärte: ›Es gibt keine Rohingya. Das sind Fake News.‹ (Zwei Journalisten der Nachrichtenagentur Reuters, die die Ermordung von zehn Rohingya an die Öffentlichkeit brachten, stehen derzeit in Myanmar vor Gericht, ihnen drohen bis zu 14 Jahren Gefängnis.) In Venezuela erklärte Präsident Nicolás Maduro im staatlichen russischen Fernsehsender RT, Venezuela werde ›von den internationalen Medien tyrannisiert und bedrängt ... Das nennen wir heute ›Fake News‹, nicht wahr?‹ Nachdem die kambodschanische Regierung Journalisten ins Gefängnis geworfen, Radio Free Asia verboten und Dutzende Rundfunksender sowie die Zeitung *The Cambodia Daily* geschlossen hatte, ging Ministerpräsident Hun Sen gegen die kritische Berichterstattung im Westen in die Offensive. Er sagte: ›Ich möchte dem Präsidenten die Botschaft schicken, dass sein Angriff auf CNN richtig ist. Die amerikanischen Medien sind sehr schlecht.‹
Trump schien hocherfreut. Gegenüber dem Herausgeber der *New York Times* erklärte er, er sei es, der den Begriff Fake News geprägt habe, und einige Länder hätten Fake News sogar verboten.«

46 Craig Silverman, »This Analysis Shows How Viral Fake Election News Stories Outperformed Real News on Facebook«, *Buzzfeed*, 16. November 2016, https://www.buzzfeednews.com/article/craigsilverman/viral-fake-election-news-outperformed-real-news-on-facebook.
Silverman schrieb: »In diesen entscheidenden Monaten des Wahlkampfs generierten die 20 erfolgreichsten falschen Wahlberichte von gefälschten Websites und extrem parteiischen Blogs 8711000 Shares, Reaktionen und Kommentare auf Facebook ... Im selben Zeitraum generierten die 20 erfolgreichsten Wahlberichte von 19 großen Nachrichtenportalen auf Facebook insgesamt 7367000 Shares, Reaktionen und Kommentare.«

47 Tara Golshan, »Trump's Fake Controversy About Clinton's Emails Getting an Iranian Scientist Killed, Explained«, Vox, 9. August 2016, https://www.vox.com/2016/8/9/12410882/clinton-emails-trump-iranian-scientist-executed-amiri.

48 Nick Corasanti, »Donald Trump Calls Obama ›Founder of ISIS‹ and Says

It Honors him«, *New York Times*, 11. August 2016, https://www.nytimes.com/2016/08/11/us/politics/trump-rally.html.

49 Stanley zitiert in Sean Illing, »How Propaganda Works in the Digital Age«, *Vox*, 18. Oktober 2019, https://www.vox.com/policy-and-politics/2019/10/18/20898584/fox-news-trump-propaganda-jason-stanley.

50 Jeremy Diamond, »Trump: I'm Afraid the Election's Going to Be Rigged«, CNN, 3. August 2016, https://www.cnn.com/2016/08/01/politics/donald-trump-election-2016-rigged/index.html.

51 James R. Clapper mit Trey Brown, *Facts and Fears: Hard Truths from a Life in Intelligence* (New York: Viking, 2018), S. 348–350; hier zitiert nach *Die harte Wahrheit. Was ich als höchster US-Geheimdienstchef erfahren habe*, übersetzt von Silvia Kinkel (München: riva, 2019), S. 415–416.

52 *Die harte Wahrheit*, S. 416.

53 Brief Reids an Comey, 27. August 2016, https://archive.org/stream/ReidLetterToComey08272016/2016–08–27–Reid%20Letter%20to%20Comey_djvu.txt.

54 James R. Clapper mit Trey Brown, *Die harte Wahrheit*, S. 416.

55 Rhodes, *The World as It Is*, S. 398; hier zitiert nach *Im Weißen Haus. Die Jahre mit Barack Obama*, S. 530.

56 James R. Clapper mit Trey Brown, *Die harte Wahrheit*, S. 418.

57 Gemeinsame Erklärung des Heimatschutzministeriums und des Büros des Nationalen Geheimdienstdirektors zum Schutz der Wahlen, 7. Oktober 2016, https://www.dhs.gov/news/2016/10/07/joint-statement-department-homeland-security-and-office-director-national.

Nachwort: Der Einflussagent

1 Matt Apuzzo, Maggie Haberman und Matthew Rosenberg, »Trump Told Russians that Firing ›Nut Job‹ Comey Eased Pressure from Investigation«, *New York Times*, 19. Mai 2017, https://www.nytimes.com/2017/05/19/us/politics/trump-russia-comey.html.

2 *Report on the Investigation into Russian Interference in the 2016 Presidential Election*, Bd. 1, S. 76 und 78.

3 Interview des Autors mit Rolf Mowatt-Larssen, Januar 2020.

4 Eidesstattliche Erklärung von Fiona Hill, Impeachment-Anhörung im Repräsentantenhaus, 14. Oktober 2019, https://www.justsecurity.org/wp-content/uploads/2019/11/ukraine-clearinghouse-hill_transcript-2019.10.14.pdf.

5 Zeugenaussage Fiona Hill, Impeachment-Anhörung im Repräsentantenhaus, 21. November 2019, https://www.washingtonpost.com/politics/2019/11/21/transcript-fiona-hill-david-holmes-testimony-front-house-intelligence-committee.

Der Abgeordnete Jamie Raskin aus Maryland fragte Hill: »Warum glauben Sie, dass Donald Trump schon in seiner Zeit als Geschäftsmann von Putin ins Visier genommen wurde?« Sie antwortete: »Weil das exakt das ist, was Präsident Putin und andere taten. Nochmals, er war Teil des KGB-Direktorats in Leningrad. Sie taten genau das ... Je mehr diese Leute nach Geschäftsmöglichkeiten suchen und je mehr sie etwas tun, was illegal oder zumindest zwielichtig und schändlich ist, desto mehr können Putin und die Leute in seinem Umfeld dies ausnutzen.«

6 Eröffnungsstatement von Botschafter Kurt Volker, Impeachment-Anhörung im Repräsentantenhaus, *New York Times*, 19. November 2019, https://www.nytimes.com/2019/11/19/us/politics/volker-statement-testimony.html.

7 Shane Harris, Josh Dawsey und Carol D. Leonnig, »Former White House officials say they feared Putin influenced the president's views on Ukraine and 2016 campaign«, *Washington Post*, 20. Dezember 2019, https://www.washingtonpost.com/national-security/former-white-house-officials-say-they-feared-putin-influenced-the-presidents-views-on-ukraine-and-2016-campaign/2019/12/19/af0fdbf6–20e9–11ea-bed5–880264cc91a9_story.html.

8 Masha Gessen, »How Putin and Trump Each Lied in Helsinki«, *The New Yorker*, 17. Juli 2018. Die englische Übersetzung stammt von Gessen. https://www.newyorker.com/news/our-columnists/how-putin-and-trump-each-lied-in-helsinki.

Warum machte Trump in Helsinki einen Kotau? »Ich glaube ... es gibt tatsächlich kompromittierende Informationen, die Wladimir Putin über Donald Trump besitzt«, sagte der ehemalige Leiter der CIA-Abteilung für Russland-Operationen Steven Hall. Er mutmaßte, dass die Russen Trump eine große Geldsumme liehen, als keine Bank etwas mit ihm zu tun haben wollte, und ihn insgeheim vor dem Konkurs retteten, und dass Putin dieses *kompromat* seit Jahren gegen ihn in der Hand hat. Interview mit Steven Hall, CNN, 19. Juli 2018, http://transcripts.cnn.com/TRANSCRIPTS/1807/19/acd.01.html.

»Es gibt, glaube ich, zwei Personen, die von Putin bezahlt werden: Rohrabacher und Trump«, sagte der Führer der Republikaner im Repräsentantenhaus, Kevin McCarthy, am 15. Juni 2016 in einer privaten Unterredung zu seinen Kollegen im Kongress. Der kalifornische Republikaner Dana Rohrabacher war bekanntermaßen ein glühender Verteidiger Putins und Russlands. Und Trump war im Begriff, der republikanische Präsidentschaftskandidat zu werden. Adam Entous, »House Majority Leader to Colleagues in 2016: ›I Think Putin Pays‹ Trump«, *Washington Post*, 17. Mai 20170, https://www.washingtonpost.com/world/national-security/house-majority-leader-to-colleagues-in-2016-i-think-putin-pays-trump/2017/05/17/515f6f8a-3aff-11e7–8854–21f359183e8c_story.html.

9 Julie Hirschfeld Davis, »Trump, at Putin's Side, Questions U. S. Intelligence

on 2016 Election«, *New York Times*, 16. Juli 2018, https://www.nytimes.com/2018/07/16/world/europe/trump-putin- election-intelligence.html. Was Trump in Helsinki sagte, ergibt nur dann einen Sinn, wenn man es im Kontext der Verschwörungstheorie betrachtet, der zufolge ein Server mit belastenden E-Mails von Hillary Clinton irgendwie in die Ukraine gezaubert wurde. Dass Trump dieser Verschwörungstheorie anhing, beschleunigte die Einleitung eines Amtsenthebungsverfahrens gegen ihn: »Es gibt Leute, die sich fragen, warum das FBI nie den Server untersucht hat – haben sie ihn denn nicht sichergestellt? Warum wurde das FBI aufgefordert, die Räume des Demokratischen Nationalkomitees zu verlassen? Das frage ich mich seit Monaten, und ich habe diese Frage auch über Twitter und andere soziale Medien gestellt. Wo ist der Server? Ich möchte wissen, wo der Server ist und was darauf zu finden war. Ich kann das nur immer wieder fragen. Meine Leute sind zu mir gekommen, [der Nationale Geheimdienstdirektor] Dan Coats ist zu mir gekommen und einige andere auch, und sie sagten, dass sie glauben, es war Russland. Ich habe Präsident Putin gefragt, und er hat gesagt, dass es nicht Russland war. Dazu möchte ich sagen: Ich sehe keinen Grund, warum es Russland gewesen sein sollte. Aber ich würde den Server wirklich gern sehen ... Was ist mit den Servern des pakistanischen Herrn geschehen, der für den DNC gearbeitet hat? Wo sind diese Server? Sie sind unauffindbar; wo sind sie?«

10 Amber Phillips, »›Disgraceful‹ and ›tragic‹: John McCain's Excoriation of Trump on Russia, Annotated«, *Washington Post*, 16. Juli 2018, https://www.washingtonpost.com/news/the-fix/wp/2018/07/16/disgraceful-and-tragic-john-mccains-excoriation-of-trump-on-russia-annotated.

11 John O. Brennan (@JohnBrennan), »Donald Trump's press conference performance in Helsinki«, 16. Juli 2018, https://twitter.com/johnbrennan/status/1018885971104985093?lang=en.

12 Will Hurd zitiert in Justin Wise, »GOP lawmaker: Trump is ›getting played by‹ a former KGB agent«, 16. Juli 2018, https://thehill.com/policy/international/397271-gop-lawmaker-trump-is-getting-played-by-an-old-kgb-hand.

13 James Clapper im Interview mit Jim Sciutto, *The Lead with Jake Tapper*, CNN, 18. Dezember 2017, http://transcripts.cnn.com/TRANSCRIPTS/1712/18/cg.01.html.

14 Susan B. Glasser, »On ›Human Scum‹ and Trump in the Danger Zone«, *The New Yorker*, 24. Oktober 2019, https://www.newyorker.com/news/letter-from-trumps-washington/on-human-scum-and-trump-in-the-danger-zone.

15 Philip Rucker und Carol Leonnig, *A Very Stable Genius: Donald J. Trump's Testing of America* (New York: Penguin, 2020), S. 157.

16 Larry Diamond, »Breaking Out of the Democratic Slump«, *Journal of Democracy* 31, Nr. 1 (Januar 2020) S. 36–50, https://muse.jhu.edu/article/745952/pdf.

17 Lech Wałęsa, »Why Democracy Is Failing: ›There Is No Leadership‹«, *Foreign Policy*, 14. November 2019, https://foreignpolicy.com/2019/11/14/lech-walesa-poland-why-democracy-failing-there-is-no-leadership/.

18 Greg Jaffe und Josh Dawsey, »A Presidential Loathing for Ukraine is at the Heart of the Impeachment Inquiry«, *Washington Post*, 2. November 2019. https://www.washingtonpost.com/nationalsecurity/a-presidential-loathing-for-ukraine-is-at-the-heart-of-the-impeachment-inquiry/2019/11/02/8280ee60-fcc5–11e9-ac8c-8eced29ca6ef_story.html.

19 »Transcript: Fiona Hill and David Holmes Testimony in Front of the House Intelligence Committee«, *Washington Post*, 21. November 2019. https://www.washingtonpost.com/politics/2019/11/21/transcript-fiona-hill-david-holmes-testimony-front-house-intelligence-committee.
Auf das fiktionale Narrativ, nicht Russland, sondern die Ukraine habe die Demokraten gehackt, kam Trump möglicherweise durch seinen inzwischen zu einer Gefängnisstrafe verurteilten Wahlkampfmanager Paul Manafort [Manafort wurde im Dezember 2020 von Trump begnadigt (A.d.Ü.)]. Dieser wiederum hatte es von seinem Geschäftspartner Konstantin Kilimnik, der enge Beziehungen zum russischen Geheimdienst unterhielt. Außerdem wurde es von Trumps inzwischen ebenfalls zu einer Gefängnisstrafe verurteilten Wahlkampfberater Roger Stone nachgeplappert [Stone wurde im Dezember 2020 von Trump begnadigt (A.d.Ü.)]. Auch Devin Nunes, der republikanische Vorsitzende des Geheimdienstausschusses des Repräsentantenhauses, und Tom Cotton, ein republikanisches Mitglied des Geheimdienstausschusses des Senats, verbreiteten dieses Narrativ im Herbst 2019.

20 Nachdem Oliver North, Walter Raymond und die Soviet Political Action Working Group des Nationalen Sicherheitsrats Falschnachrichten für Amerikaner fabriziert hatten, wie in Kapitel 6 dargelegt, verabschiedete der Kongress ein Gesetz, das der amerikanischen Regierung die Durchführung von Geheimoperationen verbot, um »politische Prozesse, die öffentliche Meinung, politische Entscheidungen oder die Medien in den Vereinigten Staaten zu beeinflussen«, den sogenannten Intelligence Authorization Act von 1991. Das Gesetz wurde von Präsident George H. W. Bush unterzeichnet. https://www.congress.gov/bill/102nd-congress/senate-bill/1325.

21 Dies erklärte Putin beim VTB Capital Investment Forum, Ria News, 20. November 2019. https://ria.ru/20191120/1561164253.html.

22 *Phishing Burisma Holdings*, Area 1 Security, undatiert [Januar 2020], https://cdn.area1security.com/reports/Area-1-Security-PhishingBurismaHoldings.pdf.

23 McKay Coppins, »How Mitt Romney Decided Trump Is Guilty«, *Atlantic*, 5. Februar 2020. https://www.theatlantic.com/politics/archive/2020/02/romney-impeach-trump/606127/.

24 »The President's News Conference«, The American Presidency Project,

29. Januar 1981. https://www.presidency.ucsb.edu/documents/the-presi dents-news-conference-992.

25 Václav Havel, »The Power of the Powerless«, ins Englische übersetzt von Paul Wilson, Oktober 1978. https://hac.bard.edu/amor-mundi/the-power-of-the-powerless-vaclav-havel-2011-12-23, hier zitiert nach Václav Havel, *Versuch, in der Wahrheit zu leben. Von der Macht der Ohnmächtigen*, aus dem Tschechischen von Gabriel Laub (Reinbek bei Hamburg: Rowohlt, 1980), Kap. 4.

Personen- und Sachregister

Tim Weiner

CIA

Die ganze Geschichte

Aus dem Amerikanischen von

Elke Enderwitz und Ulrich Enderwitz und

Monika Noll und Rolf Schubert

864 Seiten. Gebunden

Erstmals wird die gesamte Geschichte der CIA kenntnisreich und lückenlos dokumentiert. Der zweifache Pulitzer-Preisträger Tim Weiner stellt glänzend dar, mit welcher Inkompetenz und Naivität die CIA seit sechzig Jahren die Weltpolitik manipuliert. Es tritt zutage, was hinter manchen historischen Ereignissen tatsächlich geschah.

Ein Buch packender als ein Thriller – die teils skurrilen, teils grausamen und menschenverachtenden Aktionen von einst führen uns auch die Gegenwart vor Augen.

»Von strahlender Beweiskraft!«

LA Times

Tim Weiner

FBI

Die wahre Geschichte einer legendären Organisation

Aus dem Amerikanischen von Rita Seuß,
Christa Prummer-Lehmair und Sonja Schuhmacher

Band 18837

Berühmt und berüchtigt: das FBI. Einige setzen ihre Hoffnung in den Kampf seiner »Special Agents« gegen das organisierte Verbrechen, Korruption und Terrorismus. Andere halten es aufgrund seiner illegalen Verhaftungen, Einbrüche und Lauschangriffe für einen sinistren Staat im Staate. Doch was ist Legende, was ist Realität? Wie bereits in seinem Weltbestseller ›CIA‹ schreibt der zweifache Pulitzer-Preisträger Tim Weiner die Geschichte einer mächtigen Organisation neu: Basierend auf unlängst freigegebenen Dokumenten – insgesamt mehr als 70 000 Seiten, darunter eine bemerkenswerte Sammlung von Geheimdossiers J. Edgar Hoovers, sowie mehr als 200 Zeitzeugeninterviews – erhellt dieses Buch auf eindrucksvolle Weise die dunklen Seiten der amerikanischen Geschichte. Ein Buch packender als ein Thriller.

»Eine brillante Reportage über eine der schillerndsten Institutionen der USA.«
Deutschlandradio Kultur

fi 18837 / 1

Tim Weiner

Ein Mann gegen die Welt

Aufstieg und Fall des Richard Nixon

Aus dem Englischen von

Christa Prummer-Lehmair und Rita Seuß

464 Seiten. Gebunden

Korruption, Lügen, Paranoia und Alkoholexzesse – die Tragödie des Richard Nixon und zugleich die spannende Geschichte der desaströsesten Präsidentschaft der USA. Mittels neu zugänglicher, brisanter Dokumente zeichnet der Bestsellerautor Tim Weiner Richard Nixons politischen Selbstmord nach, die Chronik eines Skandals, der in der Geschichte seinesgleichen sucht. Watergate war nur der Höhepunkt in einer Kette von Manipulationen und Fehlentscheidungen. Das eindringliche Porträt einer Epoche, in der viele politische Karrieren begannen, die bis heute die US-Politik prägen. Ein Buch, das packender ist als jeder Politthriller.

»Prall an Fakten, verständlich in der Analyse.«
Nana Brink, Deutschlandradio Kultur – Lesart

»Das Herausragende an Tim Weiners Buch sind die Quellen, die seine oft drastisch formulierten Thesen eindrucksvoll untermauern.«
Christian Blees, Deutschlandfunk – Andruck

fi 1-002462 / 1